Stärkere Beteiligung des Europäischen Parlaments am Vertragsänderungsverfahren

Europäische Hochschulschriften

Publications Universitaires Européennes

European University Studies

Reihe II

Rechtswissenschaft

Série II Series II

Droit

Law

Bd./Vol. 4304

PETER LANG

Frankfurt am Main · Berlin · Bern · Bruxelles · New York · Oxford · Wien

Anja Stenger

Stärkere Beteiligung des Europäischen Parlaments am Vertragsänderungsverfahren

Möglichkeiten und Grenzen auf Grundlage der Verfassungen der Mitgliedstaaten

PETER LANG
Europäischer Verlag der Wissenschaften

Bibliografische Information Der Deutschen Bibliothek
Die Deutsche Bibliothek verzeichnet diese Publikation in der Deutschen Nationalbibliografie; detaillierte bibliografische Daten sind im Internet über <http://dnb.ddb.de> abrufbar.

Zugl.: Greifswald, Univ., Diss., 2005

ISSN 0531-7312
ISBN 3-631-54186-4

www.peterlang.de

Für Mario

Vorwort

Die vorliegende Arbeit wurde im Wintersemester 2004/2005 von der Rechts- und Staatswissenschaftlichen Fakultät der Ernst-Moritz-Arndt-Universität Greifswald als Dissertation angenommen. Berücksichtigt ist der Stand der Gesetzgebung sowie der Rechtsprechung und Literatur bis zum März 2005.

Mein herzlicher Dank gilt meinem Doktorvater Herrn Prof. Dr. Claus Dieter Classen, für die Anregung des Themas dieser Arbeit und die stets freundliche Unterstützung sowie das zügige Verfassen des Erstgutachtens. Daneben möchte ich Herrn Prof. Dr. Uwe Kischel für das schnelle Verfassen des Zweitgutachtens danken.

Der Studienstiftung des Deutschen Volkes danke ich für die großzügige Förderung im Rahmen eines Promotionsstipendiums.

Schließlich möchte ich all jenen danken, die mich während der Entstehung der Arbeit unterstützt haben, insbesondere Herrn Mario Niemeyer für seine anregende Kritik beim Korrekturlesen sowie meinen Eltern Herrn Prof. Dr. Rolf-Dieter Stenger sowie Frau Hella Stenger, die mich in meiner Ausbildung stets unterstützt haben. Ihnen ist die Arbeit gewidmet.

Berlin, im Oktober 2005 *Anja Stenger*

Inhaltsverzeichnis

Einleitung

A. Problemaufriß

Seit langem wird ein Demokratiedefizit bzw. Legitimationsdefizit der Europäischen Gemeinschaften und nun auch der Europäischen Union bemängelt. Einerseits wird festgestellt, daß ein europäisches Volk als Legitimationssubjekt nicht existiere und sich auch nicht so bald entwickeln werde, so daß die Europäische Union über eine eigenständige, von den mitgliedstaatlichen Verfassungssystemen losgelöste Legitimationsgrundlage nicht verfügen könne. Für eine stärkere Parlamentarisierung der Union fehle daher die Grundlage.[1] Andererseits wird auch wahrgenommen, daß das supranationale Entscheidungssystem in seiner derzeitigen Gestalt zu einer Schwächung der Effizienz der nationalen Demokratien führt, indem mit Übertragung von Kompetenzen auf die Europäische Union wesentliche Entscheidungsbefugnisse von den nationalen Parlamenten auf den im Unionssystem maßgeblichen, jedoch exekutiv geprägten Rat übergehen.[2]

In der Auseinandersetzung um die Legitimationsstrukturen der Union standen bislang die Verfahren der Sekundärrechtssetzung innerhalb der Gemeinschaftsordnung im Vordergrund. Das Verfahren der Vertragsänderung wurde bei diesen Untersuchungen vielfach ausgeblendet. Insbesondere wegen des völkervertraglichen Ursprungs der Union wurde die Dominanz des durch exekutive Kräfte besetzten Europäischen Rates bislang überwiegend als adäquat betrachtet, da hierin die Stellung der Mitgliedstaaten als „Herren der Verträge“ und Gestalter des Integrationsprozesses zum Ausdruck käme.[3] Mit dem Erfordernis einer Ratifizierung der Verträge durch die Mitgliedstaaten, welche innerstaatlich in der Regel durch die nationalen Parlamente erfolgt, sah man eine ausreichende demokratische Grundlage als gegeben an.

Im Zusammenhang mit den jüngeren Vertragsprojekten mehrten sich jedoch die Stimmen, die eine Demokratisierung auch des Vertragsänderungsverfahrens anmahnen. Es wird vor allem auf den fehlenden öffentlichen Diskurs verwiesen. Ein wesentlicher Grund besteht darin, daß die Reformen der Union auf Regierungskonferenzen beschlossen werden, die immer noch hinter verschlossenen Türen stattfinden. Hinzu kommt, daß der geringe Einfluß der nationalen Parlamente auf die Reformvorhaben immer stärker wahrgenommen wird. In der Mehrzahl der Mitgliedstaaten kommt den Parlamenten lediglich ein Vetorecht bezüglich der Entscheidung des Europäischen Rates zu. Die Hemmschwelle für die Wahrnehmung dieses Vetorechts ist hoch, da von der Zustimmung des ein-

---

[1] *Grimm*, JZ 1995, S. 589 f.; *Ossenbühl*, DVBl. 1993, S. 634.

[2] Als Gegenstand des Maastricht-Urteils des deutschen Bundesverfassungsgerichts - BVerfGE 89, 155 ff.

[3] *Schuppert*, StWStPr 5 (1994), S. 47 f.; ähnlich *Di Fabio*, JZ 2000, S. 742.

zelnen nationalen Parlaments das gesamte Reformvorhaben abhängig ist.[4] In einigen Mitgliedstaaten wurden aus Anlaß der Vertragsvereinbarungen obligatorische oder fakultative Referenden durchgeführt. Die darin gezeigte ablehnende Haltung der Bevölkerung ist auch eine Antwort auf die als unzureichend wahrgenommene Transparenz und Beeinflußbarkeit dieser Vertragsprojekte.
Mit der Anerkennung der Verfassungsfunktionen des Primärrechts der Union wie sie im Beschluß des Verfassungsvertrags zum Ausdruck kommt, wird auch das Vertragsänderungsverfahren und seine verfassungsspezifische Bedeutung verstärkt Gegenstand wissenschaftlichen Interesses. Das Verfahren der Regierungskonferenzen, die eine konstruktive und modifizierende Einflußnahme der Öffentlichkeit nicht erlauben, wird im wachsendem Maße als nicht mehr angemessen angesehen.[5]

Als ein Lösungsansatz wird vorgeschlagen, dem Europäischen Parlament im Rahmen des Vertragsänderungsverfahrens stärkere Befugnisse einzuräumen. Das Europäische Parlament hatte in seinem Verfassungsentwurf aus dem Jahr 1984 ein Recht auf Mitentscheidung eingefordert.[6]
Gegenwärtig ist das Europäische Parlament nur im Wege eines Rechts auf Stellungnahme im Vorfeld der Regierungskonferenzen beteiligt. Die Stellungnahme ist für den Europäischen Rat als Beschlußorgan jedoch nicht bindend. Zwar haben sich die Einflußmöglichkeiten des Europäischen Parlaments auf die Gestaltung der Vertragsreformen mit Einrichtung einer Reflexionsgruppe im Vorfeld der Regierungskonferenzen von Amsterdam und Nizza und schließlich der Einberufung des EU-Reformkonvents verbessert. Im beschlossenen Vertrag über eine Verfassung für Europa[7] ist die Konventsmethode auch als Bestandteil des Vertragsänderungsverfahrens festgeschrieben.[8] Diese Praxis bezieht sich jedoch nur auf die beratende Phase, nicht jedoch auf die Beschlußphase des Verfahrens.

Aus der Perspektive der Mitgliedstaaten könnte sich jedoch mit einer weiteren Stärkung der Befugnisse des Europäischen Parlaments das Problem der Vereinbarkeit eines solchen Integrationsschrittes mit der nationalen Verfassung stellen.

---

[4] Die Frage der stärkeren Einbeziehung der nationalen Parlamente war Thema der sog. Post-Nizza-Debatte und auch Gegenstand des EU-Reformkonvents. Das vom Konvent verabschiedete Protokoll „Über die Rolle der nationalen Parlamente in der Europäischen Union", CONV 820/1/03 REV 1, bezieht sich jedoch ausschließlich auf das Gesetzgebungsverfahren.

[5] *v. Bogdandy*, Supranationaler Föderalismus, S. 56; *Pernice*, JöR 48 (2000), S. 219.

[6] ABl. C 77/1984, S. 27 ff. (Art. 11 und Art. 34).

[7] Im Folgendem „Verfassungsvertrag".

[8] Art. IV-7 Abs. 2 des Beschlusses des Europäischen Rates vom 29.10.2004: CIG 87/2/04 Rev 2. Soweit im Folgenden auf den Verfassungsvertrag eingegangen wird, wird ausdrücklich auf die vom Europäischen Rat beschlossene Fassung wie sie den Mitgliedstaaten zur Ratifizierung vorgelegt worden ist, Bezug genommen.

Denn mit einer stärkeren Einbeziehung des Europäischen Parlaments in das Vertragsänderungsverfahren würde das institutionelle Gefüge, insbesondere das Verhältnis des Parlaments zum Europäischen Rat als Staatenvertretung verändert. Daß dieses institutionelle Gefüge für die von den nationalen Verfassungen vorausgesetzten Legitimationsstrukturen von wesentlicher Bedeutung ist, haben die Diskussionen um die Einführung der Direktwahl des Europäischen Parlaments sowie die Übertragung von Rechtsetzungsbefugnissen im Rahmen der Einheitlichen Europäischen Akte sowie anschließend im Wege des Maastricht-Vertrages gezeigt.[9] Das deutsche Bundesverfassungsgericht hat in dem bekannten Maastricht-Urteil ausdrücklich festgestellt, daß „es zuvörderst die Staatsvölker der Mitgliedstaaten [sind], die [die Wahrnehmung hoheitlicher Aufgaben und Ausübung hoheitlicher Befugnisse durch die Union] über die nationalen Parlamente demokratisch zu legitimieren haben". Dem Europäischen Parlament soll für eine umfassende Legitimation angesichts fehlender vorrechtlicher Bedingungen lediglich eine stützende Funktion zukommen.[10] Zudem stellte das Gericht in seiner Entscheidung über die Vereinbarkeit des Maastricht-Vertrages mit dem Demokratieprinzip des Grundgesetzes maßgeblich darauf ab, daß die Mitgliedstaaten auch nach dem EU-Vertrag „Herren der Verträge" bleiben.[11] Diese Beispiele aus der Verfassungsrechtsprechung zeigen, daß eine Stärkung der Befugnisse des europäischen Parlaments im Vertragsänderungsverfahren erhebliche Verfassungsprobleme begründen kann. Legt man das die französische Verfassungstheorie prägende Prinzip nationaler Souveränität zugrunde, so ist die verfassungsrechtliche Brisanz eines solchen Integrationsschrittes offensichtlich.

Daneben muß jedoch auch festgestellt werden, daß die Mitgliedstaaten im Rahmen der Einheitlichen Europäischen Akte (EEA) dem Europäischen Parlament bereits ein Zustimmungsrecht bezogen auf den Beitritt neuer Staaten zur Europäischen Gemeinschaft eingeräumt hatten (ex-Art. 237 EWG-V), ohne daß dies eine umfassende verfassungsrechtliche Diskussion nach sich zog. In Art. 49 EUV ist dieses parlamentarische Zustimmungsrecht nun für den Bereich der Europäischen Union einheitlich festgeschrieben. Nun wird auch diesem Verfahren eine entscheidende Bedeutung für den Bestand und die Fortentwicklung der Union zugeordnet.[12] Auch der Beitritt eines neuen Mitgliedstaates zieht

---

[9] So wurde ein Einfluß der Direktwahl des Europäischen Parlaments auf den Charakter der Gemeinschaften nur deshalb verneint, weil diese nicht mit einer Befugniserweiterung und mit einer Stärkung des Parlaments im institutionellen Gefüge verbunden war - dazu *Dagtoglou*, Dreißig Jahre Gemeinschaftsrecht, S. 37.

[10] BVerfGE 89, 155 (184).

[11] BVerfGE 89, 155 (190).

[12] *Reich*, Rechte des Europäischen Parlaments, S. 135, spricht von einem „konstitutionellen Rechtsakt, der das Erscheinungsbild und die Struktur der Gemeinschaft sowie der EU prägt".

Änderungen der Entscheidungsprozesse nach sich und wird oftmals weitreichende Anpassungen des Gemeinschaftsrechts erforderlich machen. Die Entscheidung über einen Beitritt löst damit immer auch die Notwendigkeit einer Vertragsänderung aus.
Das Thema hat durch den vom Europäischen Rat im Juni 2004 beschlossenen Verfassungsvertrag seine Aktualität nicht verloren. Angesichts der in den Verhandlungen über den Entwurf offenbar gewordenen Vorbehalte einzelner Mitgliedstaaten ist die für das Inkrafttreten des Vertrages erforderliche Ratifizierung durch alle Mitgliedstaaten aus jetziger Sicht nicht absehbar. Aber auch im Falle eines Inkrafttretens des Vertrages bleibt die Frage nach einer Stärkung der Rechte des Europäischen Parlaments weiterhin von Interesse. Zwar würde mit dem Vertrag die Konventsmethode als Regelverfahren für die Beratungsphase etabliert. Hinsichtlich des Verfahrens der Regierungskonferenzen als eigentliche Beschlußphase sieht der Verfassungsvertrag jedoch keine Änderungen vor. Es stellt sich die Frage, inwieweit im Wege der Konventsmethode die Defizite des Verfahrens der Regierungskonferenzen tatsächlich abgemildert und eine stärkere Demokratisierung des Vertragsänderungsverfahrens erreicht werden können.

B. Eingrenzung des Untersuchungsgegenstandes

Die vorliegende Arbeit setzt an dem Problem der Legitimation der in den Verträgen konzipierten Grundordnung der Europäischen Union an. Die Legitimation der mit dieser Grundordnung ins Werk gesetzten Politik, also des Sekundärrechts, wird nicht Gegenstand dieser Untersuchung sein. Insoweit kann auf die zahlreichen, zu diesem Thema veröffentlichten Analysen verwiesen werden.[13]
Die vorliegenden Arbeit konzentriert sich auf das in Art. 48 EUV geregelte Vertragsänderungsverfahren. Anhand der Analyse der verfassungspezifischen Bedeutung des Vertragsänderungsverfahrens werden die Defizite der gegenwärtigen Regelung dargestellt und untersucht, inwieweit eine stärkere Einbeziehung des Europäischen Parlaments tatsächlich zu einer verbesserten demokratischen Grundlage führen kann.

Soweit bislang eine Stärkung der Rechte des Europäischen Parlaments im Vertragsänderungsverfahren Gegenstand wissenschaftlicher Auseinandersetzung war, standen verfassungstheoretische Erwägungen im Vordergrund.[14] Auf Grundlage allgemeiner Verfassungsideen wie insbesondere der Lehre von der verfassungsgebenden Gewalt des Volkes sollen Inhalt und Träger des europäischen Verfassungsgebungsprozesses bestimmt werden. Angesichts der Spezifika

---

[13] Z. B. *Kluth*, Die demokratische Legitimation; *Kaufmann*, Europäische Integration und Demokratieprinzip.
[14] Siehe *Badura*, ZSchwR 1990, S. 120 und *Seidel*, EuR 1992, S.131, die beide eine Beteiligung im Ergebnis ablehnen.

der Union im Verhältnis zu den staatlichen Systemen ist mittlerweile allgemein anerkannt, daß zunächst geprüft wird, ob und in welchem Umfang diese auch für das supranationale Funktionsmodell adäquat sind, bevor auf staatstheoretische Kategorien zurückgegriffen wird,. Als ein neuerer Ansatz ist in diesem Zusammenhang die von *Pernice* vorgeschlagene Wiederbelebung der Lehre vom Gesellschaftsvertrag zu nennen.[15]

Im Unterschied dazu besteht der Kern dieser Untersuchung darin, aus der Perspektive der mitgliedstaatlichen Verfassungen zu prüfen, inwieweit eine Stärkung der Parlamentsrechte im Vertragsänderungsverfahren überhaupt rechtlich umsetzbar ist. Schließlich würde die stärkere Einbeziehung des Europäischen Parlaments als das Gemeinschaftsorgan, das von seiner Konstellation her weitestgehend dem Einfluß der Mitgliedstaaten entzogen ist, zu einer weiteren Vertiefung der Integration führen. Der gegenwärtige Einfluß der Mitgliedstaaten auf Verlauf und Ergebnis des Revisionsverfahrens würde in jedem Fall abgeschwächt werden. Das nationale Verfassungsrecht markiert immer noch die Grenzen für weitere Integrationsschritte.[16] Die Union hat sich nicht verselbständigt. Sie kann nicht ohne Mitwirkung der Mitgliedstaaten weiterentwickelt werden. Folglich kann eine Änderung des Verfahrens nach Art. 48 EUV nur innerhalb der von den nationalen Verfassungen gesetzten Schranken erfolgen. Insoweit ist eine frühzeitige Vergewisserung um rechtliche Realisationsbedingungen des hier zu untersuchenden Integrationsschritts unerläßlich.

C. Gang der Untersuchung

Wenn auch die mitgliedstaatlichen Verfassungen den Kern der Untersuchung bilden, muß zunächst doch geklärt werden, warum sich die Frage einer Stärkung der Rolle des Europäischen Parlaments im Vertragsänderungsverfahren überhaupt stellt. Die Anerkennung von Verfassungsspezifika der supranationalen Ordnung sowie die spezifische Wechselbeziehung zwischen supranationaler Grundordnung und nationaler Verfassungsordnung können schließlich nicht ohne Einfluß auf die Auslegung der nationalen Verfassungen bleiben. Eine Einführung in die Grundlagen der supranationalen Legitimation, soweit sie im Zusammenhang mit dem Vertragsänderungsverfahren stehen, ist daher unabdingbar.

Die Untersuchung wird sich daher in zwei Prüfungsabschnitte unterteilen. Im ersten Kapitel werden die Gründe und Möglichkeiten für eine stärkere Einbeziehung des Europäischen Parlaments in das Änderungsverfahren erörtert. Das zweite bis siebte Kapitel beinhalten die rechtsvergleichende Studie der Verfassungen der Mitgliedstaaten Deutschland und Frankreich sowie der drei skandinavischen Mitgliedstaaten Finnland, Dänemark und Schweden.

---

[15] *Pernice*, JöR 48 (2000), S. 212.

[16] Entsprechend der Ansatz für das von *Schwarze* geleitete, rechtsvergleichende Forschungsprojekt, in ders., Die Entstehung einer europäischen Verfassungsordnung, S. 13.

Die Untersuchung mußte sich auf eine Auswahl an Mitgliedstaaten beschränken, um angesichts des Prüfungsumfanges die Qualität der Untersuchung zu gewährleisten. Die Prüfung des deutschen Grundgesetzes war insoweit selbstverständlich. Die französische Verfassung wurde ausgewählt, weil sie zum einen spezifische, in der deutschen Verfassungsordnung nicht ausgeprägte Probleme wie das nationale Souveränitätsverständnis aufwirft und zum anderen, weil Frankreich ein Gründungsmitglied der Gemeinschaften und eine vorantreibende Kraft im Integrationsprozeß ist. Aufgrund der Ausrichtung der Heimatfakultät der Bearbeiterin auf den Ostseeraum wurden auch die skandinavischen Verfassungen geprüft. Für die Prüfung der Verfassungen der drei skandinavischen Mitgliedstaaten sprach auch, daß zum nordischen Rechtskreis bislang nur wenige Analysen existieren. Eine Einbeziehung von Verfassungen der Beitrittsstaaten wäre auf jeden Fall sinnvoll gewesen. Es wurde zu Beginn der Untersuchung jedoch hinsichtlich der Verfassungen der Beitrittskandidaten mit Anpassungen an die Anforderungen des europäischen Rechtssystems gerechnet, so daß aufgrund dieser Dynamik eine Untersuchung der Verfassungen nach ihrem Beitritt zweckmäßiger erschien.

Als Ergebnis der Untersuchung sind allgemeine Schlußfolgerungen bezüglich der Realisierungschancen des hier zu untersuchenden Integrationsschritts zu ziehen.

1. Kapitel: Die Forderung einer stärkeren Beteiligung des Europäischen Parlaments am Vertragsänderungsverfahren

A. *Bedeutung des Vertragsänderungsverfahrens im Kontext der europäischen Verfassungsdiskussion*

Ordnete der EuGH[1] und ein großer Teil des europarechtswissenschaftlichen Schrifttums[2] seit langem dem Primärrecht der Union - zumindest in Teilen – Verfassungselemente zu, stellten andere bereits die Verfassungsfähigkeit der Europäischen Union in Frage[3]. Die Diskussion zur Verfassungsqualität der Verträge ist im wesentlichem darauf zurückzuführen, daß einerseits aufgrund der interdisziplinären Thematik von sehr unterschiedlichen Verfassungsbegriffen ausgegangen wird und zum anderen, daß in unterschiedlichem Umfang verfassungsstaatliche Maßstäbe und Vorbilder herangezogen werden.[4] Mittlerweile hat der Europäische Rat am 18.07.2004 in Dublin den vom EU-Reformkonvent erarbeiteten Verfassungsvertrag beschlossen.[5] Die Ratifizierung des Vertrags steht noch aus. Mit diesem Vertrag werden Verfassungselemente des Vertragsentwurfs ausdrücklich anerkannt.

Diese Zuordnung von Verfassungselementen bzw. -funktionen kann jedoch nicht ohne Einfluss auf die Bewertung von Rechtsnatur bzw. Funktion des Vertragsänderungsverfahrens bleiben, in dessen Rahmen unmittelbar auf das Vertragsgefüge eingewirkt wird. Es stellt sich die Frage, ob an das Vertragsänderungsverfahren nicht die gleichen Anforderungen unter dem Gesichtspunkt der Legitimität zu stellen sind, also an Legitimationssubjekt und Verfahrensweise wie sie an den Prozeß der Verfassungsgebung und -änderung in den staatlichen Systemen erhoben werden. An den für völkerrechtliche Verträge entwickelten Legitimationsmechanismen wird man jedenfalls nicht uneingeschränkt festhalten können.[6] Um die verfassungsspezifische Bedeutung des Vertragsänderungsverfahrens für die Unionsgrundordnung zu bestimmen, soll im Folgenden zunächst die spezifische Qualität und Funktion der Verträge als Gegenstand des Verfahrens näher dargelegt werden.

---

[1] Erstmals in EuGH, Rs. 294/83, *Les Verts*, Slg. 1986, S. 1339.

[2] Statt vieler *Pernice*, JöR 48 (2000), S. 214; *Häberle*, Europäische Verfassungslehre, S. 208 ff.

[3] *Kirchhof*, HdbStR Bd. I, S. 784; *Isensee*, FS Everling, S. 580 f.

[4] Dazu die umfassenden Analysen von *Peters*, Elemente einer Theorie der Verfassung; *Hertel*, Supranationalität des Verfassungsbegriffs sowie *Dorau*, Verfassungsfrage der EU.

[5] Im Folgenden wird der Untersuchung die vom Sekretariat veröffentlichte konsolidierte Fassung des Vertrages über eine Verfassung für Europa zugrundegelegt, CIG 86/04.

[6] Siehe auch *Nettesheim*, XX. FIDE-Kongreß, S. 6, der von einem „Zusammenbruch" der überkommenden Erklärungs- und Legitimationsmuster spricht.

I. Verfassungsspezifischer Gegenstand des Änderungsverfahrens

Gemäß Art. 48 EUV, der die früheren Regelungen des Art. 236 EGV und des Art. 204 EAV ablöste, gilt das Verfahren der Vertragsänderung für „die Änderung der Verträge, auf denen die Union beruht“. Hiervon umfaßt sind die Änderung und Ergänzung des Wortlautes des EUV und der zwei Gemeinschaftsverträge, einschließlich der diesen Verträgen beigefügten Protokolle[7]. Die Verfahrensvorschrift findet auch Anwendung auf Änderungen der primärrechtlichen Grundlagen, die diese Verträge ergänzen.[8]

Die verfassungsspezifische Bedeutung der Verträge ergibt sich aus der für die Europäische Union wesensgemäßen supranationalen Ausgestaltung der Gemeinschaftsordnung. Insoweit hebt sich die Union von Internationalen Organisationen ab. Im Folgenden werden daher zunächst die Spezifika des Primärrechts heraus-gearbeitet werden, aus denen sich die verfassungsspezifischen Funktionen der Verträge ableiten lassen. Die Verfassungsfunktionen werden im Anschluß genauer beleuchtet. Abschließend werden die besonderen Anforderungen an das Vertragsänderungsverfahren dargelegt, die sich aus der verfassungsspezifischen Bedeutung der Verträge ergeben.

1. Die Gemeinschaften als autonome Herrschaftsordnung?

a) Eigenständigkeit der Gemeinschaftsordnung und Bedingung staatlicher Rezeption

Die Europäische Gemeinschaften und die Europäische Union sind von den Mitgliedstaaten im Wege völkerrechtlicher Verträge auf Grundlage der staatlichen Verfassungen gegründet worden. Hinsichtlich des Begründungsaktes unterscheiden sie sich nicht von den internationalen Organisationen klassischen Typs. Da die Mitgliedstaaten gemäß Art. 48 EUV weiterhin die Entscheidungskompetenz über die Revision der Verträge innehaben, kann von einer Loslösung der Gemeinschaftsgewalt von ihrer völkervertraglichen Grundlage nicht gesprochen

---

[7] Wie bspw. die Satzung des EuGH.

[8] Z. B. die selbständig bleibenden Teile des Amsterdamer Vertrages - dazu *Meng*, in Groeben/Thiesing/Ehlermann: EU-/EG-Vertrag, Art. O, Rz. 32. In Fällen, in denen Mitgliedstaaten im Rahmen von Verträgen oder gemeinsamen Erklärungen etwas regeln, was die Verträge allenfalls ergänzt, jedoch nicht formell ändert, kann die Anwendbarkeit der Verfahrensvorschrift des Art. 48 EUV problematisch sein. Insoweit muß die Vertragsänderung von der Möglichkeit der Mitgliedstaaten, einen neuen Koordinationsrahmen außerhalb der Union zu schaffen, abgegrenzt werden - zu diesem Fragenkreis *Meng*, a. a. O., Rz. 35.

werden.[9] Die völkervertragliche Grundlage der Union ist ein wichtiges Wesensmerkmal, in dem sich die Union von einer staatlichen Organisation unterscheidet.[10] Anders als im staatlichen System geht die Grundordnung der Union nicht auf einen gezielten Akt der Verfassungsgebung auf zentraler Ebene zurück, sondern beruht auf dem vertraglichen Zusammenwirken ihrer Mitgliedstaaten.[11] Mit dem notwendigen Ratifikationsakt auf Grundlage der nationalen Verfassungen bleibt die Unionsordnung an diese rückgebunden.[12]

Wenn auch die völkervertragliche Ausgangslage dieselbe ist, so grenzt sich die Union im Bereich der Gemeinschaften aufgrund der hier geltenden eigenständigen, von den Verfassungsordnungen der Mitgliedstaaten losgelösten Rechtsordnung erheblich von denen klassischer internationaler Organisationen ab.[13] Aufgrund der völkerrechtlichen Verträge sind den Gemeinschaftsorganen vormals staatliche Hoheitsrechte zur Ausübung zugewiesen worden. Aufgrund dieser Kompetenzen können die Gemeinschaftsorgane Rechtsakte setzen, die unmittelbar in Kraft treten und für die Einzelperson unmittelbar verbindlich werden, ohne daß es eines weiteren Umsetzungsaktes des jeweiligen Mitgliedstaates bedarf.[14] Daneben enthalten die Gründungsverträge der Gemeinschaften Bestimmungen wie z. B. zu den Grundfreiheiten, die aufgrund ihrer Vollständigkeit und Bedingungslosigkeit unmittelbare Wirkung entfalten können.
Zwar sind sog. self-executing Regelungen sowie die eigenständige Rechtssetzungs- bzw. Exekutivgewalt von Organen internationaler Organisationen für das Völkerrecht nicht untypisch.[15] Auch das Merkmal der unmittelbaren Wirkung schließt den völkerrechtlichen Charakter einer Organisation nicht aus. In dem Zusammenhang verweist *Classen* zu Recht auf den international organisierten Menschenrechtsschutz.[16]

---

[9] Classen, in v.Mangoldt/Klein/Starck, GG, Art. 23, Rz. 4. Anders *Everling*, FS Mosler, S. 191, nach dessen Ansicht sich der Bestand der Gemeinschaften vom Willen der sie tragenden Staaten zu lösen beginnt. Es muß jedoch zwischen dem Begründungsakt einerseits und der Qualität des Rechts, zu dessen Setzung der Gründungsakt ermächtigt, klar getrennt werden. Danach können die Verträge die Grundlagen für eine Rechtsordnung schaffen, die sich in ihrer normativen Dichte und Effizienz von den allgemeinen völkerrechtlichen Regeln unterscheidet und dennoch weiterhin einen völkerrechtlichen Ursprung haben - *Geiger*, Grundgesetz und Völkerrecht, S. 213.

[10] *Classen*, AöR 119 (1994), S. 240.

[11] *Oeter*, in Bruha/Hesse/Nowak: S. 252 f.; *Oppermann*, Europarecht, Rz. 902 ff.

[12] Zur Bedeutung des nationalen Rezeptionsaktes *Huber*, EuR 2003, S. 588 f.

[13] Die supranationale Hoheitsgewalt wird nur in der in Art. 1 Abs. 3 EUV umschriebenen Säule der Gemeinschaften ausgeübt. In den übrigen Bereichen gelten in weiten Teilen noch die Prinzipien intergouvernementaler Zusammenarbeit.

[14] EuGH, *Van Gend & Loos*, Rs 26/62, Slg. 1963, S. 1 (24 f).

[15] In diesem Zusammenhang wird auf verschiedene internationale Flußkommissionen verwiesen. Siehe zu Beispielen *Classen*, in v.Mangoldt/Klein/Starck: GG, Art. 24, Rz. 59 ff.

[16] *Classen*, in v.Mangoldt/Klein/Starck: GG, Art. 24, Rz. 17 f. unter Hinweis auf die Individualbeschwerde nach Art. 34 EMRK und den Schadensersatzanspruch nach Art. 41 EMRK.

Der spezifisch supranationale Charakter der Union, der sie von anderen internationalen Organisationen unterscheidet, ergibt sich aus einer Gesamtbetrachtung ihrer Grundlagen. Bei den an die Europäischen Gemeinschaft übertragenen Aufgaben handelt es sich um Kompetenzen von allgemeiner gesellschaftlicher Relevanz.[17] Zudem ist es gerade der Umfang des Aufgabenbereiches der Gemeinschaften und die Kompetenzfülle der Gemeinschaftsorgane, was die Europäische Union aus dem Feld der internationalen Organisationen heraushebt.[18] *Oppermann* geht aufgrund des Ausmaßes an Akkumulation spezifischer Organisationsbefugnisse bereits von einem Umschlag in eine „neue Rechtsordnung des Völkerrechts" aus.[19] Schließlich bleibt auf die Verpflichtung der Union auf gemeinsame politische Grundwerte hinzuweisen. Das von *Ipsen* geprägte Bild der Gemeinschaften als unpolitischer „Zweckverband" wird heute einhellig als nicht mehr adäquat angesehen.[20]
Mit der Eigenständigkeit des Gemeinschaftsrechts als ein aus den Verträgen als autonome Rechtsquelle fließendes Recht hat der EuGH schließlich den Vorrang der Gemeinschaftsregelungen vor entgegenstehenden innerstaatlichen Rechtsvorschriften begründet.[21] Auch die Unterwerfung der Mitgliedstaaten unter die obligatorische Gerichtsbarkeit des EuGH ist ein wesentlicher Indikator für die Selbständigkeit der Unionsordnung.[22] Mit der Herausarbeitung allgemeiner, auf die gemeinsame Verfassungstradition der Mitgliedstaaten gestützter Rechtsgrundsätze hat der EuGH als supranationaler Gerichtshof in einem bisher nicht bekannten Ausmaß auch auf die Verfassungsordnungen der Mitgliedstaaten

---

[17] Mit der Währungshoheit und Teilen der inneren und polizeilichen Sicherheit wurden der Gemeinschaft Kompetenzbereiche zugewiesen, die bislang nur staatlichen Systemen zukamen.
[18] Zu dieser Diskussion *Hillgruber*, AVR 1996, S. 356.
[19] *Oppermann*, FS Ipsen, S. 692 (nunmehr auch in Europarecht, Rz. 908); ähnlich der EuGH, Rs. 26/62, *Van Gend & Loos*, Slg. 1963, S. 25. Auf den hinsichtlich Umfang der Kompetenzen und Intensität der Integration bestehenden Unterschiede der EU im Verhältnis zu den von Art. 24 Abs. 1 GG erfaßten zwischenstaatlichen Einrichtungen weist auch *Classen*, in v.Mangoldt/Klein/Starck: GG Bd. 2, Art. 24, Rz. 3 hin.
[20] Siehe zur Auseinandersetzung mit der von *Ipsen* begründeten Lehre vom funktionalen Zweckverband u. a. *v. Bogdandy*, Integration 1999, S. 98 f. Hingegen vertrat *Isensee*, FS Everling, S. 583 weiterhin die Auffassung, daß sich die Grundstruktur der Gemeinschaften als Zweckverband trotz des Aufgabenzuwachses mit Einführung der Union kaum verändert habe.
[21] EuGH, Rs. 6/64, *Costa/E.N.E.L.*, Slg. 1964, S. 1251 (1269 f.). Nach *Oppermann*, Europarecht, Rz. 896, ist die Vorrangwirkung des Gemeinschaftsrechts prägend für die „Unabhängigkeit und den Befolgungsanspruch der Gemeinschaftsgewalt bis hin zum einzelnen Unionsbürger".
[22] Aufgrund der Gemeinschaftsverträge wurde dem EuGH die umfassende Kompetenz zur Auslegung des Gemeinschaftsrechts, einschließlich der Gemeinschaftsverträge eingeräumt. Bei Nichtbefolgung seiner Urteile hat der Gerichtshof gemäß Art. 228 Abs. 2 EGV Sanktionsgewalt gegenüber den Mitgliedstaaten. Hierauf eingehend *Hillgruber*, AVR 1996, S. 357; *Lanearts/Gerard*, ELRev. 2004, S. 297.

eingewirkt und als Gemeinschaftsorgan die tatsächliche Entwicklung der Gemeinschaften maßgeblich beeinflußt.[23]
Auch wenn den Gemeinschaftsorganen die Kompetenz und auch die Zwangsmittel[24] gegenüber den Bürgern als Verpflichtungsadressaten zur Durchsetzung von Rechtsgehorsam fehlt, kann dies für die Qualifizierung als eigenständige Herrschaftsordnung und damit als Gegenstand demokratischer Legitimation angesichts der weitreichenden Regelungskompetenzen der Union keine maßgebliche Bedeutung haben.[25]
Als weiteres Kennzeichen der autonomen, supranationalen Struktur der EU ist das in vielen Kompetenzbereichen geltende Mehrheitsprinzip zu nennen. Im Vergleich dazu wird im Völkerrecht, das durch den Grundsatz der souveränen Gleichheit der Staaten geprägt ist (Art. 2 Ziffer 1 UN-Charta), mit der Geltung des Einstimmigkeitsprinzips gerade die Souveränität der Staaten garantiert.[26] Zwar gilt das Einstimmigkeitsprinzip heute im Völkerrecht nicht mehr uneingeschränkt. Angesichts des Umfanges und der z. T. für die Mitgliedstaaten sehr sensiblen Regelungsgegenstände der Gemeinschaftsgewalt hat die Geltung des Mehrheitsprinzips innerhalb der Gemeinschaften eine viel umfassendere Dimension. Kennzeichnend ist auch, daß die Gemeinschaftsorgane sich in ihrer Entscheidungsfindung am europäischen Gemeinwohl und nicht an singulären staatlichen Interessen zu orientieren haben.[27]

Die Gemeinschaftsordnung stellt eine neue hoheitliche Struktur jenseits der Nationalstaaten dar.[28] Die Autonomie dieser neuen Herrschaftsordnung bezieht sich auf die Ausübung der an die Gemeinschaftsorgane überwiesenen Kompetenzen; in ihrem Ursprung bleibt die Gemeinschaftsordnung weiterhin abgeleitet von den Verfassungen der Mitgliedstaaten.[29]

---

[23] Dies gilt u. a. für das vom EuGH entwickelte System von Gemeinschaftsgrundrechten wie es in der Grundrechtscharta verankert ist. Siehe dazu *Oppermann*, Europarecht, Rz. 384 f.
[24] Sanktionsgewalt kommt den Gemeinschaftsorganen nur gegenüber den Mitgliedstaaten und in eng umgrenzten Bereichen zu (u. a. gemäß Art. 83 Abs. 2a u. Art. 104 Abs. 11 EGV zugunsten der Kommission u. gemäß Art. 228 Abs. 2 EGV zugunsten des EuGH zur Durchsetzung seiner Urteile). Art. 10 EGV verpflichtet die Mitgliedstaaten, das Gemeinschaftsrecht wie staatliches Recht anzuwenden und durchzusetzen.
[25] „Rechtsgemeinschaft" im Unterschied zur Zwangsgemeinschaft - dazu *v. Bogdandy*, Supranationaler Föderalismus, S. 36 und 53.
[26] *Kluth*, Die demokratische Legitimation, S. 48.
[27] Insoweit ist vor allem das Initiativrecht der Kommission sowie deren Schlüsselfunktion bei der Politikformulierung von Bedeutung - dazu *v. Bogdandy*, Die europäische Option, S. 110.
[28] *v. Bogdandy*, a. a. O., S. 102; *Oeter*, in v. Bogdandy: Europäisches Verfassungsrecht, S. 71 ff. (EU als „föderatives Mischsystem").
[29] *Hertel*, Supranationalität als Verfassungsprinzip, S. 138.

b) Unionsbürgerschaft als eigenständiger Bürgerstatus

An dem mit der Unionsbürgerschaft begründeten, gemeinschaftsbezogenen *status activus* des einzelnen Bürgers wird die Autonomie der europäischen Rechtsordnung besonders deutlich.[30] Die Unionsbürgerschaft begründet ein wechselseitiges Verhältnis an Rechten und Pflichten zwischen den Bürgern und den Gemeinschaftsorganen. Der Unionsbürger ist unmittelbarer Adressat von Gemeinschaftsakten. Gleichzeitig räumt die Gemeinschaftsordnung dem Unionsbürger umfassende Rechtspositionen ein, die er auch gegenüber nationalem Recht vor dem EuGH durchsetzen kann. Hatten diese Rechte anfänglich vor allem wirtschaftlichen Charakter, sind im Verlauf des Integrationsprozesses die politische Partizipationsrechte der Bürger immer stärker ausgebaut worden. Insoweit sind neben dem Wahlrecht zum Europäischen Parlament gemäß Art. 19 Abs. 2 EGV auch das Petitionsrecht sowie das Zugangsrecht zum Bürgerbeauftragten gemäß Art. 21 i. V. m. Art. 194, 195 EGV zu nennen. Besondere Erwähnung findet die Unionsbürgerschaft auch im Parteienartikel des Art. 191 EGV. Damit hat sich das Bild vom Marktbürger längst zu einem umfassenden Bürgerstatus gewandelt.[31]

Von entscheidender Bedeutung für die Rechtsstellung des Bürgers sind die vom EuGH entwickelten und nunmehr in der Grundrechtscharta konstitutionalisierten Grundrechtsstandards. In der Präambel der Charta der Grundrechte wird ausdrücklich festgestellt, daß mit der Unionsbürgerschaft „die Person in den Mittelpunkt [des] Handelns der Union“ gestellt wird.

Dem gegenüber basiert die Völkerrechtsordnung traditionell auf zwischenstaatlichen Beziehungen; die Staaten als Begründer der völkerrechtlichen Bestimmungen sind gleichzeitig ihre Verpflichtungsadressaten. Zwar ist diese Kongruenz zwischen Subjekt und Objekt der Rechtsordnung im Völkerrecht nicht mehr uneingeschränkt vorhanden.[32] Das Bestehen einer unmittelbaren Rechtsbeziehung zwischen Organen einer internationalen Organisation und den Bürgern eines Mitgliedsstaates ist damit nicht untypisch für das Völkerrecht, was nicht zuletzt auf die im Zuge der Globalisierung zunehmende Bedeutung der Internationalen Organisationen zurückzuführen ist. Was die Europäische Union von diesen Organisationen trotz dessen unterscheidet, ist der Umfang und der teilweise politische Charakter der Rechte des Einzelnen, was schließlich zu

---

[30] *Kluth*, Die demokratische Legitimation, S. 46.

[31] *Häberle*, Europäische Verfassungslehre, S. 352 ff. Zum Entwicklungsprozeß *Magiera*, DÖV 1987, S. 221 ff. sowie *Oppermann*, in Nicolaysen/Quaritsch, Lüneburger Symposium, S. 87 ff.

[32] Auf das Beispiel der EMRK wurde bereits in Fn. 16 hingewiesen. Als weiteres Beispiel ist die WTO zu nennen, die über autonome Durchsetzungsmechanismen zur Streitbeilegung verfügt (Art. 22 der Vereinbarung über Regeln und Verfahren zur Beilegung von Streitigkeiten, BGBl. 1994 II S. 1749).

einem eigenständigen, auf die Gemeinschaften bezogenen Bürgerstatus geführt hat.[33]

In ihrer Konzeption gemäß Art. 17 EGV knüpft die Unionsbürgerschaft an die Staatsbürgerschaft an. Die Staatsbürgerschaft wird durch den gemeinschaftseigenen Bürgerstatus nicht ersetzt, sondern ergänzt.[34] Anders als im staatlichen System begründet die Unionsbürgerschaft kein umfassendes Treue- und Schutzverhältnis. Entsprechend der Gründung der Gemeinschaftsordnung auf einen enumerativen Kompetenzbereich sind auch die mit der Unionsbürgerschaft verbundenen Rechte entsprechend punktuell geregelt.[35]

Im Ergebnis bleibt festzustellen, daß die Unionsordnung sich in Hinblick auf die Einbeziehung des Bürgers als Rechtssubjekt einer staatlichen Ordnung annähert.[36] Angesichts dieser Strukturen wird geltend gemacht, daß die im klassischen Völkerrecht geltenden Legitimationsmuster, also eine ausschließliche Legitimation des Rechts über die mitgliedstaatlichen Organe, für das Gemeinschaftsrecht nicht mehr ausreichen.[37] Schließlich wird aus der Autonomie der Unionsordnung im Vergleich zu den klassischen Systemen internationaler Organisationen sowie aus dem konstitutionalisierten *status activus* des Unionsbürgers auf spezifische Verfassungsqualitäten des europäischen Primärrechts geschlußfolgert.

2. *Verfassungsspezifische Bedeutung des Primärrechts*

a) Die Verfassungsfunktionen

Befaßt man sich mit der gegenwärtigen wissenschaftlichen Debatte bezüglich des Vorganges einer Verfassungsbildung innerhalb der Europäischen Union, so kann man zwei unterschiedliche Verfassungsansätze erkennen. Auf der einen Seite wird eine Unionsverfassung unter Anknüpfung an den Geltungsgrund diskutiert; auf der anderen Seite werden die Verfassungsfunktionen der Verträge

---

[33] Ähnlich *Classen*, AöR 119 (1994), S. 240.

[34] *Pernice*, JöR 48 (2000), S. 215.

[35] *Ress*, JuS 1992, S. 987, der in der Unionsbürgerschaft Ähnlichkeiten zum Institut des „British Subject" im System des Commonwealth erkennt.

[36] Dazu *Classen*, AöR 119 (1994), S. 240 m. w. N.

[37] *Kluth*, Die demokratische Legitimation, S. 44 ff. Auch das deutsche BVerfG hatte im Maastricht-Urteil festgestellt, daß ein weiterer Ausbau der Aufgaben und Befugnisse der Gemeinschaft eine ergänzende demokratische Legitimation durch das Europäische Parlament als Gemeinschaftsorgan erforderlich macht - BVerfGE 89, 155 (184 f.). Das Gericht bezog sich insoweit allerdings ausschließlich auf die Verfahren der Gemeinschaftsgesetzgebung.

analysiert.[39] In diesem Kontext müssen auch die schon fast widersprüchlichen Forderungen einerseits nach einer Verfassungsgebung für die Union und andererseits nach Verbesserung der Verträge bei Zugrundelegung ihrer Verfassungsqualität gesehen werden.[40]

Es besteht jedoch eine breite Übereinstimmung bezüglich der Annahme, daß die Verträge Funktionen vergleichbar mit denen nationaler Verfassungen übernehmen. Ausgegangen wird von einem normativen Begriffsansatz, wonach spezifische Funktionen wie die Legitimationsfunktion, Organisationsfunktion und Begrenzungsfunktion zugeordnet werden.[41] Die Legitimationsfunktion erfüllen Verfassungen, indem die Herrschaftsunterworfenen bei Konstituierung der Herrschaftsgewalt, also bei Installation von Organen sowie Verfahren für die Ausübung der Kompetenzen, einbezogen werden. Durch die Einführung von grundlegenden Prinzipien wie Rechtsstaatlichkeit und Gewaltenteilung sowie eines Grundrechtskataloges begrenzt die Verfassung hoheitliche Machtausübung und garantiert Bereiche individueller Freiheit. Als weitere klassische Verfassungsfunktion kommt die identitäts- und integrationsstiftende Funktion der Verfassung hinzu, indem sie die gemeinsamen Werte formuliert, auf der die Gesellschaft beruht.
Das Verrechtlichungsbedürfnis, das eine Verfassung befriedigt, ist auch auf die EU übertragbar, da es sich auf die Hoheitsgewalt und nicht auf die Organisationsform Staat bezieht.[42] Das in den Verträgen verkörperte Recht konstituiert die Union mit ihren Institutionen und Verfahren zur Ausübung der an die Gemeinschaft übertragenen Hoheitsbefugnisse. Dem Gemeinschaftsrecht kommt Vorrang vor Sekundärrecht, aber auch vor nationalem Recht zu. Grundlegende Forderungen des Konstitutionalismus wie die Verpflichtung der Gemeinschafts-

---

[39] *Grimm* hat dies in Die Zeit vom 18.03.1999, S. 4, mit folgender These zuspitzt: ‚Während sich Nationen selbst eine Verfassung geben, würde der Europäischen Union eine Verfassung von Dritten gegeben'. Einen noch engeren Ansatz vertrat in der Vergangenheit *Kirchhof*, nach dessen Ansicht die Verfassung die Existenz eines Staates bzw. zumindest sein Entstehen bereits voraussetzt - *Kirchhof*, HdbStR Bd. I, § 13, S. 784. Einen grundlegend anderen Ansatz vertritt der Europarechtler *Pernice*. Unter Wiederbelebung der klassischen Lehren vom Verfassungsvertrag erkennt er in den Verträgen einen zwischen den Bürgern der Mitgliedstaaten, vertreten durch ihre Regierungen oder Parlamente, abgeschlossenen europäischen *contrat social* - *Pernice*, FS Steinberger, S. 1324; *ders.*, JöR 48 (2000), S. 208 f.

[40] Auf diese Ambivalenz weisen auch *Grimm*, Braucht Europa eine Verfassung?, S. 11 sowie *Oeter*, in Bruha/Hesse/Nowak, S. 245, hin.

[41] *Hertel*, Supranationalität, S. 29 ff. und 104 in Abgrenzung zum deskriptiven Begriff; *Walter*, DVBl. 2000, S. 3; *Pernice*, in Bruha/Hesse/Nowak, S. 24 ff.; *Grimm*, StWStPr 6 (1995), S. 512 ff.

[42] So auch *Grimm*, StWStPr 6 (1995), S. 516 mit der Einschränkung, daß die Gemeinschaft anders als der Staat mangels eines vorgängigen sozialen Substrats überhaupt nur als Rechtsgemeinschaft entstand; ähnlich *Huber*, VVDStRL 60 (2001), S. 199.

organe zur Achtung der Grundrechte sind erfüllt.[43] Hervorzuheben bleibt, daß die klassisch primäre Schutzfunktion der Verfassung - verkörpert insbesondere in den grundrechtlichen Abwehrrechten des Einzelnen gegen rechtwidrige Hoheitsakte - für die Gemeinschaftsakte nur über das Primärrecht gewährleistet wird. Für den Rückgriff auf das nationale Verfassungsrecht, insbesondere die nationalen Grundrechtsgewährleistungen bleibt in der Regel kein Raum.[44] Mit dem Bekenntnis zur Achtung der Grundrechte sowie der Einräumung demokratischer Rechte wie dem Petitionsrecht haben die Verträge auch einen wesentlichen integrativen Gehalt.[45]

Lediglich hinsichtlich der Legitimationsfunktion der Verträge besteht Uneinigkeit, was auf die unterschiedlichen Ansätze hinsichtlich der Bestimmung der Legitimationsträger zurückzuführen ist. Nach *Grimm*, der die durch die Verträge konstituierte Gemeinschaftsgewalt auf die Mitgliedstaaten zurückführt, bleiben die Verträge insoweit hinter einer Verfassung zurück.[46] Nach dem Ansatz von *Häberle* und *Pernice*, die das Primärrecht als eine von den Unionsbürgern installierte Vertragsverfassung verstehen, kann die Legitimationsfunktion auch durch die Verträge gewährleistet werden.[47]

b) Relevanz der Verfassungsdiskussion vor dem Hintergrund des Globalisierungs- und Integrationsprozesses

Angesichts der Einigkeit hinsichtlich der Annahme verfassungsrechtlicher Funktionen der Verträge kann die Frage aufgeworfen werden, ob es sich bei der Diskussion über die Verfassungsqualität der Verträge nicht im Kern um eine Scheindiskussion, um einen Streit um Begrifflichkeiten handelt. Schließlich ist man sich auch einig, daß eine Verfassung in dem Sinne wie sie dem Nationalstaat ursprünglich zugrunde lag, für die Europäische Union derzeit nicht erreichbar und auch nicht erstrebenswert ist.

Die im Rahmen des Globalisierungsprozesses erfolgte Übertragung von Hoheitsrechten auf überstaatliche Institutionen muß sich auch in der Erfassung der Verfassungsfunktionen widerspiegeln.[48] Der bislang der Verfassung zugeschriebene Anspruch, Hoheitsgewalt territorial begrenzt, aber sachlich umfas-

---

[43] Mit der Entwicklung von gemeinschaftsbezogenen Grundrechtsstandards kommt dem EuGH eine entscheidende Rolle bei der Herausbildung des verfassungsrechtlichen Charakters zu - dazu *Häberle*, DVBl. 2000, S. 841 f., mit Verweis auf die Homogenitäts- und Gewährleistungsklausel des Art. 7 EUV, die Einführung von Parlamentswahlen und das Subsidiaritätsprinzip.

[44] BVerfGE 89, 155 (174 ff.). *Huber* spricht gar von einer „Verkümmerung des nationalen Verfassungsrechts in seiner Schutzfunktion zu einer Reserveordnung“, in VVDStRL 60 (2001), S. 202.

[45] *M. Schröder*, FS Heymanns Verlag, S. 513 ff.

[46] *Grimm*, StWStPr 6 (1995), S. 517 ff.

[47] *Häberle*, DVBl. 2000, S. 841 sowie *Pernice*, in Bruha/Hesse/Nowak, S. 28.

[48] *Badura*, FS Scheuner, S. 38; *Pernice*, VVDStRL 60 (2001), S. 154 („postnationale Verfassungstheorie“).

send zu verfassen, ist nicht mehr einlösbar.[49] Wenn die Zwecke des Gemeinwohls nicht mehr allein durch den Staat, sondern auch durch supranationale Einrichtungen wie die Union gewährt werden, muß sich der Verfassungsbegriff für die Erfassung dieser Strukturen öffnen.[50] Damit rücken jedoch die dargelegten Verfassungsfunktionen selbst in den Vordergrund.
Mit der Verwendung des Verfassungsbegriffs für Bereiche des Primärrechts der Union soll verdeutlicht werden, daß die Verträge für die supranationale Ebene bestimmte Funktionen, vergleichbar mit denen nationaler Verfassungen übernehmen. Insoweit kann dieser Begriff aber beliebig durch Begriffe wie „Grundordnung“[51] oder „Charta“[52] ersetzt werden. An die dargestellten Verfassungsfunktionen des Primärrechts knüpft schließlich auch die Titulierung des vom EU-Reformkonvent erarbeiteten, konsolidierten Vertragswerks als „Verfassungsvertrag“ an.

3. *Schlußfolgerungen für das Vertragsänderungsverfahren*

Das Vertragsänderungsverfahren findet gerade auch auf solche Normen Anwendung, die nach dem dargelegten funktionellen Verfassungsbegriff von spezifischer Verfassungsqualität sind, also auf Regelungen über Organisation und Aufgaben der Organe oder z.B. zur Ausformung des Subsidiaritätsprinzips. Der Maastricht-Vertrag, der die neue „Drei-Säulen-Konstruktion“ der Union und so grundlegende Neuerungen wie die Unionsbürgerschaft einführte, wurde im Verfahren des früheren Art. 236 EGV erlassen.[53] Schließlich wurde auch der vom EU-Reformkonvent vorgelegte Entwurf eines Verfassungsvertrages im Verfahren des Art. 48 EUV beschlossen.

Die Bedeutung des Vertragsänderungsverfahrens wird durch die Rechtsprechung des EuGH zur „verfassungsrechtlichen Dimension“ von sekundärrechtlichen Rechtsetzungsakten noch unterstrichen. In seinem Gutachten zum Beitritt der Europäischen Union zur EMRK stellte der EuGH fest, daß derartige Rechtssetzungsakte nur im Verfahren des Art. 48 EUV erlassen werden können und setzte damit im konkreten Fall der Lückenfüllungskompetenz des Art. 308 EGV (ex-Art. 235 EGV) eine immanente Schranke.[54] Von „verfassungsrechtlicher Dimension“ sind danach

---

[49] *Walter*, DVBl. 2000, S. 8. Dieser Prozeß wird mit der von *Vogel*, Die Verfassungsentscheidung, S. 33 ff, geprägten Formulierung von der „offenen Staatlichkeit“ treffend umschrieben.
[50] *Pernice*, FS Steinberger, S. 1324.
[51] *Tsatsos*, FCE 1/99, S. 122.
[52] EuGH, *1. EWR*-Gutachten, Slg. 1991, 6079 (6102): *„charte constitutionnelle d'une communauté de droit“*.
[53] Ein Überblick bei *Meng*, in Groeben/Thiesing/Ehlermann, EU-/EG-Vertrag, Art. N, Rz. 9 ff.
[54] EuGH, Gutachten 2/94, *EMRK*, Slg. 1996 I-1759 (1783, 1789).

„wesentliche Änderungen des Gemeinschaftssystems", Änderungen, die „grundlegende institutionelle Auswirkungen sowohl auf die Gemeinschaft als auch auf die Mitgliedstaaten hätten". Ziel dieses Ansatzes ist es, die Möglichkeit von sekundärrechtlichen Vertragsdurchbrechungen ohne Änderung der verfassungsrechtlichen Grundlagen der Union bzw. der EG auszuschließen.[55] Mit Einhaltung des Vertragsänderungsverfahrens wird in diesen Fällen gewährleistet, daß die Interessen der Mitgliedstaaten bei der jeweiligen Anpassung des Vertragsrechts in grundlegenden Fragen Berücksichtigung findet. Das Vertragsänderungsverfahren zeichnet sich insoweit durch das Zusammenwirken von Gemeinschaftsorganen und Mitgliedstaaten aus, die eine Abwägung von Gemeinschaftsinteressen und mitgliedstaatlichen Interessen gewährleisten soll.

Daß der Anwendungsbereich des Art. 48 EUV sich, wenn auch nicht ausschließlich, auf Normen von „verfassungsspezifischer" Bedeutung bezieht, ist nicht zuletzt auf den besonderen supranationalen Charakter der Gemeinschaftsordnung zurückzuführen.

II. Die Union als Verfassungsverbund

Angesichts des fortschreitenden Integrationsprozesses setzt sich zunehmend die Erkenntnis durch, daß die staatlichen Systeme und das Unionssystem nicht isoliert voneinander betrachtet, sondern nur in ihrer wechselseitigen Beziehung zueinander erfaßt werden können. Die Verträge werden als Teile eines zusammen mit den nationalen Verfassungen gebildeten Verfassungsverbundes aufgefaßt.[56]

Der Begriff Verfassungsverbund umschreibt den Umstand, daß weder die Verfassungen der Mitgliedstaaten noch das Primärrecht der Union für sich allein gelten, also keine der beiden Ordnungen die Hoheitsausübung gegenüber dem Bürger sachlich ausschließlich und vollumfassend regelt. Sie sind in dem Sinne „fragmentarischer Natur"[57]. Beide Ebenen stehen jedoch in einer Art Kooperationsverhältnis zueinander, das durch eine funktionelle Verflechtung und norma-

---

[55] So führte der EuGH aus, daß Art. 235 EGV „jedenfalls nicht als Rechtsgrundlage für den Erlaß von Bestimmungen dienen kann, die der Sache nach, gemessen an ihren Folgen, auf eine Vertragsänderung ohne Einhaltung des hierfür vom Vertrag vorgesehenen Verfahrens hinausliefen" - dazu *Vedder/Folz*, in Grabitz/Hilf: Art. N EUV, Rz. 9; zur Abgrenzung zwischen Art. 308 EGV und Art. 48 EUV siehe *Häde/Puttler*, EuZW 1997, 13 ff.

[56] *Thürer*, VVDStRL 50 (1991), S. 126; *Pernice*, VVDStRL 60 (2001), S. 153 u. 163 ff. *Häberle*, Europäische Verfassungslehre, S. 207, spricht stattdessen von „Teilverfassungen". Kritisch bzgl. des geringen normativen Gehalts des Begriffs *Huber*, EuR 2003, S. 575. Zur europaweiten Diskussion der Überblick bei *Lenaerts/Gerard*, ELRev. 2004, S. 293 ff.

[57] *v. Bogdandy*, Supranationaler Föderalismus, S. 12.

tive Verklammerung gekennzeichnet ist.[58] Als quasi „Komplementärverfassung" ist das europäische Primärrecht allein nicht lebensfähig. Es bleibt auf die nationalen Verfassungen angewiesen. Die nationalen Verfassungen werden auch weiterhin maßgebliche Garanten für das Gemeinwohl der durch sie verfaßten Bürger bleiben und in diesem Sinne den politischen Rahmen für die Fortentwicklung der Union bilden.[59] Andererseits sind auch die nationalen Verfassungsordnungen in ihrer Funktionsfähigkeit im gewissen Sinne von der Unionsordnung abhängig, da als Auswirkung der Globalisierung bestimmte staatliche Aufgaben eben nur noch durch Koordinierung auf Unionsebene wirksam wahrgenommen werden können.[60] Die Herausbildung gemeineuropäischer Verfassungsprinzipien wird auch in Zukunft in nicht unbeträchtlichem Maße die nationale Verfassungsebene beeinflussen.
Charakteristisch für die Verklammerung der nationalen und europäischen Rechtsordnungen sind wechselseitig erhobenen Gebote prinzipieller struktureller Kompatibilität. So gebietet Art. 6 Abs. 3 EUV der Union ausdrücklich, „die Nationalität ihrer Mitgliedstaaten zu achten". Als prägnantes Beispiel für ein auf nationaler Ebene verankertes Verfassungsgebot ist Art. 23 Abs. 1 S. 1 GG zu nennen. Andererseits legt Art. 6 Abs. 1 EUV i. V. m. Art. 7 Abs. 1 EUV einheitliche Standards demokratischer Rechtsstaatlichkeit nicht nur für die Union, sondern auch für die Mitgliedstaaten fest.

III. Auswirkungen des Verfassungskonvents

Mit seiner am 14./15. Dezember 2001 verabschiedeten „Erklärung von Laeken zur Zukunft der Europäischen Union"[61] beschloß der Europäische Rat einen „Konvent über die Zukunft der EU" einzusetzen, der in Vorbereitung der folgenden Regierungskonferenz Vorschläge zur Reform der Union formulieren sollte. Die einzelnen Reformthemen quasi überwölbend wurde dem Konvent zur Aufgabe gemacht, den „Weg zu einer Verfassung für die europäischen Bürger"[62] aufzuzeigen. Bereits in seiner Rede zur Eröffnung des Konvents nahm der

---

[58] *Pernice*, Bruha/Hesse/Nowak, S. 31 f. („Doppelverfassung"); *Schwarze*, in ders., Die Entstehung einer europäischen Verfassungsordnung, S. 12 f. Die funktionelle Verflechtung bezieht sich u. a. auf die Einbindung der staatlichen Regierungsvertreter in den gemeinschaftsrechtlichen Entscheidungsfindungsprozeß (Rat) sowie der nationalen Verwaltungen bei Vollzug des Gemeinschaftsrechts. In den Politikwissenschaften ist zur Beschreibung dieser Vernetzung der Verfassungssysteme das Bild vom „Mehrebenensystem" geprägt worden; siehe u. a. *Jachtenfuchs/Kohler-Koch*, in Europäische Integration, S. 23 ff.

[59] Eine Gefahr für die Verbindlichkeit der nationalen Verfassung wie sie *Kirchhof*, in SZ v. 27./28.11.1999, S. 14, von einer europäischen Verfassung ausgehend sieht, ist nicht zu erkennen.

[60] *Oeter*, in v. Bogdandy, S. 104 unter Verweis auf den „Mehrwert" der gemeinsamen Problemlösung.

[61] Abrufbar unter http://european-convention.eu.int/pdf/LKNEN.pdf.

[62] Der erste Verweis auf die Notwendigkeit einer „Verfassung" in einem offiziellen Dokument des Europäischen Rates - *Hummer*, PS, Sonderheft 1/2003, S. 53.

Präsident des Konvents, *Giscard d'Estaing,* dieses herausragende Mandat an und stellte klar, daß das Ziel des Konvents nur in der Verabschiedung eines neuen „Verfassungsvertrages für Europa" bestehen könne.[63]
Als Vorbild diente der in seiner Zielsetzung, nämlich der Verabschiedung der Grundrechtscharta, erfolgreiche Grundrechte-Konvent. Dessen pluralistische Zusammensetzung aus Vertretern der mitgliedstaatlichen Regierungen, der Kommission und Abgeordneten des Europäischen und der nationalen Parlamente wurde bei Besetzung des Verfassungskonvents übernommen.[64] Wie auch beim Grundrechte-Konvent wurde im Wege der Durchführung von Anhörungen die Zivilgesellschaft gezielt in das Verfahren einbezogen.[65] Im Internet war ein eigenes Forum eingerichtet worden, mit dem die Bürger zur Mitarbeit aufgerufen worden waren; die Debatten im Konvent waren über dieses Medium jederzeit und überall zu verfolgen.
Die Tätigkeit des Konvents mündete in den Entwurf eines Vertrages über eine Verfassung für Europa, wie er von den Staats- und Regierungschefs am 18. Juni 2004 in Brüssel angenommen und am 29. Oktober 2004 in Rom unterzeichnet wurde.[66]

1. Verfassungskonvent und Rechtscharakter der Union

Auch wenn der Begriff „Verfassungskonvent" eine Assoziation mit einer verfassungsgebenden Versammlung, in der sich die Idee der verfassungsgebenden Gewalt des Volkes verkörpert, nahelegt[67], so verfügte der Konvent im Unterschied zu einer solchen Versammlung gerade nicht über eine autonome verfassungsgebende Kompetenz. Weder wurden die Mitglieder des Konvents unmittelbar durch ein von ihm zu repräsentierendes, europäisches Volk gewählt, noch war der Konvent befähigt, das von ihm entworfene Vertragswerk selbst in Kraft zu setzen.[68] Die Entscheidung über die Besetzung des Konvents wurde vom Europäischen Rat getroffen; das Mandat des Konvents blieb von vornherein darauf beschränkt, der im Anschluß stattfindenden Regierungs-

---

[63] Rede vom 26.02.2002 - CONV 4/02.

[64] Konkret setzte sich der Konvent aus 15 Vertretern der Staats- und Regierungschefs, 30 Mitgliedern der nationalen Parlamente und 16 Mitgliedern des Europäischen Parlaments sowie 2 Mitgliedern der Kommission zusammen. Den Beitrittsstaaten wurde für 39 Repräsentanten ein Beobachterstatus eingeräumt. Dem Präsidium, besetzt durch *Giscard d'Estaing, Dehaene* und *Amato,* kam in Hinblick auf die Initiierung von Vorschlägen eine Schlüsselrolle zu. Zur Zusammensetzung und Verfahrensweise siehe *Blumenwitz,* PS, Sonderheft 1/2003, S. 44 sowie *Oppermann,* DVBl. 2003, S. 3 f.

[65] Anhörung vom 24./25.6.2002.

[66] Beschluß des Konvents vom 13.07.2003: CONV 820/1/03; 820/03; 797/1/03; 685/03 sowie CONV 847/03 vom 8.07.2003 betreffend Teil III. Zum Beschluß des Europäischen Rats siehe Einleitung, Fn. 8.

[67] So auch *Hobe,* EuR 2003, S. 3.

[68] *Scholz,* KAS-AI 8/03, S. 5 ff.; siehe auch *Schwarze,* EuR 2003, S. 569.

konferenz entsprechende Vorschläge zur Entscheidung zu unterbreiten. Mit der Nizzaer Erklärung zur Zukunft der Union und der Erklärung von Laeken hatte der Europäische Rat das politische Mandat des Konvents konkretisiert.[69] Tatsächlich führte die Einberufung des Konvents lediglich im Rahmen des Vorverfahrens zu einer Abweichung von der geltenden Regelung des Art. 48 EUV. Dagegen sollte von vornherein die Entscheidung über das Ob und Wie von Reformen bei der Regierungskonferenz als Vertretung der Mitgliedstaaten verbleiben.
Bezogen auf den Rechtscharakter der Union erfolgt durch den Verfassungsvertrag keine Änderung an ihrer völkervertraglichen Basis.[70] Das für die gegenwärtige Vertragslage wesentliche Prinzip der begrenzten Einzelermächtigung und die Verpflichtung auf das Subsidiaritätsprinzip wurden in den Verfassungsvertrag übernommen. An der bisherigen Funktionsweise des Integrationsprozesses, der Übertragung bestimmter nationaler Hoheitsbefugnisse auf die Gemeinschaftsorgane per völkerrechtlichem Vertrag, bei entsprechender Rückbindung der Unionsordnung an die mitgliedstaatlichen Verfassungen, sollte keine Änderung stattfinden. Dies wird mit dem Titel der Urkunde „Vertrag über eine Verfassung für Europa" auch zum Ausdruck gebracht werden.[71]

Auch wenn die völkervertragliche Basis der Union durch den Verfassungsvertrag unberührt bleibt, so muß die Verabschiedung des Verfassungsvertrages doch als ein entscheidender Schritt vorwärts im europäischen Konstitutionalisierungsprozeß angesehen werden. Über die Beteiligung der Mitglieder der nationalen Volksvertretungen[72] und auch des Europäischen Parlaments an der inhaltlichen Ausgestaltung des Vertrages sind erstmals die Bürger über ihre direkt gewählten Repräsentanten unmittelbar in die Gestaltungsphase einbezogen worden.[73] Die Titulierung der Urkunde als Verfassungsvertrag verdeutlicht nunmehr auch dem einzelnen Bürger die in ihr enthaltenen und zuvor umschriebenen Verfassungsgehalte. Die Entstehung einer europäischen Verfassungsordnung im Verbund mit den nationalen Verfassungen wird mit dieser Urkunde offenbart.[74]

---

[69] *Oppermann*, DVBl. 2003, S. 6; *Huber*, EuR 2003, S. 588. Gleichwohl kam dem Konvent ein großer Gestaltungsspielraum zu. In Fragen der konkreten Agendasetzung agierte er als unabhängiges Organ.

[70] Nach *Peters*, EuR 2004, S. 379 f., schreibt der Vertragsentwurf die bestehende Rechtslage fort.

[71] So bereits *Giscard d'Estaing* in seiner Eröffnungsrede. Dazu auch *Schwarze*, EuR 2003, S. 570.

[72] Bemerkenswert ist auch, daß u. a. Deutschland und Frankreich im Verlauf des Konvents ihre Außenminister als Regierungsvertreter entsandten und so der Konventsentscheidung weiteres Gewicht verliehen – *Peters*, EuR 2004, S. 387.

[73] *Oppermann*, DVBl. 2003, S. 5: „grandiose Aufgabe" des Konvents.

[74] In diesem Sinne *Schwarze*, EuR 2003, S. 570. *Hummer*, PS, Sonderheft 1/2003, S. 60, sieht hingegen den immer „staatsähnlicher werdenden Charakter der Union" in der Wortwahl verdeutlicht.

Einige verbinden mit der Einsetzung des Konvents einen paradigmatischen Wandel im Unionsrecht und den Beginn einer Ablösung von der vertragsrechtlichen Basis der Union.[75] Nach Auffassung von *Hilf* könnte die „Konvents-Methode [...] den Anfang einer Entwicklung darstellen, an deren Ende ein autonomes verfassungsgebendes Verfahren zur Änderung der Gründungsverträge der EU stehen könnte".[76] Inwieweit der Konstitutionalisierungsprozeß tatsächlich in diese Richtung geht, bleibt abzuwarten. Nicht zuletzt bilden die nationalen Verfassungen die entscheidenden rechtlichen Rahmenbedingungen. Der Schutz der Mitgliedstaaten in ihrer durch die jeweilige nationale Verfassung wiedergegebenen Identität ist auch im Verfassungsvertrag verankert.[77]

2. *Zukünftige Bedeutung des Vertragsänderungsverfahrens*

Die europäische Integration beruht auf der schrittweisen Annäherung der nationalen Interessen und Prioritäten hinsichtlich einer verstärkten Zusammenarbeit. An der „europäischen Methode" der Integration in „kleinen Schritten" wird und kann auch der Verfassungsvertrag nichts ändern. Mit dem Verfassungsvertrag ist ein finaler Verfassungsstand in der Europäischen Union nicht erreicht.[78] Eine Verfassungsschöpfung *uno acto* stellt aus diesem Grund für die Europäische Union auf lange Sicht keine echte Perspektive dar.[79] Die Osterweiterung macht vielmehr weitere Anpassungen des Primärrechts an die neuen Strukturen einer aus 25 Mitgliedstaaten und mehr bestehenden Union erforderlich. Daher muß das Verfahren der Revision des Verfassungsvertrages weiterhin entsprechend flexibel gestaltet sein, um diese Anforderungen bewältigen zu können. Für die alternativlose Beibehaltung des Verfahrens einer vertraglichen Einigung spricht schließlich auch die Vielfalt der mitgliedstaatlichen Systeme, die auch im Verfassungsvertrag in Art. I-5 Abs. 1 garantiert wird. Der Integrationsprozeß wird folglich auch in Zukunft auf das Einvernehmen der Mitgliedstaaten angewiesen bleiben.[80] Dies läßt sich nur im Wege einer vertraglichen Einigung zwischen allen Mitgliedstaaten herbeiführen.

Fazit ist, daß das Vertragsänderungsverfahren auch in Zukunft die einzige realistische Methode zur Fortentwicklung darstellt und angesichts der Funk-

---

[75] *Oppermann*, DVBl. 2003, S. 2.

[76] *Hilf*, in Duschanek/Griller: Grundrechte für Europa, S. 17; *Hummer*, PS, Sonderheft 1/2003, S. 62.

[77] Zu weitgehend daher *Schachtschneider*, Recht und Politik 2003, S. 202, der in dem Vertragswerk erneut einen Schritt zur Staatlichkeit der Union erkennt.

[78] Entsprechend die fortbestehende Bindung der EU an „gemeinsame Ziele" in Art. I-1 des Verfassungsvertrags - dazu *Grawert*, EuR 2003, S. 975. *Schwarze*, EuR 2003, S. 571 stellt die verfassungspolitische Finalität der EU selbst in Frage.

[79] *Oeter*, ZaöRV 59 (1999), S. 903 und 912 („Utopie").

[80] *Schwarze*, EuR 2003, S. 570.

tionsweise des Integrationsprozesses von erheblicher Bedeutung sein wird.[81] Inwieweit das Vertragsänderungsverfahren verbesserungsfähig und -notwendig ist und in welchem Umfang der Verfassungsvertrag zur Korrektur von Defiziten der geltenden Regelung beiträgt, soll im Folgenden geprüft werden.

B. Die Regelung des Vertragsänderungsverfahren – Das Modell der Regierungskonferenzen

I. Verfahren des Art. 48 EUV – Verfahrensabschnitte und Charakter

Verfahrenstechnisch läßt sich das Verfahren des Art. 48 EUV in drei wesentliche Phasen unterteilen: (1) die Initiative der Kommission und der Regierung eines Mitgliedstaates (Art. 48 UAbs. 1) für und die Entscheidung über die Einberufung einer Regierungskonferenz durch den Rat bzw. dessen Präsidenten, (2) die Verhandlungen der Vertreter der Mitgliedstaaten während der Regierungskonferenz mit dem Änderungsvertrag als Ergebnis (Art. 48 UAbs. 2) und (3) die Ratifizierung des Änderungsvertrages auf Grundlage der verfassungsrechtlichen Bestimmungen der Mitgliedstaaten und Hinterlegung der Ratifikationsurkunden (Art. 48 UAbs. 3).

Bevor über die Einberufung der Regierungskonferenz entschieden wird, muß gemäß Art. 48 UAbs. 2 EUV die Stellungnahme des Europäischen Parlaments und gegebenenfalls die der Kommission[82] sowie der Europäischen Zentralbank[83] zur angestrebten Vertragsrevision eingeholt werden. Die den Gemeinschaftsorganen vorzulegenden Entwürfe müssen daher die wesentlichen Leitlinien der anstehenden Revision erkennen lassen. Wird im Verlauf der anschließenden Regierungskonferenz von dem Entwurf in wesentlichen Bereichen inhaltlich deutlich abgewichen, müssen gegebenenfalls ergänzende Stellungnahmen eingeholt werden.[84] Mit dem Recht auf Stellungnahme wird den Gemeinschaftsorganen die Möglichkeit eingeräumt, die Sachpositionen des jeweiligen Organs einzubringen.[85] Diese Stellungnahmen sind zwar nicht verbindlich, jedoch durchaus von politischem Gewicht.[86]
Die Regierungskonferenz als maßgebliches Entscheidungsforum ist hingegen rein intergouvernemental organisiert, d.h. die eigentliche Revision wird als völkerrechtlicher Vertrag zwischen den Mitgliedstaaten ausgehandelt. Durch die Ratifikation soll die demokratische Legitimation über die Mitgliedstaaten auf

---

[81] Entsprechende die Einschätzung von *de Witte*, in: ders., Ten Reflections, S. 214.
[82] Für den Fall, daß die Initiative von einem Mitgliedstaaten stammt.
[83] Gemäß Art. 48 UAbs. 2 S. 2 EUV bezüglich institutionellen Änderungen im Währungsbereich.
[84] *Vedder/Folz*, in Grabitz/Hilf: EUV, Art. N, Rn. 25 u. 28.
[85] *Herrnfeld*, in Schwarze: EU-Kommentar, Art. 48 EUV, Rz. 4.
[86] Für *Meng* ist kaum vorstellbar, daß eine Änderung entgegen der Auffassung der beiden Organe von den Mitgliedstaaten vereinbart werden würde, in Groeben/Thiesing/Ehlermann: Art. N, Rz. 5.

Grundlage der nationalen Verfassungen, entweder durch Zustimmung der nationalen Parlamente oder durch ein Referendum gewährleistet werden.
Eine fortwährende Einbeziehung der Gemeinschaftsorgane in die Beschlußphase ist zwar nicht ausdrücklich geregelt, hat sich in der Praxis der Regierungskonferenzen jedoch immer stärker durchgesetzt. Im Vorfeld des Amsterdamer Vertrages wurde erstmals die sog. Reflexionsgruppe eingerichtet, die sich aus Vertretern der Außenminister, dem Präsidenten der EU-Kommission sowie zwei Vertretern des Europäischen Parlaments[87] zusammensetzte. Ihr Ziel bestand darin, die Diskussion der Reformvorschläge transparenter zu gestalten.[88] Zudem wurden Beobachter des Europäischen Parlaments in der Regierungskonferenz unmittelbar beteiligt.[89] Mit der Beteiligung der Gemeinschaftsorgane als Vertreter des Gemeinschaftsinteresses wird der Union bzw. den Gemeinschaften eine eigenständige Rechtspersönlichkeit im Verfahren anerkannt.

Das Verfahren des Art. 48 EUV bleibt in seinen Kernbestandteilen völkerrechtlich geprägt.[90] Entscheidungsbefugnis über den endgültigen Inhalt der Vertragsänderung haben allein die Mitgliedstaaten; die Beteiligung der Kommission und des Europäischen Parlaments als Repräsentationsorgane eines spezifischen Gemeinschaftsinteresses bleibt auf die Vorbereitungsphase beschränkt. Der einzelne Bürger ist vergleichbar einer Repräsentation in klassischen internationalen Organisationen nur im Rahmen der Ratifikation der Verträge über das jeweilige nationale Parlament in seinem Status als Angehöriger eines mitgliedstaatlichen Volkes, nicht jedoch selbst als Vertragssubjekt in seinem Status als Unionsbürger beteiligt.

II. Autonome Änderungsverfahren und ihre Bedeutung

Nun enthalten die Verträge gegenüber Art. 48 EUV speziellere Regelungen zur Änderung der Verträge, die eine viel stärkere Beteiligung der Gemeinschaftsorgane, und zwar unmittelbar an der Entscheidung vorsehen.
Im sog. autonomen Änderungsverfahren entscheiden allein die Gemeinschaftsorgane über die Vertragsrevision und selbst eine nachfolgende Ratifizierung durch die Mitgliedstaaten ist nicht mehr erforderlich. Das Interesse der

---

87 Die französische Sozialistin Elizabeth *Guigou* und der deutsche Christdemokrat Elmar *Brok*. Im Nachgang wurde festgestellt, daß gerade das Verhandlungsgeschick der Parlamentsrepräsentanten dazu geführt hat, daß zahlreiche Initiativen des Parlaments in das Reformvorhaben aufgenommen worden sind dazu *Basedahl*, S. 384 ff.; *Schmuck*, in Jopp/Schmuck, S. 16; *de Vigo/Tsatsos*, EuGRZ 1998, S. 74.

88 So wurden die Ergebnisse der Reflexionsgruppe einer öffentlichen Diskussion zugeführt.

89 Gleichzeitig wurde eine regelmäßige Informierung des Europäischen Parlaments vereinbart.

90 Als Spezialregelung verdrängt Art. 48 EUV lediglich die allgemeinen völkerrechtlichen Bestimmungen auf Grundlage des Art. 40 Abs. 1 WVRK - *Herrnfeld*, in Schwarze EU-Kommentar: Art. 48, Rz. 2.

Mitgliedstaaten wird in diesen Fällen allein über die Mitwirkung ihrer Vertreter im Rat gesichert.
Im sog. vereinfachten Verfahren trifft immerhin noch der Rat als Gemeinschaftsorgan statt der Regierungskonferenz die Entscheidung über die Revision, welche dann jedoch noch der üblichen förmlichen Ratifikation durch die Mitgliedstaaten bedarf.
Bei diesen Verfahrensanordnungen handelt es sich jedoch um Ausnahmefälle. Dementsprechend gibt es keine mit dem Art. 48 EUV vergleichbare, allgemeine Verfahrensnorm. Statt dessen bedarf es zur Anwendung dieser Verfahren einer speziellen vertraglichen Ermächtigung, welche dann für den jeweiligen Fall auch die Verfahrensschritte im einzelnen regelt. Die bestehenden Verfahrensanordnungen beziehen sich zudem nicht auf Gegenstände, die im dargelegten Sinne von verfassungsspezifischer Bedeutung sind. Das autonome Änderungsverfahren betrifft vielfach lediglich technische Anpassungen bereits entschiedener institutioneller Fragen. Auch haben die Mitgliedstaaten durch Einigung über die Anwendung der Verfahren die Entscheidung über die Notwendigkeit einer Revision im jeweiligen Bereich bereits getroffen, die durch die Einleitung der vereinfachten Änderungsverfahren dann lediglich konkretisiert wird.

Eine beachtliche Sonderregelung stellte hingegen die sog. „kleine Vertragsrevision“ gemäß Art. 95 Abs. 3 EGKS-V dar. Danach waren Änderungsvorschläge, die gemeinsam von der Kommission und mit einer qualifizierten Mehrheit im Rat aufzustellen waren, dem EuGH zur Stellungnahme vorzulegen. Dieser hatte dann den Entwurf nach Feststellung der vertraglichen Vereinbarkeit dem Europäischen Parlament zur Entscheidung vorzulegen. Die Regelung bezog sich allgemein auf Anpassungen infolge „Schwierigkeiten bei den Einzelheiten der Anwendung dieses Vertrags oder einer tiefgehenden Änderung der wirtschaftlichen oder technischen Bedingungen, die unmittelbar den gemeinsamen Markt für Kohle und Stahl beeinflußt“. Mit Auslaufen des Vertrages hat sich diese Regelung allerdings erschöpft.

III. Die Regelung des Änderungsverfahrens im Verfassungsvertrag

Art. IV-443 des Verfassungsvertrags regelt das sog. Ordentliche Änderungsverfahren. Nach Abs. 1 wird neben der Kommission und den Regierungen der Mitglied-staaten nunmehr auch dem Europäischen Parlament ein ausdrückliches Vorschlagsrecht eingeräumt. In Abs. 2 wird das Konventsmodell als grundsätzlich anwendbares Verfahren zur Vorbereitung von Vertragsänderungen etabliert. Nur mit Zustimmung des Europäischen Parlaments kann der Europäische Rat beschließen, den Konvent nicht einzuberufen und zwar, wenn dies wegen des Umfangs der geplanten Änderungen nicht geboten ist. Eine Definition dieses Ausnahmefalls enthält der Vertrag jedoch nicht. Im Falle seiner Einberufung soll der Konvent im Konsensverfahren eine Empfehlung für den Europäischen Rat erarbeiten (Art. IV-443 Abs. 2 UAbs. 1). Im übrigen wird

die bisherige Regelung zum Vertragsänderungsverfahren beibehalten. Danach kommt weiterhin dem Europäischen Rat das alleinige Beschlußrecht zu und die Änderungen müssen weiterhin durch sämtliche Mitgliedstaaten ratifiziert werden.
Hingegen konnte der Vorschlag, dem Europäischen Parlament ein Zustimmungsrecht einzuräumen, nicht durchgesetzt werden.[91] Zwar wurde die Idee, den Vertrag in einen Basisvertrag mit den verfassungsrechtlichen Regelungen und in einen sog. operativen Teil zu gliedern, im Ansatz verwirklicht. Insoweit wurden mit den Artikeln IV-444 und 445 zwei vereinfachte Änderungsverfahren eingeführt, die sich auf Teil III des Verfassungsvertrags beziehen.[92] Im Rahmen der sog. *clause passerelle*" des Art. 444 wird dem Europäischen Parlament in Abs. 3 S. 3 ein Zustimmungsrecht zum Beschluss des Europäischen Rates bezüglich des Übergangen vom Einstimmigkeitsprinzip zur qualifizierten Mehrheit eingeräumt. Der Verfahrensgegenstand bezieht sich jedoch lediglich auf verfahrensrechtliche Ausgestaltungen, wenn auch von erheblicher Bedeutung. Das Verfahren selbst ist lediglich fakultativ zum ordentlichen Änderungsverfahren. Eine Beschlussfassung des Europäischen Rats kann zudem nur erreicht werden, wenn die nationalen Parlamente nicht von dem in Abs. 2 ihnen eingeräumten Ablehnungsvorbehalt Gebrauch gemacht haben.
Der von der Kommission in den Konvent eingebrachte Vorschlag, den „operativen" Teil grundsätzlich der Änderung durch Rat und Europäischem Parlament zu unterstellen, konnte damit nicht durchgesetzt werden.[93]

C. Defizite der Methode der Regierungskonferenzen

I. Defizite der gegenwärtigen Regelung des Art. 48 EUV

Die intergouvernementale Ausgestaltung der Beschlußphase des Vertragsänderungsverfahrens hat unter demokratietheoretischen Gesichtspunkten konkrete negative Auswirkungen. Die Ausgestaltung der Entscheidungsphase als Regierungskonferenz unter Ausschluß der Öffentlichkeit[94] führt zu einem Mangel an Transparenz der Entscheidungen. Es ist durchaus anzuerkennen, daß sich seit der Amsterdamer Regierungskonferenz die öffentliche Diskussion im Vorfeld der Regierungskonferenzen stetig verbessert hat.[95] Der Mangel an Transparenz der Regierungskonferenzen selbst wurde jedoch nicht beseitigt.

---

[91] So enthielt der Entwurf der EVP-Fraktion in Art. 196 Abs. 4 eine entsprechende Regelung.
[92] Zur Bewertung dieser Verfahren unter dem Gesichtspunkt des Fortbestandes der Vertragsmacht der Mitgliedstaaten siehe *Müller-Graff*, integration 2004, S. 190; *Puttler*, EuR 2004, S. 681 ff.
[93] KOM (2002), S. 247. *Schwarze*, EuR 2003, S. 568, sieht es als „konstruktiven" Mangel des Vertrages an, daß entsprechende Modifikationen nicht aufgenommen worden sind. Er verweist auf das Verzögerungsrisiko angesichts der schwerfälligen Einstimmigkeitsregelung im Europäischen Rat. Kritisch gegenüber dem Kommissionsvorschlag hingegen *Huber*, EuR 2003, S. 584.
[94] *Pernice*, JöR Bd. 48 (2000), S. 219 („Geheimsitzungen der Diplomatie").
[95] *Krauß*, ZParl 1998, S. 65.

Dabei können gerade die Parlamente das notwendige öffentliche Forum bieten. Das Europäische Parlament wurde jedoch aufgrund seiner nur minimalen Einflußmöglichkeiten bislang in der Öffentlichkeit als Akteur im Änderungsverfahren kaum wahrgenommen. Die nationalen Parlamente konnten ebenfalls das Bedürfnis nach Einflußmöglichkeiten der Bürger nicht ausreichend befriedigen, da sie erst in einem Stadium des Änderungsverfahrens aktiv werden, in dem das Reformpaket bereits durch die Regierungsvertreter ausgehandelt worden ist. Faktisch werden die nationalen Parlamente oder im Falle eines Referendums die Bürger vor die Alternativen gestellt, das Reformpaket als Ganzes anzunehmen oder abzulehnen. Eine Änderung des Vertrages ist zu diesem Zeitpunkt kaum noch möglich. Damit ist auch der Legitimationsstrang, der von den nationalen Parlamenten bzw. Referenden ausgeht, nur sehr schwach ausgebildet.[96]
Aufgrund der mangelnden Transparenz sind die einzelnen Reformvorhaben für den Bürger kaum durchschaubar. Unter den gegebenen Bedingungen ist eine Auseinandersetzung der Bürger mit dem politischen Prozeß in Europa kaum möglich. Dies hat in der Vergangenheit daher zur Artikulation von Unverständnis und Kritik geführt.[97] Ein tatsächlicher Loyalitätsverlust hat sich gerade bei den letzten Europawahlen, zuletzt im Juni 2004 in der geringen Beteiligung der Unionsbürger gezeigt.[98] Die Vereinbarung der Währungsunion und die anschließenden Reaktionen der Bürger[99] sind ein Beispiel dafür, daß die Befindlichkeiten der Bürger tatsächlich nicht die nötige Berücksichtigung finden. *Pernice* spricht in diesem Zusammenhang zu Recht von einem teilweise „paternalistischen“ Vorgehen der Politiker.[100] Ein solches Politikverständnis widerspricht den heute anerkannten demokratischen Standards.

Als weitere wesentliche Schwäche ist die übermäßige Betonung nationaler Interessen im Entscheidungsprozeß zu nennen. Der Europäische Rat als Hauptakteur repräsentiert nationale Interessen. Er hat seinen Bezugspunkt nicht in der Union, sondern in den Mitgliedstaaten. Ähnlich den Verhandlungen im Rahmen internationaler Verträge ist auch die Praxis im Europäischen Rat durch einen bargaining-Prozeß aufeinandertreffender nationaler Interessen gekennzeichnet. So kann es dazu kommen, daß ursprünglich mit der Initiierung des Änderungsverfahrens verknüpfte Gemeinschaftsinteressen im Prozeß des Ausgleichs der

---

[96] Dazu *W. Schroeder*, KritVj 1998, S. 436; *M. Schröder*, FS Heymanns Verlag, S. 521.

[97] *Peters*, EuR 2004, S. 382, weist in diesem Zusammenhang auf die aus der Ratifikation des Maastricht-Vertrages resultierende und bis heute andauernde Legitimationsdebatte hin.

[98] *Habermas*, Faktizität und Geltung, S. 645; *Pernice*, JöR 48 (2000), S. 219; *v. Bogdandy*, Supranationaler Föderalismus, S. 56 f.; *Schroeder*, KritVj 1998, S. 436.

[99] So lag laut *Pernice*, FCE 4/1998, S. 85 die Zustimmung der deutschen Bevölkerung weit unter 50 %.

[100] *Pernice*, FCE 4/1998, S. 85.

nationalen Interessen stark aufgeweicht werden oder Reformvorhaben ganz im Blockadeverhalten einiger Mitgliedstaaten stecken bleiben, da ein echter Fürsprecher des Gemeinschaftsinteresses im Verhandlungsprozeß fehlt. Einige ehrgeizige Projekte und Initiativen, welche die Steigerung der Effizienz des Institutionsgefüges zum Ziel hatten, waren in der Vergangenheit wegen Meinungsverschiedenheiten zwischen den Delegationen der Mitgliedstaaten gescheitert[101] oder kamen nur mit erheblicher Verzögerung zustande.
Kennzeichnend für diese Situation ist auch die vielfach angewandte Methode des „package deal“, wonach sich Mitgliedstaaten in Ausübung ihres Vetorechts Vorteile fixieren lassen, die mit dem eigentlichen Reformvorhaben nicht unmittelbar in Verbindung standen und auch nicht gerechtfertigt sind.[102] Die Fähigkeit der Regierungsvertreter, sich auf ein bestimmtes Reformvorhaben zu einigen, wird noch dadurch erschwert, daß sie hierin oftmals durch tagespolitische nationale Probleme oder anstehende nationale Wahlen geprägt werden, was mehr oder weniger zufällige Auswirkungen auf die Verhandlungen hat.[103] Die Aufgabe der nationalen Parlamente im Ratifizierungsprozeß ist von vornherein auf die nationale Verfassung und nationale Interessen ausgerichtet. Ein Austausch zwischen den Parlamenten im Sinne eines europäischen Diskurses findet nicht statt. Die meisten Parlamente wären aus technischen und institutionellen Gründen hierzu auch gar nicht in der Lage.[104] Diese Schwächen des Verfahrens werden sich mit dem Beitritt weiter Staaten im Zuge der Osterweiterung noch verstärken. Hinsichtlich der Funktionsfähigkeit in einer Union von 25 Staaten bestehen daher erhebliche Bedenken.[105]
Spinelli erhob im Zusammenhang mit dem Verfassungsprojekt aus dem Jahre 1984 gegen die nationalen Regierungen den Vorwurf, daß es ihnen in Hinblick auf die Fortentwicklung der Union an Ideen und Vorstellungen ermangele und daher von Seiten des Europäischen Parlaments ein gewisser Druck ausgeübt

---

[101] Weder der Fouchet-Plan (1962), noch der Tindemans-Bericht (1975), noch die Genscher-Colombo-Initiative (1981) konnten umgesetzt werden. Auf der Regierungskonferenz von Athen 1983 zeigte sich der Rat erstmals beschlußunfähig. Ein erneutes Scheitern wurde in den „left-overs“ der Amsterdamer Konferenz 1996 erkennbar und auch ein vollständiges Scheitern der Nizza-Konferenz konnte nur durch den aufgrund der anstehenden Osterweiterung bestehenden Reformdruck abgewendet werden.

[102] Bestes Beispiel ist das Scheitern der Einführung des Mehrheitsmodus in wichtigen Bereichen sowie die Blockierung der Einleitung wichtiger institutioneller Reformen bspw. die Kommission betreffend anläßlich der Reformkonferenz von Nizza – *Schallenberg*, in ders.: Die EU nach Nizza, S 5 ff.

[103] *Krauß*, ZParl 1998, S. 67 ff.

[104] Das deutsche Grundgesetz weist der Bundesregierung und nicht dem Bundestag die Verantwortung für die Europapolitik zu - *Bieber*, in ders./Widmer: Der Europäische Verfassungsraum, S. 324.

[105] *Bieber*, a. a. O., S. 319.

werden müsse.[106] Der Vorwurf hat insofern Berechtigung, als die Mitgliedstaaten aufgrund teilweise stark divergierender Integrationsansätze oftmals nur in akuten Krisen lediglich die besonders dringenden Reformbedürfnisse zu lösen bereit waren. Das Ziel einer Konsolidierung und Überarbeitung des gesamten Vertragsprojektes wurde viel zu lange verschoben und erstmals mit Einberufung des EU-Reformkonvents und auch wiederum nur unter dem Druck der Osterweiterung der Union ernsthaft angegangen. Die Vergangenheit hat jedenfalls gezeigt, daß die Regierungen viele Initiativen des Europäischen Parlaments, insbesondere einige der im parlamentarischen Verfassungsentwurf von 1984 entwickelten Ideen anschließend aufgegriffen haben.[107]

Bieber sieht in der Schwerfälligkeit des Änderungsverfahrens, die aus dem Erfordernis einer einstimmigen Entscheidung aller Mitgliedstaaten resultiert, die Ursache für den Prozess einer „Verfassungsentwicklung" durch die Institutionen der Gemeinschaft.[108] So ist der Europäische Gerichtshof in der Vergangenheit vielfach für eine Rechtsprechung kritisiert worden, welche teilweise die Kompetenzen der Union richterrechtlich erweitert und damit gegen das der Unionsordnung immanente Prinzip der beschränkten Ermächtigung verstoßen habe.[109] *Bieber* verweist in diesem Zusammenhang auch auf die Praxis des Rates, der beispielsweise mit der Stuttgarter „Feierliche Deklaration der Europäischen Union" vom 20.06.1983 Vertragsänderungen einleitete, ohne sich an das vertraglich verankerte Verfahren zu halten.[110] In diesem Zusammenhang können auch die sog. interinstitutionellen Abkommen Erwähnung finden, da auch diese zwischen den Gemeinschaftsorganen abgeschlossenen Abkommen teilweise bedeutende Änderungen des institutionellen und verfahrensmäßigen Gefüges zum Gegenstand haben und sich oftmals am Rande einer Vertragsänderung bewegen.

Als ein weiteres wesentliches Defizit des Vertragsänderungsverfahrens wird eine unzureichende Beteiligung des einzelnen Bürgers in der Beratungs- und Entscheidungsphase geltend gemacht. Hierin wird die eigentliche Kernschwäche des Verfahrens ausgemacht. Nach der gegenwärtigen Regelung wird der Bürger vergleichbar der Repräsentation in klassischen internationalen Organisationen nur im Rahmen des Ratifikationsverfahrens über das jeweilige nationale Parlament oder im Wege eines Referendums in seinem Status als Angehöriger

---

[106] *Spinelli*, in Schwarze/Bieber: Die Verfassungsentwicklung, S. 244 f., in der Funktion als Berichterstatter des mit dem Verfassungsprojekt beauftragten Institutionellen Ausschusses des EP.

[107] Z. B. die Umsetzung des vom Parlament eingeforderten Mitentscheidungsrechts im Rahmen der Sekundärrechtssetzung durch die EEA 1986..

[108] *Bieber*, in ders./Widmer: Der Europäische Verfassungsraum, S. 322.

[109] Diese Kritik war zumindest insoweit berechtigt, als die Grenze zwischen zulässiger Vertragsausfüllung und unzulässiger Vertragsänderung durch den EuGH immer undeutlicher wurde. Dazu auch *Lenaerts/Gerard*, ELRev. 2004, S. 292 f.

[110] *Bieber*, in ders./Widmer: Der Europäische Verfassungsraum, S. 322.

eines mitgliedstaatlichen Volkes, nicht jedoch in seinem Status als Unionsbürger beteiligt. Da der Unionsbürger selbst durch die Verträge zum Adressaten und Betroffenen von Gemeinschaftsakten wird, wird die demokratische Konstruktion des Vertragsänderungsverfahrens als dem erreichten Integrationsstand nicht mehr angemessen angesehen.[111]

Schließlich verdeckt die intergouvernementale Ausrichtung des Änderungsverfahrens seine Bedeutung für den Konstitutionalisierungsprozeß innerhalb der Union. Die dargelegten Auswirkungen des gegenwärtigen Verfahrensablaufs sind für die Lösung von Verfassungsfragen ungeeignet.[112]

II. Der Verfassungskonvent – Abbau von Defiziten und Grenzen der Konventsmethode?

Das Debakel der Regierungskonferenz von Nizza, in deren Verlauf sich die zuvor dargelegten Defizite, insbesondere die Lähmung der Debatte durch nationale Ereignisse offenbarten[113], sowie der angesichts der Ostererweiterung auf der Europäischen Union lastende Reformdruck führten zunächst zur Initiierung der Debatte „Zur Zukunft Europas“ (sog. Post-Nizza-Prozeß) und schließlich mit der Erklärung von Laeken zur Einberufung des EU-Reformkonvents.[114] Mit der Einberufung des Konvents gestand der Europäische Rat indirekt ein, daß die bisher angewandte Methode der Vertragsfortentwicklung im Wege von Regierungskonferenzen an ihre Grenzen gestoßen war.

Insoweit muß uneingeschränkt anerkannt werden, daß der Konvent trotz der ihm im Vorfeld entgegengebrachten Skepsis[115] nach Abschluß der umfassenden Debatten in der Lage war, einen in sich schlüssigen Reformentwurf vorzulegen. An dieser Zielsetzung waren die vorangegangenen Regierungskonferenzen gescheitert. Auch wenn am inhaltlichen Gehalt des Entwurfs Kritik geübt wird, so wird die Effizienz der Arbeit des Konvents allgemein gewürdigt. Basis für diesen Erfolg war die im Rahmen des Konvents mögliche, offene Diskussion unterschiedlicher politischer Perspektiven für die Union, ohne daß die Konventsmitglieder durch die Vertretung zwingender nationaler Interessen an einer freien Beratung gehindert waren. Der verabschiedete Verfassungsentwurf wird allgemein als fairer Kompromiß zwischen den Vertretern eines eher föderalistischen Ansatzes und den Befürwortern eines intergouvernementalen Ansatzes

---

[111] *Pernice*, JöR 48 (2000), S. 220; *ders.*, in Kloepfer/Pernice: Entwicklungsperspektiven, S. 22.

[112] *Bieber*, in ders./Widmer: Der Europäische Verfassungsraum, S. 318.

[113] Zu den Hintergründen *Schallenberg*, in ders.: Die EU nach Nizza, S. 5 ff.

[114] *Hobe*, EuR 2003, S. 11 (‚Beinahe-Scheitern der Nizza-Konferenz als Chance für die Konventsmethode').

[115] Siehe statt vieler *Mayer*, ZaöRV Bd. 63 (2003), S. 68.

beurteilt.[116] Mit der Einbeziehung von Vertretern des Europäischen Parlaments und der Kommission wurde erstmals eine echte Repräsentanz des „europäischen Interesses" verwirklicht.[117] Schließlich konnte der Konvent durch die engagierte Annahme seines durch die Laeken-Erklärung übertragenen Mandats, Verfassungsperspektiven aufzuzeigen, und die Art und Weise der Ausübung dieses Mandats die Bedeutung dieses Reformprojektes als Verfassungsprojekt der Europäischen Union auch dem einzelnen Bürger nahe bringen.

Die primär mit dem Konvent verfolgte Zielsetzung bestand in der Erhöhung der Transparenz und stärkeren Einbeziehung der Öffentlichkeit.[118] Der Verfassungskonvent hat zu einem in diesem Umfang bislang nie dagewesenen öffentlichen Interesse geführt. Über die Beteiligung von Vertretern der nationalen Parlamente[119] und des Europäischen Parlaments haben unmittelbar von den Bürgern gewählte Repräsentanten auf die inhaltliche Gestaltung des Verfassungsentwurfs Einfluß nehmen können. Das Konventsverfahren hat die dargelegten Anforderungen an die Transparenz des Diskussionsprozesses befriedigt. Hatte die Beteiligung von Vertretern des Europäischen Parlaments in der Reflexionsgruppe und als Beobachter während der Regierungskonferenzen von 1997 und 2000 noch nicht das erwünschte öffentliche Interesse erreichen können[120], so hat der EU-Reformkonvent über die öffentlichen Anhörungen und Plenarsitzungen, vermittelt durch die Medien sowie über das im Internet eingerichtete Forum, die Bürger in viel stärkerem Maß einbezogen.[121]

Trotz der insgesamt sehr positiven Bilanz der Arbeit des Verfassungskonvents bleibt darauf zu verweisen, daß sich die dargelegten Verbesserungen allein auf die Beratungsphase des Vertragsänderungsverfahrens beziehen. Zwar wurde im Vorfeld und auch bei Annahme des Entwurfs des Verfassungsvertrages durch den Europäischen Rat in Thessaloniki am 30.06.2003, als Vorlage für die

---

[116] U. a. *Schwarze*, EuR 2003, S. 571; *Epping*, JZ 2003, S. 830, unter Verweis auf das „politisch Machbare". Sehr kritisch hingegen *Huber*, PS Sonderheft 1/2003, S. 92, der die Diskussion zum damaligen Zeitpunkt als zu stark am bundesstaatlichen Modell ausgerichtet ansah.

[117] Ebenso *Stabenow*, Das Parlament 45/2003 vom 3.11.2003.

[118] Erklärung von Laeken, Punkt III: Konvent als „möglichst umfassende und transparente Vorbereitung der nächsten Ministerkonferenz".

[119] Skeptisch bzgl. des Einflußpotentials der nationalen Parlamentarier *Mayer*, ZaöRV 63 (2003), S. 65.

[120] *Basendahl*, S. 387, verweist auf eine Eurobarometer-Umfrage vom Oktober/November 1997, wonach der Amsterdamer Vertrag im Durchschnitt aller Mitgliedstaaten nur 34 % der Bevölkerung bekannt war.

[121] *Schwarze*, EuR 2003, S. 569. Kritisch allerdings *Huber*, EuR 2003, S. 574 („Alibi-Veranstaltungen"). Ein Überblick zur Einbeziehung der Öffentlichkeit in die Konventsarbeit und deren Bedeutung für den europäischen Konstitutionalisierungsprozeß bei *Peters*, EuR 2004, S. 384 und 390 ff.

anschließende Regierungskonferenz, auf die besondere „politische Bindungskraft“ der vom Konvent erreichten Einigung verwiesen, die auf einem einstimmigen Beschluß beruht und sich auf ein umfassendes Verfassungskonzept bezieht.[122] Tatsächlich konnten sich die mitgliedstaatlichen Vertreter auf der abschließenden Regierungskonferenz in Rom nicht auf den Verfassungsentwurf einigen. Wiederum scheiterte die Einigung über den Verfassungsvertrag vor allem an entgegenstehenden nationalen Interessen. Es fehlte an einer effizient vermittelnden Instanz.

Aber auch unabhängig von dem Umstand, daß die Verabschiedung des Konventsentwurfs zunächst scheiterte, kann die uneingeschränkte Beibehaltung des Modells der Regierungskonferenz für die Beschlußphase nicht befriedigen. Wie oben dargelegt, beruht die Legitimationsfunktion einer Verfassung gerade auf der Beteiligung der Herrschaftsunterworfenen an der Konstituierung der Herrschaftsgewalt. In diesem Zusammenhang wird festgestellt, daß die Union auf einer „dualistischen Legitimationsgrundlage“[123] beruht. Diese setzt sich zum einen aus den Mitgliedstaaten und deren Völkern und zum anderen aus der Gesamtheit der Unionsbürger zusammen.[124] Ist ein solcher Dualismus zu bejahen, müßte sich dieser auch in der Gestaltung der Beschlußrechte im Vertragsänderungsverfahren widerspiegeln. Neben dem Europäischen Rat als Repräsentationsorgan der Mitgliedstaaten müßte auch ein Gemeinschaftsorgan beteiligt werden, das die spezifischen Interessen der Unionsbürger einbringt und damit die demokratischen Anforderungen bedienen kann. Als solches käme allein das Europäische Parlament in Betracht.[125] Das Europäische Parlament könnte das notwendige öffentliche Forum schaffen, über das die Unionsbürger Kritik und Fürsprache für einzelne Reformprojekte äußern könnten.[126]

Bevor auf das eigentliche Repräsentationspotential des Europäischen Parlaments und mögliche Beteiligungsverfahren eingegangen wird, soll zunächst dargestellt werden, inwieweit die Europäische Union auf einer dualistischen Legitimationsgrundlage beruht.

---

[122] Dazu *Oppermann*, DVBl. 2003, S. 2 f..

[123] *Hertel*, Supranationalität als Verfassungsprinzip, S. 139; *Classen*, AöR 119 (1994), S. 259 f.

[124] *Kluth*, Die demokratische Legitimation, S. 87; ähnlich auch *Tsatsos*, in FCE 1/1999, S. 133.

[125] Für eine Aufwertung der Entscheidungsbefugnisse des EP gerade in Fragen der politischen Gesamtverantwortlichkeit *Oeter*, in Bruha/Hesse/Nowak, S. 262 f.

[126] In diesem Sinne u. a. *Pernice*, JöR 48 (2000), S. 219.

D. *Stärkung der Beteiligungsrechte des Europäischen Parlaments als Lösungsalternative – verfassungstheoretische Grundlagen*

I. Legitimation im Verfassungsverbund

1. Funktionsadäquater Legitimationsansatz

Der Rechtfertigungsansatz des Demokratieprinzips als Legitimationskonzept besteht darin, daß die Errichtung und die Organisation politischer Herrschaft sich auf das Volk selbst, auf eine von ihm ausgehende Entscheidung zurückführen läßt.[127] Als Konsequenz aus dem demokratischen Prinzip wird in der überkommenden Staatsrechtslehre die verfassunggebende Gewalt dem Volk zugewiesen.

Wie dargelegt werden dem Primärrecht in Teilen Verfassungsfunktionen zugeordnet. Für den einzelnen Bürger übernimmt das Primärrecht in den Bereichen, in denen Kompetenzen an die Gemeinschaften übertragen worden sind, die Schutzfunktion, die ursprünglich den nationalen Verfassungen zukam. Daraus ergibt sich die Bedeutung des Primärrechts als komplementäre Verfassungsebene. Es ist heute allgemein anerkannt, daß das Dogma demokratischer Legitimation auch für die Unionsgrundordnung gilt.[128] Der Unionsvertrag selbst benennt in Art. 6 Abs. 1 EUV als Grundlage der Union den Grundsatz der Demokratie, der allen Mitgliedstaaten gemeinsam ist.[129]

Eine Übertragung der Lehre von der verfassunggebenden Gewalt des Volkes auf den Verfassungsverbund der Europäischen Union scheidet zumindest in Hinblick auf ihren klassischen Ideengehalt aus. Die Lehre thematisiert die Konstituierung und Legitimation staatlicher Herrschaft als ursprüngliche, rechtlich ungebundene Hoheitsgewalt.[130] Bezogen auf die Unionsgrundordnung kann jedoch nicht von einem solchen unabgeleiteten, keiner vorausgehenden

---

[127] In Anknüpfung an die von *Rousseau* in seinem berühmten Werk zum „Contrat social" entwickelte Idee der Identität von Regierenden und Regierten.

[128] *Schmitt Glaeser*, Grundgesetz und Europarecht, S. 209; *Kluth*, Die demokratische Legitimation, S. 45 ff. Auch andere Rechtfertigungsansätze werden diskutiert. Zu nennen sind insbesondere die von *Ipsen* entwickelte funktionalistische Lehre sowie die Lehre von der Wirtschaftsverfassung. Angesichts des gezielt politischen Ausbaus der Union kann diese heute nicht mehr als unpolitischer Zweckverband oder Wirtschaftsgemeinschaft angesehen werden – dazu *v. Bogdandy*, Supranationaler Föderalismus, S. 22 ff. und S. 53 ff. sowie *Kaufmann*, Europäische Integration und Demokratieprinzip, S. 314 ff.

[129] EuGH, Rs. 138/79, *Roquette Frères* , Slg. 1980, S. 2917 (3360).

[130] *Möllers*, in v. Bogdandy: Europäisches Verfassungsrecht, S. 3 ff., unterscheidet zwischen zwei Typen von Verfassungen: herrschaftsbegründende, revolutionäre Verfassungen, die eine politische Demokratisierung bedürfen, was wiederum durch die Lehre von der verfassunggebenden Gewalt befriedigt wird, und herrschaftsformende Verfassungen, die einen demokratischen Politikbegriff nicht voraussetzen.

Rechtsordnung unterliegenden, ungebundenen *pouvoir constituant* ausgegangen werden. Die Unionsgewalt wurde durch völkerrechtliche Verträge zwischen den Mitgliedstaaten begründet, die in Ausübung ihrer Vertragskompetenz wiederum an die mitgliedstaatlichen Verfassungen gebunden waren. Die Verträge haben nicht die Begründung ursprünglicher Herrschaft, sondern die Übertragung bzw. „Weitervermittlung“ von bereits konstituierten Herrschaftskompetenzen zum Gegenstand. Die Idee eines Ur-Aktes, aus dem eine einheitliche und in dem Sinne vollständige Verfassung hervorgeht, läßt sich mit dem europäischen Konstitutionalisierungsprozeß und dessen Stückwerkcharakter nicht übertragen.[131] Die Lehre vom Gesamtakt versucht das Problem eines fehlenden autonomen Geltungsgrundes der Unionsordnung dadurch zu lösen, daß die Gründung und Fortentwicklung der Gemeinschaften und der Union auf die Völker der Mitgliedstaaten[132] bzw. die Unionsbürger[133] zurückgeführt wird. Danach würden die mitgliedstaatlichen Völker bzw. Bürger auf Grundlage der in den mitgliedstaatlichen Verfassungen vorgesehenen Verfahren ihre Zustimmung zur Begründung und Fortentwicklung des Unionssystems in Form eines „Gesamtaktes“ erteilen. Die völkervertragliche Grundlage wird zwar ausdrücklich anerkannt, jedoch wird die Vertragsform lediglich als Handlungsinstrument eines von Anfang an auf Konstitutionalisierung ausgerichteten Prozesses angesehen.[134] Diesem Ansatz muß insoweit zugestimmt werden als nach demokratischem Grundverständnis es tatsächlich die Bürger der Mitgliedstaaten sind, die durch die Staats- und Regierungschefs bei Aushandelung der Verträge vertreten werden. Damit läßt sich jedoch eine Loslösung von den völkervertraglichen Grundlagen als Geltungsgrundlage der Union nicht erklären. Schließlich manifestiert sich in der Vertragsform ein elementares Merkmal des europäischen Verfassungsverbundes, nämlich der Fortbestand der mitgliedstaatlichen Ordnungen, der Rückbezug des europäischen Verfassungsprozesses auf die mitgliedstaatlichen Verfassungen. Auf keinen Fall darf die Unionsordnung ausschließlich auf die Unionsbürger zurückgeführt werden, denn dies würde den Akt eines sich selbst verfassenden „europäischen Volkssouveräns“ implizieren. Dies wäre mit der Verfassungswirklichkeit weder zu vereinbaren, noch ist es in Hinblick auf den Verbundscharakter des supranationalen Systems ein sinnvoller Ansatz.

Statt primär am staatlichen Modell orientiert die Übertragbarkeit der Lehre von der verfassungsgebenden Gewalt zu diskutieren, muß ein dem Verfassungsverbund der Europäischen Union angepaßter, funktionsadäquater Legitimationsansatz gefunden werden. Insoweit stellt *Hertel* zu Recht fest, daß „Legitimation“

---

[131] *Häberle*, Europäische Verfassungslehre, S. 240; *v. Bogdandy*, Der Staat 39 (2000), S. 164 f.
[132] *Pernice*, VVDStRL 60 (2001), S. 169.
[133] *v. Bogdandy*, Supranationaler Föderalismus, S. 42 f.
[134] *Pernice*, VVDStRL 60 (2001), S. 170 unter Verweis auf die bereits in den Gründungsverträgen angelegten Durchgriffsbefugnisse der Gemeinschaftsorgane.

je nach Funktionsmodell auch unterschiedlichen Inhalt haben kann und muß.[135] Ist die verfassunggebende Gewalt im staatlichen System auf die Legitimation „originärer" Herrschaftsgewalt ausgerichtet, so kann sich die legitimierende Kraft eines europäischen *pouvoir constituant* von vornherein „nur" auf die Übertragung von Hoheitsgewalt beziehen. Die Bedingungen für die Schaffung eines unitarischen europäischen Bundesstaates werden auch in naher Zukunft nicht gegeben sein, sodaß der Rückbezug auf die Verfassungen der Mitgliedstaaten als elementarer Bestandteil der supranationalen Ordnung bestehen bleiben muß.[136] In dieser Frage werden sich die europäischen Verträge bis auf weiteres von den staatlichen Verfassungen unterscheiden.[137]

2. *Unionsbürger als Legitimationsträger/Existenz einer kollektiven europäischen Identität*

In Kongruenz zum Charakter des supranationalen Systems als Verfassungsverbund läßt sich die Union auch nicht auf ein souveränes europäisches Volk zurückführen. Daraus ein „Legitimationsdilemma" der Union[138] abzuleiten, ist jedoch verfehlt.

Unbestreitbarer Kerngehalt des demokratischen Prinzips ist die Kongruenz zwischen Herrschaftsunterworfenen und den an der Herrschaft Beteiligten. Damit die demokratische Legitimation tatsächlich funktioniert und nicht nur formales Zurechnungsprinzip bleibt, wird übereinstimmend eine gewisser Grundkonsens der im politischem System verfaßten Menschen gefordert.[139] Die allgemein als soziokulturell umschriebenen Grundlagen der Demokratie sind Bedingung dafür, daß ein Zusammenleben nicht durch grundsätzlich entgegengerichtete Überzeugungen unmöglich gemacht wird. Nur auf Grundlage eines solchen Grundkonsenses kann von einer Akzeptanz des im demokratischen Modell geltenden Mehrheitsprinzips ausgegangen werden.[140]

Der substantielle Gehalt dieser vorrechtlichen Bedingungen kann jedoch unterschiedlich eng bzw. weit ausgelegt werden. So basiert die Forderung nach einem europäischen Volk darauf, daß eine gewachsene soziale Homogenität und kollektive Identität des Legitimationssubjekts im Sinne einer „Kommunikations-, Erfahrungs- und Erinnerungsgemeinschaft" als unabdingbare Vorbedingung des

---

[135] *Hertel*, Supranationalität als Verfassungsprinzip, S. 103.

[136] Ähnlich *Oeter*, in v. Bogdandy: Europäisches Verfassungsrecht, S. 92; *Möllers*, in v. Bogdandy: Europäisches Verfassungsrecht, S. 28.

[137] Entsprechend *Zuleeg*, in v. Bogdandy: Europäisches Verfassungsrecht, S. 957.

[138] *Steffani*, in ders./Thaysen: Demokratie in Europa, S. 33 ff.; *Höreth* spricht sogar von einem „Legitimationtrilemma", in ders.: Die Europäische Union im Legitimationstrilemma.

[139] *Volkmann*, AöR 127 (2002), S. 591, unter Verweis auf *Hegel*, in: Moldenhauer/Michel, Bd. 7, § 268: Das „Haltende ist allein das Grundgefühl der Ordnung, das alle haben".

[140] *Ossenbühl*, DVBl. 1993, S. 634, unter Verweis auf die prägnanten Ausführungen von *Scharpf* in der Anhörung vor der Gemeinsamen Verfassungskommission am 22.5.1992; dazu auch *Kluth*, Die demokratische Legitimation, S. 39 ff; *Grimm*, JZ 1995, S. 589 f.

demokratischen Prinzips angesehen wird.[141] Ein europäisches Volk im Sinne der umschriebenen „Schicksalsgemeinschaft“ kann sich jedoch unbestreitbar erst über einen sehr langen Zeitraum herausbilden.[142] Mit einer solchen Forderung werden die an ein staatliches System in Hinblick auf die soziale Homogenität gestellten Anforderungen auf das System der Union übertragen. Es bleibt jedoch zu beachten, daß die Rechts- und Herrschaftsordnung der Union sich in ihrer thematisch begrenzten Kompetenzstruktur und aufgrund der geringeren Eingriffsintensität der Gemeinschaftsakte bezogen auf den Freiheitsraum der Bürger wesentlich unterscheidet. *Kluth* weist zu Recht darauf hin, daß die staatlichen Systeme angesichts der viel stärkeren Einbeziehung des Bürgers in das Gemeinwesen auch auf eine viel stärkere Solidarität und damit auch stärker ausgeprägtes kollektives Bewußtsein innerhalb der Gesellschaft angewiesen sind.[143] Die Union bleibt im Verhältnis dazu in ihren Zielen vorwiegend wirtschaftspolitisch ausgerichtet.[144] Die soziale Letztverantwortung ist bei den Mitgliedstaaten verblieben.[145]

Andere sehen es bezogen auf den supranationalen Charakter der Union als ausreichend an, daß die betroffenen Bürger ein Bewußtsein für ihre politische und rechtliche Verbundenheit auf supranationaler Ebene besitzen.[146] Der Grundkonsens sei durch die Anerkennung der durch die Integration begründeten Vorteile sowie der Erkenntnis einer Unausweichlichkeit dieses Prozesses angesichts der Globalisierung ausreichend gesichert.[147] Soweit die Bürger dem Unionssystem eine friedenssichernde Funktion zuordnen, könne – wie *Kluth* anmerkt – auf die Ideen Hobbes und Locke zurückgegriffen werden, die diese Funktion als wesentlich für die Anerkennung einer Herrschaftsordnung ansahen.[148] Die grundlegende Übereinstimmung in europäischen Werten wie Rechtsstaatlichkeit, Menschenwürde, und demokratische Institutionen wie Parla-

---

[141] *Läufer*, integration 1994, S. 208. Nach *Suski*, Das Europäische Parlament, S. 40 ff., basiert ein solches "Volksbewußtsein“ auf Faktoren wie rassische Artgemeinschaft, gemeinsame Kultur, Sprache und Relegion. Kritisch gegenüber diesem Ansatz auch *Weiler*, JöR 44 (1996), S. 128 ff.

[142] Entsprechend der Einwand *Wielands* gegen den Vergleich mit den Vereinigten Staaten: Hinsichtlich der Entwicklung einer gemeinsamen Identität trotz kultureller, insbesondere sprachlicher Differenzen bestehe ein Unterschied gerade darin, daß sich in den Vereinigten Staaten zunächst eine eigenständige Nation herausbilden mußte, die EU jedoch aus gewachsenen und verfestigten Nationen hervorgeht - in Wildenmann, S. 434. Zur Bedeutung einer gemeinsamen Geschichte – *Winkler*, FAZ vom 12.11.2003, S. 10.

[143] *Kluth*, Die demokratische Legitimation, S. 50 ff.; ähnlich *Classen*, in v.Mangoldt/Klein/Starck: GG Bd. 2, Art. 23, Rz. 35; differenzierend auch *Böckenförde*, FAZ v. 20.06.2003, S. 8.

[144] Wenn gleich die sozialpolitischen Zielsetzungen immer stärker an Bedeutung gewinnen.

[145] *Kluth*, Die demokratische Legitimation, S. 50.

[146] *Weiler*, JöR 44 (1996), S. 29 f.; *Saalfrank*, Funktionen und Befugnisse des EP, S. 115 ff.

[147] Für die Bürger ist nachvollziehbar, daß der Staat seine Aufgaben in vielen Bereichen nicht mehr allein bewältigen kann und auf die Kooperation in einer Staatengemeinschaft angewiesen ist - dazu *Classen*, in v.Mangoldt/Klein/Starck: GG Bd. 2, Art. 23, Rz. 33.

[148] *Kluth*, Die demokratische Legitimation, S. 58.

ment und gleiches Wahlrecht schließe unüberwindbare Widersprüche aus.[149] Im Verfassungsvertrag ist nunmehr die Charta der Grundrechte als integrativer Bestandteil aufgenommen worden.[150] Darin wird ein auf Unionsebene im Ansatz gegebener, grundrechtsvermittelter Konsens entsprechend dokumentiert.[151] Angesichts der pluralistisch ausgerichteten Unionsordnung, die insoweit eher als Rahmenordnung funktioniert, ist ein von Form und materiellen Gehalt mit dem jeweiligen staatlichen Wertekonsens vergleichbarer europäischer Grundkonsens auch nicht zwingend, wenn nicht so gar in Hinblick auf die zu schützenden nationalen Identitäten schädlich.[152]

Im Ergebnis hängt die Antwort auf die Frage, welche Anforderungen an eine gemeinsame Identität der in der Union verfaßten Bürger zu stellen sind, davon ab, ob man das demokratische Prinzip eher substantiell, also in Hinblick auf eine spezifische Qualität der politischen Einheit, oder eher formal, in der Betonung demokratischer Institutionen auslegt.[153] Eine Homogenität, insbesondere ethnischer Art, ist jedoch auf keinem Fall erforderlich. Angesichts der mit dem Globalisierungsprozeß einhergehenden demographischen Veränderungen kann selbst auf staatlicher Ebene von einer sozialen und kulturellen Einheit der Staatsvölker, sofern sie je bestand, nicht mehr ausgegangen werden.[154] Es erscheint daher nicht gerechtfertigt, die selbst auf staatlicher Ebene kaum erfüllbare Homogenitätsforderung auf das supranationale System zu übertragen.[155] Die Homogenitätsforderung birgt zudem unter demokratietheoretischen Gesichtspunkten die Gefahr in sich, daß aufgrund einer zu engen Definition der Zugehörigkeit zur mit politischen Rechten ausgestatteten Gruppe erhebliche Teile der Bevölkerung hiervon ausgeschlossen bleiben. Dies widerspricht dem

---

[149] *Kluth*, a. a. O., S. 59; ähnlich *Weiler*, JöR 44 (1996), S. 130. *Böckenförde*, FAZ vom 20.6.2003, S. 8, knüpft stattdessen an ein gemeinsames europäisches Geschichtsbild, ein sich entwickelndes und zu förderndes europäisches politisches Selbstbewußtsein an.

[150] Teil II des Vertrags. Gleichzeitig wird in Art. I-7 Abs. 2 eine ausdrückliche Ermächtigung für den Beitritt der EU zur EMRK geschaffen. Insgesamt dazu *Dutheile de la Rochère*, CMLRev. 41 (2004), S. 345 ff.

[151] Art. I-2 des Verfassungsvertrages knüpft an die „Wertegemeinschaft" als Fundament der Union an.

[152] *v. Bogdandy*, Der Staat 39 (2000), S. 182 ff.: ‚Ein mehrfach gestuftes Gemeinwesen mit multiplen sozialen Identitäten sollte auch mit nur partiell identischen „Konsensen" funktionieren'.

[153] Soll der Kern des demokratischen Systems in der Ausrichtung am Allgemeinwohl bestehen, setzt dies naturgemäß eine gewisse Identität der Beteiligten voraus; wählt man hingegen das individualistische Interesse des einzelnen als Ausgangspunkt, steht hingegen die Garantie von Freiheit und rechtlicher Gleichheit im Vordergrund. Überblick zum Stand der Demokratietheorie bei *Volkmann*, AöR 127 (2002), S. 575 ff.

[154] Dazu *Nickel*, Gleichheit und Differenz in der vielfältigen Republik, S. 16 ff.

[155] *Tsatsos/Schiffauer*, in Kloepfer/Pernice, S. 78; ähnlich *Volkmann*, AöR 127 (2002), S. 595 ff.; *Bryde*, StWStPr 5 (1994), S. 310.

erkennbaren Wandel hin zu einer stärker pluralisierten Gesellschaft[156] und dem heutigen Modell vom offenen Staat.[157]
Die Entwicklung eines auf einem „europäischen Mythos" gegründeten Volkes, das die nationalen Völker ablöst, steht einer supranationalen Demokratie, deren Grundlage gerade ihre Diversität ist, eher entgegen.[158] Die Union wird in so elementaren Bereichen wie die Gestaltung sozialer Sicherungen und Umverteilungen angesichts der dafür erforderlichen Solidargemeinschaft in nächster Zukunft nicht tätig werden können und auf die nationalen Demokratien angewiesen bleiben. Diese Einsicht liegt wie gezeigt dem Konzept der Komplementärverfassung zugrunde. Nur eine entsprechend differenzierte Definition des Legitimationssubjekts kann jedoch mit diesem Konzept der Komplementärverfassung korrespondieren. Zwar sind es dieselben Menschen, die einerseits durch nationale, andererseits durch supranationale Rechtssetzungsakte betroffen sind. Insoweit kann und muß jedoch von spezifischen Loyalitäten der Bürger, einmal bezogen auf die durch das supranationale System verkörperten spezifischen europäischen Werte wie z. B. die Grundfreiheiten, zum anderen bezogen auf die spezifisch nationalen Werte wie das föderale System der Bundesrepublik ausgegangen werden.[159] Die Möglichkeit mehrfacher Loyalitäten, Mehrfachbürgerschaften oder auch „multipler demoi"[160] hat sich jedoch bereits in föderalen Systemen bestätigt. Wenn man Föderalismus im Kern als eine Mehrebenenstruktur hoheitlichen Entscheidens versteht, in der es im wesentlichen um das Ausbalancieren und Zuordnen der verschiedenen Entscheidungsebenen geht, ist das Verhältnis der Europäischen Gemeinschaften zu den Mitgliedstaaten mit diesem Organisationsprinzip durchaus vergleichbar.[161]
Dies gilt insbesondere für den Umstand, daß der Einzelne als Bürger zweier verfaßter Personenverbände angesehen werden kann.[162]

Ein erster Schritt hin zur Anerkennung eines solchen föderalistisch verstandenen Systems stellt die Einführung der Unionsbürgerschaft dar. Mit der Unionsbürgerschaft wird ein eigenständiger *status activus* der Bürger bezogen auf die Gemeinschaftsgewalt geschaffen.[163] Die Feststellung in Art. 17 Abs. 1 EGV,

---

[156] *Bryde*, StWStPr 5 (1994), S. 323 f.
[157] *Di Fabio*, JZ 2000, S. 741.
[158] *Pernice*, in Bruha/Hesse/Nowak: S. 254.
[159] *Bieber*, in Müller-Graff/Riedel: S. 218.
[160] *Weiler*, JöR 44 (1996), S. 130.
[161] *Schuppert*, StWStPr 5 (1994), S. 36. Das föderale Prinzip muß jedoch eindeutig vom Organisationstypus des Bundesstaates abgegrenzt werden - dazu *Schneider*, in: Hrbek, Der Vertrag von Maastricht, S. 142 f. Zur Anwendung des föderalistischen Prinzips auf die Union *Möllers*, AöR 129 (2004), S. 117 ff.
[162] *Bryde*, StWStPr 5 (1994), S. 318; siehe auch *Schroeder*, KritVj 1998, S. 437.
[163] Zu den im einzelnen mit der Unionsbürgerschaft verbundenen politischen Rechten *Kluth*, Die demokratische Legitimation, S. 46 f. *Schroeder*, KritVj 1998, S. 438 sieht in der Unions-

wonach die Unionsbürgerschaft die nationale Staatsbürgerschaft nicht ersetzt, sondern ergänzt, fügt sich in das Bild eines Systems mehrfacher Zugehörigkeiten konsequent ein.[164]

Die Herausbildung einer europäischen Bürgeridentität kann durch rechtliche Konstruktionen wie die Unionsbürgerschaft nur angestoßen werden. Dazu bedarf es jedoch der Anerkennung und Wahrnehmung der mit der Unionsbürgerschaft verbundenen Rechte, was wiederum nur aus der Überzeugung des Einzelnen von den Zielen und Vorteilen und der Effizienz der Union als politisches System resultieren kann.[165] Den Verträgen kann ähnlich einer nationalen Verfassung eine entscheidende gesellschaftlich integrierende Funktion zukommen.[166] Im Bereich der durch die Union gestalteten europäischen Wirtschaftsordnung ist ein europäisches Bewußtsein der Bürger am stärksten ausgeprägt. Davon zeugt die entsprechende Wahrnehmung der Grundfreiheiten durch die Bürger. Insoweit lassen sich die Interessen der Bürger auch klar von denen auf das nationale System bezogenen abgrenzen; sie sind spezifisch auf den Rechtsraum der Union ausgerichtet. Aber auch die begleitenden ordnungspolitischen Zielsetzungen der Union, insbesondere im Bereich des Verbraucher- und Umweltschutzes sind von einer entsprechenden Akzeptanz der Bürger getragen. Insoweit kann zu Recht von einer sich in Entwicklung befindlichen, europäischen Identität der Bürger gesprochen werden.

3. Dualistische Legitimationsgrundlage und ihre Anerkennung im Verfassungsvertrag

Bereits in der Präambel des Verfassungsvertrags wird die dualistische Legitimationsgrundlage der Europäischen Union nunmehr ausdrücklich anerkannt, wenn darauf verwiesen wird, daß die Mitglieder des Europäischen Konvents „diese Verfassung im Namen der Bürgerinnen und Bürger und der Staaten Europas ausgearbeitet haben“. Entsprechend werden in Art. I-1 Abs. 1 S. 1 des Verfassungsvertrages „die Bürgerinnen und Bürger“ neben den „Staaten Europas“ als Fundament der Union benannt.[167] Gleichzeitig wird ausdrücklich festgestellt, daß die Europäische Union weiterhin auf der Übertragung von Zuständigkeiten durch die Mitgliedstaaten „zur Verwirklichung ihrer gemeinsamen Ziele“ beruht. Diesem Verständnis der Europäischen Union ist zu entnehmen, daß an

---

bürgerschaft zusammen mit dem Wahlrecht zum Europäischen Parlament „die Basis für eine europäische Staatsbürgerschaft“.

[164] So auch *v. Bogdandy*, Supranationaler Föderalismus, S. 32.

[165] *Walter*, DVBl. 2000, S. 11; *Habermas*, Faktizität und Geltung, S. 642.

[166] Entsprechend der Integrationslehre von *Smend*, Staatsrechtliche Abhandlungen, S. 154 f. Zur Integrationsfunktion *Walter*, DVBl. 2000, S. 10 f; *Pernice*, VVDStRL 60 (2001), S. 160 ff.

[167] *Schwarze*, EuR 2003, S. 559 sieht die Formulierung des Art. I-1 Abs. 1 S. 1 daher als gelungen an. Kritisch allerdings *Huber*, EuR 2003, S. 594, der hierin gar eine „*falsa demonstratio*“ erkennt. Zur Bedeutung für den gesamten Konventsentwurf *Hänsch*, ZEuS, 2004, S. 4 ff. („Die Union wird nur Bestand haben, wenn ihre Legitimationsbasis als eine doppelte akzeptiert wird“).

der zuvor dargestellten Konstruktion der Europäischen Union durch den Verfassungsvertrag keine Änderung herbeigeführt werden soll.
Die dualistische Legitimationsgrundlage wird auch in der konkreten Ausgestaltung der Beschlußverfahren der europäischen Gesetzgebung erkennbar. Die Rechte des Europäischen Parlaments als direkt gewähltes Gemeinschaftsorgan werden im Verfassungsvertrag gestärkt.[168] Schließlich zeigt sich der dualistische Ansatz auch in der Verankerung der Konventsmethode als Bestandteil des Vertragsänderungsverfahrens. Aufgrund der Zusammensetzung des Konvents, insbesondere der Beteiligung unmittelbar von den Bürgern gewählter Repräsentanten als auch durch die Organisation und Arbeitsweise des Konvents, die eine umfassende Transparenz des Beschlußverfahrens garantieren, kommt es zu einer Aufwertung der Bürger als Träger des „europäischen *pouvoir constituant*".[169]

II. Repräsentation der Unionsbürger durch das Europäische Parlament

Die Gesamtheit der Unionsbürger als ein Legitimationssubjekt der Europäischen Union ist zunächst durch eine Vielzahl unterschiedlicher Gruppen, Interessen und Überzeugungen gekennzeichnet. Dies gilt angesichts der unterschiedlichen nationalen Blickwinkel der Bürger um so mehr. Dieser Pluralismus an Interessen und Meinungen bedarf der Zusammenführung zu einer Handlungs- und Wirkungseinheit.
Es ist heute anerkannt, daß im Verfahren der Willensbildung die Bürger mehr als responsiver Akteur auf unterschiedliche politische Programme von politischen Eliten handeln, als daß sie aus sich heraus zur Herausbildung eines mehrheitlichen Willens in der Lage sind. Hieraus begründet sich das Repräsentationsprinzip wie es allen mitgliedstaatlichen Verfassungssystemen zugrunde liegt.[170] Danach trifft ein in freier, unmittelbarer, gleicher und allgemeiner Wahl vom Volk legitimiertes Parlament bzw. Parlamentskammer die substantiellen Entscheidungen. Repräsentative Verfahren sind auch im Rahmen der Verfassungsgebung anerkannt.[171] Dabei wird ein mit den üblichen Aufgaben der Gesetzgebung und Kontrolle beauftragtes Parlament als geeignetes verfassungsgebendes Organ angesehen, soweit es vom Volk den ausdrücklichen Auftrag zur

---

[168] Dies betrifft u. a. die in Art. I-19 Abs. 1 S. 3 vorgesehene Wahl des Kommissionspräsidenten durch das Europäische Parlament oder die Bestimmung des Mitentscheidungsverfahrens als Regelverfahren der Unionsgesetzgebung in Art. I-34 Abs. 1 i. V. m. Art. III-396.
[169] So ausdrücklich *Hobe*, EuR 2003, S. 16.
[170] Zum Repräsentationsprinzip *Böckenförde*, Staat, Verfassung, Demokratie, S. 379 ff. *Hesse*, Grundzüge, § 5, Rz. 136: „Bei allen greifbaren Schwächen gibt es unter den Voraussetzungen der Gegenwart keine andere Form [als die der repräsentativen Demokratie], die den Bedingungen des modernen pluralistischen Gemeinwesen eher zu entsprechen vermag".
[171] Zu Notwendigkeit repräsentativer Verfahren im Verfassungsgebungsprozeß - *Schneider*, HdbStR Bd. VII, § 158, Rz. 20 ff.

Verfassungsgebung erhalten hat.[172] Im Rahmen von Verfassungsänderungen sehen alle mitgliedstaatlichen Verfassungen repräsentative Verfahren vor, in denen das nationale Parlament eine zentrale Rolle spielt.

Die besondere Eignung des Parlaments als Repräsentationsorgan besteht darin, daß es ein Forum darstellt, in dem unter Berücksichtigung aller wesentlichen politischen Strömungen in einem transparenten Austauschprozeß die Entscheidungen getroffen werden. Damit die parlamentarischen Beschlüsse auch die Zustimmung und Folgebereitschaft beim Volk bewirken, muß das Parlament den Volkswillen tatsächlich auch inhaltlich repräsentieren[173]; das Volk muß sich mit der Parlamentsarbeit identifizieren können.[174] *Böckenförde* hat als Bedingung inhaltlicher Repräsentation wesentliche soziokulturelle, politisch-strukturelle und ethische Voraussetzungen formuliert.[175] Danach ist das Bestehen eines gewissen gesellschaftlichen Grundkonsenses bzw. einer anerkannten Wertordnung Voraussetzung dafür, daß Mehrheitsentscheidungen wie sie im parlamentarischen System üblich sind, akzeptiert werden, auch wenn sie den eigenen Interessen widersprechen.[176] Von wesentlicher Bedeutung für die Funktionsfähigkeit der repräsentativen Demokratie ist das Bestehen einer entsprechenden Öffentlichkeit, basierend auf der Möglichkeit von Information und Kommunikation sowie die Vermittlung von politischen Inhalten durch Parteien und andere gesellschaftliche Vermittlungsinstanzen.[177]

Im Folgenden bleibt zu prüfen, inwieweit die Repräsentationsidee auf das Europäische Parlament übertragbar ist. Zwar wurde zuvor festgestellt, daß in Hinblick auf die Legitimation der Unionsordnung an die Unionsbürger als Träger der Legitimation angeknüpft werden kann und ein europäisches Volk insoweit nicht zwingend ist. Auch wurde bereits festgestellt, daß ein europäischer Grundkonsens oder auch europäische Solidarität[178] – wenn auch mit viel geringerer Substanz im Vergleich zum nationalen Konsens – angenommen werden kann. Das Europäische Parlament muß nach seiner vertraglichen Konzeption aber auch tatsächlich die Gesamtheit der Unionsbürger repräsentieren.

Darüber hinaus ist fraglich, inwieweit die erforderlichen Vermittlungsstrukturen wie europäische Parteien sowie europäische Medien als Vorbedingung einer

---

[172] *Schneider*, HdbStR Bd. VII, § 158, Rz. 22.

[173] Zur Differenzierung zwischen den rechtlich-formalen Bedingungen der Legitimation sowie der inhaltliche Repräsentation - *Kluth*, Demokratische Legitimation, S. 40 f.

[174] *Böckenförde*, Staat, Verfassung, Demokratie, S. 392.

[175] Zu dieser Kategorisierung *Böckenförde*, HdbStR Bd. I, § 22, Rz. 58 ff.

[176] *V. Bogdandy*, Der Staat 39 (2000), S. 164.

[177] *Böckenförde*, Staat, Verfassung, Demokratie, S. 392. *Grimm*, StWStPr 6 (1995), S. 519: „Der parlamentarische Prozeß baut auf einem gesellschaftlichen Prozeß der Interessenvermittlung und Konfliktssteuerung auf, der die parlamentarische Entscheidungstätigkeit teils entlastet, teils vorstrukturiert."

[178] Hierzu siehe *Böckenförde*, FAZ vom 20.06.2003, S. 8.

europäischen Öffentlichkeit bestehen, um ein entsprechendes Repräsentationspotential des Europäischen Parlaments annehmen zu können.[179] *Grimm* hat in diesem Zusammenhang die These aufgestellt, daß wegen der fehlenden intermediären Strukturen auf Unionsebene eine vollständige Parlamentarisierung das europäische Demokratieproblem noch verschärfen würde.[180]

1. Die Unionsbürger als Repräsentationssubjekt des Europäischen Parlaments

In Hinblick auf die Gesamtheit der Unionsbürger als Repräsentationssubjekt des Europäischen Parlaments könnten sich Zweifel aus den gegenwärtigen vertraglichen Regelungen zur Rolle und Zusammensetzung des Parlaments ergeben. Gemäß Art. 189 EGV besteht das Europäische Parlament „aus Vertretern der Völker der in der Gemeinschaft zusammengeschlossenen Staaten". Wörtlich wird nicht an die Unionsbürgerschaft, sondern an eine Vielzahl der mitgliedstaatlichen Völker angeknüpft. Zudem ist das Wahlverfahren auf Ebene der Mitgliedstaaten geregelt. Ein einheitliches Wahlverfahren auf Gemeinschaftsebene wie es in Art. 190 Abs. 4 EGV angedacht ist, besteht nicht. Außerdem sind die Abgeordnetensitze nach Mitgliedstaaten kontingentiert.

Aus diesen Regeln wird teilweise geschlußfolgert, daß die Mitglieder des Europäischen Parlaments in den jeweiligen nationalen Gruppierungen ihr Volk repräsentieren.[181]

Andere leiten hieraus die Gesamtheit der mitgliedstaatlichen Völker in ihrer spezifischen Verbundenheit als Repräsentationssubjekt des Europäischen Parlaments ab.[182] Grundlage dieses Ansatzes ist, daß die Mitglieder des europäischen Parlaments ein spezifisch europäisches Mandat ausüben.[183] Dafür läßt sich zunächst die Verknüpfung des Wahlrechts zum Europäischen Parlament mit der Unionsbürgerschaft gemäß Art. 19 EGV anführen. Auch wenn das Wahlverfahren national geregelt ist, können sich die gewählten Abgeordneten durchaus als Vertreter der Gesamtheit der mitgliedstaatlichen Völker verstehen.[184] Gemäß

---

[179] Auf den Bestand eines Mindestmaßes an sozio-kultureller Homogenität zwischen den Unionsbürgern als vorrechtliche Bedingung europäischer Demokratie wurde bereits unter Pkt. D. I. 2. eingegangen.

[180] *Grimm*, StWStPr 6 (1995), S. 520 ff.

[181] *Schmitt Glaeser*, Grundgesetz und Europarecht, S. 210; *Seidel*, EuR 1992, S. 127. Entsprechend erkennt *Isensee* im Europäischen Parlament trotz seiner Direktwahl durch die Bürger eine „Staatenversammlung" - *Isensee*, in FS Everling, S. 579. Ähnlich auch *Dreier*, in: ders.; GG, Art. 20, Rz. 32; *Kaufmann*, Europäische Integration, S. 247.

[182] Völkerkammer statt Staatenkammer – dazu *Classen*, AöR 119 (1994), S. 247, unter Verweis auf ein „verbindendes Band zwischen den Unionsbürgern". Ähnlich *Saalfrank*, Funktionen und Befugnisse, S. 109.

[183] *Ress*, GS Geck, S. 646, der im Europäischen Parlament den Repräsentanten einer „gebündelten zwölffachen Volkssouveränität" erkannte.

[184] *Augustin*, Das Volk der Europäischen Union, S. 237 ff..

Art. 2 der Geschäftsordnung des Europäischen Parlaments üben seine Mitglieder ein freies Mandant aus und sind nicht an Aufträge und Weisungen, insbesondere von Seiten der nationalen Regierungen, gebunden. Anders als die Mitglieder des Rates sind die Abgeordneten des Europäischen Parlaments nicht den Interessen ihres Mitgliedstaates gegenüber verpflichtet.[185] Dies entspricht auch der Praxis des Europäischen Parlaments. So ist für die Organisation der Fraktionen nicht die nationale Herkunft der Abgeordneten, sondern ihre politische Ausrichtung maßgeblich.[186] Seit der Revision der Geschäftsordnung im Jahr 1999 hat das Parlament in Art. 29 ausdrücklich satzungsmäßig vorgegeben, daß für die Bildung einer Fraktion Abgeordnete von mindestens zwei Mitgliedstaaten zusammentreten müssen. Die so organisierten Fraktionen sind wiederum maßgeblich beispielsweise für die Besetzung von Ausschüssen (Art. 137 GO) und die Verteilung der Rechte im Plenum[187]. Hinzu kommt, daß der mitgliedstaatliche Rückbezug im Wahlakt zum Europäischen Parlament durch Art. 19 Abs. 2 EGV bereits insoweit durchbrochen wird, daß jeder Unionsbürger unabhängig von seiner Staatsangehörigkeit in dem Mitgliedstaat, in dem er seinen Wohnsitz hat, das aktive und passive Wahlrecht bei den Wahlen zum Europäischen Parlament besitzt.

Geht man von einem modernen liberalen Demokratieverständnis aus, das unmittelbar an die Bürger als Legitimationssubjekt anknüpft, dann läßt sich auch die gegenwärtige vertragliche Umschreibung des Repräsentationssubjekts des Europäischen Parlaments als auf die Gesamtheit der Unionsbürger bezogen auslegen.[188] Bei Zugrundelegung dieses Ansatzes kann die Verknüpfung des Wahlrechts mit der Unionsbürgerschaft auch nicht als bloße „Strukturwidrigkeit" abgetan werden.[189] In Anerkennung der mehrfachen Loyalitäten der

---

185 *Augustin*, a. a. O., S. 239 - das Europäische Parlament als genuin europäische Institution; dazu auch *Oeter*, in v. Bogdandy: Europäisches Verfassungsrecht, S. 89; *Grabitz/Läufer*, Das Europäische Parlament, S. 385; *Schroeder*, KritVj 1998, S. 437.

186 *Pernice*, in Dreier: GG, Art. 23, Rz. 53; *Oppermann*, Europarecht, Rz. 253. Andererseits hat die Rückbindung des Wahlrechts an das mitgliedstaatliche Volk durchaus auch Vorteile. Um ihre politische Basis im jeweiligen Mitgliedstaat zu befriedigen, müssen die MEP entsprechenden Kontakt zu ihr halten und die im Europäischen Parlament aktuellen politischen Themen der nationalen Wählerschaft zu vermitteln versuchen. Die MEP haben auf diese Weise eine zentrale Vermittlerrolle zwischen nationaler und europäischer Ebene in der europäischen Politik - *Corbett/Jacobs/Shackleton*, The European Parliament, S. 54 u. 57.

187 U. a. Art. 106 GO. *Saalfrank*, Funktionen und Befugnisse, S. 124, weist darauf hin, daß bestimmte Rechte wie das zur Einleitung einer Aussprache nach Art. 97 GO in Hinblick auf die geringere Anzahl von Abgeordneten kleinerer Mitgliedstaaten gar nicht national ausgerichtet organisiert werden könnten.

188 Wie hier *Oeter*, in v. Bogdandy: Europäisches Verfassungsrecht, S. 89 f.: das Europäische Parlament als Repräsentant des „Volkes als Gesamtheit der Herrschaftsbetroffenen".

189 So aber *Schmitt Glaeser*, Grundgesetz und Europarecht, S. 210.

Bürger macht es Sinn, daß sie sich in diesen unterschiedlichen Loyalitäten auch durch unterschiedliche Repräsentationsorgane vertreten lassen. Bezogen auf die Europapolitik bedeutet dies, daß die nationalen Parlamente die spezifisch nationalen Interessen der Bürger vertreten, das Europäische Parlament hingegen die spezifischen Gemeinschaftsinteressen vertritt.[190] Daß ein *genuin* europäisches Gemeinwohlinteresse bereits in den Verträgen angelegt ist, hat *Häberle* hinreichend nachgewiesen.[191] Schließlich ist auf Grundlage dieses Ansatzes auch die bereits im Vertrag enthaltende Intention, ein einheitliches Wahlrecht einzuführen (Art. 190 Abs. 4 EGV), plausibel. Ein europäisches Gesamtvolk als Repräsentationssubjekt des Europäischen Parlaments ist hingegen nicht erforderlich.[192]

Angesichts des Kompetenzzuwachses der Union und ihrer Organe im Verlauf der europäischen Integration setzt sich immer mehr die Auffassung durch, daß es sich bei der Union nicht nur um eine Gemeinschaft von Staaten, sondern auch um eine Gemeinschaft der Bürger handelt.[193] Eine erste formale Anerkennung des hier vertretenen Ansatzes findet sich im Verfassungsvertrag und zwar in dem bereits dargestellten Absatz 6 der Präambel und Art. I-1 Abs. 1 S. 1.[194] Demnach wird die Union nunmehr ausdrücklich auf zwei Säulen gegründet, nämlich auf die „Bürger und Bürgerinnen" und auf die „Staaten Europas". Dementsprechend wird dem Europäischen Parlament - anders als derzeit in Art. 189 EGV – in Art. I-20 Abs. 2 des Verfassungsvertrages ausdrücklich die Funktion als Vertretungsorgan der „Unionsbürgerinnen und Unionsbürger" zugewiesen. Allerdings bleibt die Kontingentierung nach Mitgliedstaaten, stark abgeschwächt, erhalten. (Art. I-20 Abs. 2 S. 2)[195].

---

[190] So bereits *Grabitz/Läufer*, Das Europäische Parlament, S. 385; ähnlich *Pernice*, JöR 48 (2000), S. 224; *Schroeder*, KritVj 1998, S. 437. Weiter geht *Schmitz*, EuR 2003, S. 219 ff., der aus dem formalen Band der Unionsbürgerschaft bereits die Existenz eines „Unionsvolkes" schlußfolgert.

[191] *Häberle*, Europäische Verfassungslehre, S. 315 ff. unter Verweis auf Art. 11 Abs. 1 EUV („Wahrung gemeinsamer Werte"), Art. 43 EUV („Interessen der Union") oder Art. 16 EGV („allgemeine wirtschaftliche Interessen innerhalb der gemeinsamen Werte der Union").

[192] So aber noch *Ipsen*, FS Lerche, S. 441 sowie *Ossenbühl*, DVBl. 1993, S. 634.

[193] Entsprechend die Begründung des BVerfG im Maastricht-Urteil bzgl. der Anerkennung einer „ergänzenden" Legitimation durch das Europäische Parlament.

[194] So die Stellungnahme von *Giscard D'Estaing, Amato* und *Dehaene* als Präsidiumsvertreter des Konvents in der FAZ vom 14.11.03, S. 6, in der sie ausdrücklich feststellen, daß das Europäische Parlament die „Gesamtheit der europäischen Bürger" repräsentiert.

[195] Danach sind die Bürger „degressiv proportional, mindestens jedoch mit 4 Mitgliedern je Mitgliedstaat" vertreten. Aufgrund entsprechender Forderungen im Konvent wurde für die Wahlperiode 2004 – 2009 im Protokoll über die Vertretung der Bürgerinnen und Bürger im Europäschen Parlament nochmals eine ausdrückliche Zuordnung von Sitzen pro Mitgliedstaat geregelt – der Vorschlag von *Brok*, *Santer* u. a. (www.european-convention.eu.int/documents).

Als Ergebnis ist festzustellen, daß unitarische, an einer Repräsentanz der Unionsbürger ausgerichtete Strukturen des Europäischen Parlaments unverkennbar sind.[196] Andererseits bestehen föderale Merkmale wie die Kontingentierung der Sitze nach Staaten fort. Der Fakt, daß sich eine einheitliche Konzeption des Parlaments hin zu einem ausschließlich unitarischen Organ noch nicht durchgesetzt hat, entspricht durchaus der Natur der Union, die sich einerseits auf Mitgliedstaaten in ihrer unterschiedlichen Identität und andererseits auf die Bürger als eine auf gemeinsamen Interessen gegründete Gesamtheit stützt. Art. I-46 des Verfassungsvertrags enthält nunmehr das ausdrückliche Bekenntnis zum Grundsatz der repräsentativen Demokratie.

2. *Repräsentationspotential des Europäischen Parlaments (Vermittlungsstrukturen)*

Zu prüfen bleibt, ob das Europäische Parlament tatsächlich die Bedingungen für einen effektiven, legitimationsvermittelnden politischen Prozeß erfüllen kann. So wird als Hauptargument gegen eine weitere Stärkung des Europäischen Parlaments geltend gemacht, daß es eben nicht über die mit den staatlichen Parlamenten vergleichbaren, intermediären Strukturen verfüge, also eine europäische Öffentlichkeit oder europäische Parteien nicht bestehen. Schließlich wird das gegen ein Repräsentationspotential des Europäischen Parlaments eingewandt, daß angesichts eines fehlenden einheitlichen Wahlrechts an der für das Repräsentationsprinzip zwingende Wahlrechtsgleichheit fehle. Auch bei dieser Untersuchung müssen Ziel und Zweck und die daraus resultierenden Strukturen der Union mit einbezogen werden.

a) Anforderungen an eine Europäische Öffentlichkeit: Medien und Sprache

Zwingende Bedingung eines freiheitlichen, demokratischen Gemeinwesens ist es, daß sich der Prozeß der politischen Willensbildung tatsächlich auf die Meinungen und Interessen der Bürger stützt, die Bürger insoweit also nicht durch eine von ihnen abgelöste Interessendefinition von ihren gewählten Organe bevormundet werden. Dies setzt das Bestehen einer breiten Öffentlichkeit voraus, in der sich durch eine offene und transparente Diskussion eine öffentliche Meinung herausbilden kann.[197] Insoweit stehen Demokratie und Kommunikationsfreiheit in einem untrennbaren Zusammenhang.[198]
Bezüglich des Willensbildungsprozesses innerhalb der Union wird als problematisch angesehen, daß es an echten europäischen Medien, aber auch an originär auf der Unionsebene verankerten Interessenvertretungen fehlt.[199] Als ein

---

196 *Huber*, EuR 2003, S. 581.
197 BVerfGE 12, 113 (125); *Bleckmann*, JZ 1990, S. 303.
198 Zur sog. Diskurstheorie siehe *Alexy*, in Brugger: Legitimation des Grundgesetzes, S. 352 ff.
199 *Grimm*, StWStPr 6 (1995), S. 520 ff.; *Ossenbühl*, DVBl. 1993, S. 634.

großes Problem wird die Vielfalt an Sprachen innerhalb der Union angesehen, die eine Verständigung der Bürger untereinander zumindest stark behindere.[200]

Die dargelegten Einwände genügen jedoch nicht, um eine zumindest im Ansatz bestehende europäische Öffentlichkeit zu leugnen.[202] Zwar lassen sich aus der Sprachenvielfalt resultierende Schwierigkeiten nicht bestreiten. Jedoch schließt ein multilingualer Sprachraum die Herausbildung einer gemeinsamen Öffentlichkeit auch nicht aus. Insoweit kann exemplarisch auf die Berichterstattung über die Entwicklungen im Verfassungskonvent und die Diskussionen im Rahmen der anschließenden Regierungskonferenz verwiesen werden.[203] Es hat sich gezeigt, daß in Bezug auf ein originär europäisches Projekt wie der Verfassungsvertrag, und auf Grundlage einer entsprechend ausgerichteten medialen Berichterstattung auch eine gemeinsame europäische Diskussion zustande kommen kann. Daß es in diesem Prozeß auch um das Einbringen verschiedener nationaler Interessen ging, nimmt ihm nicht den Charakter eines europaweiten Meinungsbildungsprozesses. Dazu beigetragen haben im Ergebnis auch der freie Zugang zu den Dokumenten des Konvents sowie die Berichte über den Diskussionsstand in jeweils anderen Mitgliedstaaten.[204] Für die Vermittlung der europäischen Sachthemen wären europäische Medien zwar förderlich, sind jedoch insbesondere im Zeitalter des Internets nicht zwingend erforderlich.[205]
Der Verfassungsvertrag enthält nunmehr in Art. 46 ein ausdrückliches Bekenntnis zur Förderung einer partizipativen Demokratie auf Unionsebene. Wird dieser vertragliche Grundsatz intensiv verfolgt, kann dies einen weiteren bedeutenden Schritt hin zur Herausbildung einer breiten europäischen Öffentlichkeit darstellen.

b) Europäische politische Parteien

Für parlamentarische Demokratien ist die Existenz politischer Parteien eine Grundbedingung für die Effizienz des Systems, übernehmen die Parteien doch die Vermittlung der politischen Willensbildung zwischen den Bürgern und der politischen Führung. Eine wesentliche Aufgabe der Parteien besteht darin, den

---

200 *Grimm*, a. a. O., S. 521 (Haupthemmnis); ähnlich *Ossenbühl*, a. a. O., S. 634. *Bleckmann*, JZ 1990, S. 303, stellte vor gut einem Jahrzehnt fest, daß es zwar eine öffentliche Diskussion der europäischen Entscheidungen in den nationalen Rechtssphären gebe, nicht jedoch einen gesamteuropäischen Prozeß.

202 Zur Kritik an der Anwendung nationaler Maßstäbe *Schwarze*, EuR 2003, S. 573.

203 Insoweit ist auf multilinguale Systeme der Schweiz, Kanadas und der Vereinigten Staaten zu verweisen.

204 Z. B. der Bericht über Ungarn in der FAZ vom 14.11.03, S. 8.

205 Über das Internet ist der Zugang zu Informationen über andere Mitgliedstaaten jederzeit möglich. Dazu auch *Schroeder*, KritVj 1998, S. 440; *Schmitz*, EuR 2003, S. 225.

Bürgern bei der Wahl zu den Repräsentationsorganen unterschiedliche politische Programme als Alternativen anzubieten und die Kandidaten für politische Führungsaufgaben zu präsentieren. Das Resultat dieses Prozesses ist ein Parlament, in dem Parteien vertreten sind, die in Bezug auf unterschiedliche, abgrenzbare Politikziele zueinander in Wettbewerb stehen.[206]
Betrachtet man das Europäische Parlament, ist festzustellen, daß die agierenden Parteien weiterhin national verwurzelt sind. Die Wahl zum Europäischen Parlament erfolgt auf nationaler Ebene. An der von *Tsatsos* in seinem Bericht von 1996 über die konstitutionelle Stellung der Europäischen Politischen Parteien getroffene Umschreibung als loses Bündnis der nationalen Parteien einer politischen Familie hat sich bis heute nicht viel geändert.[207] Eine echte, mit den nationalen Parteien vergleichbare, gefestigte Parteienstruktur gibt es auf europäischer Ebene nicht.[208] Bislang gab es keine europäischen Parteiprogramme als Entscheidungsgrundlage für die Bürger im Rahmen der Europawahl.[209] Aber auch insoweit ist durch die Formierung einer europäischen Grünen Partei mit spezifisch auf die Europawahl 2004 ausgerichtetem Parteiprogramm eine Umstrukturierung erkennbar. Trotz dessen kann nicht geleugnet werden, daß auch der Wahlkampf 2004 stark durch nationale Interessen geprägt war.[210]
Die Tatsache, daß die europäischen Parteienbündnisse ihre Wurzeln in den nationalen Parteien haben, kann jedoch durchaus als funktionsadäquat bewertet werden. Denn im komplexen, europäischen Mehrebenensystem sollen die Parteien gerade auch zwischen nationaler und europäischer Ebene vermitteln.[211]
Andererseits müssen die europäischen Parteien auch in der Lage sein, ihrer primären Aufgabe wie sie in Art. 191 EGV vorausgesetzt ist, nämlich die Formulierung und Vermittlung unionsspezifischer Interessen der Bürger, gerecht zu werden. Eine Ablösung der gewählten Parteivertreter vom nationalen Interessenfokus ist erforderlich. Aber auch insoweit kann mittlerweile von einer

---

206 *Weßels*, Schmitt/Thomassen, Political Representation and Legitimacy in the EU, S. 211 ff.
207 *Tsatsos,* Europäische Politische Parteien, S. 15.
208 Die gesellschaftlichen Strukturen und der besondere geschichtliche Hintergrund, die innerhalb der Mitgliedstaaten die Herausbildung gesellschaftlich-politischer Vermittlungsstrukturen hin zu Parteien gefördert haben, bestehen auf europäischer Ebene eben nicht – dazu *Kluth*, Die demokratische Legitimation, S. 30 ff.
209 *Huber*, in: Drexl/Kreuzer/Scheuing/Huber, Europäische Demokratie, S. 44 f; *Franklin/van der Eijk/Marsh*, in van der Eijk/Franklin: Choosing Europe, S. 268 ff.
210 Dies zeigte sich in der europaweiten Abstrafung der Regierungsparteien in der Europawahl.
211 Ähnlich *Tsatsos*, Europäische Politische Parteien, S. 26 f.; *Thomassen/Schmitt*, Political Representation, S. 255 ff. mit Verweis auf die zunehmende Bedeutung allgemeinpolitischer Fragen im Gegensatz zu konstitutionellen Themen, die eine Inanspruchnahme nationaler Parteiensysteme gerade praktikabel macht.

echten Europakompetenz der Parteienvertreter aufgrund ihrer Tätigkeit auf europäischer Ebene ausgegangen werden.[212]

Eine weitere Verfestigung der europäischen Parteienstruktur ist erforderlich, um das Bewußtsein der Bürger für die Europapolitik zu stärken. Die Herausbildung von Parteistrukturen auf europäischer Ebene verläuft tatsächlich mit der gleichen Dynamik wie der Integrationsprozeß insgesamt. Danach bestehen berechtigte Erwartungen, daß mit einer Stärkung der Rolle des Europäischen Parlaments auch die dem Parlament zugrunde liegenden Strukturen eine stärkere europäische Ausprägung erhalten werden.[213] Die Anerkennung europäischer Parteien in Art. 191 EGV stellt jedenfalls einen wichtigen Schritt in diesem Prozeß dar und hat in Form des Art. 45 Abs. 4 auch Eingang in den Verfassungsvertrages gefunden.

c) Ausgestaltung des Wahlverfahrens

Das Wahlrecht des Bürgers zum Parlament ist in der repräsentativen Demokratie die wichtigste Form der Partizipation.[214] Das Wahlrecht steht in einem untrennbaren Zusammenhang zum Gleichheitsgrundsatz: Nur eine Wahl, in der alle Bürger gleichberechtigt sind und jeder Stimme das gleiche Gewicht zukommt, kann volle demokratische Legitimation an das parlamentarische Repräsentationsorgan vermitteln.[215]

Sind die Anforderungen an eine allgemeine und geheime Wahl auf europäischer Ebene ausreichend gesichert, so ist der Grundsatz der Gleichheit der Wahl nur unzureichend erfüllt. Aufgrund der Kontingentierung der Parlamentssitze nach Mitgliedstaaten kommt den Stimmen der Bürger kleinerer Mitgliedstaaten ein

---

[212] Zu verweisen ist auf Persönlichkeiten, die von den Bürgern spezifisch mit Europapolitik in Zusammenhang gebracht wurden und über das jeweilige Herkunftsland hinaus bekannt waren, z.B. Spinelli oder derzeitig Cohn-Bendit. Empirische Untersuchungen ergaben, daß für Europaabgeordnete die europäische Perspektive der Repräsentation zumindest in politischen Sachfragen wichtiger ist als die nationale. Allerdings wurde auch festgestellt, daß bei Fragen des Fortganges der europäischen Integration die nationale Zugehörigkeit der Abgeordneten eine relativ große Rolle spielt. Mögliche Begründung dafür ist, daß das Parlament für konstitutionelle Fragen keine Entscheidungskompetenzen hatte. Zu den empirischen Studien siehe *Weßels*, in Schmitt/Thomassen, S. 211 ff.

[213] *Huber*, in Drexl/Kreuzer/Scheuing/Sieber, S. 44. Interessant ist der Vorschlag des MEP *Anastassopoulos* im Bericht zur Gestaltung eines einheitlichen Wahlsystems (A4-0212/98), wonach im Rahmen der Europawahlen ein bestimmter Prozentsatz an Sitzen für die Wahl nach europaweiten Listen vergeben werden sollte.

[214] Neben der „technischen" Funktion der Bestimmung der Repräsentanten kommt dem Wahlakt eine erhebliche Bedeutung für die Schaffung und Vertiefung einer politischen Gemeinschaft zu. Für die Union besteht diese darin, die europäische Integration in die öffentliche Diskussion zu bringen und die Bürger zu einer aktiven Unterstützung zu mobilisieren – dazu *Weßels/Schmitt*, in Klingemann/Neidhardt, S. 297 ff.

[215] *Hesse*, Grundzüge, § 5, Rz. 145.

größeres Gewicht zu als denen der Bürger größerer Mitgliedstaaten.[216] Aber auch insoweit müssen die Spezifika des supranationalen Systems einbezogen werden. Würde man auf Unionsebene auf eine vollständige Umsetzung des Gleichheitssatzes bestehen, dann wäre das Parlament entweder aufgrund der hohen Abgeordnetenzahl nicht arbeitsfähig oder die Bürger kleiner Mitgliedstaaten gar nicht vertreten. Letzteres würde jedoch gegen ein anderes demokratietheoretisches Grundprinzip, nämlich den Minderheitenschutz verstoßen.[217] Die derzeitige Sitzverteilung entspringt daher einem Kompromiß zwischen der Gewährleistung der Arbeitsfähigkeit des Parlaments und der Repräsentanz nationaler Interessenvielfalt.[218] Versteht man das Europäische Parlament als Vertretungsorgan als Repräsentationsorgan der Unionsbürger erscheint die Umsetzung des Gleichheitssatzes auf lange Sicht unumgänglich.[219] Als ein erster Schritt kann die Reduzierung der nationalen Mindestrepräsentanz auf 6 Abgeordnete im beschlossenen europäischen Verfassungsvertrag (Art. I-20 Abs. 2 S. 2) gesehen werden.[220]

Ein weiterer Umstand, der die substantielle Repräsentanz der Unionsbürger durch das Europäische Parlament tangiert, stellen die auf nationale Ebene geregelten, unterschiedlichen Wahlsysteme dar.[221] Zwar wird in allen Mitgliedstaaten mittlerweile nach dem Verhältniswahlprinzip gewählt. Jedoch bestehen erhebliche Regelungsunterschiede beispielsweise bei der Gestaltung der Mindeststimmanteile, die schließlich auch Unterschiede in der Repräsentanz des Wählervolks bewirken.[222] In jedem Fall würde die Einführung eines einheitlichen Wahlrechts das Repräsentationspotential des Europäischen Parlaments erheblich verbessern.[223]

---

[216] Derzeit kommt den deutschen Stimmen nur 8 % des Stimmgewichts der luxemburgischen Stimmen zu. Dies trifft allerdings auch für die Stimmverteilung im Rat zu.

[217] *Weßels/Schmitt*, in: Klingemann/Neidhardt, S. 302 f.

[218] *Classen*, AöR 119 (1994), S. 248 („praktische Konkordanz").

[219] Danach ist als Begründung nicht mehr akzeptabel, daß der Gleichheitssatz nur auf Ebene *eines* Volkes Anwendung findet - so noch *Saalfrank*, Funktionen und Befugnisse des EP, S. 121. So erkennt auch *Weber*, JZ 1993, S. 329, die Umsetzung der Wahlgleichheit auf Dauer als zwingend.

[220] *Schwarze*, EuR 2003, S. 551, mit Verweis auf die besondere Situation in der Union, wobei er sich jedoch auf die im ursprünglichen Konventsentwurf genannte Zahl von 4 Abgeordneten bezieht.

[221] Überblick bei *Corbett/Jacobs/Shackleton,* The European Parliament, S. 12 ff.

[222] *Weßels/Schmitt*, in Klingemann/Neidhardt: S. 303 f.

[223] *Classen*, AöR 119 (1994), S. 249. Anders als die Ungleichheit im Stimmengewicht bestehen für die Defizite wegen Fehlens eines einheitlichen Wahlverfahrens keine nachvollziehbaren Gründe. Um so bedauerlicher ist es, daß die Regelung des Art. 190 Abs. 4 EGV im Rahmen des Konvents keine Umsetzung fand.

III. Das Zustimmungsrecht des Europäischen Parlaments im Beitrittsverfahren

1. Die Regelung des Zustimmungsrechts in Art. 49 EUV

Bezogen auf das Beitrittsverfahren des Art. 49 EUV ist dem Europäischen Parlament ein Recht auf Zustimmung zum Beitrittsantrag bereits mit Verabschiedung der Einheitlichen Europäischen Akte 1987 eingeräumt worden. Aufgrund seines Zustimmungsrechts kann das Europäische Parlament den Beitritt neuer Mitgliedstaaten verhindern. Das Zustimmungsrecht wurde dem Europäischen Parlament gewährt, nachdem es den Beitritt Griechenlands 1980 ausdrücklich „ratifiziert“[224] und den Beitritt Spaniens und Portugals 1985 „gebilligt“ hatte[225].

Die Zustimmung des Parlaments ist ein „integraler“ Bestandteil des Beitrittverfahrens. Verfahrenstechnisch ist insoweit zwischen drei Phasen zu unterscheiden. Nach der Verhandlungsphase im Rahmen einer Regierungskonferenz kann das Europäische Parlament im Rahmen der als unionsinterne Entscheidungsphase beschreibbaren Phase seine Zustimmung erteilen. Danach muß der Rat in einem einstimmigen Beschluß den Aufnahmeantrag annehmen. Die Entscheidung des Europäischen Parlaments hat gleichrangige Bedeutung gegenüber dem Beschluß des Rates[227]. Beide Beschlüsse haben wiederum nur gemeinschaftsinterne Wirkung.[228] In der sich anschließenden, von den Mitgliedstaaten geprägten Vertragsschlußphase erfolgt nach Unterzeichnung des Vertrages durch die Vertreter der Mitgliedstaaten die Ratifikation durch die mitgliedstaatlichen Parlamente. Gemeinschaftlicher und mitgliedstaatlicher Teil stellen wiederum gleichgeordnete Komponenten des Verfahrens dar.[229]

Mit dem Zustimmungsrecht wird dem Europäischen Parlament gerade in Hinblick auf die eigene Betroffenheit durch den Beitritt eines neuen Mitgliedstaates eine entscheidende politische Einflußmöglichkeit auf den Fortgang des Integrationsprozesses eingeräumt. Durch das obligatorische Zustimmungserfordernis der Gemeinschaftsorgane Rat und Parlament wird die selbständige Position der Europäischen Union im Beitrittsverfahren verdeutlicht. Dies stellt einen weiteren wesentlichen Unterschied zu internationalen Organisationen klassischer Gestalt dar.[230] Das Zustimmungsrecht des Europäischen

---

224 ABl. 1980 Nr. C 117, S. 55.

225 ABl. 1985 Nr. C 262, S. 65. Dazu *Meng*, in Groeben/Thiesing/Ehlermann, Art. O EUV, Rz. 100 f.

227 *Oppermann*, Europarecht, Rz. 270: Parlament als „gleichberechtigten Partner des Rates“.

228 *Geiger*, EUV, Art. 49, Rz. 13. A. A. *Vedder*, in Grabitz/Hilf: EUV/EGV, Art. O EUV, Rz. 35.

229 *Meng*, in Groeben/Thiesing/Ehlermann: EUV/EGV, Art. O EUV, Rz. 95.

230 *Meng*, a. a. O., Rz. 94.

Parlaments wird in seiner bisherigen Form in der Regelung des Art. I-58 Abs. 2 des Verfassungsvertrages beibehalten.

2. *Vergleich der Verfahrensgegenstände von Art. 48 und 49 EUV*

Auch der Beitritt neuer Mitgliedstaaten ist für die Gestalt und Entwicklung der Europäischen Union unbestreitbar von immenser Bedeutung. Die Einführung des Zustimmungsrechts wurde gerade mit der besonderen Tragweite der Entscheidung, insbesondere aufgrund der mit dem Beitritt notwendig werdenden organisatorischen Anpassungen, begründet.[231] Grundsätzlich können diese Gründe auch für eine Beteiligung des Europäischen Parlaments im Rahmen des Vertragsänderungsverfahrens angefügt werden. Es kann daher zu Recht die Frage gestellt werden, warum der Beteiligung des Parlaments im Rahmen des Art. 49 EUV ohne erkennbare verfassungsrechtliche Bedenken seitens der Mitgliedstaaten zugestimmt wurde, eine entsprechende Beteiligung im Rahmen des Art. 48 EUV aber auf erheblichen Widerstand der Mitgliedstaaten stößt.

Ein wesentlicher Unterschied ist in der Natur der Verfahrensgegenstände von Art. 48 und Art. 49 EUV zu sehen. So ist der Beitritt eines neuen Mitgliedstaates weder mit einem unmittelbaren Eingriff in die Verfassungsordnungen der bereits beigetretenen Staaten verbunden, noch erfolgt eine Änderung des institutionellen Gefüges bzw. Gleichgewichts der Europäischen Union. Entsprechende Änderungen wie sie gegenwärtig mit der Ostererweiterung der Europäischen Union als erforderlich angesehen werden, können nur im Wege des Art. 48 EUV durchgesetzt werden. Gemäß Art. 49 Abs. 2 EUV können im Rahmen des Beitrittsvertrages lediglich die notwendigen technischen Anpassungen der Verträge erfolgen. Damit, daß der Beitritt nicht offensichtlich mit dem Übergang souveräner Rechte der Mitgliedstaaten auf die Union verbunden ist, läßt sich am ehesten der viel geringere Widerstand der Mitgliedstaaten gegenüber der Einräumung eines Zustimmungsrechts zugunsten der Europäischen Union begründen.
Andererseits kann der Beitritt eines neuen Mitgliedstaates zu einer erheblichen Modifikation der faktischen Einflußmöglichkeiten der alten Mitgliedstaaten mit Auswirkungen auch für deren ursprüngliche Entscheidung zur Hoheitsrechtsübertragung führen.[232] Dem entspricht die Unterteilung des Verfahrens in die Gemeinschaftsphase, in der die Unionsorgane die spezifischen Interessen der Union an einer weitest möglichen Bewahrung ihrer Identität, insbesondere am

---

[231] *Oppermann*, Europarecht, Rz. 270; *Meng*, a. a. O., Rz. 98 f.

[232] Allerdings erfolgt jede Entscheidung über eine Hoheitsrechtsübertragung aufgrund der Offenheit der Union für neue Mitgliedstaaten von vornherein vor dem Hintergrund möglicher Beitritte neuer Mitgliedstaaten.

Erhalt des aquis communautaire einbringen[233], und in die mitgliedstaatliche Phase, in der sich die Mitgliedstaaten vor allem mit der qualitativen Veränderung ihres Einflusses in der Union, insbesondere Änderungen ihrer Beteiligung in den einzelnen Unionsorganen, auseinandersetzen können.
Diese verfahrenstechnische Lösung für die unterschiedliche Interessenlage ließe sich grundsätzlich auch auf das Verfahren des Art. 48 übertragen. Wie auch im Rahmen des Art. 49 EUV würde die Zustimmung des Europäischen Parlaments nicht zu einem Ersatz der Ratifikation durch die mitgliedstaatlichen Parlamente führen.[234] Dies wäre schließlich bereits wegen der unterschiedlichen Legitimationssubjekte ausgeschlossen. Die mitgliedstaatlichen Parlamente würden weiterhin als Garant der Verfassungsautonomie der einzelnen mitgliedstaatlichen Völker agieren.

IV. Ergebnis

Die vorangegangene Untersuchung hat ergeben, daß das Europäische Parlament bereits nach dem gegenwärtigen Vertragsstand zumindest im Ansatz als Repräsentationsorgan der Unionsbürger konzipiert ist, wenngleich föderale Merkmale weiterhin bestehen. In dem von der Regierungskonferenz beschlossenen europäischen Verfassungsvertrag wird dies nunmehr explizit geregelt. Dabei verfügt das Europäische Parlament über einen ausreichend effizienten demokratischen Unterbau, um seine Repräsentationsaufgabe zu erfüllen, auch wenn es an die Standards nationaler Repräsentationskörperschaften nicht heranreicht. Weitere institutionelle Reformen wie beispielsweise die Einführung eines einheitlichen Wahlverfahrens sind erforderlich, um das Repräsentationspotential des Europäischen Parlaments zu stärken. Dies setzt jedoch voraus, daß die nationalen Vorbehalte gegen die Bedeutung des Europäischen Parlaments für die demokratische Legitimation endlich abgebaut werden. Entgegen vieler mitgliedstaatlicher Befürchtungen tritt das Europäische Parlament nicht in Wettbewerb mit den nationalen Parlamenten, sondern soll deren Tätigkeit auf europäischer Ebene ergänzen. Vor allem muß den Bürgern selbst die Relevanz des Europäischen Parlaments im politischen Prozeß stärker vor Augen geführt werden. Dies ist eine wesentliche Bedingung dafür, daß die Bürger im Rahmen der Europawahlen stärker mobilisiert werden können.

---

233 Auf die unterschiedlichen Auswirkungen auf Dynamik und Richtung des Integrationsprozesses zeigt *Meng*, in: Groeben/Thiesing/Ehlermann, EUV/EGV, Art. O EUV, Rz. 21 ff. auf.
234 *Hänsch*, EP Dok. A 2-81/85/1 vom 29.07.1985, S. 32.

E. *Konkrete Verfahrensvorschläge*

Das Vertragsänderungsverfahren ist unter Legitimationsgesichtspunkten verbesserungsfähig. Wird dies berücksichtigt, dann stellt das Verfahren durchaus eine geeignete Methode zur Fortschreibung der EU-Verfassung dar. Nicht das Vertragsänderungsverfahren als solches, sondern der Ansatz, die Reformen im Rahmen von Regierungskonferenzen auszuhandeln, ist an Grenzen gestoßen.

Es war das Europäische Parlament selbst, das nach seiner ersten Direktwahl 1979 die Forderung nach einer stärkeren Einflußnahme auf den europäischen Konstitutionalisierungsprozeß zur Diskussion brachte. Mit der Einberufung des Institutionellen Ausschusses durch die Entschließung vom 9. Juli 1981 machte das Europäische Parlament deutlich, daß es in dem durch die Direktwahl gewonnenen Legitimationszuwachs nicht nur die Basis für eine stärkere Beteiligung an den Rechtssetzungsverfahren sah, sondern hiermit auch eine besondere Verantwortlichkeit für neue Anstöße zum Integrationsprozeß und für den Entwurf einer Verfassung als langfristige Perspektive für die Gemeinschaft verband.[235] Der schließlich am 14. Februar 1984 vom Plenum verabschiedete Vertragsentwurf enthielt neben grundsätzlichen Neuerungen wie das Verfahren der Mitentscheidung so grundlegende Regelungen wie die „Unionsbürgerschaft" (Art. 3) sowie die Anerkennung von Grundrechtsstands (Art. 4).[236] Auch wenn das Vertragswerk nicht – wie angestrebt – von den nationalen Verfassungsorganen ratifiziert wurde, fanden wichtige Vorschläge des Parlaments doch noch Eingang in die Einheitliche Europäische Akte. An der Forderung nach stärkerer Beteiligung an Beschlüssen von wesentlicher Bedeutung für die Grundordnung hielt das Parlament fest.[237]

Mit der im Anschluß an den Maastricht-Vertrag erneut einsetzenden Diskussion über die demokratischen Grundlagen der Union wurde eine stärkere Rolle des Europäischen Parlaments auch im Vertragsänderungsverfahren zum Gegenstand verstärkter politischer und wissenschaftlicher Auseinandersetzung gemacht. Als ein Ergebnis dieser Auseinandersetzung kann die Einberufung des Reformkonvents gewürdigt werden, an der neben Vertretern der nationalen Parlamente auch Unionsabgeordnete aktiv an der Ausarbeitung des „Verfassungsvertrages"

---

[235] Siehe auch Entschließung vom 14.9.1981, ABl. Nr. C 234/48. In der Entschließung vom 14.02.1984 wird schließlich auf eine „historische Pflicht" verwiesen, die es dem ersten, direkt von den europäischen Bürgern gewählten Parlament aufgibt, einen Entwurf für die Gründung der Europäischen Union vorzulegen, EP-Sitzungsdokument 1-1200/83/A vom 19.12.1983, S. 5 sowie EA 1984 S. D 229. Der Entwurf sollte im Vorfeld der zweiten Direktwahl der Öffentlichkeit zugänglich und Thema des Wahlkampfes werden.

[236] ABl. C 77/1984, S. 27 ff.; kommentiert u. a. von *Pernice*, EuR 1984, S. 126 ff.

[237] *De Vigo- und Tsatsos-Bericht*, EuGRZ 1998, S. 90 und 92: das Erfordernis der Zustimmung des EP zum Vertragsänderungsverfahren als eine der Prioritäten für die Amsterdamer Regierungskonferenz.

mitgewirkt haben.[238] Die Verankerung eines Mitwirkungsrechts in der Beschlußphase künftiger Revisionsverfahren im Verfassungsvertrag konnte das Europäische Parlament auch diesmal nicht durchsetzen.

Im Folgenden sollen neben den bereits angesprochenen Initiativen des Europäischen Parlaments weitere grundlegende Vorschläge für eine Stärkung der Rolle des Europäischen Parlaments im Vertragsänderungsverfahren dargestellt werden. Dabei kann unterschieden werden zwischen Vorschlägen, die sich auf das Verfahren der Ausarbeitung einer Vertragsänderung beziehen und solchen, die auch die Beschlußphase unmittelbar einbeziehen.
Im Zusammenhang mit einer Novellierung des Vertragsänderungsverfahrens wird vielfach auch die Einführung direktdemokratischer Elemente wie beispielsweise ein gemeineuropäisches Referendum der Unionsbürger ins Gespräch gebracht. Für ein solches Referendum wird angebracht, daß es die Identität des Unionsbürgers als Subjekt und Betroffener der Verträge unterstreichen und den Diskurs beleben würde.[239] Allerdings ergibt sich für die deutsche Rechtsordnung bereits das Problem, daß das deutsche Grundgesetz selbst für die nationale Verfassungsebene ein solches Referendum nicht zuläßt. Da Kern dieser Untersuchung die Beteiligung des Europäischen Parlaments als Element repräsentativer Demokratie ist, wird auf die einschlägige wissenschaftliche Auseinandersetzung zu diesem Thema verwiesen.[240]

I. Entscheidungsvorbereitung

1. Rechtliche Absicherung von Initiativ- und Beratungsrechten

Gegenwärtig verfügt das Europäische Parlament nur über ein vertraglich abgesichertes Recht auf Stellungnahme, das zudem keine verbindliche Wirkung hat (Art. 48 UAbs. 2 EUV). Auf die in der Vergangenheit praktizierte Beteiligung an den Beratungen des Rates hat es keinen rechtlich durchsetzbaren Anspruch. Es ist weiterhin der Rat, insbesondere dessen Ausschuß der Ständigen Vertreter, der die wesentlichen Vorarbeiten leistet.
Es wird vorgeschlagen, dem Parlament neben der Kommission und den Regierungen ein Initiativrecht einzuräumen und ihm die Aufgabe der Ausarbeitung des Entwurfs vollständig zu übertragen[241] bzw. zumindest das Recht auf

---

[238] Bereits 1994 schlug das EP vor, vor der im Maastricht-Vertrag vorgesehenen Regierungskonferenz 1996 einen europäischen Verfassungskonvent aus Abgeordneten der nationalen Parlamente sowie des EP zur Verabschiedung von Leitlinien für eine Verfassung einzuberufen - Woche im Bundestag 7/94, S. 6.

[239] *Pernice*, JöR 48 (2000), S. 220 f.; skeptisch *Krauß*, ZParl 1998, S. 76.

[240] Siehe u. a. den Sammelband von *Auer/Flauss*, Référendum Européen.

[241] Vorschlag der AG „Europäische Verfassung“ unter Leitung von W. Weidenfeld, in *Weidenfeld*, Wie Europa verfaßt sein sollte, S. 36. Es bleibt unklar, ob sich der Vorschlag auf

Beteiligung vertraglich zu verankern.[242] Diese Vorschläge werden damit gerechtfertigt, daß das Europäische Parlament aufgrund seiner beiden Verfassungsinitiativen sowie seiner erfolgreichen Tätigkeit in der Reflexionsgruppe im Vorfeld der Verträge von Amsterdam und Nizza gezeigt habe, daß es für eine aktivere Rolle in dieser Phase des Änderungsverfahrens in der Lage ist.[243] So war das Europäische Parlament der einzige Akteur im Rahmen der Vorbereitung der Amsterdamer Regierungskonferenz, der ein geschlossenes Gesamtkonzept vorlegen und zahlreiche Initiativen am Ende auch durchsetzen konnte.[244] Schließlich kann auch die gute und hochmotivierte Zusammenarbeit der 16 EU-Parlamentsvertreter im EU-Reformkonvent angeführt werden. Für eine frühe Beteiligung des Parlaments spricht, daß die Unionsabgeordneten nicht wie Vertreter nationaler Regierungen an national definierte Interessen und „Tabus" gebunden sind. Sie haben daher die Chance, auch „mutige", innovative Ideen zur Diskussion zu bringen. Das Europäische Parlament könnte in einem sehr frühen Stadium des Änderungsverfahrens eine genuine Gemeinschaftsperspektive in die Diskussion einführen und mögliche Alternativen im Verhältnis zu unterschiedlichen nationalen Ansätzen aufzeigen. Einer solchen Rolle konnte die Kommission in der Vergangenheit nicht immer gerecht werden. Dies wird vor allem darauf zurückgeführt, daß sich ihre Kompetenzen vor allem auf technische Bereiche wie das Wettbewerbsrecht beziehen und für Fragen von allgemeinpolitischer Bedeutung die Ressourcen fehlen.[245] Für eine solche Stärkung des Parlaments spricht jedoch vor allem, daß es die vielfach erhobene Forderung nach mehr Transparenz und Öffentlichkeit erfüllen könnte.

2. *Die Konventsmethode*

Eine weitere Alternative bietet das Konventsmodell wie es mit dem EU-Reformkonvent und dem Konvent zur Erarbeitung einer Grundrechtscharta bereits praktiziert worden ist.[246] Wie dargelegt, bezog sich die Tätigkeit beider Institutionen auf die Vorbereitung einer Regierungskonferenz. Die Arbeit des Konvents wurde den weiter geltenden Verfahren des Art. 48 EUV vorgeschaltet; eine Änderung der Verfahrensregel des Art. 48 EUV war daher nicht erforderlich.

---

einen einmaligen Akt der Verfassungsgebung bezieht oder als generelles Verfahren für zukünftige Vertragsänderungen angesehen wird.

[242] *Pernice*, JöR 48 (2000), S. 220

[243] Weitere Beispiele für die verfassungspolitische Kompetenz des Parlaments: Erklärung der Grundrechte und Grundfreiheiten vom 12.04.1989, ABl. C 120 v. 16.04.1989, S. 52 ff und Erschließungsantrag zu den verfassungsmäßigen Grundlagen der Union vom 21.11.1990, abgedr. in Weidenfeld, a. a. O., S. 170 ff.

[244] *De Vigo- und Tsatsos-Bericht*, EuGRZ 1998, S. 72 ff; *Basedahl*, S. 384 ff.; *Krauß*, ZParl 1998, S. 70 ff.

[245] Zu einer entsprechenden Analyse *Christiansen/Jørgensen*, International Negotiations, S. 1 ff.

[246] Für eine Institutionalisierung des Verfahrens u. a. *Hoffmann*, JMWP 11/02, S. 15 ff.

Auf die positiven Auswirkungen der Arbeit des Konvents auf Transparenz und unmittelbare Einbeziehung des Bürgers in das Reformvorhaben wurde bereits unter Punkt C. II. hingewiesen.

Andererseits muß auch der enorme personelle und sachlich bzw. logistische Aufwand, der mit der Einrichtung dieser Institution verbunden ist, berücksichtigt werden. Der Aufwand muß im Verhältnis stehen zu dem Gegenstand der angestrebten Vertragsänderung. Sowohl beim Grundrechtskonvent als auch beim EU-Reformkonvent ging es um Grundfragen der Unionsordnung bzw. um ihre Konsolidierung. Diesbezüglich war es erforderlich, im Vorfeld der Reformen möglichst die Vertreter aller repräsentativen Institutionen zu vereinigen, um die erforderliche Legitimation zu erzielen. Es bleibt jedoch fraglich, ob es bei Fragen wie die Übertragung einzelner Kompetenzen in den Zuständigkeitsbereich der Gemeinschaftsorgane eines solchen umfangreichen Verfahrens bedarf. Hinzu kommt, daß die beiden bislang durchgeführten Konventsverfahren unter erheblichen Erfolgsdruck standen und sich nicht zuletzt hieraus ihr Erfolg ergab. Es ist fraglich, ob dieses Verfahren bei nicht so umfassenden Projekten ebenso erfolgreich und effizient ablaufen würde. Entsprechend wird im Verfassungsvertrag für Verfahrensgegenstände geringeren Umfangs auf eine Einberufung des Konvents verzichtet.
Aufgrund der Beschränkung der Konvent-Methode auf die Beratungsphase können die aus der dualistischen Legitimationsgrundlage der Union ableitbaren Anforderungen hinsichtlich der Beteiligung der Unionsbürger auch in der Beschlußphase des Verfahrens nicht befriedigt werden. Das erste Scheitern in der Einigung der Regierungskonferenz über den vom Reformkonvent vorgelegten Entwurf eines Verfassungsvertrages zeigt, daß der dem Konvent ursprünglich zugeschriebene politische Einfluß auf die endgültige Entscheidung eben doch beschränkt ist.[247]

II. Entscheidungsfindung

1. Zustimmungsrecht des Europäischen Parlaments

Der Verfassungsentwurf des Europäischen Parlaments von 1984 sah für die zukünftigen Entscheidungen zur Übertragung von Gemeinschaftskompetenzen (Art. 11) sowie bezüglich institutioneller Änderungen (Art. 34) ein Mitentscheidungsrecht des Parlaments vor. Der Verfassungsentwurf des Institutionellen Ausschusses, den das Parlament am 10.02.1994 zur Kenntnis nahm

[247] Von der Forderung von *Giscard d'Estaing*, einzelne Bestandteile des Verfassungsentwurfs nicht mehr in Frage zu stellen, sind die mitgliedstaatlichen Vertreter bereits kurze Zeit nach Annahme des Entwurfs abgewichen. So kassierten sie bereits zu Beginn der Regierungskonferenz den Vorschlag eines eigenständigen, öffentlich tagenden Gesetzgebungsrats der Regierungen.

und dann zurückverwies[248], sah für zukünftige Vertragsänderungen eine gesonderte Mitwirkung der Staaten gar nicht mehr vor. Die sog. Verfassungsgesetze sollten auf Grundlage dieses Entwurfs vom Europäischen Parlament mit der Mehrheit von 2/3 seiner Mitglieder und vom Rat mit qualifizierter Mehrheit erlassen werden (Art. 31). Auch im Vorfeld der Amsterdamer Regierungskonferenz erhob das Parlament die Forderung, ihm zumindest ein Recht auf Zustimmung der ausgehandelten Änderung zu gewähren.[249]
Für eine entsprechende Aufwertung des Europäischen Parlaments plädieren u. a. *Pernice* und *Tsatsos*.[250] *Krauß* schlägt als konkreten Entscheidungsmodus die absolute Mehrheit der Mitglieder des Europäischen Parlaments vor.[251]

Für die Einräumung eines solches Zustimmungs- bzw. Mitentscheidungsrechts wird geltend gemacht, daß gerade ein konkretes Entscheidungsrecht des Parlaments das öffentliche Interesse an der parlamentarischen Auseinandersetzung und damit auch die Transparenz des Verfahrens steigern würde.[252] Darüber hinaus wird der Mitwirkung des Europäischen Parlaments im Entscheidungsprozeß auch eine mögliche entschärfende Wirkung in Hinblick auf das Problem des bargaining-Prozesses zugeordnet. Es ist nachvollziehbar, daß Entscheidungen in letzter Minute, mit denen einzelne nationale Interessen durchgesetzt werden sollen, als auch die Verwässerung ursprünglicher, mit dem Reformvorhaben verknüpfter Gemeinschaftsinteressen schwieriger werden würde. In beiden Fällen müßten die Mitgliedstaaten mit einem Veto des Europäischen Parlaments aufgrund der Verweigerung seiner Zustimmung rechnen. Die Mitgliedstaaten wären gezwungen, sich im Vorfeld um eine Abstimmung mit dem Parlament zu bemühen. Schließlich wird als demokratietheoretisches Argument eingebracht, daß eine solche Beteiligung des Europäischen Parlaments der dualistischen Legitimationsgrundlage der Union entspräche.[253]

---

[248] Sog. Hermann-Bericht, ABl. C 61/155 vom 28.02.1994, S. 155 ff. Der Mehrheit im Europäischen Plenum erschien die Annahme des Verfassungsentwurfs nicht zweckmäßig (Erschließungsantrag v. 10.02.1994, ABl. C 61 v. 28.02.1994, S. 155 f.). Das neugewählte Parlament beschloß zunächst, für einen Verbreitung des Entwurfs zu sorgen. In der Folgezeit konzentrierte sich die parlamentarische Diskussion auf die Durchführung der Regierungskonferenz 1996/97.
[249] *De Vigo- und Tsatsos-Bericht*, EuGRZ 1998, S. 90, Rz. 168.
[250] *Pernice*, JöR 48 (2000), S. 220, das Europäische Parlament als „Mitverfassungsgeber"; *Tsatsos*, FCE 1/1999, S. 137 f. Ähnlich lautet auch der Vorschlag der Weidenfeld-Arbeitsgruppe, die als zweite Phase ihres Verfahrensvorschlages eine Vierer-Konferenz von Europäischem Parlament, EG-Kommission, Rat und nationalen Parlamenten vorsah, in *Weidenfeld*, Wie Europa verfaßt sein soll, S. 36.
[251] *Krauß*, ZParl 1998, S. 75.
[252] *Krauß*, ZParl 1998, S. 72; *Schroeder*, KritVj 1998, S. 440.
[253] *Tsatsos*, FCE 1/99, S. 136; *Pernice*, JöR 48 (2000), S. 221.

Andererseits wird auch erkannt, daß mit der Regelung eines Zustimmungsrechts des Europäischen Parlaments ein weiteres Vetorisiko entsteht und damit auch die Gefahr eines anwachsenden Reformstaus. Gleichzeitig wird jedoch darauf verwiesen, daß sich dies mit der bisherigen Verhandlungspraxis des Parlaments nicht belegen ließe.[254]

2. *Alleinentscheidungsrecht des Europäischen Parlaments*

Über ein Zustimmungsrecht hinausgehend könnte dem Europäischen Parlament das Recht eingeräumt werden, ausschließlich, also ohne Beteiligung des Europäischen Rates oder des Ministerrates, über das Reformprojekt zu entscheiden. Ein solch weitreichendes Recht hat das Europäische Parlament bislang nicht eingefordert. Auch in der wissenschaftlichen Auseinandersetzung wird ein solches Alleinentscheidungsrecht des Europäischen Parlaments nicht ernsthaft in Erwägung gezogen.
Gegen ein Alleinentscheidungsrecht wird geltend gemacht, daß sich eine solche Verfahrensregelung mit dem Charakter der Unionsgrundordnung als Verfassungsverbund zwischen mitgliedstaatlicher und europäischer Verfassungsebene nicht vereinbaren ließe. Die Unionsordnung müsse an die nationalen Verfassungen rückgebunden bleiben. Dies gelte schon deshalb, weil jede Entscheidung auf europäischer Ebene den nationalen Verfassungsprozeß beeinflussen wird.[255] Die Rückbindung ließe sich jedoch nur durch ein Ratifikationserfordernis erreichen.[256] Zwar könnte das Ratifikationserfordernis trotz Alleinentscheidungsrecht des Europäischen Parlaments bestehen bleiben. Ohne Beteiligung der Mitgliedstaaten im Beschlußverfahren entstände jedoch die Gefahr, daß die Ratifikation gerade mit dem Argument der Unvereinbarkeit mit nationalen Interessen abgelehnt werden würde. Damit könnte sich das Ratifikationsverfahren zu einem nicht kalkulierbaren Risiko entwickeln.
Tatsächlich würde die Regelung eines solchen Alleinentscheidungsrechts im Ergebnis eine völlige Abkehr vom Vertragsänderungsverfahren bedeuten. In Hinblick auf die oben beschriebene Bedeutung des Vertragsänderungsverfahrens bestehen deshalb erhebliche Bedenken. Um die vorliegende Analyse abzurunden, soll trotz dessen die Vereinbarkeit eines solchen Rechts mit den Verfassungen der Mitgliedstaaten überprüft werden.

III. Einführung spezieller Institutionen

Aufgrund der verfassungsspezifischen Qualität des Vertragsänderungsverfahrens fordern einige die Einführung spezieller Institutionen, die in ihrer Zusammensetzung und ihrem Auftrag dieser Bedeutung gerecht werden. Diese

---

[254] *Krauß*, ZParl 1998, S. 73
[255] *Pernice*, VVDStRL 60 (2001), S. 178); *Läufer*, Integration 1994, S. 207.
[256] *Läufer*, a. a. O., der eine Öffnung der Verfassungslehre für die Idee mehrerer Verfassungsträger fordert.

Vorschläge sind wiederum von denen zu unterscheiden, die sich auf einen Akt der Verfassungsgebung für die Union im Sinne eines einmaligen Vorganges beziehen. So knüpft *Bieber* mit seiner Idee der Einführung einer besonderen verfassungsgebenden Institution in Form eines „Europäischen Kongresses" ausdrücklich an die Verabschiedung einer Verfassung an.[257]

Der Vorschlag von *Krauß*, ein „europäisches Verfassungskomitee" einzurichten, zielt konkret auf die Ausgestaltung des Vertragsänderungsverfahrens. [258] Nach *Krauß* bestände der Auftrag eines solchen Verfassungskomitees gerade darin, Vertragsreformen vorzubereiten. In Abgrenzung zu den bereits praktizierten Reflektionsgruppen würde sich die Aufgabe des Komitees nicht auf die Erstellung einer unverbindlichen Reflexionsgrundlage beschränken. Statt dessen wäre es mit der Formulierung der Beschlußvorlage betraut. Entsprechend seinem Vorschlag obliegt die Auswahl der Mitglieder des Komitees dem Rat sowie dem Parlament und ist durch diese paritätisch zu besetzen. Eine Beteiligung von Vertretern nationaler Parlamente oder Vertretern anderer Gemeinschaftsorgane lehnt er aus Praktikabilitätsgründen ab.[259] Die Entschei-dung über die vom Verfassungskomitee vorgelegte Beschlußvorlage soll dem Rat sowie dem Europäischen Parlament gemeinsam obliegen. Ein Zustim-mungsrecht des Europäischen Parlaments stellt nach seiner Auffassung eine „Minimallösung" dar.

Für die Einrichtung eines solchen beratenden Gremiums führt *Krauß* an, daß aufgrund der konkreten Beschlußvorlage für die entscheidenden Organe ein gewisser Argumentations- und Rechtfertigungszwang begründet werden würde, was wiederum die Transparenz des gesamten Verfahrens steigern könne. Darüber hinaus könnte nach seiner Auffassung durch eine solche Institution das „bargaining-Problem" sowie die notwendige Loslösung von der Tagespolitik erreicht werden.[260]

Ebenso plädiert *Wagner* für die Einrichtung einer neuen Institution, dem „Europäischen Hohen Verfassungsrat", der sowohl mit einer Verfassungsgebung als auch mit zukünftigen Revisionen zu betrauen wäre.[261] Nach dem Modell von *Wagner* würde dieser Verfassungsrat über die Reform beschließen, die dann als Bedingung ihres Inkrafttretens noch der Zustimmung von Rat und Europäischem Parlament bedarf. Dieser Verfassungsrat soll sich aus den höchsten politischen Vertretern der Unionsmitglieder zusammensetzen.[262] Da nach dem Ansatz von *Wagner* die Völker der Mitgliedstaaten die ausschließlichen

---

[257] *Bieber*, in ders./Widmer, S. 321.

[258] *Krauß*, ZParl 1998, S. 73 ff.

[259] Unter Verweis auf terminliche und räumliche Koordinationsprobleme – *Krauß*, a. a. O., S. 74.

[260] *Krauß*, a. a. O., S. 74 f.

[261] *Wagner*, in: Bruha/Hesse/Nowak, S. 294 ff.

[262] Die Abgrenzung zum bereits existierenden Europäischen Rat bleibt unklar.

Konstituanten der Union darstellen, kann nach seiner Ansicht ein solcher Verfassungsrat nur durch Repräsentanten der Mitgliedstaaten besetzt werden.[263]

---

263 *Wagner*, a. a. O., S. 295.

2. Kapitel: Vereinbarkeit einer Stärkung der Beteiligungsrechte des Europäischen Parlaments im Vertragsänderungsverfahren mit den nationalen Verfassungen (Grundlagen)

Wie Eingangs der Untersuchung bereits festgestellt, kann die Frage einer stärkeren Einbeziehung des Europäischen Parlaments in das Vertragsänderungsverfahren zum einen aus einer verfassungstheoretischen Perspektive angegangen werden und zum anderen aus der Perspektive der mitgliedstaatlichen Verfassungen. Im Folgenden soll zunächst näher ausgeführt werden, warum für die vorliegende Untersuchung die nationalen Verfassungen als Prüfungsmaßstab ausgewählt wurden. In diesem Zusammenhang soll auf die Bedeutung der mitgliedstaatlichen Verfassungen für die Fortsetzung der Integration, aber auch auf die Notwendigkeit einer verfassungstheoretischen Diskussion um die bestmögliche Ausgestaltung der Unionsgrundordnung eingegangen werden.

A. Die mitgliedstaatlichen Verfassungen als rechtliche Grundlage der europäischen Integration

I. Das Ratifikationserfordernis

Als Vertragsänderung würde die Neugestaltung des Verfahrens des Art. 48 EUV selbst wiederum dieser Verfahrensregelung unterliegen. Mit dem in Art. 48 UAbs. 3 EUV normiertem Ratifikationserfordernis werden die mitgliedstaatlichen Verfassungen zum rechtlichen Maßstab für die Zulässigkeit eines solchen Integrationsschritts.

Eine Abweichung von diesem Verfahren käme nur im Falle eines Szenarios in Betracht, in dem das Europäische Parlament sich selbst zur verfassungsgebenden Versammlung aufschwingt und eine von den Verfassungen der Mitgliedstaaten abgekoppelte, also autonome europäische Verfassung verabschiedet. Dies käme einem revolutionären Akt gleich. Eine solche Verfassung müßte von der Gesamtheit der Unionsbürger getragen werden, damit sie Geltungskraft entfalten kann. Die damit verbundene Auswechslung der nationalen Identität der Bürger durch eine gemeinsame europäische ist angesichts der nach wie vor bestehenden festen staatlichen Bindungen sowie des nationalen Bewußtseins der Bürger[1] aus heutiger Sicht jedoch unrealistisch und abwegig.

Das deutsche Bundesverfassungsgericht hatte in seiner Maastricht-Entscheidung als einen Eckpunkt für die Feststellung der Vereinbarkeit des Vertragswerkes mit dem Grundgesetz angesehen, daß aufgrund der Ausgestaltung des Vertragsänderungsverfahrens die Mitgliedstaaten weiterhin „Herren der Verträge" seien.[2]

---

[1] Siehe zu diesem Thema *Böckenförde*, FAZ v. 20.06.2003, S. 8.
[2] BVerfGE 89, 155 (190).

Bezieht man dies auf die verbleibende Verfassungsautonomie der Mitgliedstaaten hinsichtlich der Fortentwicklung der vertraglichen Grundlagen der Union, so muß dieser Feststellung im Grundsatz zugestimmt werden. Aufgrund der Bedingung des Art. 48 EUV, wonach eine Vertragsänderung für ihre Wirksamkeit der Ratifikation durch jeden einzelnen Mitgliedstaat bedarf, ist sichergestellt, daß gegen den Willen auch nur eines Mitgliedstaates die Unionsgrundordnung nicht geändert werden kann, die Letztentscheidung also weiterhin bei den Mitgliedstaaten liegt.[3] Die Ratifikation bleibt an das nationale Verfassungsrecht gebunden. Soweit die mitgliedstaatlichen Verfassungen die Grundlage für die Ratifikation der Vertragsänderungen darstellen, enthalten sie sowohl verfahrenstechnische Vorgaben als auch mehr oder weniger konkrete Determinanten der künftigen Verfassungsentwicklung. Die nationalen Verfassungen bestimmen insoweit den politischen Gestaltungsraum, der den mitgliedstaatlichen Vertretern bei der Diskussion weiterer Integrationsschritte zur Verfügung steht.[4] Daher wird hier das Verfassungsrecht der Mitgliedstaaten als Prüfungsansatz gewählt.
Wenn von den Formulierungen wie „Herren der Verträge“ oder fehlende „Kompetenz-Kompetenz“ der Union hier trotz dessen abgesehen wird, so erfolgt dies wegen der Vieldeutigkeit dieser Begrifflichkeiten, aus denen auch auf ein überzogenes nationalstaatliches Souveränitätsdenken geschlußfolgert werden kann.[5] Derartige, stark in der klassischen Staatstheorie verankerte Begrifflichkeiten sind heute in Hinblick auf die wechselseitige Angewiesenheit von nationaler und europäischer Ebene nicht mehr angemessen.[6]

II. Nationale Identität und Verfassungswandel

Trotz Globalisierungs- und Integrationsprozeß bleiben die nationalen Verfassungen die grundlegenden normativen Ordnungen der europäischen Völker.[7] Dies resultiert nicht zuletzt aus den z. T. doch sehr unterschiedlichen politischen Kulturen und Verfassungstraditionen der Mitgliedstaaten, in denen sich die nationale Identität eines jeden Volkes widerspiegelt. Gerade in Hinblick auf das Verständnis von Ausübung demokratischer Staatsgewalt bestehen im Detail erhebliche Unterschiede zwischen den mitgliedstaatlichen Verfassungsordnun-

---

3 *Huber*, in Ipsen/Rengeling/Mössner/Weber: Verfassungsrecht im Wandel, S. 353. A. A. *Pernice*, JöR 48 (2000), S. 205 ff. sowie *Häberle*, Europäische Verfassungslehre, S. 139.
4 *Schwarze*, in ders.: Die Entstehung, S. 17.
5 *Schwarze*, a. a. O., S. 142. Hierauf bezog sich auch maßgeblich die Kritik an der Maastricht-Entscheidung des Bundesverfassungsgerichts – dazu *Schwarze*, NJ 1994, S. 2 f.; *Everling*, Integration 1994, S. 166; *Pernice*, Die Verwaltung 1993, S. 449 ff und als nicht-deutscher Vertreter *Weiler*, JöR 44 (1996), S. 91 ff.
6 *Badura*, ZSchwR 1990, S. 116; *Oppermann*, in Battis/Kunig/Pernice/Randelszhofer, S. 134.
7 *Schwarze*, JZ 1993, S. 591.

gen.[8] Die geschichtlichen Erfahrungen der europäischen Völker und ihr eigenes kulturelles Erbe sind maßgebliche Faktoren für eine auch in nächster Zukunft fortbestehende nationale Identität der Bürger. Der Beitritt osteuropä-ischer Staaten zur EU erweitert diesen Rahmen noch.

Zudem ist die europäische Ebene nicht in dem Maße entwickelt, daß sie die demokratischen Kontrollmechanismen der staatlichen Verfassungssysteme ersetzen könnte.[9] Ein beliebiger Kompetenzzuwachs der Union ist unter diesem Gesichtspunkt nicht zu rechtfertigen.[10] In Anerkenntnis dessen verpflichtet der bereits erwähnte Art. 6 Abs. 3 EUV die Union, die „Nationalität ihrer Mitgliedstaaten zu achten".[11]
Das deutsche Bundesverfassungsgericht hatte bereits 1974 den Geltungsumfang des Art. 24 GG dahingehend eingeschränkt, daß die „Grundstruktur der Verfassung, auf der ihre Identität beruht", nicht durch diese Ermächtigung beeinträchtigt werden darf.[12] Später hat das Gericht diese Rechtsprechung dahingehend konkretisiert, daß die Übertragung von Hoheitsrechten nicht die „Identität der geltenden Verfassungsordnung der Bundesrepublik Deutschland durch Einbruch in ihr Grundgefüge, in die sie konstituierenden Strukturen aufzugeben" erlaube.[13] Die Feststellung *Ipsens*, wonach die „Mitgliedstaaten als Gründer, Träger und Organausstatter der Gemeinschaft sowie als Disponenten über die Anreicherung der Gemeinschaftsaufgaben die entscheidenden Verfassungselemente der Gemeinschaft sind und bleiben müssen"[14], hat grundsätzlich auch heute noch Geltung. Entsprechend ist in Art. I-6a des Entwurfs zum Verfassungsvertrag die Devise der Union als „in Vielfalt geeint" umschrieben.

Jedoch müssen in diesen Befund auch – und heute um so mehr – der Konstitutionalisierungsprozeß auf Gemeinschaftsebene und die sich hieraus entwickelnde Wechselbeziehung zwischen den nationalen Verfassungen und dem europäischen Primärrecht einbezogen werden. Diese Wechselbeziehung wurde bereits zuvor mit dem allgemein anerkannten Begriff des Verfassungsverbundes umschrieben. Wurde das Verhältnis von nationalem Verfassungsrecht zum europäischen Primärrecht anfänglich durch die Ableitung europäischer Verfassungsgrundsätzen aus den Prinzipien und Traditionen der nationalen Verfassungsord-

---

[8] So kommt dem britischen Parlament unter Geltung des Prinzips der Parliamentary Sovereignty eine viel stärkere politische Bedeutung im Vergleich z.B. zum französischen Parlament zu.
[9] *Häberle*, Europäische Verfassungslehre, S. 63, der zu Recht darauf verweist, daß Europa in wirtschaftlicher, kultureller und politischer Hinsicht gerade von seiner Vielfalt lebt.
[10] *Schwarze*, in ders.: Verfassungsrecht und Verfassungsgerichtsbarkeit, S. 165.
[11] Auch das in Art. 5 EGV verankerte Subsidiaritätsprinzip setzt insoweit Schranken.
[12] BVerfGE 37, 271 (279).
[13] BVerfGE 73, 339 (375).
[14] *Ipsen*, FS Börner, S. 9.

nungen gekennzeichnet, so ist heute bereits eine Rückwirkung des europäischen Rechts auf die nationalen Verfassungsordnungen erkennbar.[15] Diese wechselseitigen Einflüsse des nationalen Rechts und des europäischen Rechts führen wiederum zu einer gegenseitigen Annäherung auch der nationalen Verfassungen. Insoweit muß der Feststellung *Häberle*s zugestimmt werden, wonach ohne das sich verfassende Europa nicht mehr über die nationale Verfassung diskutiert und geschrieben werden kann.[16] Diese Entwicklung muß bei der Auslegung und Anwendung der Verfassungen Berücksichtigung finden.

B. Bedeutung und Grenzen einer europäischen Verfassungslehre

Die wechselseitige Beziehung zwischen nationaler und europäischer Verfassungsebene bildet den Ansatz für die Entwicklung einer eigenständigen, auf die Spezifika der Union eingehenden Verfassungslehre, auf die in Grundzügen im 1. Kapitel bereits eingegangen worden ist. Grundlage dieser Lehre ist die Anerkennung der Gemeinschaftsordnung als autonome Rechtsquelle und die daraus resultierende Durchbrechung des Dualismus von Staaten und internationalen Organisationen.[17] Das Völkerrecht wird nicht mehr als ausreichend angesehen, um die supranationalen Strukturen zu erfassen. Es wird an die früheren Ansätze einer „Allgemeinen Verfassungslehre"[18] angeknüpft, indem man sich vom staatlichen Funktionsmodell distanziert und von einem unabhängigen Standpunkt aus nach organisatorischen und materiellen Verfassungsprinzipien sucht.[19] Zentraler Ansatz ist die Frage nach den spezifischen Funktionen, welche das europäische Primärrecht im Zusammenspiel mit den nationalen Verfassungen zu erfüllen hat.

Wie bereits angesprochen wird in diesem Zusammenhang auch auf Ideen der Allgemeinen Staatslehre zurückgegriffen. Dabei bietet sich diese als Quelle für eine europäische Verfassungsidee durchaus an. Schließlich geht es bei Organisation der Unions- bzw. Gemeinschaftsgewalt ebenfalls im Kern um die Verrechtlichung von politischer Herrschaft, was im übrigen eine der Grundideen einer Allgemeinen Verfassungslehre ist. Allerdings sollen diese Ideen an die spezifischen Bedingungen des Verfassungsverbundes angepaßt, „europäisiert" werden.[20].

Das sog. gemeineuropäische Verfassungsrecht wird nicht nur als Auslegungshilfe und Maßstab für eventuelle Regelungslücken im Primärrecht heran-

---

[15] *Schwarze,* Die Entstehung einer europäischen Verfassungsordnung, S. 463. Als markantes Beispiel zu nennen ist die Verankerung der EMRK in der britischen Rechtsordnung.

[16] *Häberle,* Europäische Verfassungslehre, S. 229.

[17] *Häberle*, DVBl. 2000, S. 841; *Everling*, FS Doehring, S. 179.

[18] Entsprechend die von *Smend* und *C. Schmitt* entwickelten Ansätze einer Verfassungslehre.

[19] *Schuppert*, StWStPr 5 (1994), S. 55. Zur Idee einer Europäischen Verfassungslehre *Läufer*, Integration 1994, S. 211 sowie *Häberle* in seinem gleichnamigen, in 2002 veröffentlichten Werk.

[20] *Häberle*, Europäische Verfassungslehre, S. 35.

gezogen[21], sondern dient auch als Quelle zur Entwicklung der zukünftigen politischen Ordnung der Union.[22] Methodisch wird von den Gemeinsamkeiten und Unterschieden mitgliedstaatlichen Verfassungsrechts ausgegangen. Aus der Gesamtschau der mitgliedstaatlichen Verfassungen werden allgemein anerkannte Verfassungsprinzipien abgeleitet. Auf dieser Grundlage haben sich auf Unionsebene „allgemeine Rechtsgrundsätze" wie das Verhältnismäßigkeitsprinzip und der Gleichheitsgrundsatz bereits etabliert.[23]
Über die bisher bekannten Modelle hinaus wird nach neuen Leitbildern gesucht[24], da die Beschränkung auf staatstheoretische Modelle den Veränderungen durch den Globalisierungsprozess nicht ausreichend Rechnung tragen würde.[25] Folglich werden auch institutionelle Gebilde in Betracht gezogen, die sich in einem staatlichen System als nicht brauchbar erweisen würden.

Einer Europäischen Verfassungslehre im dargestellten Sinn kommt bei Fortbildung und Entwicklung der europäischen Verfassungsebene herausragende Bedeutung zu. Der dargestellte methodische Ansatz hat der Diskussion um die Verbesserung der Grundlagen der Unionsordnung in der Vergangenheit stets neue Schubkraft gegeben. Als beste Beispiele für den Erfolg dieses Ansatzes ist die Institutionalisierung der Grundrechtecharta, aber auch der Ausbau des Rechtsstatus des Unionsbürgers und der Kompetenzen der Europäischen Parlaments als Repräsentationsorgan der Bürger zu nennen.
Soweit dieser Ansatz sich auf die Fortentwicklung der institutionellen und verfahrenstechnischen Strukturen der Union bezieht, ist er im Kern rechtspolitischer Natur. Im Gegensatz zu grundrechtlichen und rechtsstaatlichen Standards läßt sich in Hinblick auf Fragen wie Umfang der Gemeinschaftskompetenzen oder die Stellung von Gemeinschaftsorganen und Mitgliedstaaten im Unionsgefüge jedoch weit weniger Einigkeit zwischen den Mitgliedstaaten erzielen. Dies resultiert nicht zuletzt aus dem Umstand, daß es sich hier um Fragen handelt, die das klassische Souveränitätsverständnis der Staaten weit stärker berühren.[26] Eine Ableitung allgemeiner Standards aus vergleichbaren Verfassungsprinzipien der Mitgliedstaaten hat daher höchst spekulativen Charakter. Tatsächlich bleibt der Integrationsprozeß in diesem Bereich auf die politische Einigung der Mitgliedstaaten angewiesen. Dies haben nicht zuletzt die

---

[21] *Häberle*, EuGRZ 1991, S. 261, insbes. 267.
[22] *Heintzen*, EuR 1997, S. 3.
[23] Ein Überblick zu diesem Thema bietet u. a. *Heintzen*, EuR 1997, S.1 ff.
[24] Nach *Schuppert*'s Ansicht ist ein von der nationalstaatlichen Perspektive befreiter Ansatz Grundlage dafür, die Kompetenz von Organisationsansätzen zu hinterfragen, ohne im Vergleich mit dem nationalstaatlichen Vorbild hierin allein Defizite zu erkennen - StWStPr 5 (1994), S. 55.
[25] Dazu *Walter*, DVBl. 2000, S. 12; *Schuppert*, StWStPr 5 (1994), S. 55. ***Badura*** hat es gerade als Stärke der Gemeinschaften ausgelegt, daß sie sich nicht am abstrakten Schema „Staatenbund oder Bundesstaat" orientieren, in: ZSchwR 1990, S. 133.
[26] *Heintzen*, EuR 1997, S. 1.

unterschiedlichen nationalen Ansätze gezeigt, die im Verlauf der Diskussionen im EU-Reformkonvent erkennbar geworden sind. Die mitgliedstaatlichen Vertreter selbst sind im Rahmen der Reformdiskussionen wiederum an ihre nationalen Verfassungsordnungen gebunden.

Für die Frage der Realisierbarkeit eines Integrationsschrittes bleiben die Verfassungen der Mitgliedstaaten der Maßstab. Sie werden daher zur Grundlage dieser Untersuchung gemacht.

C. Bedeutung und Methodik der Rechtsvergleichung

Für die Wahl des rechtsvergleichenden Ansatzes der Untersuchung war nicht nur der Umstand von Bedeutung, daß die Durchsetzbarkeit einer Stärkung des Europäischen Parlaments im Revisionsverfahren von der Vereinbarkeit mit den Verfassungen aller Mitgliedstaaten abhängt. Eine „Integration der unterschiedlichen Geschwindigkeiten" ist in diesem Bereich nicht denkbar. Wesentlich war auch, daß der Vergleich der mitgliedstaatlichen Verfassungen für die Interpretation der einzelnen nationalen Verfassung wichtige Anregungen und Denkanstöße liefert.[27] Die Rechtsvergleichung wird zunehmend als wesentlicher Bestandteil des Auslegungskanons, insbesondere bei Interpretation der sog. Europaartikel, anerkannt.[28]
Eine rechtsvergleichende Untersuchung der mitgliedstaatlichen Verfassungen gestaltet sich aus folgenden Gründen als schwierig. Zum einen gründen sich die Mitgliedstaaten auf zum Teil sehr unterschiedliche „politische Kulturen", was sich auch in den unterschiedlichen Verfassungssystemen widerspiegelt. Dahinter stehen unterschiedlich verlaufene Verfassungsentwicklungen, beispielsweise die in ihrem Ursprung revolutionäre Geschichte der französischen Verfassung und die dazu im Vergleich sehr konstante und damit besser als evolutionär zu beschreibende Genese der dänischen Verfassung. Hinzu kommt, daß kaum eine Verfassung direkt auf den europäischen Integrationsprozeß bezogene, inhaltliche Vorgaben enthält.
Folglich kann sich die Untersuchung nicht darauf beziehen, Grundprinzipien der Verfassungen bezogen auf den Integrationsprozeß lediglich gegenüberzustellen. Ein sinnvoller Vergleich hinsichtlich des vorliegenden Untersuchungsgegenstandes kann nur erreicht werden, wenn entsprechend der sog. funktionellen Methode spezifische Verfassungsprobleme formuliert werden, die sich aus einer Änderung des Vertragsänderungsverfahrens ergeben können.[29] Insoweit bleibt auch zu beachten, daß sich für eine mitgliedstaatliche Verfassung konkrete

---

[27] *Pernice*, in Bieber/Widmer: Der europäische Verfassungsraum, S. 229 f.; *Classen*, JZ 2004, S. 970 f.
[28] *Häberle*, REDP 12 (2000), S. 874 f. („Rechtsvergleichung als fünfte Auslegungsmethode"), der insoweit die Notwendigkeit eines kulturwissenschaftlichen Ansatzes betont.
[29] Dazu *Zweigert/Kötz*, Einführung in die Rechtsvergleichung, S. 33.

Probleme ergeben können, die sich in einem anderen Verfassungssystem so nicht stellen. Diese spezifischen Probleme müssen dann gesondert herausgearbeitet werden.

Eine entsprechend offene Methode muß auch in Hinblick auf die klassischen Interpretationsansätze angewandt werden.[30] Die Untersuchung darf sich nicht allein auf den Verfassungstext beschränken. Es müssen auch die jeweilige Verfassungsgeschichte und die politischen Ideen Berücksichtigung finden, die schließlich zum heutigen Verfassungstext geführt haben.[31] Es kann von einer grundsätzlichen Offenheit und Flexibilität der nationalen Verfassungsordnungen gegenüber dem Integrationsprozeß ausgegangen werden. Die im Zuge der Ratifikation des Maastricht-Vertrages eingeführten Regelungen in der französischen, der deutschen oder der schwedischen Verfassung, welche die Übertragung von Hoheitsrechten auf die EU spezifisch regeln, haben die Beweglichkeit der nationalen Verfassungen in dieser Hinsicht bewiesen. Über die Einbeziehung der Verfassungspraxis kann sichergestellt werden, daß nicht aufgrund einer zu verengten ideologischen Sichtweise der Blick auf praktische, wirklichkeitsnahe Lösungen versperrt wird.[32]

D. Entwicklung des Fragenkataloges

I. Einführung in das nationale Verfassungssystem

Der Prüfung der einzelnen Verfassungssysteme muß zunächst eine Definition dessen, was unter Verfassungsrecht aus Sicht des jeweiligen Mitgliedstaates zu verstehen ist, vorausgehen. Die Notwendigkeit dieses Prüfungsschrittes basiert nicht nur auf den im Vergleich der mitgliedstaatlichen Verfassungen zum Teil stark abweichenden Verfassungstraditionen. So haben einige Mitgliedstaaten aufgrund ihrer besonderen Geschichte und des hieraus hervorgegangenen politischen Systems mehrere normative Urkunden von Verfassungsrang; hingegen fehlt in Großbritannien eine formalisierte Verfassungsurkunde[33]. Hinzu

---

[30] Die Rede ist von dem von *Savigny* entwickelten Auslegungskanon, nämlich die grammatikalische, die historische, die systematische und die teleologische Auslegung, in: ders., System des heutigen römischen Rechts, Bd. 1 (1840), S. 33.

[31] *Häberle*, REDP 12 (2000), S. 874 ff.

[32] Entsprechend das Plädoyer *Häberles* für das Modell der Textstufenanalyse, AöR 112 (1987), S. 54 ff. Zur Bedeutung und Grenzen der Prinzipien der Verfassungsinterpretation wie das der „Einheit der Verfassung" oder der „praktischen Konkordanz" - *ders.*, REDP 12 (2000), S. 890 ff.

[33] Ein Grund für das Fehlen einer Verfassungsurkunde im britischen System ist darin zu sehen, daß im Gegensatz zu den zahlreichen Revolutionen in Kontinentaleuropa das Vereinigte Königreich seit 1688 keinen tiefgreifenden historischen Umbruch erfahren hat und das Festhalten an überlieferten Traditionen stark ausgeprägt ist - dazu *Strotmann*, Die Souveränität des britischen Parlaments, S. 38.

kommt, daß auch innerhalb des Verfassungssystems die Grenzen des Verfassungsbegriffs nicht immer fest umrissen sind.[34]

In der Regel kann auf einen Normenbestand zurückgegriffen werden, der in einer Urkunde zusammengefaßt ist, die durch eine Selbstkennzeichnung in der Überschrift als Verfassung des Mitgliedstaates ausgewiesen wird.[35] Kennzeichnend für die Verfassungsqualität sind das besondere Verfahren des Zustandekommens dieser Normen, ihre erschwerte Abänderbarkeit und ihr Vorrang innerhalb der Normenhierarchie.[36]
Daneben wird jedoch allgemein auch von der Existenz ungeschriebenen, also nicht förmlich fixierten Verfassungsrechts ausgegangen, das die geschriebene Verfassung ergänzt.[37] Grund hierfür ist die Offenheit und Weite von Verfassungsnormen, die einen freien politischen Prozeß und die Anpassung an veränderte Umstände und Wertvorstellungen und sich damit auch ändernden politischen Herausforderungen gewährleisten.[38]
Die Verfassung ist damit auf Auslegung und Fortbildung angelegt. Das ungeschriebene Verfassungsrecht ergänzt das positive Verfassungsrecht, findet hierin jedoch gleichzeitig seine Grenze.[39] In Konsequenz dessen ist heute allgemein anerkannt, daß sich Verfassungsdogmatik nicht mehr allein an den formellen Eigenschaften des Verfassungsgesetzes orientieren kann, sondern Überlegungen über Entstehung, Funktionen und in der Verfassung verkörperter Werte einzubeziehen hat.

In einigen Mitgliedstaaten existiert ein besonderes Organ bzw. ein Verfassungsgericht, dessen Aufgabe in der Überwachung der Einhaltung der Verfassungsnormen besteht. Diese Verfassungsgerichte leisten einen wesentlichen Beitrag zur Auslegung der jeweiligen Verfassung. Die vergleichende Untersuchung wird deutlich machen, daß der Verfassung in einer Ordnung mit einer Verfassungsgerichtsbarkeit eine viel höhere normative Kraft zukommt als in einer ohne.[40]
Die in der Vergangenheit ergangenen Entscheidungen einiger Verfassungsge-

---

[34] Siehe die Auseinandersetzung zum Verfassungsbegriff in der französischen Dogmatik, Pkt. F.I.
[35] *Sachs*, in: Sachs, GG, Einführung, Rz. 7. Schon in der Bezeichnung der Verfassungsurkunde gibt es große Unterschiede. So trägt die Verfassung Dänemarks ähnlich der deutschen Bezeichnung „Grundgesetz" den Titel „Grundlov". Die französische Verfassung wird ausdrücklich als solche bezeichnet.
[36] Dazu *Starck*, in Kirchhof/Isensee: HdbStR Bd. VII, § 164, Rz. 10.
[37] Schwarze, in ders./Bieber: Eine Verfassung, S. 15 ff.
[38] *Hesse,* HdbVerfR Bd. 1 § 1, Rz. 15; *Badura*, in Kirchhof/Isensee: HdbStR Bd. VII, § 160, Rz. 7 ff.
[39] Ungeschriebenes Verfassungsrecht muß in Einklang mit positiven Verfassungsnormen stehen. Anderenfalls könnte sie nur im Wege einer formellen Verfassungsänderung Geltungskraft erlangen - dazu *Badura*, Kirchhof/Isensee: HdbStR Bd. VII, § 160, Rz. 9.
[40] Entsprechend *Hesse*, Grundzüge, Rz. 560.

richte offenbaren die Bedeutung dieser Rechtsprechung für die Fortentwicklung der Europäischen Union.[41]

Für die folgende Untersuchung wird daher zunächst geprüft, welche Normen von Verfassungsrang sind. Von besonderer Bedeutung wird die Frage sein, ob eine Verfassungsgerichtsbarkeit oder vergleichbare Instanz besteht und inwieweit den Entscheidungen dieser Organe Bindungswirkung zukommt.

II. Status der europäischen Integration innerhalb der Verfassung – Europa als Staatsziel

Der Prüfung der einzelnen Verfassungsnormen, hinsichtlich derer ein Konflikt aufgrund der hier gegenständlichen Stärkung der Beteiligungsrechte des Europäischen Parlaments in Betracht kommt, sollen zunächst allgemeine Aussagen über das Verhältnis von europäischer Integration und nationalem Verfassungsrecht in einem eigenen Prüfungspunkt vorangestellt werden. Dies ist insoweit sinnvoll, da es sich hierbei um Aspekte handelt, die für die Auslegung der gesamten Verfassung von wesentlicher Bedeutung sind. Als Stichwort ist die „Integrationsoffenheit" einer Verfassung zu nennen. Hiermit werden das den einzelnen Verfassungen zugrunde liegende Souveränitätsverständnis und dessen Wandel im Zuge des europäischen Integrationsprozesses angesprochen. So wird aufgrund eines ausdrücklichen verfassungsrechtlichen Bekenntnisses zur europäischen Integration wie es beispielsweise in der Präambel der deutschen Verfassung oder in Art. 7 Abs. 5 der portugiesischen Verfassung enthalten ist, eine besondere Offenheit für den europäischen Prozeß zum Ausdruck gebracht, was sich schließlich auch auf die Interpretation der verfassungsrechtlichen Anforderungen zum Schutz der nationalen Souveränität auswirken muß.[42]

Ein anderer Ansatzpunkt für die Bewertung der „Europaoffenheit" einer mitgliedstaatlichen Verfassung kann der Umstand sein, daß in einigen Verfassungen in Hinblick auf den europäischen Integrationsprozeß spezielle Verfassungsnormen, sog. Europaartikel, eingeführt worden sind[43], in anderen mitgliedstaatlichen Verfassungssystemen hingegen die europäische Integration

---

[41] Zu erinnern ist nur an die bekannte Maastricht- Entscheidung des deutschen BVerfGE 89, 155.

[42] Dabei stellt das deutsche Grundgesetz mit seinem historischen Hintergrund, nämlich die Gründung der Bundesrepublik als einen nicht souveränen Staat, gewiß einen Sonderfall dar.

[43] So widmet die französische Verfassung mit Titel XV der europäischen Integration einen eigenen Abschnitt. Spezielle Europaartikel enthalten u. a. auch die Verfassungen der Bundesrepublik Deutschland (Art. 23), Schwedens (§ 5 des 10. Kapitels) und Portugals (Art. 7 Abs. 6). In Art. 29 Abs. 3 bis 5 der irischen Verfassungen wird die Ratifikation der vier wichtigen Integrationsakte im Prozess der europäischen Einigung im Rahmen der europäischen Integration ausdrücklich dokumentiert. § 96 der Finnischen Verfassung enthält besondere Vorgaben hinsichtlich der Mitwirkung des Reichstages in Hinblick auf Angelegenheiten der EU. Hingegen enthält die Verfassung des Beitrittsstaats Polen keinerlei konkreten Hinweis auf die Union.

weiterhin dem allgemeinen, verfassungsrechtlichen Regime über internationale Beziehungen unterstellt ist. Dies ist zum einen verfassungsgeschichtlich begründet. So ist hinsichtlich des in der portugiesischen Verfassung enthaltenen Europaartikels zu beachten, daß die portugiesische Verfassung zu einem Zeitpunkt in Kraft getreten ist, als die Europäischen Gemeinschaften bereits existent waren. Der portugiesische Verfassungsgeber konnte also auf Verfassungserfahrungen anderer Mitgliedstaaten bezüglich der europäischen Integration bereits zurückgreifen.[44] Von besonderer Bedeutung sind auch die im Rahmen der Ratifizierung von Änderungsverträgen eingetretenen Verfassungskonflikte in einigen Mitgliedstaaten. So hat gerade die der Ratifizierung des Maastricht-Vertrages vorausgegangene Verfassungsdiskussion in Deutschland und in Frankreich zur Einführung der geltenden Europaartikel geführt mit dem Ziel, den Verfassungskonflikt zu lösen. Unabhängig davon ist die Existenz sog. Europaartikel auch Ausdruck der Gewichtung der europäischen Idee innerhalb des nationalen Verfassungssystems. Gerade durch die konkrete Thematisierung der Europäischen Union in der nationalen Verfassung kann den Bürgern gegenüber die Bedeutung der Union im Verfassungsleben verdeutlicht werden.[45]

Wenn im Folgenden auf den Status der europäischen Integration im nationalen Verfassungssystem eingegangen wird, so bezieht sich die Prüfung zum einen auf ausdrückliche Bekenntnisse zur Europäischen Union. Damit werden sog. Öffnungsklauseln oder Staatszielbestimmungen angesprochen. Zum anderen wird dargelegt, ob Europaartikel existieren und aus welchem Anlaß und mit welcher Begründung sie eingeführt worden sind. Schließlich soll auf die in einigen Verfassungen enthaltenen Normen und ihre Bedeutung eingegangen werden, die an die Ausgestaltung der Europäischen Union spezifischen Anforderungen stellen. Als bestes Beispiel ist die in Art. 23 Abs. 1 S. 1 GG enthaltene Struktursicherungsklausel zu nennen.

III. Regelung zur Übertragung von Hoheitsrechten

Die Europäische Union beruht in ihrem gemeinschaftsrechtlichen Sektor auf der Wahrnehmung von Hoheitsrechten, die vormals bei den Mitgliedstaaten angesiedelt waren. Die Erfüllung dieser Aufgaben ist der Union durch Übertragung von Hoheitsrechten ermöglicht worden. Die Übertragung erfolgte auf Grundlage der in den nationalen Verfassungen verankerten Ermächtigungsgrundlagen. Die verfassungsrechtlichen Übertragungstatbestände stellen damit das zentrale Instrument für eine Mitwirkung der Mitgliedstaaten im europäischen Integrationsprozeß dar.[46] Dabei erlangen die Übertragungsklauseln in zweifacher Hinsicht Bedeutung: zum einen hinsichtlich des Aktes der

---

[44] *Fromont*, in Müller-Graff/Riedel: Gemeinsames Verfassungsrecht, S. 149 ff.

[45] Zur Bedeutung von „Europa-Klauseln" *Häberle*, Europäische Verfassungslehre, S. 76 ff., 96 ff.

[46] Zur Bedeutung des Art. 23 Abs. S. 2 GG *Classen*, in: v.Mangoldt/Klein/Starck, Art. 23, Rz. 13.

Kompetenzbegründung zugunsten der Europäischen Gemeinschaften, zum anderen hinsichtlich der verbindlichen Anerkennung der Gemeinschaftsgewalt im jeweiligen Verfassungsraum.[47]

Der EuGH hat den Übertragungsakt in seiner „*Costa/E.N.E.L.*" - Entscheidung damit umschrieben, daß „eine Beschränkung der Zuständigkeit der Mitgliedstaaten oder der Übertragung von Hoheitsrechten der Mitgliedstaaten auf die Gemeinschaft" erfolgt und die Mitgliedstaaten, wenn auch für ein begrenztes Gebiet, „ihre Souveränität beschränken".[48] Überträgt man diese Definition auf die o. g. Verfahrensvorschläge zur Stärkung der Beteiligungsrechte des Europäischen Parlaments, so könnte ein entsprechender Akt darin gesehen werden, daß dem Europäischem Parlament als Gemeinschaftsorgan Bereiche der verfassungsgebenden Gewalt übertragen werden bzw. der staatliche Verfassungsgeber sich in der Durchsetzung seiner Gestaltungsmacht beschränkt. Natürlich kann dieser Interpretationsansatz des EuGH für die Auslegung der nationalen Verfassungen selbst keine Bedeutung erlangen, da maßgeblich allein das nationale Verfassungsrecht ist.

An den Übertragungsakt stellen die Verfassungen in der Regel konkrete Vorgaben im materiellen als auch formellen Sinne. So regelt das deutsche Grundgesetz in Art. 23 Abs. 1 S. 3 neben den ausdrücklichen verfassungsrechtlichen Schranken des Übertragungsaktes auch das Erfordernis der Einhaltung des verfassungsändernden Verfahrens. Sollte der hier zu untersuchende Integrationsschritt einen Übertragungsakt im Sinne der jeweiligen Verfassung darstellen, könnten sich folglich aus dieser Subsumtion konkrete verfassungsrechtliche Schranken ergeben. Aufgrund seines Souveränitätsbezugs ist die Definition des Übertragungsaktes und seiner Grenzen in der jeweiligen Verfassungslehre jedoch häufig höchst umstritten.[49]

Konkret wird daher zu untersuchen sein, wie die jeweilige mitgliedstaatliche Verfassung den Übertragungsakt bzw. dessen Gegenstand definiert, um diese Definition auf die hier gegenständlichen Beteiligungsrechte des Europäischen Parlaments anwenden zu können. Darüber hinaus wird geprüft, ob die Verfassung bestimmte Verfahrensbedingungen an den Übertragungsakt stellt. Schließlich soll dargelegt werden, welche Schranken die jeweilige Verfassung dem Übertragungsakt setzt. Insoweit haben sich in der Vergangenheit spezifische Problemkreise heraus kristallisiert, denen im Einzelnen folgende Prüfungspunkte gewidmet werden sollen.

---

[47] Siehe dazu *Nettesheim*, XX. FIDE-Kongreß, S. 36.
[48] EuGH, Rs. 6/64, *Costa/E.N.E.L.*, Slg. 1964, 1251 (1269).
[49] Gelegentlich wird von einer „Öffnung des Souveränitätspanzers" gesprochen - dazu u. a. *Nettesheim*, XX. FIDE-Kongreß, S. 36.

IV. Prinzipien demokratischer Legitimation

1. Legitimationssubjekt

Wie dargelegt, basieren die mitgliedstaatlichen Verfassungen auf dem Prinzip der Souveränität des Volkes. Danach steht dem Volk als alleinigem Legitimationssubjekt das Recht zu, die Verfassung bzw. Änderungen der Verfassung in Kraft zu setzen. Insoweit kann von einem gemeineuropäischen Verfassungsprinzip ausgegangen werden.[50]

Für den hier in Frage stehenden Integrationsschritt könnte sich ein verfassungsrechtlicher Konflikt hinsichtlich der Regelungen zum Legitimationssubjekt ergeben. Es wurde bereits angedeutet, daß im Wege des Änderungsverfahrens erheblich auf das nationale Verfassungsgefüge eingewirkt wird. So wird im Falle einer Übertragung von Kompetenzen als Gegenstand des Änderungsverfahrens gleichzeitig die nationale Kompetenzordnung umgestaltet und damit auch die funktionelle Bedeutung der nationalen Verfassungsorgane berührt. Bislang entscheiden der Europäische Rat sowie im Ratifikationsverfahren die nationalen Parlamente bzw. einige mitgliedstaatliche Völker im Rahmen eines nationalen Referendums ausschließlich über das Inkrafttreten einer Vertragsänderung. Zwar stellt der Europäische Rat ein Unionsorgan dar. Jedoch sind in ihm ausschließlich Vertreter der nationalen Regierungen vertreten. Diese wiederum agieren im Auftrag des jeweiligen mitgliedstaatlichen Volkes. Die nationalen Regierungen unterliegen in Ausübung dieser Funktion der Kontrolle der nationalen Parlamente, die in diesem Bereich mehr oder weniger stark ausgeprägt ist.[51] Entscheidende Bedeutung für die Geltung des Europarechts im nationalen Rechtsraum wird jedoch den nationalen Rezeptionsakten zugeordnet, kraft derer die nationalen Parlamente bzw. das jeweilige nationale Volk im Wege eines Referendums seine Zustimmung zum Integrationsakt bzw. Vertragsänderung erklärt.[52]
Im Unterschied dazu läßt sich das Europäische Parlament unter Legitimationsgesichtspunkten nicht auf die einzelnen nationalen Völker zurückführen. Vielmehr repräsentiert es die Gesamtheit der Unionsbürger.[53] Vor allem für den Fall, daß das Europäische Parlament ausschließlich über die Vertragsänderung zu entscheiden hätte, ist ein Konflikt mit den angesprochenen Verfassungsregelungen zum Legitimationssubjekt zu vermuten. In diesem Fall würde eben nicht mehr das nationale Volk über einen Integrationsakt mit verfassungsändernder Bedeutung entscheiden. Aber auch wenn an der beschrie-benen

---

[50] *Häberle*, AöR 112 (1987), S. 54 ff.

[51] Mit am stärksten ausgeprägt ist die parlamentarische Kontrolle im dänischen System durch die Einrichtung des Europaausschusses – Pkt. D. dieses Kapitels.

[52] Ein Überblick bei *Huber*, EuR 2003, S. 588 f.

[53] Siehe zum Legitimationssubjekt des Europäischen Parlaments Kapitel 1, D. II.

Beteiligung der nationalen Völker über den europäischen Rat und im Ratifikationsverfahren keine Änderung erfolgen sollte, würde je nach Ausprägung des Beteiligungsrechts des Europäischen Parlaments einem anderen Legitimationssubjekt, nämlich die Gesamtheit der Unionsbürger, mehr oder weniger starker Einfluß auch auf das jeweilige nationale Verfassungssystem eingeräumt. Damit stellt sich konkret die Frage, ob ausschließlich das nationale Volk bzw. dessen Repräsentationsorgan eine solche Entscheidung mit verfassungsändernden Charakter treffen kann oder ob die nationale Verfassung die - wenn auch nur mittelbare - Beteiligung eines anderen Legitimationssubjekts zuläßt. Im Zentrum der Untersuchung wird der Begriff des Volkes stehen wie er der nationalen Verfassung zugrunde liegt.

2. *Legitimationsniveau*

Neben dem allgemeinen Bekenntnis zur Volkssouveränität enthalten die Verfassungen konkrete Vorgaben zur Ausgestaltung des Legitimationsprozesses. Verfassungstheoretisch lassen sich diese Regelungen mit dem Ziel demokratischer Legitimation begründen: dem Volk soll ein effektiver Einfluß auf die Ausübung der Herrschaftsgewalt gesichert werden. Es reicht also nicht aus, einen formalen Zurechnungszusammenhang zwischen Volk und Ausübung der Hoheitsgewalt zu schaffen. Vielmehr muß auch die Effektivität der Legitimation, also ein gewisses Maß an Verantwortlichkeit und Kontrolle, ein bestimmtes Legitimationsniveau erreicht werden.[54]

Hiervon umfaßt ist zunächst einmal die Frage der konkreten Beteiligung des Volkes. Diese kann in unmittelbarer Form im Wege eines Referendums oder durch Repräsentation über das Parlament vorgesehen sein. In allen Mitgliedstaaten wird dem Parlament im Rahmen des verfassungsändernden Prozesses eine zentrale Rolle zugeordnet.

Wie die Auseinandersetzung mit dem Maastricht-Urteil des deutschen Bundesverfassungsgerichts zeigen wird, können auch konkrete Regelungen zur Ausgestaltung des Repräsentationsprinzips, beispielsweise bezüglich der Wahl des Repräsentativorgans[55], aber auch bezüglich der Funktion der Parteien in diesem Prozeß als Verfassungsmaßstab für die Prüfung eines Integrationsaktes Bedeutung erlangen. Dies betrifft ebenso Verfassungsgarantien für den Erhalt einer „lebendigen Demokratie“ wie beispielsweise das Grundrecht der Meinungsfreiheit.[56] Unter diesem Gesichtspunkt könnte sich ein verfassungs-

---

[54] Dazu *Böckenförde*, in Kirchhof/Isensee: HdbStR Bd. I, § 22, Rz. 14.

[55] Z. B. die Wahlrechtsgrundsätze der Gleichheit, Unmittelbarkeit, Allgemeinheit der Wahl. Siehe zu einer vergleichenden Perspektive *Grewe/Ruiz Fabri*, Droits, S. 251 ff., S. 393 ff.

[56] Z. B. Art. 5 des deutschen GG, Art. 7 der niederländischen Verfassung oder Art. 38 Abs. 4, 6 und Art. 39 der Verfassung Portugals. Dazu *Classen*, in: v.Mangoldt/Klein/Starck, GG, Art. 23, Rz. 27. Zur Bedeutung der sog. vorrechtlichen Bedingungen siehe auch Kapitel 1, D. II. 2.

rechtliches Problem daraus ergeben, daß je nach Stärke der Beteiligung des Europäischen Parlaments die Bedeutung der nationalen Parlamente in ihrer Rolle als Repräsentationsorgan des jeweiligen nationalen Volkes geschwächt wird, und andererseits das Europäische Parlament nicht über das Legitimationspotential verfügt wie es den nationalen Parlamenten zukommt. Im Falle eines alleinigen Entscheidungsrechts des Europäischen Parlaments würden die nationalen Parlamente sogar vollständig aus ihrer Repräsentationsfunktion verdrängt werden. Ähnliches gilt, wenn die nationale Verfassung die Durchführung eines Verfassungsreferendums vorsieht.

Es stellt sich daher die Frage, inwieweit die nationalen Verfassungen eine Repräsentation durch das jeweilige nationale Parlament[57] oder ein Verfassungsreferendum zwingend voraussetzen. Kern der Untersuchung bilden die konkreten verfahrenstechnischen Anforderungen der nationalen Verfassungen an die Legitimationsvermittlung. Die Regelungen zum Verfahren der Verfassungsänderung sind dabei von besonderem Interesse.

3. Verfassungsrechtliche Forderung nach Beteiligung des Europäischen Parlaments

Schließlich bleibt auch zu prüfen, ob die jeweilige nationale Verfassung eine stärkere Beteiligung des Europäischen Parlaments nicht sogar fordert. Diese Frage stellt sich z. B. in Hinblick auf die sog. Struktursicherungsklausel des deutschen Grundgesetzes, die eine demokratische Struktur der Union verlangt.
Die in der Vergangenheit geführte Diskussion um Begriffe wie „Volk“ oder „Demokratie“ zeigt, daß es sich hierbei um sehr vielschichtige und abstrakte Termini handelt. Der mit dem Globalisierungs- und Integrationsprozeß eingetretene Wandel hat zudem zu einer stärkeren Pluralisierung der Gesellschaft geführt. Dies muß bei der Auslegung der einzelnen Verfassungsnormen Berücksichtigung finden.

V. Das Prinzip der staatlichen oder nationalen Souveränität

1. Inhalt und Problematik

Als einer der Begriffe der Staatslehre, die für die Ausgestaltung der nationalen Verfassungssysteme von weitreichender Bedeutung waren, gilt der Begriff der

[57] Insoweit könnte die mit der Erklärung von Laeken initiierte Diskussion über die Bedeutung der nationalen Parlamente wichtige Erkenntnisse liefern.

staatlichen Souveränität.[58] Er ist daher auch mehr oder weniger ausdrücklich in den Verfassungstexten niedergelegt.[59]
Unter dem Begriff der staatlichen Souveränität wird allgemein die „Unabhängigkeit des Staates" nach innen und außen verstanden.[60] Konkret wird damit der Anspruch auf Ausschließlichkeit der staatlichen Hoheitsgewalt im Geltungsbereich der Verfassung verbunden, der insbesondere die Geltung und Anwendung eines Rechts anderer Quelle innerhalb des staatlichen Herrschaftsbereichs ausschließt.[61] Dem souveränen Staat kommt die Letztverantwortung zur Setzung und Durchsetzung von Recht zu.[62] Hiervon umfaßt ist auch das ausschließlich dem Staat zugeordnete Recht, völkerrechtliche Bindungen einzugehen und von diesen auch wieder zurückzutreten.[63] Die Staaten werden nach dem klassischen Souveränitätsverständnis als alleinige Träger von völkerrechtlichen Rechten und Pflichten angesehen.

Untrennbar mit dem Begriff der staatlichen Souveränität ist die zuvor ausgeführte Verfassungsidee der Volkssouveränität verknüpft. Letztlich lassen sich die Kategorie der staatlichen Souveränität und die Lehre von der Volkssouveränität kaum trennen, da beide ihren Ursprung im Selbstbestimmungsrecht des Volkes haben.[64] In Abgrenzung zur staatlichen Souveränität bezieht sich der Bedeutungsgehalt der Volkssouveränität jedoch insbesondere auf die Bestimmung der höchsten Macht im Staat – im demokratischen Verfassungsstaat das Volk.[65] Danach muß jegliche Hoheitsgewalt auf das Staatsvolk als Träger und Legitimationssubjekt zurückführbar sein. Im Gegensatz dazu prononciert die Kategorie der staatlichen Souveränität das Selbstbestimmungsrecht des staatlich verfaßten Volkes im Verhältnis zu anderen Völkern, was insbesondere das Recht auf Entscheidung über die eigene Staats- und Regierungsform sowie die Unabhängigkeit von der Bestimmung durch eine fremde

---

[58] Zurückgehend auf *Bodin*, Les six Livres de la République, 1576, Buch I, Kap. 1. Zur ideengeschichtlichen Zugrundelegung des Begriffs *Ermacora*, Allgemeine Staatslehre, Bd. 1, S. 351 ff.
[59] U. a. § 1 der Finnischen Verfassung, Art. 1 der Irischen Verfassung, Art. 1 der Portugiesischen Verfassung oder Art. 28 Abs. 3 der griechischen Verfassung. Die Präambel der Französischen Verfassung enthält den Begriff der „nationalen Souveränität", mit dem vergleichbare Ideengehalte verbunden werden; siehe dazu Kapitel 7, Abschnitt E.
[60] *Ermacora*, Allgemeine Staatslehre, Bd. 1, S. 357.
[61] *Ophüls*, FS Carl Heymanns Verlag, S. 520 f. Dahinter steht die Idee vom Staat als Rechtseinheit – dazu *Randelzhofer*, in Kirchhof/Isensee: HdbStR Bd. I, § 15, Rz. 35 f.
[62] *Kirchhof*, in ders./Isensee: HdbStR Bd. VII, § 183, Rz. 55; *Randelzhofer*, a. a. O., Rz. 23 ff.
[63] *Randelzhofer*, a. a. O., Rz. 27.
[64] *Oeter*, in v. Bogdandy: Europäisches Verfassungsrecht, S. 93 (Demokratie und Souveränität als „Zwillinge"); *Rauser*, Die Übertragung von Hoheitsrechten, S. 64 ff.
[65] *Ermacora*, Allgemeine Staatslehre, Bd. 1, S. 357.

Hoheitsgewalt einbezieht.[66] In der deutschen Staatsrechtslehre wird hinsichtlich der verschiedenen Begriffsinhalte zwischen innerer und äußerer Souveränität unterschieden[67], in der französischen Lehre zwischen der „*souveraineté démocratique*“ und der „*souveraineté étatique*“[68].

In Hinblick auf die Auswirkungen des von den Gemeinschaftsorganen gesetzten Rechts in den nationalen Rechtsordnungen (Unmittelbarkeit und Vorrang) ist es nicht verwunderlich, daß in der Vergangenheit im Zusammenhang mit Änderungen und Ergänzungen der Unionsverträge die Frage der Souveränität in den Mitgliedstaaten zu mehr oder weniger starken Verfassungsdiskussionen geführt hat.[69] Als ein Kernproblem der Souveränitätsdiskussion stellte sich das nach der klassischen Lehre mit dem Begriff der Souveränität verbundene Merkmal der Unteilbarkeit souveräner Herrschaftsgewalt und der daran anknüpfenden Frage nach dem Sitz der Souveränität in einem bündischen System.[70] Bezogen auf den europäischen Konstitutionalisierungsprozeß wird nun eine Diskussion darüber geführt, ob und inwieweit die mitgliedstaatliche Souveränität im System der Europäischen Union unverändert fortbestehen kann und muß[71] oder ob insoweit von der Teilbarkeit[72] bzw. einem Schwebezustand[73] in Hinblick auf die mitgliedstaatliche Souveränität im Verhältnis zur Kompetenz-ordnung der Union ausgegangen werden könne. Zugespitzt wird die Frage gestellt, mit welchem Stand der Integration die Union in ein staatliches Gebilde übergeht und die Mitgliedstaaten ihre staatliche Souveränität verlieren.[74] Eine ähnliche Diskussion war in der deutschen Staatslehre bereits aus Anlaß der Gründung des Deutschen Reiches als Bundesstaat Ende des 19. Jahrhunderts geführt worden.[75] Aus dieser Diskussion bekannte Begriffe wie der der „Kompetenz-Kompetenz“, aber auch neue wie die Charakterisierung der Staaten als „Herren der Verträge“ prägen

---

[66] Entsprechend die Anerkennung des Selbstbestimmungsrechts des Volkes als Grundprinzip in Art. 1 Nr. 2 der Satzung der VN - dazu *Kirchhof*, in ders./Isensee: HdbStR Bd. VII, § 183, Rz. 40.

[67] *Randelzhofer*, in Kirchhof/Isensee: HdbStR Bd. I, § 15.

[68] *Flauss*, in Schwarze: Die Entstehung einer europäischen Verfassungsordnung, S. 78 ff.

[69] Gegenstand u. a. der Entscheidung des französischen Conseil constitutionnel vom 30.12.1976 zur Einführung der Direktwahl des Europäischen Parlaments, No 76-71 DC sowie des Maastricht-Urteils des Bundesverfassungsgerichts, BVerfGE 89, 155 (189). Zur deutschen Debatte innerhalb der Rechtslehre *Doehring*, ZRP 1993, 98 ff. u. *Tomuschat*, EuGRZ 1993, 489 ff.; als Beispiel für die französische Debatte *Beaud*, RFDA 1993, S. 1045.

[70] *Oeter*, in v. Bogdandy: Europäisches Verfassungsrecht, S. 78 ff.; *Schmitz*, Integration, S. 91.

[71] *Isensee*, FS Everling, S. 576; *Schmitt-Glaeser*, Grundgesetz und Europarecht, S. 32 ff.

[72] *Doehring*, ZRP 1993, S. 98 ff; *Everling*, DVBl. 1993, S. 942 f.

[73] So *Steinberger*, FS Doehring, S. 951 ff; *Oppermann*, in Hommelhoff/Kirchhoff, S. 96.

[74] Diese Frage hat die deutsche Rechtswissenschaft insbesondere im Zusammenhang mit der Ratifizierung der Maastricht-Vertrages und der Übertragung der Währungshoheit auf die Europäische Gemeinschaft beschäftigt - dazu u. a. *Isensee*, FS Everling, S. 567 ff.;

[75] Dazu siehe *Oeter,* in v.Bogdandy: Europäisches Verfassungsrecht, S. 78 ff.

nun die Diskussion um das Verhältnis zwischen nationaler Verfassungsebene und Unionsebene.[76]
Im Zusammenhang mit dem vorliegenden Untersuchungsgegenstand, der Stärkung der Rechte des Europäischen Parlaments im Änderungsverfahren, könnte der staatliche Ausschließlichkeitsanspruch insoweit berührt sein, als der Einfluß der Mitgliedstaaten auf die inhaltliche Gestaltung der Verträge und die hiermit verbundenen Auswirkungen auf das nationale Verfassungssystem je nach Inhalt der Rechte des Parlaments geschwächt wird. Aufgrund der grundsätzlichen Auswirkungen von Vertragsänderungen auf die Gestaltung der nationalen Kompetenz- und Organordnung könnte eine stärkere Beteiligung des Europäischen Parlaments die Freiheit der Staaten, sich eine selbst gewählte politische, wirtschaftliche und gesellschaftliche Ordnung zu geben, nicht unwesentlich beeinflussen.

Konkret stellt sich daher die Frage, ob die mitgliedstaatlichen Verfassungen auf Grundlage des darin verankerten Konzeptes staatlicher Souveränität voraussetzen, daß allein die staatlichen Organe über Änderungen des supranationalen Systems entscheiden bzw. eine unmittelbare Beteiligung eines Gemeinschaftsorgans an der Entscheidung ausgeschlossen ist.

2. *Bedeutung der Souveränitätsfrage heute*

Die Entstehung einer Gemeinschaftshoheit stellt den klassischen Begriff der Souveränität unter neue Zwänge. Faktisch zeigt sich dies in der Abhängigkeit der Staaten, bestimmte Probleme, die ursprünglich zu den klassischen Aufgaben des Staates gehörten, nur noch gemeinsam lösen zu können.[77] Aber auch normativ ist ein Wandel erkennbar, und zwar in dem nach Ende des 2. Weltkrieges einsetzenden Trend der westeuropäischen Verfassungsstaaten, Regelungen in die Verfassung aufzunehmen, die das Verhältnis zwischen internationaler und nationaler Rechtsordnung und die Übertragung von Hoheitsrechten auf internationale Organisationen zum Gegenstand haben. Es ist daher allgemeine Auffassung, daß ein absolutistisches Souveränitätsdogma heute nicht mehr vertretbar ist.[78] Ob überhaupt von der Souveränitätsfrage für das Gemeinschaftsrecht Ergiebiges zu erwarten ist, wurde von namhaften Vertretern des Europarechts bereits in Frage gestellt.[79] Es wird sogar gefordert, den Begriff der Souve-

---

[76] *Oeter*, in v. Bogdandy: Europäisches Verfassungsrecht, S. 91 ff.
[77] *Thürer* spricht bereits vom „Wandel des Begriffs und des Konzepts des Staates überhaupt“, in VVDStRL 50 (1991), S. 123.
[78] *Ophüls*, FS Carl Heymanns Verlag, S. 586.
[79] *Ipsen*, Europäisches Gemeinschaftsrecht, S. 227 sowie *McCormick*, JZ 1995, S. 799 ff.; *Grussmann*, in v. Danwitz: Auf dem Weg zur europäischen Staatlichkeit, S. 57 ff. Kritisch gegenüber diesem Ansatz *Möllers*, Staat als Argument, S. 395 ff.

ränität ganz aufzugeben.[80] Bei dem Begriff der Souveränität handelt es sich jedoch um einen solchen des positiven Rechts, insbesondere des Verfassungsrechts[81]. Auf Grundlage des Verfassungsrechts der Mitgliedstaaten wird die Souveränitätsfrage zum „Rechtsargument“[82]. Aus den einschlägigen Verfassungsnormen können konkrete Schranken für die weitere Integration abgeleitet werden; sie können Aufschluß geben darüber, was rechtlich möglich ist.[83]

Soweit in der folgenden Untersuchung auf die Souveränitätsfrage eingegangen wird, beschränkt sich dies auf eine Auslegung der einschlägigen Verfassungsnormen. Hingegen soll nicht auf die eher abstrakt geführte Diskussion eingegangen werden, ob die Mitgliedstaaten noch als uneingeschränkt souverän anzusehen sind. Insoweit besteht die große Gefahr, daß Erkenntnisse der klassischen Staatslehre mit Elementen des Verfassungsrechts vermengt werden und die reale Wandlungs- bzw. Anpassungsfähigkeit der Verfassung aufgrund des Beharrens auf klassischen Souveränitätsideen verkannt wird.[84] Da sich die Untersuchung auf das nationale Verfassungsrecht beschränkt, wird die völkerrechtliche Diskussion um den Übergang der Europäischen Union zur Staatlichkeit ebenfalls ausgeblendet.

VI. Völkervertragliche Rückbindung der Union

Wie dargelegt gründen sich die Europäische Gemeinschaften und die Europäische Union auf völkerrechtlichen Verträgen zwischen den Mitgliedstaaten; von einer Loslösung der Unionsordnung von ihrer völkervertraglichen Grundlage kann nicht gesprochen werden.[85] Der völkervertragliche Geltungsgrund wird auch durch den Verfassungsvertrag nicht aufgehoben, denn auch dieser ist im Wege völkervertraglicher Einigung der Mitgliedstaaten zustande gekommen.
Nun enthalten die Verfassungstexte einiger Mitgliedstaaten teils ausdrückliche Hinweise auf die vertragliche Grundlage der Union. So geht Art. 23 Abs. 1 S. 3 GG ausdrücklich von „vertraglichen Grundlagen“ der Union aus. Art. 88-1 der französischen Verfassung enthält die Umschreibung, wonach die Union „aus Staaten besteht“, „die sich freiwillig kraft der Gründungsverträge entschlossen haben...“. Ein Hinweis auf die Verträge als Grundlage der Union enthält auch

---

[80] So befürwortet *Ophüls*, statt des Begriffs der Staatssouveränität den Begriff der Staatshoheit, in FS Carl Heymanns Verlag, S. 586; *Ipsen*, in Kirchhof/Isensee: HdbStR Bd. VII, § 181 Rz. 19.
[81] Z. B. Präambel und Art. 3 der französischen Verfassung von 1958 sowie Art. 28 Abs. 3 der griechischen Verfassung - dazu *Baldus*, Der Staat 36 (1997), S. 388; *Jyränki*, in ders., National Constitutions, S. 61.
[82] *Ress*, in ders.: Souveränitätsverständnis in den EG, S. 13.
[83] *Baldus*, Der Staat 36 (1997), S. 391.
[84] Zur Vorsicht vor staatstheoretischen Überhöhungen warnt *Classen*, in v Mangoldt/Klein/Starck: GG, Art. 24, Rz. 3; auch *Rauser*, Die Übertragung, S. 63 ff.; *Randelzhofer*, in Maunz/Dürig: GG, Art. 24 Abs. I, Rz. 9.
[85] Siehe Kapitel 1, A. I. 2. a) sowie B. I.

Art. 7 Abs. 6 der portugiesischen Verfassung. Verfassungen wie die der Niederlande (Art. 92), Luxemburg (Art. 49bis) oder Griechenlands (Art. 29 Abs. 2) stellen die Integrationsakte von vornherein unter das Regime völkerrechtlicher Verträge. Darüber hinaus enthalten Verfassungen wie die von Österreich einen Hinweis auf den „zwischenstaatlichen" Charakter der Organisation, auf die Hoheitsrechte übertragen werden können.
Mit diesen Textelementen könnte an völkerrechtliche Verfahren klassischer Prägung angeknüpft werden, an denen die Staaten, aber nicht Organe der völkerrechtlichen Organisation selbst beteiligt sind. Bei einem solchen Interpretationsansatz könnte eine Beteiligung des Europäischen Parlaments in der Beschlußphase grundsätzlich ausgeschlossen sein. Allerdings ist zu berücksichtigen, daß das Völkerrecht in dieser Hinsicht erhebliche Wandlungen erlebt. So ist mittlerweile anerkannt, daß auch internationalen Organisationen Völkerrechtssubjektivität zukommen kann.[86] Auch ist es bereits Praxis, daß Organe Internationaler Organisationen verstärkt in Vertragsverhandlungen einbezogen werden. Dies muß bei der Interpretation der Verfassungstexte Berücksichtigung finden.
Die Frage ist eher dahingehend zu stellen, ob mit stärkerer Beteiligung des Europäischen Parlaments am Änderungsverfahren je nach Ausgestaltung des Rechts eine Ablösung von der in den nationalen Verfassungen verankerten „vertraglichen Grundlage" bzw. vom „zwischenstaatlichen" Charakter der Union erfolgt. Solange das Parlament an der Entscheidung über die Vertragsänderung selbst nicht beteiligt wird, also lediglich seine Rechte im Rahmen der Vorbereitung und Beratung der Revisionsentwürfe erweitert werden, kann von einer entsprechenden Auflösung der vertraglichen Grundlage wohl kaum ausgegangen werden. Die Mitgliedstaaten behalten mit ihrem Beschlußrecht die maßgebliche „vertragsschaffende Gewalt"[87].
Im Falle eines Mitentscheidungsrechts des Europäischen Parlaments bestünde diese mitgliedstaatliche Vertragsmacht schon nicht mehr uneingeschränkt. Mit Einlegung des Vetos könnte das Parlament die Durchsetzung vertraglicher Willensentschlüsse der Mitgliedstaaten effektiv blockieren.
Dies wird noch deutlicher, wenn dem Europäischen Parlament ein Alleinentscheidungsrecht unter Ausschluß der Mitgliedstaaten in der Beschlußphase eingeräumt werden würde. In einem solchen Fall würde, geht man von der Lehre von der verfassunggebenden Gewalt aus, die bislang bei den Mitgliedstaaten bzw. deren nationalen Völkern angesiedelte pouvoir constituant auf die vom Europäischen Parlament vertretene Gesamtheit der Unionsbürger übergehen.

---

[86] Ebenso wird die Einräumung einer Völkerrechtssubjektivität zugunsten der Europäischen Union seit langem diskutiert und war auch Thema im EU-Reformkonvent.
[87] Formulierung bei *Schmitz*, integration, S. 435.

Damit wäre ein Auswechseln des Geltungsgrundes gegeben.[88] Eine vertragliche Beschlußform läge jedenfalls nicht mehr vor. Zudem ist höchst fraglich, inwieweit in einem solchen Fall noch von einem „zwischenstaatlichen" Charakter der Union ausgegangen werden könnte. Da die Unionsgrundordnung auf einem von den Verfassungen der Mitgliedstaaten losgelösten, autonomen Geltungsgrund beruhen würde, müßte wohl von einem Übergang zum staatlichen Charakter der Union ausgegangen werden.[89]

Es ist daher zu prüfen, wie der jeweilige verfassungsrechtliche Hinweis auf die vertragliche Grundlage der Union bzw. der Organisation als Adressat des Übertragungsaktes interpretiert wird und vor allem, ob hieraus konkrete Grenzen für die Ausgestaltung des Geltungsgrundes der Union abgeleitet werden. Soweit in diesem Zusammenhang auf die Diskussion zur Entwicklung eines staatlichen Charakters eingegangen werden muß, soll dies nur in dem Umfang geschehen, als ein konkreter Verfassungsbezug gegeben ist. Eine verfassungstheoretische Auseinandersetzung wird hingegen nicht erfolgen.

VII. Recht zum Widerruf und zur Beendigung der Mitgliedschaft

Eng verbunden mit der Frage nach der völkervertraglichen Fundierung der Europäischen Union ist die nach einem Recht der Mitgliedstaaten zum Widerruf eines Aktes zur Übertragung von Hoheitsrechten sowie einem Recht zur Beendigung ihrer Mitgliedschaft in der Europäischen Union.[90] Zwar erscheint die Geltendmachung eines solchen Rechts angesichts der heute existierenden Zwänge zur gemeinsamen Wahrnehmung von Aufgaben eher unwahrscheinlich.[91] Die Mitgliedstaaten sind aufgrund der durch die Unionsverträge geschaffenen Ordnung wirtschaftlich, politisch und auch sozial bereits so eng miteinander verbunden, daß eine Entflechtung dieser Beziehungen faktisch kaum noch möglich erscheint.[92] Bezogen auf die europäische Integration wird bereits von einem Zustand gesprochen, „von dem es kein Zurück gibt"[93]. Andererseits ist die Thematik der Beendigung der Mitgliedschaft in der europarechtlichen als auch in der staatsrechtlichen Wissenschaft höchst umstritten. Der Grund für die Aktualität dieser Thematik ist darin zu sehen, daß mit dem Recht zum Austritt bzw. Aufhebung der Union das Grundverständnis

---

[88] Damit wäre die von *Grimm*, StWStPr 6 (1995), S. 516, geforderte Bedingung für eine „europäische Verfassung" erfüllt.

[89] Nach dem von *Jellinek*, Allgemeine Staatslehre, S. 490, entwickelten Staatsbegriff setzt dieser eine nicht mehr abgeleitete Staatsgewalt voraus; dazu auch *Hertel*, Supranationalität, S. 82.

[90] *Geiger*, Grundgesetz und Völkerrecht, S. 212; *Everling*, DVBl. 1993, S. 942.

[91] *Classen*, in v.Mangoldt/Klein/Starck: GG Bd. 2, Art. 23, Rz. 11 spricht von „eher theoretische Fragen".

[92] *Everling*, DVBl. 1993, S. 942 - „politische, wirtschaftliche und soziale Wirkungseinheit".

[93] *v. Simson/Schwarze*, in Benda/Maihofer/Vogel, HdbVerfR, § 4, Rz. 8.

von der staatlichen Souveränität der Mitgliedstaaten und ihre Stellung innerhalb der Union berührt werden.[94]

Die Frage der Beendigung der Mitgliedschaft war bislang deshalb so problematisch, weil das Primärrecht hierzu keine Regelung enthielt und umstritten ist, inwieweit auf allgemeine Regelungen des Völkerrechts zurückgegriffen werden kann. Der verabschiedete Verfassungsvertrages enthält nun in Art. I-60 eine ausdrückliche Regelung über einen „freiwilligen Austritt aus der Union“. Da die Ratifikation des Verfassungsvertrages noch aussteht, soll zunächst auf die geltende Rechtslage und Problematik eingegangen werden. Danach wird geprüft, inwieweit sich ein mögliches verfassungsrechtliches Problem auf Grundlage von Art. I-60 des Verfassungsvertrages erledigen würde.

1. Geltende Rechtslage

Es gilt zwar als unbestritten, daß die Mitgliedstaaten aufgrund ihrer fortbestehenden Souveränität den Widerruf eines Übertragungsaktes sowie den Austritt im Wege innerstaatlicher Maßnahmen faktisch herbeiführen können.[95] Wird verfassungsrechtlich von einem staatlichen Rechtsanwendungsbefehl als innerstaatlicher Geltungsgrund für die Unionsakte ausgegangen – wie es beispielsweise vom deutschen Bundesverfassungsgericht vertreten wird[96] –, könnte bereits durch Aufhebung dieses Rechtsanwendungsbefehls zukünftigen Gemeinschaftsakten jede Wirkung genommen werden.[97] Bereits ergangene Vollzugsakte könnte der Mitgliedstaat – wenn auch unionsrechtswidrig – jederzeit wieder aufheben.[98] Der Union würde es insoweit sowohl an der erforderlichen Rechtsmacht fehlen, die unionsschädigenden innerstaatlichen Maßnahmen aufzuheben, als auch an wirksamen Sanktionsmitteln.[99]

Damit läßt sich jedoch rechtlich nicht begründen, wie sich das Vertragsverhältnis zur Union bzw. den anderen Mitgliedstaaten rechtlich wirksam beenden läßt. Insoweit ist das allgemeine Prinzip anerkannt, daß ein Vertragsbruch nicht zu einer wirksamen Sezession führen kann.[100] Die Frage der wirk-

---

[94] Dazu *Schmitz*, Integration, S. 257 ff.; *Jeckel*, Die Staatlichkeit Deutschlands, S. 87.

[95] *Steinberger*, VVDStRL 50 (1991), S. 17; *Schmitz*, integration, S. 238 ff. m. w. N.

[96] BVerfGE 73, 339 (367) sowie BVerfGE 75, 223 (244). Das überwiegende deutsche Schrifttum sieht die Funktion des nach Art. 23 Abs. 1 S. 2 GG erforderlichen Zustimmungsgesetzes in der Erteilung eines solchen Rechtsanwendungsbefehls – u.a. *Pernice*, in Dreier: GG Bd. 2, Art. 23, Rz. 86; a. A. *Classen*, in v.Mangoldt/Klein/Starck: GG Bd. 2, Art 23, Rz. 19 u. Art. 24, Rz. 13 ff.

[97] *Tomuschat*, EuGRZ 1993, S. 495; ebenso *Schmitz*, Integration, S. 245 f.

[98] *Bleckmann*, JZ 1997, S. 267, sieht die Mitgliedstaaten gerade aufgrund dieser Rechtsmacht weiterhin als „Herren der Verträge“ an.

[99] *Schmitz*, integration, S. 244 ff.

[100] Die mitgliedstaatliche Souveränität verschafft lediglich die Fähigkeit zum völkerrechtswidrigen Handeln, nicht jedoch die Fähigkeit, Recht zu negieren - *Schmitz*, integration, S. 262; *Tomuschat*, EuGRZ 1993, S. 495; a. A. hingegen *Stein*, VVDStRL 53 (1994), S. 33 sowie der Diskussionsbeitrag von *Ress*, VVDStRL 53 (1994), S. 124.

samen Beendigung kann nur mit Hilfe des Völker- und Europarechts beantwortet werden. Es ist überwiegend anerkannt, daß die Mitgliedstaaten im Wege einer einverständlichen Einigung die Auflösung der Union bewirken können.[101] Hingegen ist der Bestand eines Rechts der Mitgliedstaaten zum einseitig erklärten Austritt höchst umstritten. Im Kern bezieht sich die Diskussion darauf, ob und in welchem Umfang die Regelungen des allgemeinen Völkerrechts herangezogen werden können (§§ 54 ff. WVRK)[102], oder ob aufgrund der besonderen Rechtsstrukturen der Union ein Rückgriff auf die anerkannten völkerrechtlichen Austrittsrechte ausgeschlossen ist[103]. Diejenigen, die das Gemeinschaftsrecht als ausschließlich anwendbares Recht ansehen, erkennen einen wirksamen Austritt nur auf Grundlage einer vertraglichen Einigung der Mitgliedstaaten an, die im Rahmen des Vertragsänderungsverfahrens herbeigeführt werden muß.[104] Für eine solche Verpflichtung der Mitgliedstaaten zur Einhaltung der Verfahrensanforderungen des Art. 48 EUV spricht der Gedanke der Dauerhaftigkeit und Unumkehrbarkeit der europäischen Integration wie er im Umfang der rechtlichen Bindungen und insbesondere der fehlenden zeitlichen Befristung zum Ausdruck kommt. Zu beachten ist auch, daß die Schöpfer der Verträge eine Austrittsmöglichkeit bewußt nicht zulassen wollten.[105]

Nur im Falle einer Bindung an das Vertragsänderungsverfahren könnte die Stärkung der Beteiligungsrechte des Europäischen Parlaments in diesem Verfahren – je nach konkreter Ausgestaltung – die Möglichkeit der Staaten zur Beendigung ihrer Mitgliedschaft erheblich beschränken. Hiervon muß im Falle des ausschließlichen Beschlußrechts ausgegangen werden. Die Anwendung völkerrechtlicher Regelungen über die Beendigung der Mitgliedschaft in einer internationalen Organisation wäre angesichts der erreichten Integrationsdichte

---

[101] *Classen*, in v.Mangoldt/Klein/Starck: GG Bd. 2, Art. 23, Rz. 11. Gegen eine beliebige Auflösung *Oppermann*, Europarecht, Rz. 220; *Boulois*, Droit Institutionnel de l'Union Européenne, S. 53 f.

[102] Z. B. das in Art. 62 WVRK geregelte Austrittsrecht auf Grundlage der clausula rebus sic stantibus; befürwortet durch *Schmitz*, integration, S. 270 ff.; *Geiger*, EUV/EGV, Art. 240, Rz. 9; *Oppermann*, Europarecht, Rz. 219 ff., der Art. 62 WVRK für ausschließlich anwendbar hält. Da der IGH die Art. 60 und 62 WVRK als Völkergewohnheitsrecht anerkannt hat, ist der Umstand, daß Frankreich, Irland, Portugal und Luxemburg nicht Mitglied der WVRK sind, irrelevant (zur Anerkennung siehe I.C.J. Reports 1971, Advisory Opinion, Namibia (South-West Africa), S. 1).

[103] U. a. *Ipsen*, Europäisches Gemeinschaftsrecht, S. 100 f.; *Becker*, in Schwarze: EU-Kommentar, Art. 312, Rz. 5; *Everling*, DVBl. 1993, S. 942.

[104] *Götting*, Die Beendigung der Mitgliedschaft, S. 145 m. w. N. Hingegen kann die Auflösung der Union bereits vom Begriffsverständnis her nicht als ein Fall der Vertragsänderung angesehen werden. Trotz dessen wurde vielfach für eine entsprechende Anwendung der Regelungen zum Revisionsverfahren auch in diesem Fall plädiert.

[105] *Constantinesco*, Das Recht der Europäischen Gemeinschaften, Bd. 1, Nr. 99.

nicht mehr überzeugend zu vertreten. Es würde bereits an der völkervertraglichen Basis der Union fehlen, wenn auf die Einigung der mitgliedstaatlichen Vertreter im Europäischen Rat verzichtet wird.
Ein verfassungsrechtlicher Konflikt würde dann entstehen, wenn die jeweilige nationale Verfassung eine Möglichkeit des Staates zur Beendigung der Mitgliedschaft – wenn auch im Rahmen des Völkerrechts – zwingend voraussetzt. Zwar enthält keine der mitgliedstaatlichen Verfassungen eine explizite Regelung dieser Frage.[106] Entsprechende verfassungsrechtliche Vorgaben könnten sich jedoch aus dem verfassungsrechtlich verankerten Souveränitätsprinzip ergeben.[107] Von Bedeutung wäre auch, ob die Verfassungen den Übertragungsakt als widerruflichen regeln.
Hingegen wäre ein Konflikt zwischen der Regelung einer stärkeren Beteiligung des Europäischen Parlaments im Änderungsverfahren und dem nationalen Verfassungsrecht von vornherein zu verneinen, wenn bereits auf staatsrechtlicher Ebene eine Auflösung der Union bzw. ein Austritt für den jeweiligen Mitgliedstaat ausgeschlossen wäre. Insoweit steht es dem einzelnen Verfassungsgesetzgeber frei, die Ausübung einer völkerrechtlichen Befugnis für das handelnde Staatsorgan zu beschränken.
Die vorliegende Untersuchung zur rechtlichen Möglichkeit des Widerrufs oder zur Beendigung der Mitgliedschaft wird sich ausschließlich mit der verfassungsrechtlichen Komponente befassen. Eine Auseinandersetzung mit den völkerrechtlichen Fragestellungen kann hingegen nicht erfolgen.

2. *Rechtslage nach dem „Verfassungsvertrag"*

Der Konvent hat in seinem Entwurf für einen „Verfassungsvertrag" in Art. I-60 das Recht eines jeden Mitgliedstaates zum Austritt nunmehr ausdrücklich geregelt. Die vertragliche Regelung stellt eine Sonderregelung dar, welche die Anwendung allgemeinen Völkerrechts ausschließt.
Das Austrittsrecht wird nicht an die Einhaltung des Änderungsverfahrens geknüpft. Auch kann der Regelung nicht entnommen werden, daß für die Wirksamkeit des Austritts der Abschluß des in Art. I-60 Abs. 2 geregelten Abkommens, dem auch das Europäische Parlament zustimmen muß, erforderlich ist. Dies ergibt sich bereits aus dem Wortlaut, wonach der betreffende Mitgliedstaat die Wahrnehmung seines Austrittsrechts dem Europäischen Rat lediglich mitteilen muß. Zum anderen wurde der Vorschlag, den Abschluß eines Abkommens

---

[106] Einer solchen Regelung am nächsten kommt Art. 49bis der luxemburgischen Verfassung. Danach kann „die Ausübung von Befugnissen [...] durch Vertrag *vorübergehend* Institutionen des internationalen Rechts übertragen werden". Diese Formulierung hat der Conseil d'Etat dahingehend ausgelegt, daß die Verträge jederzeit kündbar sind (Gutachten vom 26.05.1992 zum Gesetzesvorschlag zur Zustimmung zum EUV, Abgeordnetenkammer 1991 - 1992, Nr. 3601-1).
[107] Hierzu bereits *Singh*, Termination of Membership in International Organisations, S. 80 f.

im Sinne des Abs. 2 zur Bedingung für den Austritt zu machen, im Konvent diskutiert, konnte jedoch nicht durchgesetzt werden.[108]
Aufgrund der ausdrücklichen Regelung des Austrittsrechts und zwar in einem selbständigen Verfahren, würde insoweit hinsichtlich der Stärkung der Rechte des Europäischen Parlaments im Änderungsverfahren kein verfassungsrechtliches Problem mehr entstehen können.

Die Aufnahme eines entsprechenden Austrittsrechts in den Konventsentwurf hat zu Recht Kritik erfahren. So weist *Schwarze* zutreffend auf die Gefahr hin, daß das Austrittsrecht zu innenpolitischen Zwecken mißbraucht werden könnte. So wurde in der bisherigen Regelung, nach der die Frage des Austrittsrechts sich in der Schwebe befand, die für die Union spezifische rechtliche Bindung der Mitgliedstaaten an die gemeinsamen Institutionen gerade verdeutlicht.[109] Vor diesem Hintergrund ist auch erwähnenswert, daß es zur Regelung des Austrittsrechts gerade auf das Bestreben der neuen Mitgliedstaaten kam.[110]

VIII. Verfassungsänderung und unantastbare Verfassungsprinzipien

Soweit nach den Ergebnissen der vorangegangenen Prüfungsschritte – unter Berücksichtigung einen möglichen Verfassungswandels und entsprechender Anpassungen in der Verfassungsinterpretation – davon ausgegangen werden muß, daß eine stärkere Beteiligung des Europäischen Parlaments am Vertragsänderungsverfahren mit einer nationalen Verfassung unvereinbar ist, stellt sich die Frage, inwieweit das jeweilige Hindernis durch eine Verfassungsänderung ausgeräumt werden kann.

Die schriftlich fixierten Verfassungen der Mitgliedstaaten enthalten ausdrückliche Regelungen zur Verfassungsänderung. Hierbei handelt es sich in erster Linie um formelle Erschwernisse in Form von spezifischen Verfahrensbedingungen, beispielsweise in der deutschen Verfassung das Erfordernis einer qualifizierten Mehrheit der Gesetzgebungsorgane (Art. 79 Abs. 2 GG) und in der französischen Verfassung das Erfordernis einer plebiszitären Entscheidung (Art. 89 Abs. 2). Daneben enthalten einige Verfassungen auch materielle Schranken.[111]. Verfassungsänderungen, welche auf die Beseitigung der dort genannten Verfassungsprinzipien zielen, sind danach unzulässig.
Die Normierungen zur Verfassungsänderung stellen den Lösungsansatz des jeweiligen Verfassungssystems dar im Konflikt zwischen einerseits der totalen

---

[108] Synthesebericht über die Plenartagung vom 24. und 25. März 2003 in Brüssel, CONV 672/03.
[109] *Schwarze*, EuR 2003, S. 558. Positiv gegenüber dem Austrittsrecht hingegen *Huber*, EuR 2003, S. 592.
[110] *Schwarze*, EuR 2003, S. 559.
[111] U. a. Art. 79 Abs. 3 des deutschen Grundgesetzes, Art. 139 der italienischen Verfassung, Art. 110 Abs. 1 der griechischen Verfassung und Art. 288 der portugiesischen Verfassung.

Verfügbarkeit der Verfassung für das Volk als Inhaber der verfassungsgebenden Gewalt und andererseits dem Bedürfnis nach Beständigkeit der Verfassungsordnung. Angeknüpft wird an die auf *Sieyès* zurückgehende Unterscheidung zwischen der ursprünglichen, rechtlich ungebundenen Gewalt des Volkes zur Verfassungsgebung (pouvoir constituant) und der durch diese eingesetzten und an die Verfassung gebundene verfassungsändernde Gewalt des Volkes (pouvoir constitué).[112] Jedoch ist dieser Ansatz im Verfassungsrecht bzw. Verfassungsdogmatik der einzelnen Mitgliedstaaten unterschiedlich stark ausgeprägt, was sich wiederum im Umfang und Inhalt der Erschwernisse widerspiegelt. Dies ist zum einen auf die unterschiedlichen geschichtlichen Erfahrungen in den einzelnen Verfassungssystemen zurückzuführen.[113] Für die Verankerung der Idee materieller Grenzen ist jedoch auch von wesentlicher Bedeutung, ob eine Instanz wie ein Verfassungsgericht installiert ist, das die Einhaltung dieser Grenzen tatsächlich gegenüber dem Verfassungsgesetzgeber durchsetzen kann.[114] Von der Gestaltung der Schranken hängt schließlich auch ab, inwieweit von einer Änderung oder bereits einer Verfassungsneugebung auszugehen ist.[115]

Angesichts der Einwirkungen des Integrationsprozesses auf die nationalen Verfassungssysteme ist es nicht verwunderlich, daß in der Vergangenheit im Zusammenhang mit der Ratifizierung neuer Integrationsschritte die Frage nach den Grenzen einer Verfassungsänderung immer wieder gestellt wurde. Sollte für die hier gegenständlichen Verfahrensänderungen tatsächlich eine Überschreitung von verfassungsrechtlich fixierten materiellen Grenzen angenommen werden, wäre ihre Durchsetzung nur im Wege einer Verfassungsneugebung möglich. Dies wäre jedoch angesichts der Stabilität der nationalen Verfassungssysteme äußerst unrealistisch. Ist bereits das Zustandekommen einer Verfassungsänderung in Hinblick auf die erforderlichen verfassungspolitischen Bedingungen äußerst fragwürdig, so gilt dies um so mehr für eine eventuelle Verfassungsneugebung. Insoweit ist wiederum auf das Identitätsgefühl der

---

[112] *Sieyès*, Quèst-ce que le tiers état? (1789). Für die deutsche Verfassungslehre *Badura*, in Kirchhof/Isensee: HdbStR Bd. VII, § 160, Rz. 26.

[113] So läßt sich das in Art. 79 Abs. 3 des deutschen Grundgesetzes enthaltene Verbot der Beseitigung der Fundamentalprinzipien der Verfassung vor allem auf die Erfahrungen aus der Weimarer Republik zurückführen. Im Verfassungsvergleich stellt Art. 79 Abs. 3 GG ein Unikum dar, das in ähnlich umfassender Weise nur noch in der griechischen Verfassung zu finden ist. Als extremes Gegenbeispiel kann auf die britische Verfassung verwiesen werden, wo mit der uneingeschränkten Geltung des Prinzips der Parlamentssouveränität alles dem politischen Prozeß überlassen wird. *Pernice* erkennt hier eine Tendenz: je stabiler der Grundkonsens in einem Gemeinwesen war, je geringer ist der Bedarf nach einer geschriebenen Verfassung oder Ewigkeitsklauseln - in Bieber/Widmer: Der europäische Verfassungsraum, S. 225 f.

[114] Dies gilt vor allem für das französische System, in dem erst mit der Verfassung von 1958 eine Verfassungsgerichtsbarkeit etabliert wurde. Siehe Pkt. F IV. 3. dieses Kapitels.

[115] Dazu *Hesse*, in Kirchhof/Isensee: HdbVerfR Bd. 1, § 1, Rz. 24.

Bürger zu verweisen, die sich zumindest unter den gegenwärtigen Bedingungen ihren nationalen Verfassungssystemen deutlich stärker verbunden fühlen als dem politischen System der Union.

3. Kapitel: Das deutsche Grundgesetz

A. Einführung in das deutsche Verfassungssystem

I. Das deutsche Grundgesetz und die deutsche Verfassungsdogmatik

Mit dem Grundgesetz ist im deutschen Rechtssystem eine Verfassungsurkunde gegeben, die sämtliche Voraussetzungen des formellen Verfassungsbegriffs erfüllt. Das Grundgesetz ist durch ein besonderes Organ, dem Parlamentarischen Rat, ausgearbeitet worden und von den Landtagen der den westlichen Besatzungsmächten angehörenden Bundesländern bestätigt worden. Zwar läßt sich damit das Grundgesetz nicht unmittelbar auf eine vom deutschen Volk gewählte verfassungsgebende Versammlung oder auf ein Referendum zurückführen. Dies war jedoch der Nachkriegssituation geschuldet. Mit der Titulierung als „Grundgesetz" sowie der Ablehnung eines Volksentscheides sollte verdeutlicht werden, daß die geschaffene Grundordnung noch nicht die eines selbst bestimmten Staates war. Vor allem sollte jedoch zum Ausdruck gebracht werden, daß das Grundgesetz wegen der Teilung Deutschlands nur einen vorläufigen Charakter haben sollte. Art. 146 GG enthielt einen entsprechenden Vorbehalt für die Ablösung durch eine Verfassung, „die von dem deutschen Volk in freier Entscheidung beschlossen worden ist".[1] Wie die Geschichte gezeigt hat, wurde aus Anlaß der Wiedervereinigung das Grundgesetz nicht ersetzt, sondern in seiner Geltungskraft auch auf die neuen Bundesländer erstreckt.[2]
Gemäß Art. 79 GG ist das Grundgesetz nur unter erschwerten Bedingungen abänderbar. 20 Abs. 3 GG statuiert generell und Art. 1 Abs. 3 GG für die Grundrechte im Besonderen den Geltungsvorrang des Grundgesetzes in der Normenhierarchie und dessen Verbindlichkeit für alle Staatsorgane.
Gleichzeitig wird ein materieller Verfassungsbegriff vertreten, der sich an der inhaltlichen Substanz der Verfassung orientiert und auch ungeschriebenes Verfassungsrecht anerkennt. Danach beinhaltet die Verfassung die grundlegenden Regeln über Organisation, Aufgaben und Befugnisse des Staates und Stellung des Bürgers im Staat.[3] Sie wird als Wertegrundlage und Werteordnung des Gemeinwesens verstanden.[4]

II. Das deutsche Bundesverfassungsgericht

Mit dem Bundesverfassungsgericht hat das deutsche Verfassungssystem eine Verfassungsgerichtsbarkeit mit erheblicher gestaltender Bedeutung. Das Bundesverfassungsgericht hat das letzte Wort bei Interpretation und Konkreti-

---

[1] *Hesse*, Grundzüge, § 3; *Schwarze,* in ders.: Die Entstehung, 110 ff.
[2] Dazu *H. H. Klein*, in Kirchhof/Isensee: HdbStR Bd. VIII, § 198, Rz. 45 ff.
[3] *Maunz/Zippelius*, Deutsches Staatsrecht, § 5 II 2; *Schwarze*, Die Entstehung, S. 110 m.w.N.
[4] *Hesse*, Grundzüge, § 2, Rz. 20; *Stern*, Staatsrecht I, § 3 II 3 c.

sierung offen formulierter Verfassungsnormen.[5] Es entscheidet nicht nur über Möglichkeiten und Grenzen des Staatshandelns, sondern beispielsweise auch über die Pflichten des Gesetzgebers. Seine Entscheidungen haben für die anderen Staatsorgane verbindliche Wirkung.[6]
Gerade in Hinblick auf die verfassungsrechtliche Ermächtigung zur Beteiligung Deutschlands an der europäischen Integration war die Rechtsprechung des Bundesverfassungsgerichts in der Vergangenheit von großer Bedeutung. Der bis zur Einführung des Art. 23 GG als „Integrationshebel“ wirkende Art. 24 Abs. 1 GG war durch eine sehr weite Formulierung gekennzeichnet. Die besonderen Anforderungen des supranationalen Systems der Europäischen Gemeinschaften waren bei Einführung dieser Norm 1949 noch nicht erkennbar. Das Bundesverfassungsgericht begründete durch seine Rechtsprechung den erforderlichen verfassungsrechtlichen Rahmen, um grundlegenden Prinzipien wie die unmittelbare und vorrangige Wirkung des Gemeinschaftsrechts in der deutschen Verfassungsordnung zur Durchsetzung zu verhelfen.[7] Gleichzeitig entwickelte es aber auch entsprechende verfassungsrechtliche Schranken für den Integrationsprozeß. U. a. stellte es in Anknüpfung an Art. 79 Abs. 3 GG fest, daß eine Übertragung im Rahmen des Art. 24 GG nicht zu Veränderungen führen dürfe, welche „die Grundstrukturen der Verfassung, auf der ihre Identität beruht“, beeinträchtigen.[8] Diese Rechtsprechung wurde nunmehr in Art. 23 Abs. 1 S. 3 GG kodifiziert.[9]
Das Bundesverfassungsgericht wird auch zukünftig den Fortgang der europäischen Integration maßgeblich beeinflussen. Die Auslegung der Schrankenregelung des Art. 23 Abs. 1 S. 3 i. V. m. Art. 79 Abs. 3 GG bleibt dabei von besonderem Interesse.

B. Status der europäischen Integration innerhalb des deutschen Verfassungssystems

I. Art. 23 GG als spezifisches Regelungsregime (sog. Europa-Artikel)

Bereits bei seinem Inkrafttreten 1949 enthielt das Grundgesetz in seiner Präambel ein ausdrückliches Bekenntnis zur europäischen Integration. In der bis heute unveränderten Formulierung heißt es: das deutsche Volk sei „von dem Willen beseelt, als gleichberechtigtes Glied in einem vereinten Europa dem Frieden der Welt zu dienen“. Das ausdrückliche Bekenntnis zur Europäischen Einigung fand vor den Hintergrund der gewaltsamen Erfahrungen, die in der

---

[5] Zur Problematik Verfassungsgerichtsbarkeit und Gewaltenteilungsgrundsatz *Starck*, in Kirchhof/Isensee: HdbStR Bd. VII § 164, Rz. 12 ff.
[6] Allerdings bestehen keine Zwangsmittel zur Durchsetzung der Entscheidungen. Das Verfassungsrecht muß sich selbst gewährleisten – *Hesse*, Grundzüge, § 14, Rz. 567.
[7] U. a. BVerfGE 31, 145 (174).
[8] BVerfGE 37, 271 (279).
[9] Dazu *Streinz*, in Sachs: GG, Art. 23, Rz. 3.

ersten Hälfte des 20. Jahrhunderts als Ergebnis eines übersteigerten Nationalbewußtseins gemacht worden sind, Eingang in die Verfassung.[10]
Um die Mitwirkung Deutschlands in den Europäischen Gemeinschaften zu ermöglichen, wurde Art. 24 GG eingeführt, der in Absatz 1 die Übertragung von Hoheitsrechten auf zwischenstaatliche Einrichtungen regelt. Auch diese Vorschrift war zum Zeitpunkt des Inkrafttretens des Grundgesetzes ohne historisches Vorbild im In- und Ausland.[11] Wie bereits angesprochen ist Art. 24 Abs. 1 GG in Hinblick auf die Einführung der Währungsunion im Wege des Maastricht-Vertrags als verfassungsrechtliche Grundlage für – überwiegend – unzureichend erachtet worden.[12] Um entsprechende Zweifel auszuräumen, wurde Art. 23 GG eingeführt, der nunmehr als Spezialbestimmung die Beteiligung Deutschlands an einer „Europäischen Union" regelt. Art. 23 Abs. 1 GG umschreibt materiell das Verhältnis der Bundesrepublik zur Europäischen Union. Dieser Absatz enthält die Ermächtigungsgrundlage für die Übertragung von Hoheitsrechten auf die Gemeinschaftsorgane und setzt insoweit die wesentlichen Bedingungen und Grenzen. Hingegen umschreiben die Absätze 2 bis 7 die interne Kompetenzverteilung im Bundesstaat. Sie sind daher für die vorliegende Untersuchung, die sich gerade auf das Außenverhältnis zur Union bezieht, von geringerem Interesse.

II. Grundsätzliche Öffnung des Grundgesetzes für die Europäische Integration

Sowohl die Präambel mit der zitierten Formulierung als auch Art. 23 Abs. 1 GG bekennen sich ausdrücklich zum Stand und Fortgang der europäischen Integration.

1. Die Präambel des Grundgesetzes

Die Präambel hat allgemein die Funktion, „die konstitutiven Faktoren" aufzuzählen. Dies entsprach jedenfalls der Vorstellung des parlamentarischen Rates.[13] Entsprechend sieht *Häberle* die Funktion der Präambel darin, daß „Grundlegende im Selbstverständnis eines politischen Gemeinwesens, das Konzentrat, das alle Bürger Verpflichtende" zu formulieren.[14]

---

[10] Redebeitrag von *Carlo Schmid*, in Parlamentarischer Rat, Stenographischer Bericht über die Plenarsitzungen, Bonn 1948/49, S. 15.

[11] *Classen*, in v.Mangoldt/Klein/Starck: GG, Art. 24, Rz. 1; *Schwarze*, in ders.: Die Entstehung, S. 129.

[12] *Scholz*, NJW 1993, S. 1690, sprach in Hinblick auf den Maastricht Vertrag von einem „Quantensprung" innerhalb des Integrationsprozesses.

[13] So der Generalberichterstatter *Carlo Schmid*, JöR NF 1, S. 41.

[14] *Häberle*, FS für J. Broermann, S. 211 ff. Unter Verweis auf den Allgemeinen Redaktionsausschuß des Parlamentarischen Rats sieht *Giegerich*, Europäische Verfassung, S. 1198, in der Formulierung der Präambel eine Staatszielbestimmung von erhöhtem Gewicht verankert.

Vor diesem Hintergrund kann die zitierte Formulierung nicht als bloßer politischer Programmsatz verstanden werden. Vielmehr wird die Präambel als ein Rechtsgebot bzw. eine „Rechtspflicht“[15] zur Förderung der Erreichung eines „vereinten Europas“, die alle politischen Organe der Bundesrepublik bindet, interpretiert.[16] In dieser Funktion prägt die Präambel das deutsche Verfassungsverständnis in Richtung einer „offenen Staatlichkeit“.[17] Das Bundesverfassungsgericht hat im Rahmen der Prüfung von Integrationsakten die Präambel auch von Anfang an bei Auslegung und Anwendung des Art. 24 Abs. 1 GG herangezogen.[18]
Daneben ist auch die Rechtsprechung des Gerichts bezogen auf das bis zur Wiedervereinigung in der Präambel enthaltene Bekenntnis zur deutschen Einheit von Bedeutung. Das Bundesverfassungsgericht erkannte auch hierin eine Rechtspflicht der Staatsorgane der Bundesrepublik. Diese Pflicht legte das Gericht dahingehend aus, daß zwar nicht bestimmte Handlungen gefordert, jedoch solche verboten werden, die eine Zielverwirklichung rechtlich hindern oder unmöglich machen.[19] Diese Rechtsprechung kann auf das Bekenntnis zum „vereinten Europa“ übertragen werden.[20]

2. Die sog. Integrationsöffnungsklausel des Art. 23 Abs. 1 S. 1, 1. Hs. GG

Das Rechtsgebot der Präambel wird durch Art. 23 Abs. 1 S. 1, 1. Hs. GG konkretisiert[21]: „Zur Verwirklichung eines vereinten Europas wirkt die Bundesrepublik Deutschland bei der Entwicklung der Europäischen Union mit, ...“.
Art. 23 Abs. 1 S. 1, 1. Hs. GG wird als sog. Staatszielbestimmung qualifiziert.[22] Diese Funktion wurde bereits zuvor Art. 24 Abs. 1 GG zugeschrieben.[23] Im Unterschied zu Art. 24 Abs. 1 GG benennt Art. 23 Abs. 1 S. 1 GG nun die Europäische Union als konkretes Staatsziel.[24] Dadurch wurde die in der

---

[15] BVerfGE 77, 137 (149 ff.); *Pernice*, in Kirchhof/Isensee: HdbStR Bd. VIII, § 191, Rz. 3.

[16] *Scheuing*, in: 17. FIDE-Kongreß, S. 75. *Schwarze* erkennt hierin eine „Staatszielbestimmung“ zugunsten der europäischen Integration, in ders.: Die Entstehung, S. 129. In diesem Sinne auch *Maunz*, in Maunz/Dürig: GG Bd. 1, Päambel, Rz. 11.

[17] *Magiera*, Jura 1994, S. 2.

[18] U. a. im sog. Solange II - Urteil, BVerfGE 73, 339, 386.

[19] BVerfGE 5, 85, 127; 36, 1, 17.

[20] *Magiera*, Jura 1994, S. 1 f.. Umfassend dazu *Giegerich*, Europäische Verfassung, S. 1199 ff.

[21] *Classen*, v.Mangoldt/Klein/Starck, GG Bd. 1, Art. 23, Rz. 1; *Giegerich*, Europäische Verfassung, S. 1212.

[22] Amtliche Begründung, BTag-Drs. 501/92, S. 11.

[23] Z.B. *Maunz*, in Maunz/Dürig: GG Bd. 3, Art. 24 GG, Rz. 1.

[24] *Magiera*, Jura 1994, S. 8, unter Verweis auf die Begründung der Bundesregierung zum GG-Änderungsentwurf, BRats-Drs. 501/92, S. 11. Eine Festschreibung der Staatszielbestimmung auf die Europäische Union in Gestalt des Maastricht-Vertrags läßt sich Art. 23 Abs. 1 S. 1 GG jedoch nicht entnehmen. Der in Art. 23 Abs. 1 S. 1 GG enthaltene Begriff der „Europäischen Union“ ist als „ein prozeßhafter, offener Begriff“ zu verstehen – *Magiera*, ebenda.

Präambel enthaltene „Grundentscheidung“ präzisiert und verstärkt.[25] Insgesamt ist von einem Zuwachs an Bindungswirkung im Verhältnis zur früheren Rechtslage auszugehen.[27]

Hinsichtlich der Verwirklichung der Pflicht zur Mitwirkung innerhalb der Union kommt den deutschen Staatsorganen als Adressaten der Bestimmung entsprechend dem allgemeinen Charakter von Staatszielbestimmungen[28] ein weiter Ermessensspielraum zu.[29] Dies ist schon deshalb erforderlich, weil der Integrationsprozeß auf einer Zusammenarbeit der Mitgliedstaaten beruht und Kompromisse erforderlich macht.[30]

III. Die sog. Struktursicherungsklausel des Art. 23 Abs. 1 S. 1, 2. Hs. GG

Anläßlich der Verfassungsrevision in 1992 wurde in Verbindung mit der Integrationsöffnungsklausel die sog. Struktursicherungsklausel in die Verfassung eingeführt.[31] Danach ist die Europäische Union „demokratischen, rechtsstaatlichen, sozialen und föderativen Grundsätzen und dem Grundsatz der Subsidiarität verpflichtet und [gewährleistet] einen diesem Grundgesetz im wesentlichen vergleichbaren Grundrechtsschutz“.
Die Regelung enthält eine an die zuständigen deutschen Organe gerichtete verfassungsrechtliche Verpflichtung, nur an einer Union mitzuwirken, die den in Art. 23 Abs. 1 S. 1 GG aufgeführten Prinzipien entspricht.[32] Damit geht ihr Regelungsgehalt über die bloße Dokumentation der von der Bundesrepublik für

---

[25] *Streinz*, in Sachs: GG, Art. 23, Rz. 10; *Sommermann*, DÖV 1994, S. 603. *Tomuschat* spricht insoweit von einer nachhaltigen Fortentwicklung der Funktionselemente des Grundgesetzes in Richtung auf die Europäische Integration, in EuGRZ 1993, S. 493.

[27] So auch *Sommermann*, DÖV 1994, S. 603.

[28] Dazu *Sommermann*, Staatsziele und Staatszielbestimmungen, 1997.

[29] *Classen*, in v.Mangoldt/Klein/Starck: GG Bd. 2, Art. 23, Rn. 10.

[30] In diesem Sinne *Classen*, in v.Mangoldt/Klein/Starck: GG Bd. 2, Art. 23, Rn. 10.

[31] Bereits im Rahmen des Art. 24 Abs. 1 GG wurde die Frage diskutiert, inwieweit zwischen der Verfassungsordnung des Grundgesetzes und der Gemeinschaftsordnung eine „Homogenität von Wertvorstellungen“ bestehen muß. Allgemein wurde angenommen, daß eine Übertragung von Hoheitsrechten nur auf eine solche zwischenstaatliche Einrichtung erfolgen darf, innerhalb derer demokratisch-rechtstaatliche Entscheidungsstrukturen gesichert sind. Dies wurde z. T. mit einer analogen Anwendbarkeit des Art. 79 Abs. 3 GG begründet. Die Annahme, daß das Grundgesetz eine strukturelle Kongruenz gebiete, wurde jedoch schon für Art. 24 Abs. 1 GG überwiegend abgelehnt. Angesichts der eindeutigen Stellungsnahmen der am Entwurf des Art. 23 GG beteiligten Instanzen, ist ein solcher Ansatz für den Europaartikel endgültig nicht mehr vertretbar. Zum ursprünglichen Diskussionsstand – *Tomuschat*, in: BK Bd. 4, Art. 24, Rn. 57; zur Diskussion im Verfassungsreformprozeß – *Schmalenbach*, Der neue Europaartikel, S. 58 ff.

[32] *Streinz*, in Sachs: GG, Art. 23, Rz. 16; *Classen*, in v.Mangoldt/Klein/Starck: GG Bd. 2, Art. 23, Rz. 22 ff.; *Scheuing*, in: 17. FIDE-Kongreß, S. 80; *Rojahn*, in v.Münch/Kunig: GG Bd. 2, Art. 23, Rz. 17.

ein vereintes Europa angestrebten Strukturen hinaus.[33] Der Formulierung „Entwicklung der Europäischen Union“ ist zu entnehmen, daß die Klausel bereits jetzt ihre Wirkung entfaltet[34] und sich nicht nur auf die endgültige Gestalt der Europäischen Union als Integrationsziel bezieht[35]. Allerdings hängen die Anforderungen vom jeweiligen Entwicklungsstand der Union ab und können mit jedem Integrationsschritt anwachsen.[36]

Da das deutsche Verfassungsrecht nur an die deutschen Staatsorgane adressiert ist[37], können aus Art. 23 Abs. 1 Satz 1 GG keine Verpflichtungen für die Europäische Union oder für andere Mitgliedstaaten abgeleitet werden.[38] Darüber hinaus ist allgemein anerkannt, daß Art. 23 Abs. 1 Satz 1 GG Bindungen nur bezogen auf die Kerngehalte der dort genannten Prinzipien begründet und zwar in der Bedeutung wie sie den Verfassungsordnungen aller Mitgliedstaaten – ungeachtet unterschiedlicher Ausprägungen – gemeinsam sind.[39] Dies liegt bereits darin begründet, daß das Recht der Union sich eben nur auf Grundlage der Verfassungstraditionen aller Mitgliedstaaten bilden kann. Kein Mitgliedstaat kann seine Maßstäbe allein durchsetzen, da anderenfalls die Möglichkeit eines Zusammenwirkens auf europäischer Ebene stark eingeschränkt wäre.[40] Dies widerspräche auch dem Charakter des Integrationsprozesses, der gerade auf dem Zusammenwirken der Mitgliedstaaten beruht.[41]
Zur Auslegung der in der Klausel genannten Prinzipien müssen folglich die Verfassungsgrundsätze aller Mitgliedstaaten in wertender Rechtsvergleichung herangezogen werden.[42] Hinzu kommt, daß bei Auslegung der Norm die Besonderheiten der Europäischen Union, aufgrund derer sie von staatlichen Strukturen abweicht, beachtet werden müssen.[43] Es wird als verfehlt angesehen, an eine nichtstaatliche Organisation wie die Union die gleichen Maßstäbe anzulegen, die für einen Staat gelten.[44] Die in Art. 23 Abs. 1 GG statuierten Prinzipien sollen in einer Weise verwirklicht werden, die der spezifischen Struktur und Rechtsnatur

---

[33] Bundesregierung, BT-Drs. 12/3338, S. 4. Damit wird der in Art. 23 Abs. 1 S. 1 GG enthaltene Auftrag zur Mitwirkung an der Entwicklung der Europäischen Union durch die Struktursicherungsklausel nicht unbedeutend wieder eingeschränkt - *Ossenbühl*, DVBl. 1993, S. 633.
[34] *Streinz*, in Sachs: Art. 23, Rz. 19; *Schmalenbach*, Der neue Europaartikel, S. 61.
[35] So aber *Everling*, DVBl. 1993, S. 944.
[36] *Rojahn*, in v.Münch/Kunig: GG Bd. 2, Art. 23, Rz. 18; *Streinz*, in Sachs: GG, Art. 23, Rz. 19.
[37] *Streinz*, in Sachs: GG, Art. 23, Rz. 17.
[38] *Scheuing*, in: 17. FIDE-Kongreß, S. 80; *Schmalenbach*, Der neue Europaartikel, S. 61.
[39] *Rojahn*, a.a.O., Rz. 20; *Streinz*, a.a.O., Rz. 21; *Breuer*, NVwZ 1994, S. 422; *Everling*, DVBl. 1993, S. 944 f. sowie *Nettesheim*, in: XX. FIDE-Kongreß, S. 32 ff.
[40] *Everling*, DVBl. 1993, S. 944.
[41] *Classen*, in v.Mangoldt/Klein/Starck: GG Bd. 2, Art. 23, Rz. 22.
[42] *Everling*, DVBl. 1993, S. 945.
[43] *Classen*, in v.Mangoldt/Klein/Starck: Art. 23, Rz. 22.
[44] *Oppermann/Classen*, Apuz 28/1993, S. 14.

der Europäischen Union angemessen ist und die Zusammenarbeit der Mitgliedstaaten ermöglicht.[45]

Insgesamt wird die sich normative Dichte, die sich aus der Struktursicherungsklausel ergibt, allgemein als gering eingeschätzt.[46] Auf die im Zusammenhang mit der Struktursicherungsklausel ergebenden Interpretationsschwierigkeiten wird an der entsprechenden Stelle noch einzugehen sein.

C. Die Regelung zur Übertragung von Hoheitsrechten

Entsprechend dem Abschlußbericht der Gemeinsamen Verfassungskommission regeln Art. 23 Abs. 1 S. 2 und 3 GG die „Rahmenbedingungen, unter denen der Bund Hoheitsrechte auf die europäische Ebene übertragen kann“.[47]

Satz 2 enthält die verfassungsrechtliche Ermächtigungsgrundlage dafür, daß der „Bund hierzu durch Gesetz mit Zustimmung des Bundesrates Hoheitsrechte übertragen“ kann. Die Funktion des Art. 23 Abs. 1 S. 2 GG besteht darin, von den Gemeinschaftsorganen ausgeübte Rechtsakte mit unmittelbarer Geltungskraft im innerstaatlichen Rechtsraum zuzulassen.[48] In dieser Funktion hat Art. 23 Abs. 1 S. 2 GG den früheren Art. 24 Abs. 1 GG als speziellen „Integrationshebel“ für die Entwicklung der Europäischen Union ersetzt.

Satz 3 statuiert, daß „für die Begründung der Europäischen Union sowie für Änderungen ihrer vertraglichen Grundlagen und vergleichbare Regelungen, durch die dieses Grundgesetz seinem Inhalt nach geändert oder ergänzt wird oder solche Änderungen oder Ergänzungen ermöglicht werden“, Art. 79 Abs. 2 und 3 GG gelten. Danach ist in den in Satz 3 aufgezählten Fällen das Zustimmungsgesetz mit der verfassungsändernden Mehrheit zu erlassen sowie die in Art. 79 Abs. 3 GG festgeschriebenen Grenzen der Verfassungsänderung einzuhalten. Ziel dieser Regelung ist es, Garantien zum Schutz der „nationalen Verfassungssubstanz“[49] bzw. des „Kerns der deutschen Verfassungsordnung“[50] zu schaffen. Entsprechend hat das Bundesverfassungsgericht den vom EuGH geforderten Geltungsvorrang des Gemeinschaftsrechts[51] bislang nur in den vom Grundgesetz vorgegebenen Grenzen anerkannt.[52]

---

[45] *Hilf/Pache*, in Grabitz/Hilf: EUV, Art. A, Rn. 25 ff.; *Nettesheim*, in: XX. FIDE-Kongreß, S. 33.
[46] Ausdrücklich *Classen*, in v.Mangoldt/Klein/Starck: GG Bd. 2, Art. 23, Rz. 22; *Scheuing*, in: 17. FIDE-Kongreß, S. 80, der auf die Unklarheit bzgl. der Folgen einer mangelnden Durchsetzung verweist.
[47] BT-Drs. 12/6000, S. 20.
[48] *Classen*, in v.Mangoldt/Klein/Starck: GG Bd. 2, Art. 24, Rz. 5 i. V. m. Art. 23 Rz. 13.
[49] *Scholz*, in Maunz/Dürig: GG, Art. 23, Rz. 7.
[50] *Classen* in v.Mangoldt/Klein/Starck: GG Bd. 2, Art. 23, Rz. 23.
[51] EuGH, Rs. 6/64, *Costa / E.N.E.L.*, Slg. 1964, 1251 (1269).
[52] Zuletzt BVerfGE 89, 155 (174 f.). Dazu *Huber*, EuR 2003, S. 588 ff.

Nun wird nicht jede Änderung des Primärrechts der Union vom Übertragungstatbestand des Art. 23 Abs. 1 GG erfaßt. Für Integrationsakte, die gegenüber den Mitgliedstaaten als Völkerrechtssubjekte bestehen und diese allein völkerrechtlich binden, gilt Art. 23 Abs. 1 GG nicht.[53] Deren Zulässigkeit bestimmt sich allein nach Art. 59 Abs. 2 GG. Das Vertragsänderungsverfahren als Gegenstand der vorliegenden Untersuchung ist in seinem Kern völkerrechtlicher Natur. Vor diesem Hintergrund ist durchaus fraglich, ob eine Änderung der Mitwirkungsrechte des Europäischen Parlaments im Vertragsänderungsverfahrens tatsächlich als Übertragungsakt eingeordnet werden kann.
Im Rahmen des Art. 24 Abs. 1 GG hatte sich ein allgemein anerkanntes Begriffsverständnis hinsichtlich der „Übertragung von Hoheitsrechten" entwickelt, das auf einer gefestigten Rechtsprechung des Bundesverfassungsgerichts basierte. In Hinblick auf Unklarheiten hinsichtlich des Verhältnisses zwischen Satz 2 und Satz 3 des Art. 23 Abs. 1 werden nun neue Interpretationsansätze vertreten, die die vormals griffige Formel stark erweitert haben.[54]
Im Folgenden werden zunächst die Merkmale des Übertragungstatbestandes definiert und auf den vorliegenden Untersuchungsgegenstand angewendet. Anschließend wird geklärt, inwieweit die spezifischen Verfassungsvorgaben des Satzes 3 je nach Ausgestaltung des Beteiligungsrechts des Europäischen Parlaments Anwendung finden.

I. Der Tatbestand einer Hoheitsrechtsübertragung (Satz 2)

Das Grundgesetz selbst enthält weder eine Definition des Begriffs „Hoheitsrechte" noch des Begriffs „übertragen".[55] Die Verfassungsschöpfer selbst haben bei Einführung der Begriffe in das Grundgesetz diese nicht näher konkretisiert.[56] Das Bundesverfassungsgericht hob schon frühzeitig hervor, daß der Begriff der

---

[53] *Rojahn*, in v.Münch/Kunig: GG Bd. 2, Art. 24, Rz. 20.

[54] Im Rahmen des Art. 24 Abs. 1 GG bestand weitgehende Einigkeit darüber, daß für die Übertragung ein einfaches Bundesgesetz ausreicht, ein verfassungsänderndes Gesetz gemäß Art. 79 Abs. 2 GG also nicht erforderlich ist – siehe *Tomuschat*, in BK-GG Bd. 4, Art. 24, Rz. 33 m. w. N. Die Frage, in welchem Verhältnis Art. 24 Abs. 1 GG und Art. 59 Abs. 1 und 2 GG stehen, war im Ergebnis rein dogmatischer Natur. Aufgrund der Festlegung der verfassungsändernden Mehrheit für die in Satz 3 genannten Fälle ist nun jedoch eine Abgrenzung zu Art. 59 Abs. 2 GG erforderlich, da nach letzterem das Zustimmungsgesetz weiterhin mit einfacher Mehrheit erlassen werden kann. Dies wurde erstmalig im Zusammenhang mit dem Beitritt der EFTA-Staaten zur Europäischen Union 1994 relevant. Zur damaligen Auseinandersetzung zwischen Bundesrat, Bundesregierung und Bundestag *Hölscheidt/Schotten*, DÖV 1995, S. 187 ff.

[55] Der Begriff „Hoheitsrechte" kommt außerhalb von Art. 23 Abs. 1 und 24 Abs. 1 GG zwar noch in Art. 33 Abs. 4 GG in adjektivischer Form vor. Schlußfolgerungen können hieraus jedoch nicht gezogen werden. *Randelzhofer*, in Maunz/Dürig: GG Bd. 3, Art. 24, Rz. 29.

[56] Dazu *Flint*, Übertragung von Hoheitsrechten, S. 98 f. sowie *Bothe/Lohmann*, ZaöRV 58 (1998), S. 25 als Argument für ein „materiales Verständnis" des Übertragungsaktes.

Übertragung „nicht wörtlich" genommen werden dürfe.[57] Am Wortlaut selbst kann die Auslegung folglich nicht festgemacht werden.

1. Kriterium der Durchgriffswirkung

Unter Geltung des Art. 24 Abs. 1 GG als „Integrationshebel" war anerkannt, daß bei Auslegung des Übertragungstatbestandes die Funktion und systematische Stellung der Norm im Verhältnis zu anderen Ermächtigungstatbeständen des Grundgesetzes, insbesondere zu Art. 59 Abs. 1 und 2 GG berücksichtigt werden muß.[58] Die spezifische Bedeutung des Art. 24 Abs. 1 GG wurde gerade in der Einräumung „unmittelbarer Durchgriffsbefugnisse" zugunsten der zwischenstaatlichen Einrichtung als Adressat des Übertragungsakts gesehen. Letzteres wurde dann angenommen, wenn die Organe der zwischenstaatlichen Einrichtung Rechtsakte mit Wirkung für und gegen den Einzelnen bzw. die einzelne staatliche Stelle erlassen konnten.[59]. Insoweit ging Art. 24 Abs. 1 GG über die in Art. 59 Abs. 2 GG geregelte sog. Vertragsgewalt des Bundes hinaus.[60] Nach der gängigen Formel des Bundesverfassungsgerichts „öffnet [Art. 24 GG] die nationale Rechtsordnung derart, daß der ausschließliche Herrschaftsanspruch der Bundesrepublik Deutschland im Geltungsbereich des Grundgesetzes zurückgenommen und der unmittelbaren Geltung und Anwendbarkeit des Rechts aus anderer Quelle innerhalb des staatlichen Herrschaftsbereichs Raum gelassen wird".[61]

Da sich Art. 23 Abs. 1 GG und Art. 24 Abs. 1 GG hinsichtlich des Regelungsgegenstandes decken, gilt die im Rahmen des Art. 24 Abs. 1 GG entwickelte Dogmatik grundsätzlich auch für Art. 23 Abs. 1 GG. Bei Einführung des Art. 23 Abs. 1 S. 2 GG war der dargestellte Inhalt des Übertragungstatbestandes allgemein anerkannt. Den Protokollen zur Verfassungsreform kann nicht entnommen werden, daß dem Art. 23 Abs. 1 S. 2 GG ein anderes Verständnis zugrunde gelegt werden sollte.[62]

Geht man von diesem Ansatz aus, so ist unter einem „Hoheitsrecht" im Sinne des Art. 23 Abs. 1 S. 2 GG ein Rechtsakt mit unmittelbarer Wirkung gegenüber den Rechtssubjekten oder Rechtsanwendungsorganen der staatlichen Rechtsordnung zu verstehen.[63] Bei dem Übertragungsakt selbst handelt es sich nach weit

---

[57] BVerfGE 37, 271 (279).

[58] *Randelzhofer*, in Maunz/Dürig: GG Bd. 3, Art. 24, Rz. 30; *Geiger*, Grundgesetz, S. 162.

[59] *Classen*, in v.Mangoldt/Klein/Starck: GG Bd. 2, Art. 24, Rz. 6; *Randelzhofer*, in: Maunz/Dürig, GG Bd. 3, Art. 24, Rz. 6 m. w. N.

[60] *Kempen*, in v.Mangoldt/Klein/Starck: GG Bd. 2, Art. 59, Rz. 7.

[61] BVerfGE 37, 271 (279) sowie BVerfGE 58, 1 (28).

[62] *König*, Die Übertragung, S. 301; *Bothe/Lohmann*, ZaöRV 58 (1998), S. 21.

[63] *Scholz*, in Maunz/Dürig: Art. 23, Rz. 49; *Classen*, v.Mangoldt/Klein/Starck: GG Bd. 2, Art. 23, Rz. 13 i. V. m. Art. 24, Rz. 4; *Pernice*, in Dreier: GG Bd. 2: Art. 23, Rz. 83, spricht von der „Kompetenz zur gegebenenfalls auch sanktionsbewährten Regelung durch alle Staatsfunktionen im Durchgriff gegenüber dem Bürger".

herrschender Meinung nicht um eine Delegation von bereits bestehenden staatlichen Kompetenzen.[64] Stattdessen werden Gemeinschaftsorganen bestimmte Kompetenzen zur eigenständigen Wahrnehmung zuerkannt.[65]

Ausgehend vom herkömmlichen Interpretationsansatz muß die Einräumung eines ausschließlichen Entscheidungsrechts zugunsten des Europäischen Parlaments unter Verzicht auf die Ratifikation durch die Mitgliedstaaten als Übertragungsakt im Sinne des Art. 23 Abs. 1 S. 2 GG eingeordnet werden. Mit einer solchen Kompetenz ausgestattet könnte das Europäische Parlament nunmehr Entscheidungen bezogen auf die Unionsgrundordnung treffen, die gleichzeitig zu erheblichen Änderungen der Verfassungsordnung des Grundgesetzes führen. Dies betrifft zum Beispiel die Änderung des Kompetenzumfangs der Gemeinschaftsorgane, was zwangsläufig zu Änderungen auch des Kompetenzbereichs der nationalen Organe führen würde. Das Europäische Parlament wäre demnach in der Lage, unmittelbare und verbindliche Entscheidungen auch für die Gestaltung der deutschen Verfassungsordnung zu treffen.
Als Übertragungsakt muß auch die Beteiligung des Europäischen Parlaments im Wege eines Zustimmungsrechts mit Vetocharakter eingeordnet werden. Zweifel könnten sich zwar insofern ergeben, als es für die Geltung der Änderungen der vertraglichen Grundlage der Union und den daraus resultierenden rechtlichen Folgen weiterhin auch der Zustimmung des deutschen Gesetzgebers bedarf. Für den innerdeutschen Rechtsraum bleibt weiterhin das Zustimmungsgesetz des Bundestages ein maßgeblicher Akt. Folglich könnte der deutsche Gesetzgeber weiterhin im Wege der Verweigerung seiner Zustimmung das Wirksamwerden der Vertragsänderung verhindern. Für die Durchsetzung der Vertragsänderung wäre jedoch die Zustimmung des Europäischen Parlaments von gleichrangiger Bedeutung. Entsprechend der oben dargestellten Definition des Bundesverfassungsgerichts würde die Bundesrepublik ihren ausschließlichen Herrschaftsanspruch bezogen auf die Inkraftsetzung einer Vertragsänderung insoweit zurücknehmen, als sie die Durchsetzung der Vertragsänderung ausdrücklich von der Zustimmung des Europäischen Parlaments abhängig macht.
Hingegen stellt eine stärkere Beteiligung des Parlaments im Vorfeld der Entscheidung über die Vertragsänderung, beispielsweise im Wege eines Initiativrechts oder im Wege der Beibehaltung des Konventsverfahrens unter Beteiligung des Parlaments, keine Hoheitsrechtsübertragung im Sinne dieses Interpretationsansatzes dar. Zwar würde die Einräumung eines Initiativrechts die Stellung des Europäischen Parlaments im Änderungsverfahren erheblich aufwerten. Solange der Rat das Beschlußrecht über die Einberufung der

---

[64] *Pernice*, in Dreier: GG Bd. 2, Art. 23, Rz. 83 f. Danach kann es sich auch um Handlungsbefugnisse handeln, die territorial und funktional über das Handlungsspektrum hinausgehen.
[65] *Classen*, in v. Mangoldt/Klein/Starck: GG Bd. 2, Art. 24, Rz. 11.

Regierungskonferenz behält, würde sich am institutionellen Gewicht der Mitgliedstaaten über ihr Repräsentationsorgan, dem Rat, jedoch nichts Wesentliches ändern. Differenzierter zu bewerten ist der Fall, daß das Europäische Parlament selbst nach Vorlage eines Entwurfs für Vertragsänderung eine Regierungskonferenz einberufen könnte. Die Mitgliedstaaten wären gezwungen, sich mit den Novellierungsvorschlägen des Parlaments auseinander zu setzen. Allerdings würde die Entscheidung weiterhin den Mitgliedstaaten allein obliegen. Folglich bliebe für die Geltung der Änderung für den deutschen Rechtsraum das deutsche Zustimmungsgesetz ausschließlich maßgeblich. Das Europäische Parlament hätte keinen unmittelbaren Einfluß auf die Entscheidung über die Wirksamkeit für den deutschen Rechtsraum. Ein Übertragungsakt wäre also auch in diesem Fall nicht gegeben.

2. Kriterium der Gebietshoheit

Nachdem das Bundesverfassungsgericht anfänglich das Abgrenzungskriterium des Durchgriffseffekts uneingeschränkt angewendet hatte, stellte es in der sog. Pershing-Entscheidung ausdrücklich fest, daß Art. 24 Abs. 1 GG nicht auf die Einräumung einer Durchgriffsbefugnis beschränkt wäre.[66] Vielmehr sollte auch schlicht hoheitliches Handeln erfaßt werden.[67] Das Gericht hat seinen Ansatz mittlerweile dahingehend präzisiert, daß die Auswirkungen auf die deutsche Gebietshoheit maßgeblich seien.[68] Unter Gebietshoheit versteht das Bundesverfassungsgericht an dieser Stelle die Einordnung unter die Strukturen einer außerstaatlichen Hoheitsgewalt.[69] Mit dieser Entscheidung hat das Bundesverfassungsgericht lediglich einen weiteren Anwendungsfall des Art. 24 Abs. 1 GG formuliert, ohne daß hierin eine grundsätzliche Abkehr vom Kriterium des Durchgriffs als bestimmendes Wesensmerkmal gesehen werden kann.[70]

Bei Zugrundelegung dieses Auslegungsansatzes ändert sich an der vorangegangenen Einordnung der Beteiligungsrechte des Parlaments nichts.

---

[66] BVerfGE 68, 1 (94); siehe auch BVerfGE 66, 39 (57 ff.) mit Ansatz zur Begriffserweiterung.

[67] BVerfGE 68, 1 (91 ff) bezogen auf Nachrüstung amerikanischer Truppen in Deutschland mit neuen Waffensystemen. A. A. die Mehrheit im Schrifttum: u. a. *Rojahn*, in v.Münch: GG, Art. 23, Rz. 42 sowie bereits *Tomuschat*, BK-GG, Art. 24, Rz. 21.

[68] BVerfGE 90, 286 (350). Diese Rechtsprechung wurde im Schrifttum zunächst dahingehend interpretiert, daß das Gericht bei Definition des Begriffs „Hoheitsrechte" gemäß der Wesentlichkeitstheorie an die Grundrechtsrelevanz der Hoheitsakte der zwischenstaatlichen Einrichtung ansetzt - u. a. *Rauser*, Die Übertragung, S. 99 ff. u. 149 ff.; *Streinz*, in Sachs: GG, Art. 24, Rz. 16. Aufgrund der neueren Entscheidung des Bundesverfassungsgerichts ist dieser Ansatz jedoch nicht mehr vertretbar - *Classen*, in v.Mangoldt/Klein/Starck: GG Bd. 2, Art. 24, Rz. 8.

[69] BVerfGE 90, 286 (350).

[70] *Rojahn*, in v.Münch/Kunig: GG Bd. 2, Art. 25, Rz. 21; *Jarass*, in ders./Pieroth: GG, Art. 23, Rz. 5.

Wenn Gebietshoheit die Erstreckung von Hoheitsgewalt auf Menschen bzw. Dinge innerhalb eines bestimmten Gebietes beinhaltet[71], so würde diese im Falle eines ausschließlichen Entscheidungsrechts des Europäischen Parlaments über Vertragsänderungen angesichts der damit verbundenen Gestaltungsmöglichkeiten für die bundesrepublikanische Ordnung zumindest in Teilen übertragen werden.
Bei Einräumung eines Zustimmungsrechts gewinnt das Europäische Parlament ebenfalls – wenn auch nur mittelbar – Einfluß, auf die Ausformung der Hoheitsgewalt im innerstaatlichen Bereich der Bundesrepublik. Zwar würde sich die Bundesrepublik nicht einer außerstaatlichen Hoheitsgewalt unterordnen. Legt man die Rechtsprechung des Bundesverfassungsgerichts zugrunde, so genügt jedoch bereits eine wesentliche Bindung in der Ausübung der Gebietshoheit. Dies wäre hier der Fall. Allerdings bleibt in diesem Zusammenhang auch festzustellen, daß die Bundesrepublik bei der Entscheidung über ein Fortschreiten der Integration schon jetzt auf die Mitwirkung der anderen Mitgliedstaaten angewiesen ist. Jedoch trifft sie die Entscheidung, inwieweit die nationale Herrschaftsordnung für die Geltung der Gemeinschaftsakte geöffnet wird, bislang allein.
Hingegen hat eine verstärkte Mitwirkung des Europäischen Parlaments im Vorfeld der Entscheidung keinen Einfluß auf die Gebietshoheit der deutschen Organe.

3. *Kriterium des „Souveränitätsverzichts“ bzw. der „Einflußeinbuße“*

Im Zusammenhang mit dem Auslegungsproblem zum Verhältnis von Satz 2 und Satz 3 des Art. 23 Abs. 1 GG sind im Schrifttum neue Interpretationsansätze entwickelt worden.[72] Diese laufen darauf hinaus, durch ein weites Verständnis des Übertragungsaktes die dargelegte Streitfrage hinsichtlich des Anwendungsbereichs des Satzes 3 zu vermeiden.
So stellen *Hölscheidt/Schotten* im Rahmen des Art. 23 Abs. 1 S. 2 GG maßgeblich darauf ab, ob auf Möglichkeiten der Einwirkung auf die Entscheidungen der zwischenstaatlichen Einrichtungen verzichtet und eine über das bestehende Maß hinausgehende Souveränitätseinbuße für die Bundesrepublik bewirkt wird.[73]. Auf Grundlage dieses weiten Begriffsverständnisses würde sich die Streitfrage, ob Satz 3 sich auf die Übertragung von Hoheitsrechten beschränke oder noch weitere das Grundgesetz berührende Verfassungsänderungen erfasse, nicht mehr stellen.[74]

---

[71] *Vogel*, in: EvStL Bd. 1, Sp. 1030.
[72] Zur Problematik siehe bereits Fn. 54.
[73] *Schotten/Hölscheidt*, DÖV 1995, S. 192; ähnlich *Jarass*, in ders./Pieroth: GG, Art. 23, Rz. 20; *Pernice*, in Dreier: GG Bd. 2, Art. 23, Rz. 84. Ausdrücklich abgelehnt durch *Zuleeg*, in: AK-GG Bd. 2, Art. 23, Rz. 48. Für *Geiger*, JZ 1996, S. 1095 ff. ist das Merkmal erst für Satz 3 relevant.
[74] *Schotten/Hölscheidt*, DÖV 1995, S. 192.

Auch *Bothe/Lohmann* sehen einen „Souveränitätsverzicht" als entscheidendes Kriterium für die Subsumtion unter Art. 23 Abs. 1 S. 2 GG an. Anders als *Hölscheidt/Schotten* führen sie nicht nur reine Praktikabilitätsgründe an, sondern verweisen auf die zunehmend verfassungsmodifizierende Wirkung des Integrationsprozesses.[75] Dem werde durch Art. 23 Abs. 1 GG Rechnung getragen, indem die Norm materielle Anforderungen an die Integration stelle und Verfahrensregeln zur Sicherung ihrer „Verfassungsverträglichkeit" schaffe.[76] Die Funktion des Art. 23 Abs. 1 könne daher nicht mehr allein in der Legitimation der Durchgriffswirkung von Gemeinschaftsakten gesehen werden. Vielmehr sollen auch solche Änderungen unter den Übertragungstatbestand zu subsumieren sein, die zwar nicht unmittelbar die Unionsorgane zum Erlaß von Rechtsakten gegenüber dem Einzelnen ermächtigen, jedoch eine erhebliche Einwirkung auf die Staatsorganisation zur Folge haben.[77] Hiervon sei auszugehen, wenn nicht mehr lediglich herkömmliche internationale Kooperation stattfinde, sondern eine Einschränkung der in nationaler Verantwortung stehenden, demokratisch legitimierten Politikgestaltung stattfindet, die als erheblicher Souveränitätsverzicht einzuordnen sei.[78] Insoweit sei zu prüfen, inwieweit im Wege der Revision Möglichkeiten der Politikdeterminierung durch europäische Organe verstärkt und damit nationale Gestaltungsmöglichkeiten reduziert werden. In diesem Zusammenhang spiele auch das Entscheidungsgewicht des Rats eine Rolle, da die Mitwirkung der Mitgliedstaaten an der Ausübung von Gemeinschaftsbefugnissen über den Rat gerade auch als Kompensation für die Verringerung nationaler Entscheidungsspielräume gewertet wird.[79] Damit seien auch Veränderungen von Entscheidungsstrukturen, durch die das Gewicht des Rats reduziert wird, auf Grundlage eines materiellen Verständnisses als Hoheitsrechtsübertragung einzuordnen.[80]

Auch nach diesem Ansatz stellen ein ausschließliches Entscheidungsrecht sowie ein Zustimmungsrecht des Europäischen Parlaments Hoheitsrechte im Sinne des Art. 23 Abs. 1 GG dar, nicht jedoch ein Initiativrecht oder eine Mitwirkungsrecht des Europäischen Parlaments im Falle der Beibehaltung des Konventsverfahrens.
Im Falle eines ausschließlichen Entscheidungsrechts des Europäischen Parlaments ist die Souveränitätseinbuße Deutschlands offensichtlich.

---

[75] *Bothe/Lohmann*, ZaöRV 58 (1998), S. 24 und S. 26.
[76] *Bothe/Lohmann*, a. a. O., S. 22.
[77] *Bothe/Lohmann*, a. a. O., S. 32, unter Verweis auf Eurocontrol-Rechtsprechung des BVerfG 58, 1 (36); 59, 63 (90).
[78] *Bothe/Lohmann*, a. a. O., S. 34.
[79] *Bothe/Lohmann*, a. a. O., S. 35.
[80] *Bothe/Lohmann*, a. a. O., S. 41.

Bezüglich des Zustimmungsrechts muß zunächst wiederum festgestellt werden, daß Deutschland bereits jetzt an die Mitwirkung der anderen Mitgliedstaaten in der Weise gebunden ist, daß die Ablehnung der Ratifizierung durch einen Mitgliedstaat eine Durchsetzung der beschlossenen Änderung verhindert. Die Ratifikation sowie das potentielle Vetorecht der Bundesrepublik im Europäischen Rat würden in dieser Verfahrenskonstellation auch erhalten bleiben. Jedoch genügt nach dem hier dargelegten Ansatz für die Annahme einer Souveränitätseinbuße bereits, daß das relative Gewicht der EU-Gewalt im Verhältnis zu den Mitgliedstaaten zunehmen würde.[81] Zwar beziehen sich die in diesem Zusammenhang genannten Beispiele des Beitritts neuer Mitgliedstaaten[82] oder die Stärkung des Europäischen Parlaments im Wege der Einführung des Mitentscheidungsverfahrens[83] auf die Auswirkungen für das Rechtssetzungsverfahren der Gemeinschaften. Um so mehr muß eine Souveränitätseinbuße im Falle der Änderung des Stimmengewichts der Mitgliedstaaten im Verhältnis zum Europäischen Parlament im Falle des Vertragsänderungsverfahrens angenommen werden. Bei der Aushandelung des Inhalts der Vertragsänderung wären die Einflußmöglichkeiten der Mitgliedstaaten bereits deshalb reduziert, weil die im Europäischen Rat repräsentierten Vertreter der Mitgliedstaaten nicht mehr in der Lage wären, die Änderung allein, ohne Mitwirkung eines Gemeinschaftsorgans durchzusetzen. Sie wären gezwungen, auf die Vorstellungen des Parlaments einzugehen, um eine Ablehnung durch letzteres zu verhindern.
Da eine Mitwirkung des Europäischen Parlaments im Vorfeld der Entscheidung keinen Einfluß auf die bisherigen Einflußmöglichkeiten der Bundesrepublik im Änderungsverfahren und die Umsetzung der Novellierungsentscheidung innerhalb der staatlichen Rechtordnung hat, liegt keine Souveränitätseinbuße und damit auch nach diesem Definitionsansatz keine Übertragung von Hoheitsrechten vor.

II. Bestimmtheitsgebot

Verfassungsrechtliche Zweifel hinsichtlich der Zulässigkeit einer Beteiligung des Europäischen Parlaments an der Entscheidung über eine Vertragsänderung – in Form eines Allein – oder Mitentscheidungsrechts – könnten sich bereits bezüglich des Gebots der Bestimmtheit des Übertragungsaktes ergeben.
Schon im Rahmen des Art. 24 Abs. 1 GG war anerkannt, daß von der verfassungsrechtlichen Ermächtigungsgrundlage nur solche Übertragungsakte gedeckt sind, die sich auf einzelne, hinreichend bestimmte Hoheitsrechte beziehen.[84]

---

[81] *Jarass*, in Jarass/Pieroth: GG, Art. 23, Rz. 20; *Bothe/Lohmann*, a. a. O., S. 40. Kritisch *Pernice*, in Dreier: GG Bd. 2, Art. 23, Rz. 84 sowie *Hölscheidt/Schotten*, DÖV 1995, S. 192.
[82] U. a. *Geiger*, JZ 1996, S. 1097.
[83] *Pernice*, in Dreier: GG, Bd. 2, Art. 23, Rz. 85.
[84] Überblick bei *Classen*, in v.Mangoldt/Klein/Starck: GG Bd. 2, Art. 24, Rz. 9.

Dies leitete das Bundesverfassungsgericht aus dem Parlamentsvorbehalt ab.[85] Im Maastricht-Urteil hat das Gericht seine Rechtsprechung zum Bestimmtheitsgebot ausdrücklich auf Art. 23 Abs. 1 S. 2 GG übertragen. Danach muß „die Mitgliedschaft der Bundesrepublik Deutschland und die daraus sich ergebenden Rechte und Pflichten – insbesondere auch das rechtsverbindliche Tätigwerden der Europäischen Gemeinschaften im innerstaatlichen Rechtsraum – für den Gesetzgeber voraussehbar im Vertrag umschrieben und im Zustimmungsgesetz hinreichend bestimmbar normiert worden“ sein.[86] Eine Übertragung der sog. Kompetenz-Kompetenz schließt das Gericht auf dieser Grundlage ausdrücklich aus.[87] Verfassungsrechtlicher Hintergrund dieser Rechtsprechung ist das Demokratieprinzip: Das Bundesverfassungsgericht sieht gerade im Zustimmungsgesetz die notwendige demokratische Rückkopplung an das deutsche Parlament gewährleistet. Das Zustimmungsgesetz muß daher dem Parlamentsvorbehalt genügen, wonach die für das Gemeinwesen wesentlichen normativen Fragen vom Gesetzgeber getroffen werden müssen.[88] Hierauf wird unter dem Prüfungspunkt des grundgesetzlichen Demokratieprinzips noch näher eingegangen.

Auf Grundlage dieser Bestimmtheitsanforderungen ist die Einräumung eines ausschließlichen Entscheidungsrechts im Revisionsverfahren zugunsten des Europäischen Parlaments ausgeschlossen. Wie bereits dargelegt würde ein solches Alleinentscheidungsrecht dem Europäischen Parlament – bei Beibehaltung des gegenwärtigen Regelungsumfangs des Art. 48 EUV – auch die Entscheidung über die Vertiefung der Integration im Wege weiterer Kompetenzzuweisungen zugunsten der Union zuordnen. In Begrifflichkeiten der Souveränitätstheorie würde dies auf die Übertragung der sog. Kompetenz-Kompetenz bzw. Allzuständigkeit hinauslaufen. Das der supranationalen Struktur der Union zugrunde liegende Prinzip der Einzelermächtigung wäre außer Kraft gesetzt. Eine andere verfassungsrechtliche Rechtsgrundlage für die Regelung eines solchen Alleinentscheidungsrechts des Europäischen Parlaments stellt das deutsche Grundgesetz nicht zur Verfügung.[89]

Hingegen kann die Regelung eines Mitentscheidungsrechts zugunsten des Europäischen Parlaments noch als mit dem umschriebenen Bestimmtheitsgebot vereinbar angesehen werden. In diesem Fall würde der deutsche Gesetzgeber in Hinblick auf das Ratifikationserfordernis sowie schließlich auch über Deutsch-

---

[85] BVerfGE 58, 1 (36 f); 68, 1 (98).

[86] BVerfGE 89, 155 (187 f.).

[87] BVerfGE 89, 155 (192). Danach sah das Gericht das Zustimmungsgesetz in Hinblick auf Art. F Abs. 3 EUV nur deshalb als verfassungsgemäß an, weil hieraus eben keine Kompetenz-Kompetenz der Union abgeleitet werden konnte und im EUV ein ausdrückliches Bekenntnis zum Prinzip der Einzelermächtigung enthalten war.

[88] Siehe dazu *Scholz*, in Maunz/Dürig: GG, Art. 23, Rz. 19.

[89] Da Art. 23 Abs. 1 S. 2 GG eine Spezialregelung für den Prozeß der Europäischen Union darstellt, kann auf Art. 59 GG als Grundlage nicht zurückgegriffen werden.

lands Vetorecht im Europäischen Rat weiterhin maßgeblichen Einfluß auf den Inhalt der Revisionsentscheidung haben. Daß der deutsche Gesetzgeber im Falle der Verweigerung einer Zustimmung durch das Europäische Parlament seine getroffene Entscheidung gegebenenfalls nicht durchsetzen kann, berührt die Bestimmtheitsanforderungen hingegen nicht.

Im Ergebnis wäre ein Alleinentscheidungsrecht des Parlaments auf Grundlage der Rechtsprechung des Bundesverfassungsgerichts zum Bestimmtheitsgebot nicht mit dem Grundgesetz nicht vereinbar, eine Mitentscheidungsrecht des Parlaments hingegen nicht von vornherein ausgeschlossen.

III. Der Anwendungsbereich der Bestandssicherungsklausel des Art. 23 Abs. 1 Satz 3 GG

Eine weitere Schranke für Übertragungsakte enthält Art. 23 Abs. 1 S. 3 GG, wonach Integrationsgesetze mit verfassungsänderndem Charakter den strengeren Verfahrensanforderungen einer verfassungsändernden Mehrheit gemäß Art. 79 Abs. 2 GG sowie der Verfassungsbestandklausel des Art. 79 Abs. 3 GG unterworfen werden. Mit dieser Regelung wurden die vom Bundesverfassungsgericht für den Übertragungstatbestand des Art. 24 Abs. 1 GG entwickelten inhaltlichen Schranken normativ umgesetzt.[91]

1. Besondere materielle Verfassungsqualität des Übertragungsaktes

Wie bereits angesprochen ist der Anwendungsbereich dieser Norm, insbesondere im Verhältnis zu Satz 2 umstritten.[92] Nach Rechtsprechung des Bundesverfassungsgerichts hat jede Hoheitsrechtsübertragung der Sache nach verfassungsändernden Charakter.[93] Danach käme der Ermächtigungsgrundlage des Satzes 2 im Verhältnis zu Satz 3 jedoch kein eigenständiger Anwendungsbereich mehr zu. Dies ist das Hauptargument der herrschenden Meinung im Schrifttum für die

---

[91] Siehe BVerfGE 37, 271 (279). Ist im Rahmen des Art. 24 Abs. 1 GG noch umstritten gewesen, inwieweit das Gericht auf den Inhalt des Art. 79 Abs. 3 GG zurückgreift, wird hierauf in der Bestandsklausel ausdrücklich Bezug genommen. Dazu *Scheuing*, in Müller-Graff/ Riedel: Gemeinsames Verfassungsrecht, S. 172, Rz. 40.

[92] In diesem Zusammenhang war auch die Formulierung der „Änderungen ihrer vertraglichen Grundlagen" zunächst strittig. Die Bundesregierung sah in der Diskussion um den Entwurf der Gemeinsamen Verfassungskommission nur Änderungen besonders grundlegender Bestimmungen der Gründungsverträge als erfaßt an, nicht hingegen einfache Änderungsverträge – BT-Drs. 12/3338, S. 7. Nach heute herrschender Meinung wird jede Änderung des Primärrechts hiermit bezeichnet – dazu *Bothe/Lohmann*, ZaöRV 58 (1998), S. 3 f.

[93] U. a. BVerfGE 58, 1 (36).

Annahme, daß Satz 3 nur auf Fälle von Übertragungsakten mit besonderer Verfassungsänderungsqualität Anwendung finde.[94] *Pernice* verweist in diesem Zusammenhang auch auf die grundsätzliche Integrationsoffenheit des Grundgesetzes, die eine restriktive Auslegung der Norm gebiete.[95] Danach müssen für eine Anwendung der Schrankennorm Regelungen des Grundgesetzes durch den betreffenden Integrationsakt inhaltlich modifiziert bzw. Grundsätze der Verfassung berührt werden.[96] Hingegen sind *Bothe/Lohmann* unter Heranziehung der Beratungen in der Gemeinsamen Verfassungskommission der Auffassung, daß eine solche Differenzierung der Regelung gerade nicht zugrunde gelegt werden sollte. Danach erfasse Satz 3 jede Hoheitsrechtsübertragung.[97] *Classen* begründet hingegen die grundsätzliche Anwendbarkeit von Satz 3 damit, daß jede Hoheitsrechtsübertragung zumindest eine mit dem Grundgesetz unvereinbare Regelung ermögliche, da der Gemeinschaftsgesetzgeber eben nicht an das Grundgesetz gebunden ist.[98]

Von einer umfassenden Diskussion dieser Streitfrage kann jedoch abgesehen werden, da auch nach dem hier diskutierten, engeren Auslegungsansatz aufgrund der Verfassungsintensität der zu untersuchenden Integrationsakte Satz 3 gilt.
Dies gilt in jedem Fall für die bereits in Hinblick auf das Bestimmtheitsgebot als verfassungswidrig festgestellte Einräumung eines Alleinentscheidungsrechts des Parlaments. In diesem Fall würde das unter dem Gesichtspunkt des demokratischen Prinzips bedeutsame Ratifikationserfordernis des Grundgesetzes beseitigt werden. Zudem würde die Einräumung einer solchen Verfassungsautonomie nach verbreiteter Ansicht den Sprung der Union zur Staatlichkeit bedeuten.[99] Damit stellt sich jedoch auch die Frage, inwieweit das Grundgesetz eine Mitwirkung der Bundesrepublik in einem europäischen Bundesstaat überhaupt zuläßt. Auch unter diesem Gesichtspunkt wäre eine Überprüfung dieses Übertragungsaktes gemäß Art. 79 Abs. 3 GG in jedem Fall angemessen.
Aber auch ein Mitentscheidungsrecht des Europäischen Parlaments im Rahmen des Art. 48 EUV würde erkennbar das demokratische Prinzip des Grundgesetzes berühren. Wird die demokratische Legitimation einer Vertragsänderung bislang ausschließlich über die Ratifikation der mitgliedstaatlichen Parlamente sowie

---

[94] *Scholz*, NVwZ 1993, S. 821; ähnlich *Jarass*, in ders./Pieroth: GG, Art. 23, Rz. 9 f.
[95] *Pernice*, in Dreier: GG Bd. 2, Art. 23, Rz. 92; ähnlich *Geiger*, JZ 1996, S. 1097.
[96] *Pernice*, a. a. O. Hingegen kommt es nach *Scholz*, NVwZ 1993, S. 821 f., auf die materielle Qualität der Verfassungsänderung an. Soweit bereits eine Grundlage im Vertrag angelegt ist, sei Satz 3 nicht anwendbar. Zur Kritik hieran *Bothe/Lohmann*, ZaöRV 58 (1998), S. 9 f.
[97] *Bothe/Lohmann*, a. a. O., S. 7 u. 10 ff., unter Verweis auf die Bedeutung des Satzes 3 für sog. Evolutivklauseln; ebenso *Breuer*, NVwZ 1994, S. 423; *Huber*, Maastricht, S. 20.
[98] *Classen*, in v.Mangoldt/Klein/Starck: GG Bd. 2, Art. 23, Rz. 21.
[99] Siehe nur die Argumentation von *Huber*, Maastricht, S. 29.

mittelbar über die demokratisch legitimierten Vertreter der Mitgliedstaaten im Europäischen Rat bewirkt, würde bei einer Beteiligung des Parlaments als Gemeinschaftsorgan in der Entscheidungsphase ein originär gemeinschaftsrechtliches Legitimationsinstrument eingeführt werden. Dies kann nicht ohne Auswirkungen auf das grundgesetzliche Demokratieprinzip bleiben.

2. *Analogie bzgl. Integrationsakten mit Verfassungsrelevanz?*

Wie festgestellt kann die Mitwirkung des Europäischen Parlaments im Vorfeld der Entscheidung über Vertragsänderungen nicht als Akt der Übertragung von Hoheitsrechten verstanden werden. Zum Teil werden jedoch auch Integrationsakte als von Satz 3 erfaßt angesehen, die zwar keinen Übertragungsakt darstellen, jedoch ebenfalls verfassungsändernde Qualität haben.[100] Danach stellt die Übertragung von Hoheitsrechten zwar den wichtigsten Anwendungsfall dar. Die Norm würde sich jedoch hierin nicht erschöpfen.[101] Zur Begründung wird auf den von *Scholz* als einer der beiden Vorsitzenden der GVK formulierten Zweck der Norm verwiesen, wonach mit dieser Regelung allen Verfassungsdurchbrechungen vorgebeugt werden sollte, die im Rahmen der bisher maßgeblichen Bestimmung des Art. 24 Abs. 1 GG als grundsätzlich möglich und als verfassungsrechtlich legitimiert galten.[102] Als Beispiel wird die Stärkung der Befugnisse des Europäischen Parlaments durch Ausweitung des Verfahrens der Mitentscheidung genannt. Ob diese sehr weite Auslegung mit der Staatszielbestimmung des Art. 23 Abs. 1 S. 1 GG vereinbar ist, darf bezweifelt werden.[103] Die herrschende Meinung sieht hingegen Satz 2 und 3 als eine Einheit an, sodaß nur Hoheitsrechtsübertragungen grundsätzlich von der Schrankenregelung erfaßt wären.[104]

Aber auch dieses Verfassungsproblem kann hier offen bleiben, da die Stärkung des Europäischen Parlaments ohne Beteiligung an der eigentlichen Revisionsentscheidung auch nach diesem Ansatz kein Fall einer analogen Anwendung der Schrankenregelung darstellt. Im Ergebnis entspricht das, was *Streinz* unter dem Kriterium der „Verfassungsänderung“ im Rahmen des Satzes 3 zusammenfaßt, dem weiten Auslegungsansatz zum Übertragungstatbestand, der maßgeblich auf die Souveränitätseinbuße abstellt. Folglich kann aus denselben Gründen, mit denen für die stärkere Beteiligung des Europäischen Parlaments im Vorfeld der

---

[100] *Streinz*, in Sachs: GG, Art. 23, Rz. 74; ähnlich *Classen*, in v.Mangoldt/Klein/Starck: GG Bd. 2, Art. 23, Rz. 20; *Geiger*, JZ 1996, S. 1097.

[101] *Streinz*, in Sachs: GG: Art. 23, Rz. 74.

[102] *Streinz*, a. a. O., Rz. 73.

[103] Kritisch *Zuleeg*, in: AK-GG, Bd. 2, Art. 23, Rz. 48. Die Regelung des Art. 23 Abs. 1 S. 3 GG müsse danach auf Integrationsakte beschränkt werden, die anerkanntermaßen Auswirkungen auf die Verfassungsordnung haben und Sicherungen hinsichtlich ihrer „Verfassungsverträglichkeit“ rechtfertigen. Entsprechend *König*, Die Übertragung, S. 301, unter Verweis auf GVK.

[104] *Zuleeg*, in: AK-GG Bd. 2, Art. 23, Rz. 48; *König*, Die Übertragung, S. 300.

Revisionsentscheidung eine „Souveränitätseinbuße" abgelehnt wurde, auch eine Verfassungsänderung nach dem hier beschriebenen Ansatz verneint werden. Durch eine solche Stärkung des Parlaments werden die Einflußmöglichkeiten der Bundesrepublik im Änderungsverfahren eben nicht geschwächt.

IV. Der Inhalt der Bestandssicherungsklausel des Art. 23 Abs. 1 S. 3 GG

Mit dem Verweis in Art. 23 Abs. 1 S. 3 GG auf Art. 79 Abs. 3 GG wird zwar die Geltung der Verfassungsbestandsklausel als absolute Schranke für die Übertragung von Hoheitsrechten auf die Union verfassungsrechtlich festgesetzt, jedoch bleiben weiterhin Unklarheiten bei der Frage der Zulässigkeit von sog. Verfassungsdurchbrechungen unterhalb dieser Schranke.[105] Hinzu kommen die Schwierigkeiten bei der inhaltlichen Auslegung der Schrankenregelung.

Die Streitfrage der Zulässigkeit von Verfassungsdurchbrechungen läßt sich mit einer genauen Begriffsbestimmung beantworten. Danach wird gemeinhin unter „Verfassungsdurchbrechung" die Abweichung vom Verfassungstext im Einzelfall verstanden, ohne daß der Text ausdrücklich geändert oder ergänzt wird.[106] Gegen eine solche Verfassungsdurchbrechung sieht das Grundgesetz in Art. 79 Abs. 1 S. 1 GG eine Sicherung der Art vor, daß das Gesetz nur durch ein Gesetz geändert werden darf, das den Wortlaut des Grundgesetzes ausdrücklich ändert oder ergänzt.[107] Auf dieses sog. Zitiergebot wird in Art. 23 Abs. 1 S. 3 GG gerade nicht verwiesen. Hintergrund dessen sind die mit Anwendung des Zitiergebotes verbundenen rechtstechnischen Probleme, die vermieden werden sollten.[108] Da das Zitiergebot für die mit der Übertragung von Hoheitsrechten verbundenen Verfassungsänderungen nicht gilt, sind weiterhin Verfassungsdurchbrechungen im oben genannten Sinne im Rahmen des Übertragungstatbestandes des Art. 23 Abs. 1 GG zulässig.[109] Im Unterschied zu Art. 24 Abs. 1 GG werden mit der Bedingung der verfassungsändernden Mehrheit für den Erlaß des Zustimmungsgesetzes an Verfassungsdurchbrechungen erhöhte Anforderungen gestellt.[110] Für diese Beschränkung bestehen angesichts des erreichten Integrationsstandes durchaus berechtigte verfassungspolitische Gründe: Jede

---

[105] Nach *Classen*, in v.Mangoldt/Klein/Starck: GG, Bd. 2, Art. 23, Rz. 23, sind Verfassungsdurchbrechungen außerhalb des durch Art. 79 Abs. 3 GG geschützten Verfassungskerns weiterhin zulässig; a. A. *Scholz*, in Maunz/Dürig: GG, Art. 23, Rz. 37.

[106] *Badura*, in Kirchhof/Isensee: HdbStR Bd. VII, § 160, Rz. 23; *Hesse*, Grundzüge, § 1, Rz. 39.

[107] In Hinblick auf diese anerkannte Begriffsbestimmungen sind die Ausführungen von *Huber*, Maastricht, S. 15 sowie *Scholz*, in Maunz/Dürig: GG, Art. 23, Rz. 37, nicht eindeutig.

[108] Bericht GVK, Zur Sache 5/93, S. 41.

[109] *Classen*, in v.Mangoldt/Klein/Starck: GG, Bd. 2, Art. 23, Rz. 23; *Herdegen*, EuGRZ 1992, S. 593.

[110] Mit Zulassung der Übertragung durch einfaches Gesetz im Rahmen des Art. 24 wollte der Parlamentarische Rat die besondere Bereitschaft der Bundesrepublik zur internationalen Zusammenarbeit unterstreichen – Bericht des Rates zu Art. 24 GG in: JöR Bd. 1 (1951), S. 228.

Übertragung weiterer Hoheitsrechte wird immer einschneidendere Wirkungen für das nationale Verfassungssystem haben.[111]

Schwieriger ist die Frage nach dem konkreten Inhalt der Bestandssicherungsklausel zu beantworten. Gestaltet sich die Auslegung des materiellen Gehalts des Art. 79 Abs. 3 GG bereits als problematisch, so gilt dies um so mehr für die verfassungsrechtliche Verweisung hierauf im Rahmen des Art. 23 Abs. 1 GG. Insoweit ist der unmittelbare Zusammenhang zwischen der Bestandssicherungsklausel des Art. 23 Abs. 1 S. 3 GG und dem Bekenntnis des Art. 23 Abs. 1 S. 1 GG zur Mitwirkung in der Union und der darin zum Ausdruck gebrachten Öffnung des Grundgesetzes für eine fortschreitende Integration zu beachten. Die Folge der Annahme eines Verstoßes gegen diese Klausel wäre die Unwirksamkeit des Integrationsgesetzes; eine weitere Mitwirkung Deutschlands an diesem Integrationsakt wäre folglich unmöglich.[112]

Die verfassungsrechtliche Funktion des Art. 79 Abs. 3 GG besteht in einer Garantie der Grundgestalt der vom Grundgesetz geschaffenen freiheitlichen, demokratischen und bundesstaatlichen Verfassungsordnung. Mit dieser Zielsetzung steht die Bestandssicherungsklausel im Spannungsverhältnis zwischen den Zwängen, einerseits die Verfassung an neue Bedingungen im Rahmen des geschichtlichen Wandels anzupassen, und andererseits die Kontinuität und Stabilität des Gemeinwesens zu wahren und einen gewissen Schutz gegen verfassungsfeindliche Bestrebungen zu gewährleisten.[113] In diesen Kontext ist auch die Feststellung des Bundesverfassungsgerichts zum Charakter des Art. 79 Abs. 3 GG als „Ausnahmevorschrift" zu bewerten. Diese dürfe „jedenfalls nicht dazu führen, daß der Gesetzgeber gehindert wird, durch verfassungsänderndes Gesetz auch elementare Verfassungsgrundsätze systemimmanent zu modifizieren"[114]. Als von Art. 79 Abs. 3 GG garantiert wird daher nur der materielle Kern der genannten Strukturprinzipien und Werte angesehen. Zu dessen Bestimmung bedarf es der Betrachtung der konkreten verfassungspolitischen Entscheidungssituation des verfassungsändernden Gesetzgebers im Einzelfall.[115]

Ist bereits bezüglich der Interpretation des Art. 79 Abs. 3 GG anerkannt, daß es sich bei den garantierten Grundsätzen und Werten nicht um starre Strukturen handelt, die für alle Zeiten als festgeschrieben anzusehen sind[116], so muß dies für

---

111 *Scheuing*, in Müller-Graff/Riedel: Gemeinsames Verfassungsrecht, S. 171.

112 *Scheuing*, a. a. O., S. 172 f.; *Lerche*, FS Redeker, S. 131.

113 *Hesse*, Grundzüge, § 21, Rz. 700 ff. *Giegerich*, Europäische Verfassung, S. 1343, versteht Art. 23 Abs. 1 S. 3 i. V. m. Art. 79 Abs. 3 GG als Bestandteil des europäischen Verfassungsauftrags, wonach dessen frühzeitige Berücksichtigung im politischen Prozeß die Integration Deutschlands in der Union gerade erleichtern soll. Demnach sei es Aufgabe des Bundesverfassungsgerichts, den zulässigen politischen Handlangsrahmen zu konkretisieren.

114 BVerfGE 30, 1 (24 ff.). Kritisch *Hesse*, Grundzüge, § 21, Fn. 7; *Huber*, Maastricht, S. 25.

115 Siehe dazu *Kirchhof*, in ders./Isensee: HdbStR Bd. I, § 19, Rz. 49 ff. und 66 ff.

116 *Lerche*, FS Redeker, S. 139, zur Zulässigkeit „behutsamer definitorischer Veränderungen".

die Interpretation der Verweisung in Art. 23 Abs. 1 S. 3 GG um so mehr gelten. So sind nach dem heutigen Verständnis der Ewigkeitsklausel seit Inkrafttreten des Grundgesetzes feststellbare Entwicklungen wie die stärkere Pluralisierung der Gesellschaft oder Globalisierungszwänge zu berücksichtigen. Im Rahmen des Art. 23 Abs. 1 S. 3 GG muß insbesondere der weit vorangeschrittene Stand der Integration der deutschen Verfassungsordnung in die Verfassungsgemeinschaft der Union in die Auslegung einbezogen werden. Interpretationen des änderungsfesten Kerns, die sich auf rein innerstaatliche Akte beziehen, lassen sich jedenfalls nicht ohne weiteres auf Integrationsgesetze übertragen.[117] Bei Anwendung der Ewigkeitsklausel im Rahmen des Art. 23 Abs. 1 S. 3 GG wird in Hinblick auf den verfassungsrechtlichen Auftrag zur Mitwirkung in der Union zudem befürwortet, daß bestimmte innerstaatliche Maßnahmen als Kompensation zu Eingriffen in die durch Art. 79 Abs. 3 GG geschützten Strukturen zu berücksichtigen sind.[118]

Zum selben Ergebnis kommt man mit dem Ansatz, wonach im Fall einer Kollision zwischen der Staatszielbestimmung über die Mitwirkung Deutschlands in der Europäischen Union bzw. der verfassungsrechtlichen Grundentscheidung zur offenen Staatlichkeit wie sie in der Präambel und in Art. 23 und 24 GG zum Ausdruck kommt, und einem anderen verfassungsrechtlichen Grundprinzip wie dem Demokratieprinzip den Gedanken der „praktischen Konkordanz" zur Anwendung bringt.[120] Danach ist zwischen den kollidierenden Verfassungsprinzipien ein schonender Ausgleich zu finden.[121]

Betrachtet man die in Art. 79 Abs. 3 GG beschriebenen Strukturprinzipien, so kommt hinsichtlich des hier zu untersuchenden Integrationsschritts – der Stärkung der Rechte des Europäischen Parlaments im Änderungsverfahren – am ehesten ein Konflikt mit dem demokratischen Prinzip in Betracht. Diskutiert wird im Rahmen des Art. 79 Abs. 3 GG auch der Schutz der deutschen Staatlichkeit bzw. staatlichen Souveränität, auch wenn diese nicht ausdrücklich

---

117 *Lerche*, FS Redeker, S. 133, verweist insoweit treffend auf den grundsätzlich staatsintrovertierten Charakter des Art. 79 Abs. 3 GG; ähnlich *Herdegen*, EuGRZ 1992, S. 592.

118 *Jarass* verweist insoweit zu Recht auf die ursprüngliche Rechtsprechung des Bundesverfassungsgerichts, wonach der anfängliche unzureichende Grundrechtsschutz auf Gemeinschaftsebene durch die Anwendung nationaler Grundrechte auf Gemeinschaftsakte als kompensierbar angesehen wird - in ders./Pieroth: GG, Art. 23, Rz. 31; *Scheuing*, in: Müller-Graff/Riedel, Gemeinsames Verfassungsrecht, S. 172, Rz. 41; *Herdegen*, EuGRZ 1992, S. 592 („strukturelle Kompensation"). A. A. *Streinz*, in Sachs: GG, Art. 23, Rz. 87, der schließlich zum selben Ergebnis kommt, wenn er die Berücksichtigung der spezifischen Anforderungen der supranationalen Struktur der Union fordert.

120 Allgemein zum Prinzip der praktischen Konkordanz *Hesse*, Grundzüge, § 2 Rz. 72.

121 *Huber*, Maastricht, S. 24 ff., unter Verweis auf das *obiter dictum* des BVerfG im Urteil zum Ausländerwahlrecht – BVerfGE 83, 37 (59); *Schmitt Glaeser*, Grundgesetz, S. 60 ff.

aufgeführt wird.[122] Auf mögliche Konflikte soll im Folgenden im Rahmen der gesonderten Prüfung der Strukturprinzipien eingegangen werden.

D. Prinzip demokratischer Legitimation

In Art. 20 Abs. 1 GG ist das Demokratieprinzip als eines der Staatsstrukturprinzipien[123] der deutschen Verfassungsordnung genannt, das als solches von der Ewigkeitsgarantie des Art. 79 Abs. 3 GG und damit auch von der Schrankenregelung des Art. 23 Abs. 1 S. 3 GG erfaßt wird. Für die Interpretation des demokratischen Prinzips des Grundgesetzes ergeben sich Probleme aus der Weite des Demokratiebegriffs und der soweit eher offenen Gestaltung durch das Grundgesetz.[124] Es besteht die Gefahr, daß durch Rückgriff auf theoretische Modelle aus der allgemeinen Staatslehre der konkrete Demokratieansatz des Grundgesetzes verwässert wird.[125] Es kann für die Auslegung des grundgesetzlichen Demokratieansatzes und für die Bestimmung der materialen Schranken des Art. 23 Abs. 1 S. 3 GG allein auf die konkreten Ausformungen durch das Grundgesetz ankommen.[126]

Die zentrale Norm, die den demokratischen Ansatz des Grundgesetzes kennzeichnet, ist Art. 20 Abs. 2. Nach Satz 1 geht alle Staatsgewalt vom Volk aus. Satz 2 konkretisiert dies dahingehend, daß die politische Willensbildung des Volkes sich im Wege des Wahlaktes vollzieht. Dem Grundgesetz liegt damit ein repräsentativer Demokratieansatz zugrunde. Von besonderer Bedeutung sind in diesem Zusammenhang die in Art. 38 Abs. 1 GG geregelten Wahlrechtsgrundsätze. Die Grundbedingungen für einen freien und offenen politischen Prozeß werden durch Grundrechte wie beispielsweise die Meinungsfreiheit (Art. 5) und die Versammlungsfreiheit (Art. 8) garantiert. Dem Bundestag als einziges unmittelbar vom Volk gewähltes Organ kommt die Aufgabe der demokratischen Gesamtleitung des Staates zu.[127]

Nun ist unbestreitbar, daß infolge der Kompetenzübertragung an die Gemeinschaftsorgane im Rahmen der europäischen Integration das so umrissene Konzept des Grundgesetzes zur demokratischen Legitimation geschwächt wird.

---

[122] *Lerche*, FS Redeker, S. 131 ff.

[123] *Sommermann*, in v.Mangoldt/Klein/Starck: GG, Bd. 2, Art. 20, Rz. 86, in Abgrenzung zur Staatszielbestimmung; *Huber*, Maastricht, S.27 spricht von einem „Eckpfeiler".

[124] Siehe dazu *Hesse*, Grundzüge, § 5, Rz. 127.

[125] Hinweis bei *Schnapp*, in v.Münch/Kunig: GG, Art. 20, Rz. 14.

[126] Siehe *Hesse*, a. a. O.; *Sommermann*, in v.Mangold/Klein/Starck: GG Bd. 2, Art. 20, Rz. 79 ff.

[127] Dazu zählen neben der Gesetzgebungskompetenz auch die Kontrolle der Regierung und das Budgetrecht. Hierauf gründet sich der sog. Parlamentsvorbehalt, wonach wesentliche politische Fragen vom Bundestag entschieden werden müssen; siehe dazu BVerfGE 68, 1 (109).

Der Handlungsspielraum des Bundestages reduziert sich.[128] Dies gilt zunächst für den Bereich der Gesetzgebung. Aber auch im Bereich konstitutioneller Fragen zur zukünftigen Gestalt der Union haben sich die Einflußmöglichkeiten des Bundestages verringert, da er an der Aushandelung des konkreten Reformvorhabens im Rahmen der Regierungskonferenz nicht beteiligt ist und lediglich über ein Vetorecht gegenüber dem Beschluß des Europäischen Rates verfügt.
Vor diesem Hintergrund gibt es unter den deutschen Rechtswissenschaftlern eine Vielzahl von Vertretern, die sich für eine weitere Stärkung des Europäischen Parlaments einsetzen. Andere sehen hingegen durch dessen Stärkung das grundgesetzliche Demokratieprinzip gerade als gefährdet an. Nun enthält die Struktursicherungsklausel eine explizite Forderung auf Verwirklichung des demokratischen Prinzips auch auf Unionsebene. Es stellt sich daher die Frage, inwieweit sich aus dieser verfassungsrechtlichen Normierung eine konkrete Forderung auf Stärkung des Europäischen Parlaments herleiten läßt. Dies soll zunächst geprüft werden, bevor die im Prüfungskatalog aufgezeigten Konflikte für das Grundgesetz näher untersucht werden.

I. Forderung nach Beteiligung des Europäischen Parlaments auf Grundlage der Struktursicherungsklausel

Entsprechend den obigen Ausführungen zur Substanz der Struktursicherungsklausel läßt sich aus der Erwähnung des Demokratieprinzips eine konkrete Forderung nach Stärkung der Parlamentsrechte in konstitutionellen Fragen der Union nicht herleiten. Die Klausel ist viel zu vage formuliert, als daß sich hieraus konkrete Gestaltungsprinzipien entnehmen ließen.[130] Zudem bezieht sich die in der Strukturklausel geregelte Verpflichtung der deutschen Staatsorgane nur auf die Kerngehalte der genannten Prinzipien und zwar unter Berücksichtigung der gegenüber einem Staat andersartigen Strukturen der supranationalen Gemeinschaft. Im Gegensatz zu den Anforderungen an den Grundrechtsschutz ist auf eine konkrete Vergleichbarkeit mit dem Grundgesetz gerade verzichtet worden. Das Bundesverfassungsgericht hat in seinem Maastricht-Urteil dann auch festgestellt, daß in der „Staatengemeinschaft“ demokratische Legitimation nicht in gleicher Form hergestellt werden könne wie innerhalb einer durch die Staatsverfassung einheitlich und abschließend geregelten Staatsordnung.[131] Auch

---

[128] BVerfGE 89, 155 (182): „Werden supranationalen Organisationen Hoheitsrechte eingeräumt, verliert das vom Volk gewählte Repräsentationsorgan, der Deutsche Bundestag, und mit ihm der wahlberechtigte Bürger notwendig an Einfluß auf den politischen Willensbildungs- und Entscheidungsprozeß.“

[130] Zur Verbesserung der demokratischen Legitimation käme beispielsweise auch eine Stärkung der nationalen Parlamente, insbesondere im Vertragsänderungsverfahren in Betracht.

[131] BVerfGE 89, 155 (182).

die im Rahmen der GVK vorgetragenen Motive zur Einführung der Struktursicherungsklausel sprechen gegen eine entsprechende Auslegung der Norm. Im Rahmen der Anhörungen vor der GVK bestand zwar großes Einvernehmen darüber, daß für die Verwirklichung des Demokratieprinzips auch eine behutsame Stärkung der Rechtsstellung des Europäischen Parlaments in Betracht zu ziehen ist.[132] Dahingehend gestellte Forderungen bezogen sich jedoch auf ein Mitentscheidungsrecht an der Sekundärrechtssetzung. Die deutschen Staatsorgane sollten angehalten werden, auf einen Abbau des für die Rechtssetzung auf Gemeinschaftsebene diagnostizierten Demokratiedefizits hinzuwirken. Eine Stärkung der Stellung des Europäischen Parlaments im Vertragsänderungsverfahrens wurde schon wegen der eher skeptischen Bewertung des Repräsentationspotentials des Parlaments überhaupt nicht in die Erwägungen einbezogen.[133]

Immerhin wurde im Rahmen der Verfassungsdiskussion auch festgestellt, daß mit fortschreitender Integration auch entsprechende Fortschritte bei der Verwirklichung der in Art. 23 Abs. 1 S. 1 GG genannten Strukturprinzipien erreicht werden müsse.[134] Allerdings hat sich die Struktur der supranationalen Gemeinschaft im Vergleich zum Zeitpunkt der Einführung des Art. 23 GG nicht in dem Maße geändert, daß sich nunmehr ein zwingendes rechtliches Erfordernis nach Stärkung des Europäischen Parlaments begründen ließe.

II. Das deutsche Volk als Legitimationssubjekt – Art. 20 Abs. 2 S. 1 GG

Nach dem in Art. 20 Abs. 2 S. 1 GG geregelten Grundsatz der Volkssouveränität muß alle Staatsgewalt vom Volke ausgehen. Für den hier zu untersuchenden Integrationsschritt könnte ein Konflikt mit diesem Grundprinzip daraus entstehen, daß bei Beteiligung des Europäischen Parlaments im Änderungsverfahren sich die nach dem Grundgesetz zu treffende Entscheidung über die Übertragung von Hoheitsrechten nicht mehr ausschließlich auf das deutsche Volk zurückführen ließe. Nach dem hier zugrunde gelegten Ansatz repräsentiert das Europäische Parlament die Gesamtheit der Unionsbürger als ein vom deutschen Volk in seiner Identität zu unterscheidendes Legitimationssubjekt. Im Falle eines ausschließlichen Entscheidungsrechts unter Verzicht auf das Ratifikationserfordernis würde das Europäische Parlament gleichzeitig die Entscheidung bzgl. der Kompetenzübertragung für die deutsche Verfassungsordnung treffen. Im Falle des hier erörterten Mitentscheidungsrechts würde der deutsche Bundestag zwar als Repräsentationsorgan des deutschen Volkes weiterhin das Zustimmungsgesetz zum Übertragungsakt erlassen. Jedoch wäre die Durchsetzung des gesetzgeberischen Willens maßgeblich von der Erteilung der

---

[132] Zu einzelnen Beiträgen *Schmalenbach,* Der neue Europaartikel, S. 66, Fn. 184; *Rojahn*, in v.Münch/Kunig: GG Bd. 2, Art. 23, Rz. 24.

[133] Einen Überblick gibt *Schmalenbach*, Der neue Europaartikel, S. 65 ff.

[134] Z. B. BReg, in BT-Drs. 12/3338, S. 6.

Zustimmung des Europäischen Parlaments abhängig. Im Falle eines Vetos seitens des Europäischen Parlaments bliebe das deutsche Zustimmungsgesetz ohne Wirkung; der Übertragungsakt käme nicht zustande. Damit wäre auch im Falle eines Mitbestimmungsrechts dem Europäischen Parlament maßgeblicher Einfluß auf die Übertragungsentscheidung eingeräumt.

1. Volksbegriff des Grundgesetzes

Die Feststellung eines Konflikts mit Art. 20 Abs. 2 GG hängt weiterhin maßgeblich von der Auslegung des Volksbegriffs ab. Berücksichtigt man die im Grundsatz der Volkssouveränität verankerten klassischen Ideen[135] und den konkreten systematischen Zusammenhang der Norm mit anderen Regelungen des Grundgesetzes wie Art. 33, 56, 64 Abs. 2 sowie der Präambel und Art. 146 GG[136], so ist hierunter das Staatsvolk der Bundesrepublik Deutschland zu verstehen.[137] Das Staatsvolk setzt sich gemäß Art. 116 GG aus den deutschen Staatsangehörigen zusammen. Der Bezug zwischen Volksbegriff und Staatsangehörigkeit wird im klassischen Beziehungsgeflecht von staatsbürgerlichen Rechten und Pflichten und der darauf aufbauenden besonderen „Solidargemeinschaft" der Staatsbürger gesehen.[138]

Gerade in Hinblick auf die Internationalisierung ursprünglich staatlicher Funktionen wird jedoch für eine offenere Interpretation des Volksbegriffs plädiert.[139] Nach *Bryde* steht der Begriff des „Volkes" in Art. 20 Abs. 2 S. 1 GG unter Heranziehung der demokratischen Idee von der „freien Selbstbestimmung aller" für „Menschen" und gerade nicht für das „deutsche Volk".[140] Er verweist insoweit auf die Ausrichtung des Grundgesetzes an den Grundrechten, aus der sich gerade ein pluralistisches Demokratieverständnis des Grundgesetzes entnehmen lasse. Schließlich sei aus der Offenheit des Grundgesetzes für die internationale Zusammenarbeit und die Eingliederung in supranationale Einrich-

---

[135] *Dreier*, in ders.: GG, Art. 20, Rz. 84; *Sommermann*, in v.Mangoldt/Klein/Starck: GG Bd. 2, Art. 20, Rz. 142, unter Hinweis auf die hiermit in Konnex stehende Drei-Elemente-Lehre.

[136] BVerfGE 83, 37 (51); *Sommermann*, in v.Mangoldt/Klein/Starck: GG Bd. 2, Art. 20, Rz. 143; *Huber*, Maastricht, S. 21.

[137] So die Mehrheit der Staatsrechtslehrer – u. a. *Scholz*, in Maunz/Dürig: GG, Art. 28, Rz. 41c; *Böckenförde*, in Kirchhof/Isensee: HdbStR Bd. I, § 22, Rz. 26 ff.

[138] *Sommermann*, in v.Mangoldt/Klein/Starck: GG Bd. 2, Art. 20, Rz. 144; *Huber*, EuR 2003, S. 591 („national konzipiertes Demokratieprinzip").

[139] *Bryde*, StWStPr 5 (1994), S. 318 ff., unter strikter Ablehnung des „volksdemokratischen" Ansatzes des Bundesverfassungsgerichts. Ähnlich *Giegerich*, Europäische Verfassung, S. 1353, im Zusammenhang mit der Diskussion bzgl. der Gewährung des Wahlrechts für Unionsbürger bei Bundestags- u. Landtagswahlen.

[140] *Bryde*, a. a. O, S. 322.

tungen erkennbar, daß hier auf eine ausschließliche Bindung der Legitimation von Hoheitsgewalt an das deutsche Volk gerade verzichtet wurde.[141]

Im Ergebnis läßt sich eine derartig offene Auslegung des Art. 20 Abs. 2 GG, wonach der Volksbegriff auch die vom Europäischen Parlament repräsentierte Gesamtheit der Unionsbürgerschaft als erfaßt anzusehen ist, nicht vertreten. Eine solche Interpretation läßt sich wohl auch nicht der Argumentation der Vertreter des beschriebenen weiten Interpretationsansatzes entnehmen, bezieht sich deren Kritik doch im Kern auf die Forderung des Bundesverfassungsgerichts nach einem lückenlosen Legitimationszusammenhang.[142] Ein so weites Verständnis des Volksbegriffs würde deutlich über die Wortlautgrenze hinausgehen. Ihm steht auch die staatstheoretische Tradition des Prinzips der Volkssouveränität entgegen, wie sie auch bei den Beratungen zum Grundgesetz im Parlamentarischen Rat ihren Ausdruck fand.[143] Zwar muß die zunehmende Pluralisierung der Gesellschaft und die immer stärkere Einbindung der Bundesrepublik in die Europäische Union bei Auslegung des Grundgesetzes Berücksichtigung finden. Insoweit kann und darf die Verfassungsinterpretation nicht an der sozialen Wirklichkeit vorbeigehen. Ein derartiger Wandel, der die klassische Bindung zwischen Staatsvolk und der von der Verfassung konstituierten und strukturierten staatlichen Gewalt aufhebt, läßt sich jedoch nicht erkennen. Dies wäre dann anzunehmen, wenn das deutsche Volk seine Identität als Verfassungsgemeinschaft aufgibt und in einem europäischen Volk aufginge. In diesem Fall würde das Grundgesetz jegliche Geltungskraft verlieren. Von einer Verfassungswandlung bei Fortgeltung der Verfassung im übrigen kann dann offensichtlich nicht mehr gesprochen werden.[144]
Angesichts des Gegensatzes zwischen dem Integrationsbekenntnis des Grundgesetzes und der Rückbindung der Hoheitsgewalt an das deutsche Volk muß eben doch – entsprechend des vom Bundesverfassungsgericht vertretenen Ansatzes – ein Ausgleich zwischen den beiden Verfassungsprinzipien gesucht werden. Damit ist zunächst davon auszugehen, daß das in Art. 20 Abs. 2 GG

---

[141] *Bryde*, a. a. O, S. 320; ähnlich *Rinken*, KritVj 79 (1996), S. 292 ff., der gegenüber dem Bundesverfassungsgericht den Vorwurf erhebt, insoweit ein etatistisch verengtes Demokratieverständnis zu vertreten. Diese Diskussion wurde insbesondere bei Einführung des Kommunalwahlrechts für Angehörige der EU-Mitgliedstaaten aktuell – dazu *Schwarze*, in ders.: Die Entstehung, S. 148 f.

[142] Deutlich bei *Bryde*, a. a. O., S. 320. Im übrigen macht es einen erheblichen Unterschied, eine Beteiligung der in Deutschland lebenden und von deutschen Hoheitsakten unmittelbar betroffenen EU-Ausländer am Wahlakt als zentrales Element der demokratischen Ordnung des Grundgesetzes zu befürworten (als ursprünglicher Diskussionsansatz – Fn. 641) und andererseits diesen die Mitwirkung an der Entscheidung über die Gestaltung der deutschen Verfassungsordnung zu ermöglichen.

[143] Dazu *C. Schmid*, JöR 1 (1951), S. 199.

[144] Daß dies im übrigen auch nicht Ziel der europäischen Integration ist, wurde bereits dargelegt.

geregelte demokratische Prinzip durch den hier zu untersuchenden Integrationsakt betroffen ist.

2. *Änderungsfester Kern des Demokratieprinzips – Bedeutung des Zustimmungsgesetzes*

Das Demokratieprinzip beruht auf der Grundidee der „freien Selbstbestimmung aller". Wenn Art. 20 Abs. 2 GG die demokratische Legitimation aller staatlichen Gewalt durch das Volk fordert, ist darin der tragende Grundgedanke des demokratischen Prinzips und damit ein unantastbarer Kerngehalt des grundgesetzlichen Demokratieprinzips im Sinne des Art. 79 Abs. 3 GG formuliert.[145] Wie zuvor dargelegt, ist die Rückbindung gerade an das deutsche Volk für die grundgesetzliche Ordnung essentiell. Das Bundesverfassungsgericht hat hieraus das Prinzip der ununterbrochenen Legitimationskette abgeleitet, das grundsätzlich keine Ausnahmen zuläßt.[146]

Für die Übertragung von Hoheitsrechten im Rahmen der europäischen Integration und die auf dieser Grundlage mögliche Rechtssetzung durch die Gemeinschaftsorgane werden Modifikationen und Restriktionen des demokratischen Prinzips unter Verweis auf die Verfassungsentscheidung für eine offene Staatlichkeit anerkannt.[147] So wird die Übertragung von Hoheitsrechten auf Basis des Art. 23 Abs. 1 GG als zulässig angesehen, obwohl das sekundäre Gemeinschaftsrecht in Hinblick auf die prozedurale und institutionelle Ausgestaltung des supranationalen Rechtssetzungsverfahren sich nicht mehr umfassend auf das deutsche Volk zurückführen läßt.[148] Als wesentliche Bedingung für die Mitgliedschaft Deutschlands in der supranationalen Gemeinschaft und die innerstaatliche Anerkennung der supranationalen Hoheitsgewalt fordert das Bundesverfassungsgericht in seiner Maastricht-Entscheidung jedoch, daß „eine vom Volk ausgehende Legitimation und Einflußnahme auch innerhalb des Staatenverbundes gesichert ist".[149] Dies wird nach Sicht des Bundesverfassungsgerichts und der überwiegenden Lehre vor allem über das gemäß Art. 23 Abs. 1 S. 2 GG erforderliche parlamentarische Zustimmungsgesetz gewährleistet.[150] Dem Zustimmungsgesetz wird zum einen die Wirkung eines Rechtsanwendungsbefehls

---

[145] BVerfGE 89, 155 (184). *Sommermann*, in v.Mangoldt/Klein/Starck: GG Bd. 2, Art. 20, Rz. 79: ‚Mindestanforderung, die dem Demokratieprinzip nach heutigem Verständnis immanent ist'.

[146] BVerfGE 83, 37 (72 f.).

[147] *Dreier*, in ders., GG: Art. 20, Rz. 39 ff.; *Huber*, Maastricht, S. 24 ff.

[148] So u. a. Entscheidungen, für deren Erlaß ein Mehrheitsbeschluß im Rat genügt.

[149] BVerfGE 89, 155 (184). Es läßt jedoch offen, wo genau die aus dem Demokratieprinzip abzuleitenden Grenzen zu ziehen sind. Zur Kritik *Scheuing*, in Müller-Graff/Riedel, S. 188 m. w. N.

[150] Gemäß dem Bundesverfassungsgericht ruht im Zustimmungsgesetz „die demokratische Legitimation sowohl der Existenz der Staatengemeinschaft selbst als auch ihrer Befugnisse zu Mehrheitsentscheidungen, die die Mitgliedstaaten binden" – BVerfGE 89, 155 (184). Dazu auch *Isensee*, in Fs Stern, S. 1253. Einschränkend in Hinblick auf die notwendige Einbeziehung der Parlamente und Völker anderer Mitgliedstaaten *Dreier*, in ders.: GG, Art. 20, Rz. 39.

bezogen auf das Gemeinschaftsrecht zugeordnet.[151] Zum anderen legitimiert das Zustimmungsgesetz aufgrund der besonderen formalen Anforderungen gemäß Art. 23 Abs. 1 S. 3 GG i. V. m. Art. 79 Abs. 2 GG die mit der Übertragung von Hoheitsrechten einhergehenden Verfassungsänderungen. Diese Rückbindung an den Bundestag als Repräsentationsorgan des deutschen Volkes wird daher als unentbehrlich angesehen.[152]

Daneben sieht das Bundesverfassungsgericht die Wahrnehmung der deutschen Mitgliedschaftsrechte in den europäischen Organen als wesentlich an und hebt in diesem Zusammenhang die Grundsätze der parlamentarischen Verantwortlichkeit der Bundesregierung gemäß Artikel 63 und 67 GG hervor.[153] Wenn auch die Ausführungen des Bundesverfassungsgerichts sich insoweit primär auf den Prozeß der Gemeinschaftsgesetzgebung beziehen, so gelten sie im Kerngehalt auch für das Vertragsänderungsverfahren. Würde man hinsichtlich der demokratischen Legitimation des Änderungsbeschlusses allein auf das Zustimmungsgesetz abstellen, wäre zwar formal die parlamentarische Rückbindung an den deutschen Bundestag gewährleistet. Ein realer Einfluß des Bundestags auf den Inhalt des Änderungsbeschlusses wird tatsächlich jedoch über die Mitwirkung des Bundeskanzlers im Europäischen Rat und seiner demokratischen Verantwortlichkeit gegenüber dem Bundestag erreicht.

Schließlich erkennt das Bundesverfassungsgericht die mit fortschreitender Integration wachsende Notwendigkeit an, daß neben der demokratischen Legitimation über die nationalen Parlamente eine Repräsentation der „Staatsvölker" über das Europäische Parlament hinzutritt. Jedoch soll die vom Europäischen Parlament vermittelte demokratische Legitimation eben nur „ergänzend" zu der staatlich vermittelten Legitimation die europäische Politik abstützen können.[154] Dem muß insoweit zugestimmt werden, daß auf lange Sicht eine Auswechslung der nationalen Identität der Bürger durch eine gemeinsame europäische nicht realistisch und aufgrund der genannten Gründe auch nicht wünschenswert ist. Die Europäische Union ist auf eine dualistische Legitimationsgrundlage angelegt. Folglich bleibt eine Rückbindung an das deutsche Grundgesetz im Wege der Ratifikation der vertraglichen Änderungen erforderlich. Dies erfolgt im Wege der Zustimmung durch den verfassungsändernden Gesetzgeber.

---

[151] BVerfGE 31, 145 (173 ff.); 75, 223 (244); entsprechend *Kirchhof*, in ders./Isensee: HdbStR Bd. VII, § 183, Rz. 63. Kritisch *Classen*, in v.Mangoldt/Klein/Starck: GG Bd. 2, Art. 24, Rz. 13 ff. und Art. 23, Rz. 19.

[152] *Kirchhof*, a. a. O., Rz. 61. *Rojahn*, in v.Münch/Kunig: GG Bd. 2, Art. 23, Rz. 23. Das Bundesverfassungsgericht hatte im Maastricht-Urteil für den Fall der Überschreitung der durch das Zustimmungsgesetz gedeckten Gemeinschaftskompetenzen diese Integrationsakte für den deutschen Hoheitsbereich als verfassungsrechtlich unverbindlich erklärt. Zur berechtigten Kritik *Scheuing*, in: Müller-Graff/Riedel, Gemeinsames Verfassungsrecht, S. 188 f., Rz. 88 f., m. w. N.

[153] BVerfGE 89, 155 (191) sowie bereits BVerfGE 68, 1 (109 f.).

[154] BVerfGE 89, 155 (184).

Übertragen auf das hier zu untersuchende ausschließliche Entscheidungsrecht des Europäischen Parlaments ohne jegliche Beteiligung der nationalen Parlamente bedeutet dies, daß ein solches Recht nach der deutschen Verfassung ausgeschlossen ist. Denn in dieser Verfahrenskonstellation wäre eine Zustimmung durch den deutschen Gesetzgeber nicht mehr erforderlich; die Vertragsänderung würde sich also von der deutschen Verfassung abgekoppelt vollziehen. Die deutschen Bürger wären zwar weiterhin über die Wahl zum Europäischen Parlament an der europäischen politischen Willensbildung beteiligt. Jedoch wäre ihre Identität als Mitglieder des deutschen Volkes nicht mehr berücksichtigt. Damit wäre das grundgesetzliche Prinzip der Volkssouveränität, insbesondere der darin verankerte Grundsatz der Verfassungsautonomie des deutschen Volkes vollständig ausgehebelt. Das deutsche Volk hätte auf die Ausgestaltung der eigenen Verfassung – in Wechselbeziehung zur Gestaltung des europäischen Primärrechts – in weiten Teilen nur noch mittelbaren Einfluß. Von einem Ausgleich mit der Staatszielbestimmung für ein vereintes Europa kann nicht mehr gesprochen werden.
Zu beachten ist auch, das dem Prinzip der Volkssouveränität als Kern des durch Art. 79 Abs. 3 GG garantierten Demokratieprinzips gegenüber der dort nicht genannten Staatszielbestimmung des Art. 23 GG ein erheblich größeres Gewicht zukommt.[155]

Hingegen verlangt das Zustimmungsrecht des Europäischen Parlaments schon eine differenziertere Betrachtung. Zwar würden auch in diesem Fall der Bundestag und das durch ihn repräsentierte deutsche Volk insoweit an Einfluß verlieren, als das Inkrafttreten der Vertragsänderung im Geltungsbereich des deutschen Grundgesetzes nunmehr auch von der Zustimmung des Europäischen Parlaments abhängig wäre. Es bleibt jedoch zu beachten, daß das Europäische Parlament die Vertragsänderung nicht gegen den Willen des deutschen Volkes durchsetzen könnte. Das Zustimmungsrecht hätte ausschließlich Veto-Charakter.[156] Zudem bliebe die Möglichkeit erhalten, über die Beteiligung des Bundeskanzlers im Europäischen Rat auf den Inhalt der Änderungsentscheidung Einfluß zu nehmen. Legt man die Rechtsprechung des Bundesverfassungsgerichts zur Funktion des Zustimmungsgesetzes als Rechtsanwendungsbefehl zugrunde, so wäre letzteres weiterhin obligatorische Bedingung für die Geltung und Anwendung des Europarechts im Hoheitsbereich der Bundesrepublik. In Rückgriff auf die oben zitierte Formel des Bundesverfassungsgerichts verbliebe dem deutschen Volk eine „gesicherte Legitimation und Einflußnahme“ auch innerhalb der Union.

---

[155] *Huber*, Maastricht, S. 27 ff.

[156] Eine „positive demokratische Kompetenz“ wie sie *Huber*, a. a. O., S. 32 ff, als verfassungswidrig ablehnt, wird gerade nicht eingeräumt.

Die Rückbindung an die Zustimmung des Europäischen Parlaments entspricht schließlich der dualistischen Legitimationsgrundlage der Union und kann als Anpassung des grundgesetzlichen Demokratieprinzips an den spezifischen supranationalen Charakter der Union bewertet werden. Den Charakter der Union als Bürgerverbund neben dem verwirklichten Staatenverbund hat das Bundesverfassungsgericht eben nur unzureichend berücksichtigt.[157] Schließlich entspricht eine solche Einbeziehung des von den Unionsbürgern direkt demokratisch legitimierten Parlaments der Forderung der Struktursicherungsklausel nach Gewährleistung des demokratischen Prinzips auch innerhalb der Union.[158] Auch bezogen auf die Gestaltung der nationalen Ordnung, die regelmäßig mit der Änderung des europäischen Primärrechts einhergeht, läßt sich kein Eingriff in den Kern des garantierten Prinzips der Volkssouveränität feststellen. Denn insoweit liegt die ausschließliche Entscheidungs- und Kontrollkompetenz weiterhin beim deutschen Gesetzgeber. Die wesentliche Funktion des Zustimmungsgesetzes besteht wie dargelegt gerade darin, die Autonomie des deutschen Volkes bezogen auf seine eigene Verfassung zu sichern. In diese garantierte Verfassungsautonomie des deutschen Volkes wird nicht eingegriffen.[159] Das Zustimmungsrecht des Europäischen Parlaments würde sich allein auf die Prüfung der Vereinbarkeit des Integrationsaktes mit der Gesamtheit des europäischen Primärrechts beziehen, nicht jedoch auf das nationale Verfassungsrecht. Diesbezüglich bliebe weiterhin das Zustimmungsgesetz des deutschen Gesetzgebers maßgeblich. Gemäß des Maßstabs des Prinzips der praktischen Konkordanz kann ein entsprechendes Mitentscheidungsrecht des Europäischen Parlaments noch als verhältnismäßige Beschränkung des aus dem Prinzip der Volkssouveränität resultierenden Anspruchs des deutschen Volkes auf ausschließliche demokratische Legitimation der Entscheidung über die Übertragung von Hoheitsrechten auf die Union angesehen werden.

In Hinblick auf die stärkere Einbeziehung des Europäischen Parlaments im Vorfeld der Änderungsentscheidung ist eine Berührung des Prinzips der Volkssouveränität nicht erkennbar. Insoweit ändert sich nichts an dem Alleinentscheidungsrecht der Mitliedstaaten, vermittelt über ihre Vertreter im Europäischen Rat und der anschließenden Ratifikation durch die nationalen Parlamente bzw. durch das jeweilige mitgliedstaatliche Volk.

---

[157] Zur Kritik an dieser nationalstaatlich verengten Sichtweise *Everling*, integration 1994, S. 167; *Frowein*, ZaöRV 54 (1994), S. 6 f.; *Scheuing*, in Müller-Graff/Riedel: S. 187, Rz. 86.

[158] Ebenso *Pernice*, in Dreier: GG Bd. 2, Art. 23, Rz. 58.

[159] Kritisch *Seidel*, EuR 1992, S. 131, nach dessen Ansicht die verfassungsgebende Gewalt bei einem Zustimmungsrecht des Europäischen Parlaments nicht mehr ausschließlich bei den Mitgliedstaaten liegen würde.

Zusammenfassend ist festzustellen, daß ein Alleinentscheidungsrecht, nicht jedoch ein Mitentscheidungsrecht oder eine stärkere Beteiligung des Europäischen Parlaments im Vorfeld der Vertragsänderungsentscheidung mit Art. 20 Abs. 2 GG unvereinbar ist.

III. Bedingungen für eine effiziente Verwirklichung des Demokratieprinzips

Art. 20 Abs. 2 S. 2 GG i. V. m. Art. 38 GG enthält die Entscheidung des Grundgesetzes für die repräsentative Demokratie. Wie bereits dargelegt gründet sich die repräsentative Demokratie auf spezifische Bedingungen für einen effektiven, legitimationsvermittelnden politischen Prozeß, die von vorrechtlicher Natur sind.[160] Dies betrifft insbesondere die Bedingungen für einen offenen Kommunikations- und Willensbildungsprozeß, die Existenz eines pluralistischen Parteiensystems und die Garantie der Wahlrechtsgleichheit. Hierbei handelt es sich ebenfalls um Mindeststandards des demokratischen Prinzips, die als durch Art. 79 Abs. 3 GG garantiert anzusehen sind.[161] Daran anknüpfend hat das Bundesverfassungsgericht in seinem Maastricht-Urteil das Fehlen einer funktionierenden europaweiten Kommunikation bemängelt und in dem Fehlen einer gemeinsamen Sprache das Haupthindernis erkannt. Das Gericht stellt die Forderung auf, daß auch im Fortgang der Integration in den Mitgliedstaaten eine „lebendige Demokratie" erhalten bleiben müsse. Dementsprechend dürfe der Union Kompetenzen nicht in dem Ausmaß übertragen werden, das eine nachhaltige Schwächung der Demokratie auf nationaler Ebene zur Folge hätte. Dem Bundestag müßten daher Aufgaben und Befugnisse von „substantiellem Gewicht" verbleiben.[162]

Legt man diese Rechtsprechung zugrunde, ergeben sich im Vergleich zu den zuvor gefunden Ergebnisse hinsichtlich der Vereinbarkeit der einzelnen hier untersuchten Verfahrenskonstellationen keine wesentlichen Änderungen. Denn auch insoweit muß maßgeblich auf das Zustimmungsgesetz abgestellt werden, daß dem deutschen Repräsentationsorgan maßgeblichen Einfluß auf das Ergebnis das Vertragsänderungsverfahren sichert. Im übrigen wurde bereits festgestellt, daß dem Europäischen Parlament in Hinblick auf die Vertretung der Gesamtheit der Unionsbürger ein ausreichendes Repräsentationspotential zukommt und die Kritik des Bundesverfassungsgerichts hinsichtlich der Effizienz der politischen Vermittlungsstrukturen auf Unionsebene in Teilen nach dem heutigen Stand der Integration unberechtigt sind.[163]

---

[160] Kapitel 1, D. II. 2.
[161] Ausdrücklich *Sommermann*, in v.Mangoldt/Klein/Starck: GG Bd. 2, Art. 20, Rz. 81 ff.
[162] BVerfGE 89, 155 (184 ff.)
[163] Kapitel 1, D. II. 2. u. 3.

E. Prinzip staatlicher Souveränität

I. Verankerung des Prinzips staatlicher Souveränität in der Verfassung

Im Gegensatz zur Erwähnung in anderen mitgliedstaatlichen Verfassungen enthält der Text des deutschen Grundgesetzes keinen ausdrücklichen Hinweis auf die staatliche Souveränität. Dies ist nicht zuletzt historisch begründet. Die Bundesrepublik besaß bei Einführung des Grundgesetzes im Jahr 1949 keine volle Souveränität; die wichtigsten Entscheidungs- und Kontrollrechte waren den Besatzungsmächten vorbehalten. Erst 1990 erhielt die Bundesrepublik im Zuge der deutschen Einheit mit Abschluß des sog. Zwei-Plus-Vier-Vertrages[164] ihre vollumfängliche Souveränität zurück.[165]

Von wesentlicher Bedeutung für die Auslegung des Grundgesetzes in Hinblick auf einen zugrunde liegenden Souveränitätsanspruch ist auch der Umstand, daß sich die Verfasser des Grundgesetzes in Anbetracht der Erfahrungen aus den beiden Weltkriegen mit Einführung des Art. 24 GG bewußt für die Öffnung der Verfassung für die internationale Zusammenarbeit entschieden. Ein in der klassischen Staatslehre mit dem Nationalstaat verbundenes, enges Souveränitätsverständnis ist angesichts dieses historischen Hintergrundes für das Grundgesetz von vornherein ausgeschlossen.[166]

Aus der Erwähnung der Bundesstaatlichkeit in Art. 20 Abs. 1 GG kann abgeleitet werden, daß das Grundgesetz von der Staatlichkeit der Bundesrepublik ausgeht.[167] Dies läßt sich auch durch den Verweis auf die Regelung der völkervertraglichen Vertretungsmacht in Art. 32 und Art. 59 GG belegen, knüpft diese Norm doch gerade an die klassische Völkerrechtslehre an, die ursprünglich nur Staaten Völkerrechtssubjektivität zuordnete.[168]

Daneben wird zum Teil aus dem in Art. 20 Abs. 2 GG verankerten Prinzip der Volkssouveränität ein Rückschluß auf die staatliche bzw. äußere Souveränität der Bundesrepublik des Inhaltes gezogen, daß dieser demokratischen Legitimationsansatz eine (relative) Ausschließlichkeit staatlicher Hoheitsgewalt voraussetze, ein Ausschluß fremder Hoheitsgewalt dem Demokratieprinzip also inhärent wäre.[169] Wie *Möllers* zu Recht ausführt, liegt diesem Ansatz jedoch eine unzulässige Gleichsetzung des in Art. 20 Abs. 1 GG verankerten Gebots demo-

---

[164] BGBl. 1990 II, S. 1318.

[165] *Scheuing*, in: Müller-Graff/Riedel, S. 160 f.; *Schwarze*, in ders.: Die Entstehung, S. 140 f.

[166] *Classen*, in v.Mangoldt/Klein/Starck: GG Bd. 2, Art. 24, Rz. 2 f.; *Oeter*, ZaöRV 55 (1995), S. 702. Darauf läßt sich auch zurückführen, daß bis zur Ratifizierung des Maastricht-Vertrages die Souveränitätsfrage kein Gegenstand grundsätzlicher Diskussionen gewesen ist.

[167] So auch *Möllers*, Staat als Argument, S. 383.

[168] *Bleckmann*, in Ress: Souveränitätsverständnis, S. 63.

[169] *Rauser*, Die Übertragung von Hoheitsrechten, S. 64 ff.; *Di Fabio*, Der Staat 32 (1993), S. 206, für den Volkssouveränität und staatliche Souveränität identisch sind. Ähnlich *Herdegen*, EuGRZ 1992, S. 590; *Scholz*, in Battis/Kunig/Pernice/Randelzhofer: Das Grundgesetz, S. 27.

kratischer Legitimation mit der staatstheoretischen Idee der Rechtseinheit zugrunde.[170] Mit den Übertragungstatbeständen der Artikel 23 und 24 GG wird die Geltung zwischenstaatlicher Hoheitsgewalt für den deutschen Rechtsraum gerade zugelassen. Diese läßt sich in Art und Weise ihrer Ausübung nicht mehr auf verfassungsrechtlichen Bindungen des Grundgesetzes zurückführen. Demgegenüber bezieht sich Art. 20 Abs. 2 GG eben „nur" auf die Regelung der deutschen Staatsgewalt und sagt nichts darüber aus, ob es sich hierbei um die einzige öffentliche Gewalt auf deutschem Staatsgebiet handelt.[171]
Das Bundesverfassungsgericht hatte im Zusammenhang mit dem Integrationsprozeß wiederholt geäußert, daß dem Grundgesetz ein Anspruch auf Ausschließlichkeit deutscher Staatsgewalt innerhalb des Staatsgebietes zugrunde liege und begründete dies mit der Funktion der Übertragungstatbestände: Auf Grundlage der Übertragungstatbestände würde der Ausschließlichkeitsanspruch deutscher Staatlichkeit gerade zurückgenommen.[172] Hingegen sehen Vertreter der Lehre in den Übertragungstatbeständen der Artikel 23 Abs. 1 und 24 Abs. 1 GG gerade einen Hinweis darauf, daß das Grundgesetz auf einen solchen Ausschließlichkeitsanspruch verzichtet habe.[173]
Schließlich wird ein solcher Ausschließlichkeitsanspruch unmittelbar aus dem Bestand des Grundgesetzes gefolgert. So sieht *Tomuschat* es als ein „Axiom" des deutschen Staatsrechts" an, daß im Einklang mit den Regeln des Völkerrechts Hoheitsgewalt im Geltungsbereich des Grundgesetzes nur von Organen der Bundesrepublik selbst ausgeübt werden dürfe. Es handele sich hier um eine Selbstverständlichkeit, die nicht ausdrücklich in die Verfassung hätte aufgenommen werden müssen.[174] Allerdings ist dieser Interpretationsansatz insoweit problematisch, als hier zwischen Verfassungsrecht und Elementen der Staatslehre nicht klar differenziert wird.[175]

Als Ergebnis läßt sich feststellen, daß das Grundgesetz durchaus auf dem Konzept der Staatlichkeit des verfaßten Gemeinwesens aufgebaut ist. Es wird schließlich nicht ernsthaft in Frage gestellt, daß die Staatlichkeit der Bundesrepublik nach dem derzeitigen Stand der europäischen Integration fortbesteht.[176] Die in Bezug auf die Einigung über die Währungsunion im Maastricht-Vertrag von einigen Staatsrechtslehrern geäußerten Befürchtungen,

---

[170] *Möllers*, Staat als Argument, S. 408 f.
[171] *Randelzhofer*, in Maunz/Dürig: GG, Bd. 3, Art. 24, Rz. 10.
[172] BVerfGE 37, 271 (280); 58, 1 (28); *Randelzhofer*, in Maunz/Dürig: GG Bd. 3, Art. 24 Abs. I, Rz. 9.
[173] Kritisch u. a. *Classen*, in v.Mangoldt/Klein/Starck, GG Bd. 2Art. 24, Rz. 2.
[174] *Tomuschat*, in: BK-GG Bd. 4, Art. 24, Rz 34.
[175] *Rauser*, Die Übertragung, S. 63 ff.; *Randelzhofer*, in Maunz/Dürig: GG, Bd. 3, Art. 24 Abs. I, Rz. 9.
[176] *Kirchhof*, in ders./Isensee: HdbStR Bd. VII, § 183, Rz. 56.

wonach Deutschland seine Eigenstaatlichkeit verlieren würde[177], hat das Bundesverfassungsgericht in seinem Maastricht-Urteil nicht bestätigt.[178] Tatsächlich geht auch das Europäische Primärrecht von der Staatlichkeit der Mitglieder der Union aus, zu deren Schutz die Union in Art. 6 Abs. 3 EUV verpflichtet wird. Die Frage, in welchen Umfang die staatliche Souveränität durch das Grundgesetz gerade in Hinblick auf den weiteren Fortgang der europäischen Integration garantiert wird, ist im einzelnen jedoch höchst umstritten.

II. Schutz durch die Verfassung – Art. 23 Abs. 1 S. 3 i. V. m. Art. 79 Abs. 3 GG

Bereits unter Geltung des Art. 24 Abs. 1 GG als Integrationsermächtigung wurde die Staatlichkeit Deutschlands als unabänderlicher Kerngehalt des Grundgesetzes angesehen und mit dem vom Bundesverfassungsgericht entwickelten Vorbehalt der Identität der Verfassung begründet.[179] Für die Übertragungsermächtigung des Art. 23 Abs. 1 S. 2 GG wird ein entsprechender Vorbehalt nunmehr aus dem ausdrücklichen Verweis des Art. 23 Abs. 1 S. 3 GG auf Art. 79 Abs. 3 GG und den darin garantierten Prinzipien des Art. 20 Abs. 1 GG entnommen.[180]

Neben dem Recht zum Austritt der Bundesrepublik aus der Europäischen Union[181] sowie einem Letztprüfungsrecht des Bundesverfassungsgerichts bezogen auf Akte der Organe der Europäischen Gemeinschaft[182] wird insbesondere das Recht der Mitgliedstaaten auf Beteiligung an Vertragsänderungen als Schutzgegenstand des Gebots der Staatlichkeit abgeleitet[183]. Zwar hat das Bundesverfassungsgericht im Maastricht-Urteil die Frage der Garantie der Staatlichkeit nicht zum Maßstab der Entscheidung gemacht. Jedoch hat es im

---

[177] *Rupp*, ZRP 1993, S. 211 ff.; *Schachtschneider/Emmerich-Fritsche/Beyer*, JZ 1993, S. 751 ff; *Murswiek*, Der Staat 32 (1993), S. 161 ff.; ähnlich auch *Ossenbühl*, DVBl. 1993, S. 631.

[178] BVerfGE 89, 55 (185): Union als „Staatenverbund".

[179] *Kirchhof*, in ders./Isensee: HdbStR Bd. VII, § 183, Rz. 58 ff. Die Diskussion um die Garantie der Staatlichkeit Deutschlands hat sich erst mit Ratifikation des Maastricht-Vertrages richtig entzündet.

[180] *Kirchhof* in Isensee: Europa als politische Idee, S. 63 ff; *Lerche*, in FS Redeker, S. 134; *Scholz*, in Maunz/Dürig: GG, Art. 23, Rz. 88; *Streinz*, in Sachs: GG, Art. 23, Rz. 84; *Pernice*, in Dreier: GG, Art. 23, Rz. 94; *Huber*, Maastricht, S. 35; *ders.*, in: Verfassungsrecht im Wandel, S. 352 ff sowie *Scholz*, in Maunz/Dürig: GG, Art. 23, Rz. 34 und 88.

[181] BVerfGE 89, 155 (190). Auf die Kritik an der Begründung eines Austrittsrechts mit dem Argument staatlicher Souveränität wird unter Punkt F dieses Kapitel noch genauer eingegangen.

[182] Entsprechend der Bezug zwischen Souveränitätsvorbehalt und Prüfungsrecht in der Maastricht-Entscheidung, BVerfG 89, 155 (175); entsprechend *Kirchhof*, in Hommelhoff/Kirchhof: Der Staatenverbund der Europäischen Union, S. 13 f.; *Götz*, JZ 1993, S. 1082. Zur Kritik *Möllers*, Staat als Argument, S. 403.

[183] Siehe dazu *Möllers*, Der Staat als Argument, S. 401 ff.

Zusammenhang mit der Kennzeichnung der Union als „Staatenverbund" sowie Deutschland als „souveränen Staat aus eigenem Recht" und zur Rolle der Mitgliedstaaten als „Herren der Verträge" bedeutsame Feststellungen getroffen. So verweist das Gericht u. a. auf die bei den Mitgliedstaaten verbliebene „Kompetenz-Kompetenz", die als solches eine Begriffskategorie der klassischen Souveränitätslehre darstellt.[184] Zurückgeführt auf den dahinter stehenden Kerngedanken der Allzuständigkeit eines Staates würde ein Ausschluß Deutschlands von der Vertragssetzung erkennbar die so verstandene staatliche Souveränität berühren.[185]

Eine so verstandene Staatlichkeitsgarantie kann jedoch nur dann Beachtung finden, wenn sie sich tatsächlich durch das Grundgesetz belegen läßt. Eine genauere Analyse der hierzu angeführten Argumente ergibt jedoch, daß diese vor allem auf staatstheoretischen Erwägungen beruhen und sich durch das Grundgesetz normativ kaum belegen lassen.[186]
Wie bereits ausgeführt, läßt sich eine explizite Bezugnahme des Grundgesetzes auf die Staatlichkeit lediglich dem Art. 20 Abs. 1 GG, nämlich der dortigen Charakterisierung der Bundesrepublik als „Bundesstaat" entnehmen. Wie *Möllers* zu Recht feststellt, ist das Strukturprinzip der Bundesstaatlichkeit in erster Linie auf die Garantie einer föderalistischen Ordnung und damit auf den Bestand der Gliedstaaten ausgerichtet. Dieser Regelungszusammenhang hätte jedoch auch unter Verwendung des Föderalismusbegriffs bzw. unter Verzicht auf das Halbwort „-staat" formuliert werden können.[187] Der Verweis auf den Wortlaut des Art. 20 Abs. 1 GG führt also nicht zwingend zur Ableitung einer Staatlichkeitsgarantie. Auch aus den Debatten des Parlamentarischen Rates läßt sich eine Verknüpfung des Bundesstaatsprinzips mit einer Garantie der Staatlichkeit nicht

---

[184] BVerfGE 89, 55 (182 ff.). Entsprechend die Deutung bei *Schroeder*, ZfRV 1994, S. 143 ff. Hingegen soll nach *Nettesheim*, in: XX. FIDE-Kongreß, S. 35, bei einer integrationsfreundlichen Auslegung den Formulierungen lediglich eine „föderalistische geprägte Strukturgarantie" entnommen werden können. Angesichts der Verknüpfung der vom Bundesverfassungsgericht verwandten Begriffe mit der klassischen Souveränitätslehre kann der Bezug zur Souveränitätsproblematik kaum verneint werden.

[185] Zur Frage, welche normativen Konsequenzen sich tatsächlich mit dem Staatlichkeitsgebot verbinden lassen *Möllers*, Der Staat als Argument, S. 401 ff., der zu dem Ergebnis kommt, daß lediglich das Beteiligungsrecht der Bundesrepublik an Vertragsänderungen sich aus dem Staatlichkeitsgebot widerspruchsfrei herleiten läßt. Die Auslegung als Aufgabenresiduum sowie als Garantie eines Austrittsrechts bzw. verfassungsgerichtlichen Letztentscheidungsrechts lehnt er mit überzeugenden Argumenten ab.

[186] Aufschlußreich insoweit die Untersuchung von *Möllers*, Der Staat als Argument, S. 376 ff., der ebenso darauf verweist, daß die Vertreter dieser Auffassung sich weitestgehend auf die von *Kirchhof* in diesem Zusammenhang herausgearbeiteten Argumente berufen.

[187] *Möllers*, a. a. O.

entnehmen.[188] Und schließlich führt auch eine systematische Interpretation des Art. 20 Abs. 1 GG in Hinblick auf einen Zusammenhang von Staatlichkeit und der Statuierung der Strukturprinzipien in Art. 20 Abs. 1 GG nicht zwingend zur Staatlichkeitsgarantie. Diese Prinzipien sind auch dann noch von Bedeutung, wenn die Bundesrepublik aufgrund eines Umfangs an Kompetenzübertragungen zugunsten der Union aus Sicht der klassischen Staatstheorie nicht mehr als Staat eingeordnet werden könnte, ihre Organe jedoch in Hinblick auf fortbestehende Kompetenzbereiche weiterhin Hoheitsgewalt ausüben würden.[189]

Die von *Kirchhof* als verfassungstheoretisches Argument für eine Staatlichkeitsgarantie angeführte Lehre vom Staat als Verfassungsvoraussetzung[190] ist in ihrer Anwendung als Integrationsgrenze bereits deshalb Zweifeln ausgesetzt, als das Grundgesetz mit den Artikeln 23 und 24 GG ein konkretes verfassungsrechtliches Ziel entgegensetzt, das eine Änderung des staatlichen Charakters der Bundesrepublik umfaßt, ohne die Staatlichkeit explizit zu garantieren.[191] Dieser Argumentation widerspricht es schließlich, daß *Kirchhof* den Staat als der Verfassung vorgelagert erkennt[192], ohne im Anschluß zu begründen, wie der Staat als nicht-rechtliche Geltungsgrundlage des Rechts zum Gegenstand des Rechts werden kann.[193] Letzteres kann auch der von *Kirchhof* entwickelten These eines *ultra-vires* Handelns staatlicher Organe, soweit sie an einer Selbstaufgabe des Staates mitwirken[194], entgegengehalten werden. Ein dem Verfassungsrecht vorgelagerten, allzuständiger Staat kann nicht gleichzeitig einem Verfassungsvorbehalt unterstellt sein. Dies würde im Ergebnis gerade zu einer Reduzierung seiner als Allzuständigkeit verstandenen Souveränität führen.[195]

Als Ergebnis läßt sich feststellen, daß gegenüber einer aus Art. 23 Abs. 1 S. 3 i. V. m. den Artikeln 79 Abs. 3 und 20 Abs. 1 GG abgeleiteten Staatlichkeitsgarantie erhebliche Zweifel bestehen. In ihrem Kern ist diese Argumentation im wesentlichen verfassungstheoretischer Natur, läßt sich aber als solche nicht durch die Normen des Grundgesetzes widerspruchsfrei belegen. Bezogen auf das hier in Frage stehende Recht der Bundesrepublik auf Beteiligung an den Änderungen des Primärrechts wurden jedoch weitreichende Anforderungen an einen dieses Recht beschränkenden Übertragungsakt bereits zuvor entwickelt,

---

[188] *Doemming/Füsslein/Matz*, JöR n.F. 1 (1951), S. 194 ff.
[189] Siehe *Möllers*, Staat als Argument, S. 384 unter Ablehnung eines Arguments *a majore ad minus*.
[190] *Kirchhof*, in Isensee: Europa als politische Idee, S. 92 f.
[191] *Möllers*, Staat als Argument, S. 381.
[192] *Kirchhof*, in ders./Isensee: HdbStR Bd. I, § 19, Rz. 51.
[193] *Möllers*, Staat als Argument, S. 382.
[194] *Kirchhof*, in ders./Isensee: HdbStR Bd. VII, § 183, Rz. 62.
[195] *Möllers*, Staat als Argument, S. 385 ff. Ähnlich *Fink*, DÖV 1998, S. 139.

nämlich aus dem Demokratieprinzip. Eine Staatlichkeitsgarantie wie sie von ihren Befürwortern verstanden wird, würde die durch das Demokratieprinzip gesetzte Integrationsgrenze nicht erweitern.[196] Angesichts der dargelegten Schwierigkeiten in der Begründung einer auf das Grundgesetz gestützten Staatlichkeitsgarantie soll hier auf eine Anwendung auf den vorlegenden Untersuchungsgegenstand verzichtet werden.

F. Bedingung einer vertraglichen Grundlage der Union

In der Kommentarliteratur und auch in der Rechtsprechung des Bundesverfassungsgerichts hat die in Art. 23 Abs. 1 S. 3 GG enthaltene Formulierung der „vertraglichen Grundlagen" der Union bislang kaum Beachtung gefunden. Dies ist um so verwunderlicher, als es durchaus nahe liegt, dieses Textelement als eine Schranke im Sinne einer Bindung der Union an eine völkervertragliche Grundlage zu interpretieren.[197] Bei diesem Verständnis könnte eine Ablösung von der völkervertraglichen Grundlage der Union nur im Wege einer Verfassungsänderung erfolgen. Geht man hinsichtlich des formalen Übertritts der Europäischen Union zur Staatlichkeit von der Bedingung eines verfassungsgebenden Aktes durch ein Unionsvolk bzw. der Gesamtheit der Unionsbürger aus[198], dann wäre dies bei entsprechender Interpretation dieser Textstelle des Grundgesetzes nach der gegenwärtigen Verfassungslage ausgeschlossen. Ein schleichender Übergang der Union in die Staatlichkeit wäre unter diesem Gesichtspunkt im Rahmen des Verfassungsrechts kaum denkbar.[199]
Allerdings läßt sich ein solcher Interpretationsansatz nicht unmittelbar aus den Diskussionen im Vorfeld der Einführung des Art. 23 GG herleiten. Im Rahmen der GVK wurde diese Formulierung lediglich bei der Frage der Anwendbarkeit des Art. 79 Abs. 2 und 3 GG diskutiert, nicht jedoch als spezifische Schranke des Übertragungstatbestandes. Weder die rechtliche Einordnung der Grundlage der Union, noch die Bindung an vertragliche Grundlagen wurden in diesem Zusammenhang problematisiert.[200] Auf die im Rahmen des Art. 24 GG geführte Diskussion um eine mögliche Ablösung der Gemeinschaften von ihren vertraglichen Grundlagen, wie dies insbesondere von den Anhängern der Gesamtaktlehre vertreten wurde, ist weder von der GVK noch später im Bundestag und Bundesrat bei Verabschiedung der Grundgesetznovelle thematisiert worden. Dieser Umstand läßt sich wiederum damit begründen, daß die Rechtsform der völkervertraglichen Grundlage gar nicht in Frage stand. Mit dem Maastricht-

[196] Siehe dazu *Möllers*, Staat als Argument, S. 415.
[197] Ausdrücklich *Classen*, in v.Mangoldt/Klein/Starck: GG Bd. 2, Art. 23, Rz. 4; *Klein*, in Hommelhoff/Kirchhof: Der Staatenverbund, S. 105; *Flint*, Die Übertragung, S. 144.
[198] Dies wird überwiegend als maßgeblich angesehen, siehe u. a. *Grimm*, JZ 1995, S. 586; *Kirchhof*, in ders./Isensee: HdbStR Bd. VII, § 183, Rz. 34; *Tomuschat*, BK-GG, Art. 24, Rz. 48.
[199] *Tomuschat*, ebenda; *Blanke*, DÖV 1993, S. 418.
[200] *Schmalenbach*, Der neue Europaartikel, S. 100 ff.

Vertrag wurde nach einheitlicher Auffassung die Rechtsform des völkerrechtlichen Vertrages im Sinne einer Einigung der Mitgliedstaaten eingehalten. Der wesentliche Grund für die Forderung nach einer Verfassungsnovellierung im Zusammenhang mit dem Maastricht-Vertrag bestand vielmehr darin, daß nun der zunehmend politische Charakter der europäischen Einigung und das Erfordernis einer Konstitutionalisierung auf europäischer Ebene erkannt wurde. Mit Übernahme des Begriffs der „Europäischen Union" in Satz 3 sollte hingegen die unter Geltung des Art. 24 Abs. 1 GG als Integrationshebel anerkannte Verknüpfung des Übertragungsadressaten mit der Forderung nach dessen völkervertraglichen Zugrundelegung nicht aufgehoben werden. Dies kommt schließlich in der Formulierung „vertragliche Grundlagen" auch zum Ausdruck.[201]

Geht man von der Bindungswirkung des Verweises auf die „vertraglichen Grundlagen" aus, dann stellt sich als nächstes die Frage, ab welchem Zeitpunkt von einer Loslösung ausgegangen werden muß.
Dies ist unbestreitbar für den Fall eines ausschließlichen Entscheidungsrechts des Europäischen Parlaments im Änderungsverfahren anzunehmen. In diesem Fall liegt der Änderung ein einseitiger Beschluß eines Organs zugrunde.[202] Von einer Einigung kann schon vom Wortsinn nicht mehr ausgegangen werden.
Allein hinsichtlich eines Mitentscheidungs- oder Zustimmungsrechts des Europäischen Parlaments ist die Frage des Fortbestandes der „vertraglichen Grundlage" im Sinne des Art. 23 Abs. 1 S. 3 GG wirklich problematisch und macht eine genaue inhaltliche Auslegung dieses Textelements erforderlich.
Entsprechend den obigen Ausführungen bezieht sich die Formulierung auf die dem bisherigen Integrationsprozeß zugrunde liegende Einigung der Mitgliedstaaten auf völkervertraglichen Weg. In diesem Verfahren kommt den Mitgliedstaaten die ausschließliche Vertragsmacht bzw. „vertragsschaffende Gewalt"[203] zu. Die Mitgliedstaaten haben das Letztentscheidungsrecht bezüglich des Zustandekommens und des Inhalts des Verfahrens. Hierauf begründet sich schließlich ihre Kennzeichnung durch das Bundesverfassungsgericht als „Herren der Verträge". Insoweit erscheint es als problematisch, daß bei Regelung eines Mitentscheidungsrechts zugunsten des Europäischen Parlaments den Mitgliedstaaten die Vertragsmacht nicht mehr wie bisher ausschließlich zukäme, sie sich diese vielmehr mit dem Europäischen Parlament als Unionsorgan teilen

---

[201] Entsprechend auch die Auslegung bei *Flint*, Die Übertragung, S. 144.

[202] Problematisch *Schmitz*, Integration, S. 437, wonach eine von einem Unionsorgan auf Grundlage einer Ermächtigung der Mitgliedstaaten zur autonomen Vertragsänderung verabschiedete Verfassung noch als „vertraglich" einzuordnen ist. Für die Mitgliedstaaten wäre die inhaltliche Gestaltung ohne sehr detaillierte Vorgaben kaum beeinflußbar. Von einer Vertragsmacht der Mitgliedstaaten wie sie *Schmitz* als maßgeblich voraussetzt, kann keine Rede mehr sein.

[203] Formulierung *Schmitz*, a. a. O., S. 435.

müßten.[204] In Hinblick auf die Einschränkung der Vertragsmacht muß zum einen auf die auf völkerrechtlicher Ebene einsetzenden Änderungen verwiesen werden. Wie bereits im Prüfungskatalog ausgeführt ist es mittlerweile keine Ausnahme mehr, daß Organe einer völkerrechtlichen Organisation unmittelbar in das Vertragsverfahren einbezogen werden, ohne daß diesen Verträgen ihr völkerrechtlicher Charakter abgesprochen wird. Zum anderen ist bei Auslegung des Art. 23 Abs. 1 S. 3 GG wiederum das in Art. 23 Abs. 1 S. 1 GG geregelte Staatsziel zur Mitwirkung in einem vereinigten Europa sowie der Grundsatz der Einheit der Verfassung zu beachten. Entsprechend dem Prinzip der praktischen Konkordanz kann die Einschränkung der uneingeschränkten Vertragsmacht im Verhältnis zu der mit der Stärkung des europäischen Parlaments einhergehende Verbesserung der demokratischen Grundlagen der Union noch als angemessen angesehen werden. Schließlich bleibt mit dem Erfordernis der Zustimmung der deutschen Vertreter im Europäischen Rat und dem Ratifikationserfordernis dem deutschen Staat die Möglichkeit der Einflußnahme auf die Gestaltung des Integrationsprozesses erhalten. Das Zustimmungsrecht würde die Macht des Europäischen Parlaments rechtlich auf eine bloße Blockade des Änderungsprojektes beschränken; die positive Gestaltungsbefugnis[205] läge also weiterhin bei den Mitgliedstaaten. Damit ist die Einräumung eines Mitentscheidungsrechts zugunsten des Europäischen Parlaments mit der verfassungsrechtlichen Forderung nach einer vertraglichen Rückbindung der Union vereinbar.

G. Recht zur Beendigung der Mitgliedschaft in der Europäischen Union

Wie bereits im Prüfungskatalog dargelegt, stellt sich das Problem eines eventuell verfassungsrechtlich vorausgesetzten Rechts zur Beendigung der Mitgliedschaft nur noch für den Fall, daß der Entwurf des Verfassungsvertrages mit der darin enthaltenen Regelung über ein Austrittsrecht der Mitgliedstaaten nicht umgesetzt werden kann. Hierauf beziehen sich die nachfolgenden Ausführungen.

I. Verpflichtung zur Mitwirkung - Ausschluß einer Beendigung der Mitgliedschaft nach dem Grundgesetz

Zunächst ist zu prüfen, ob ein Konflikt zwischen der Regelung einer stärkeren Beteiligung des Europäischen Parlaments an Vertragsänderungen und dem Grundgesetz unter dem Gesichtspunkt der Beendigung der Mitgliedschaft nicht schon deshalb zu verneinen ist, weil das Grundgesetz selbst eine Austrittsmöglichkeit Deutschlands aus der Union ausschließt. In diesem Fall würde sich

[204] Unproblematisch hingegen nach *Vedder/Folz*, in Grabitz/Hilf, EUV/EGV Bd. 1, Art. 48, Rz. 46, nach deren Ansicht sich die Mitgliedstaaten auf völkerrechtliche Ebene verpflichten, Vertragsänderungen nur unter Einhaltung des Zustimmungsrechts des Parlaments vorzunehmen.

[205] Entsprechend der Unterscheidung von *Huber* zwischen positiver und negativer demokratischer Kompetenz des Europäischen Parlaments, in: Maastricht, S.32.

das Problem einer möglichen Erschwerung des Austritts aufgrund einer Bindung der Mitgliedstaaten an die Aktion des Europäischen Parlaments gar nicht stellen. Eine ausdrückliche Stellungnahme des Verfassungsgesetzgebers zur Möglichkeit einer Beendigung der Mitgliedschaft ist dem Verfassungstext nicht zu entnehmen. Eine entsprechende Bindung könnte sich jedoch aus dem bereits erörterten Verfassungsauftrag des Art. 23 Abs. 1 S. 1 GG zur Mitwirkung der Bundesrepublik an der „Verwirklichung eines vereinten Europas" ergeben. Wie dargelegt wird aus der Rechtsnatur der Norm als Staatszielbestimmung überwiegend eine rechtliche Verpflichtung der deutschen Staatsorgane zur Mitwirkung in der Europäischen Union entnommen.[206] Aus der verfassungsrechtlichen Pflicht zur Mitwirkung wird wiederum die Schlußfolgerung gezogen, daß alle einseitigen Handlungen Deutschlands, die zur Rückentwicklung der Integration führen, ausgeschlossen seien.[207] Diesem Interpretationsansatz entspricht die allgemeine Auslegung von Staatszielbestimmungen, wonach diese grundsätzlich die fortdauernde Erfüllung bestimmter Aufgaben oder Ziele vorschreiben.[208] Was durch die Staatszielbestimmungen vorgegeben wird, ist gerade der Entscheidung durch die politischen Gewalten entzogen.[209] So verstanden ist die in Art. 23 GG statuierte Mitwirkungsverpflichtung verbindlich und die Auflösung oder der einverständliche Austritt eine hierzu konträre und damit unzulässige Maßnahme.
Andererseits hat das Bundesverfassungsgericht in seiner Maastricht-Entscheidung ausdrücklich festgestellt, daß Deutschland als „einer der Herren der Verträge" „die Zugehörigkeit (zur Union) letztlich durch einen gegenläufigen Akt auch wieder aufheben" könne.[210] Dem entspricht, daß nach der Konzeption des Art. 23 Abs. 1 GG das Grundgesetz weiterhin von einer völkervertraglichen Grundlage der Union ausgeht. Diese Formulierung des Bundesverfassungsgerichts steht im Zusammenhang mit seiner Einordnung der

---

[206] Pkt. B. II. 2. *Zuleeg* sieht in Art. 23 Abs. 1 S. 1 GG den „Verfassungsgrundsatz der Mitgliedschaft in einem vereinten Europa" enthalten, von dem nur im Wege einer Verfassungsänderung abgewichen werden könne - NJW 2000, S. 2851. A. A. *Scholz*, in Maunz/Dürig: GG, Bd. 3, Art. 23, Rz. 36, 41 f., der dem Staatsziel lediglich eine politische Bedeutung beimißt. Zudem ist umstritten, ob die Europäische Union als Integrationsbasis durch eine andere Organisationsform austauschbar ist; so *Scholz*, a. a. O., Rz. 42; ablehnend *Sommermann*, DÖV 1994, S. 599.
[207] Zum einseitigen Austrittsrecht *Frowein*, EuR 1995, S. 320; *Hilf*, in Hommelhoff/Kirchhof: Der Staatenverbund, S. 78. Nach Auffassung von *Pernice* schließt Art. 23 Abs. 1 GG selbst die einvernehmliche Auflösung der Europäischen Union aus - in Dreier: GG Bd. 2, Art. 23, Rz. 45; im Ergebnis wohl auch *Schachtschneider*, JZ 1993, S. 758. *Everling*, DVBl. 1993, S. 942, lehnt die Befugnis der Mitgliedstaaten zur Auflösung ab unter Verweis auf die Eigenständigkeit der Gemeinschaft und der den Mitgliedstaaten nur noch in beschränkten Masse zukommenden Souveränität.
[208] *Maurer*, Staatsrecht I, S. 176.
[209] *Hesse*, in Benda/Maihofer/Vogel: HdbVerfR, § 5, Rz. 37.
[210] BVerfGE 89, 155 (190).

Europäischen Union als „Staatenverbund“ und der Feststellung des Fortbestandes der Souveränität der Bundesrepublik. Gerade in Hinblick auf eine mögliche Mißdeutung als mögliche Abkehr Deutschlands vom essentiellen Grundprinzip der unbedingten Vertragstreue hat diese Formulierung im Schrifttum heftige Kritik erfahren.[211] Auch wurde kritisiert, daß das Gericht die dargelegte Staatszielbestimmung in seine Erörterung nicht einbezogen hat. Bei Interpretation der gerichtlichen Entscheidung muß jedoch die eingangs dargelegte Differenzierung zwischen der völkerrechtlichen und staatsrechtlichen Betrachtung der Austrittsfrage beachtet werden. Danach hat sich das Bundesverfassungsgericht gerade nicht mit der Frage auseinandergesetzt, ob das Grundgesetz eine Mitwirkung Deutschlands bei Auflösung der Union ausschließt. Die vom Gericht an dieser Stelle unternommene Abgrenzung zwischen Staatenverbund und Bundesstaat orientiert sich an völkerrechtlichen Kriterien, was auch der Verweis des Gerichts auf Art. 2 Nr. 1 der Satzung der Vereinten Nationen[212] deutlich macht.
Auch widerspricht es nicht dem grundgesetzlich verankerten Prinzip staatlicher Souveränität, Art. 23 Abs. 1 S. 1 GG eine grundsätzliche Mitwirkungsverpflichtung zu entnehmen. Es ist gerade Ausdruck der Souveränität, derartige Bindungen einzugehen.[213]
Im Ergebnis ist der Ansicht zuzustimmen, die dem Art. 23 Abs. 1 S. 1 GG eine grundsätzliche Mitwirkungsverpflichtung Deutschlands in der Union entnimmt. Anders als unter Geltung des Art. 24 Abs. 1 GG, für den überwiegend eine Irreversibilität des Übertragungstatbestandes angenommen wurde[214], ist gemäß Art. 23 Abs. 1 GG ein Austritt Deutschlands aus der Union ohne Änderung der Integrationsöffnungsklausel verfassungsrechtlich ausgeschlossen.

Davon zu unterscheiden ist die Frage, welche Regelungskraft dem Verfassungsauftrag im Falle des Scheiterns des Projektes Europäische Union noch zukommt.[215] Die Staatszielbestimmungen stehen immer unter dem Vorbehalt des Möglichen. Ist das Ziel einer Vereinigung Europas im Wege der Mitwirkung Deutschlands in der Europäischen Union nicht mehr zu erreichen, kann auch dem Verfassungsauftrag keine Bindungswirkung mehr zukommen.
Auch aus der Struktursicherungsklausel des Art. 23 Abs. 1 S. 1 GG läßt sich nichts Gegensätzliches ableiten. Zwar ergibt sich für den Fall, daß die Union

---

[211] *Schwarze*, NJ 1994, S. 8. Zudem ist umstritten, ob die Postulierung eines Rechts zur Aufhebung sich nur auf die einvernehmliche Auflösung oder auch auf ein einseitiges Austrittsrecht bezog – zur Diskussion *Waltemathe*, Austritt aus der EU, S. 113 ff.
[212] BVerfGE, 89, 155 (190).
[213] A. A. *Huber*, EuR 2003, S. 591, unter Verweis auf die Garantie deutscher Staatlichkeit und das Demokratieprinzip; siehe aber auch *ders.*, in Ipsen/Rengeling/Mössner/Weber: Verfassungsrecht im Wandel, S. 357.
[214] *Tomuschat*, in: BK-GG, Art. 25, Rz. 36 ff., m.w.N.
[215] *Classen*, in v.Mangoldt/Klein/Starck: GG Bd. 2, Art. 23, Rz. 11.

nicht mehr den in der Klausel formulierten Strukturen entspricht, aus der Klausel die verfassungsrechtliche Pflicht der deutschen Staatsorgane, nach Ausschöpfung aller gemeinschaftsrechtlichen Möglichkeiten die schrittweise Lösung aus einer solchen Union herbeizuführen.[216] In dem beschriebenen Fall wäre das Ziel der Verwirklichung der in den Verträgen konzipierten Union, die über die in Art. 23 Abs. 1 S. 1 GG formulierten Strukturen verfügt, gescheitert. Folglich steht diese Auslegung nicht im Widerspruch zu dem hier vertretenen Interpretationsansatz bzgl. der Mitwirkungsverpflichtung.

Solange der Verfassungsauftrag zur Mitwirkung Deutschlands in der Europäischen Union besteht, ist bereits auf Grundlage des Grundgesetzes eine Beendigung Deutschlands in der Union ausgeschlossen. Damit ist auch ein Konflikt einer stärkeren Einbindung des Europäischen Parlaments in das Verfahren des Art. 48 EUV unter dem Gesichtspunkt eines Rechts zur Auflösung der Union oder zum Austritt auf Basis des Grundgesetzes von vornherein zu verneinen.

II. Abänderbarkeit der Mitwirkungsverpflichtung durch den Verfassungsgesetzgeber

Die Verpflichtung der deutschen Staatsorgane zur Mitwirkung in der Europäischen Union unterliegt jedoch der Verfügungsgewalt des verfassungsändernden Gesetzgebers. Eine Auflösung der Mitgliedschaft der Bundesrepublik in der Union bei gleichzeitiger Aufhebung der verfassungsrechtlichen Mitwirkungspflicht ist demnach nicht ausgeschlossen.[217] Die in Art. 23 Abs. 1 GG geregelte Mitwirkungsverpflichtung unterliegt eben nicht der Ewigkeitsgarantie des Art. 79 Abs. 3 GG.[218] Da es sich hierbei jedoch um eine fiktive Verfassungssituation handelt, die angesichts der politischen Zwänge zur Mitgliedschaft kaum eintreten wird, ist diese Konstellation auch nicht weiter zu diskutieren.[219]

---

[216] *Hilf*, in Kirchhof/Hommelhoff: Der Staatenverbund, S. 81.

[217] Problematisch *Schachtschneider*, JZ 1993, S. 758, der von „Irreversibilität der Mitwirkung" spricht.

[218] So auch *Giegerich*, Europäische Verfassung, S. 1227, der unter Bezugnahme auf das Rechtsstaatsprinzip jedoch nur eine gemeinschaftsverfassungsgemäße Beendigung der Mitgliedschaft als mit Art. 79 Abs. 3 GG vereinbar ansieht.

[219] Zur Kritik an der Erwähnung einer Austrittsmöglichkeit der Bundesrepublik im Zusammenhang mit der staatlichen Souveränität durch das Bundesverfassungsgericht im Maastricht-Urteil (Fn. 213) siehe *Möllers*, Staat als Argument, S. 399. Ist es gerade Ausdruck staatlicher Souveränität, sich selbst zu verpflichten, kann hieraus nicht gleichzeitig eine Rechtfertigung des Austritt aus der vertraglichen Bindung vertragsverletzender Akt begründet werden. Ähnlich bereits *Blanke*, DÖV 1993, S. 420.

H. *Eine auf föderative Grundsätze verpflichtete Europäische Union - (Art. 23 Abs. 1 S. 1, 2. Hs. GG)*

Wie bereits dargelegt statuiert die in Art. 23 Abs. 1 S. 1 GG enthaltene Struktursicherungsklausel eine Verpflichtung der Europäischen Union auch auf „föderative Grundsätze". Diese Verpflichtung erscheint im Unterschied zu der bezogen auf „demokratische Grundsätze" und auf den Grundrechtschutz insoweit problematisch, als es sich hierbei gerade nicht um ein Prinzip mit gemeineuropäischem Charakter handelt.[220] Es ist daher allgemein anerkannt, daß der Verfassungsgesetzgeber mit der Referenz zum föderativen Prinzip nicht auf eine Übertragung einer bundesstaatlichen Ordnung wie die der Bundesrepublik auf die Union verpflichten wollte.[221]

Der Forderung nach föderativen Strukturen kommt Bedeutung in zweifacher Hinsicht zu: Einerseits richtet sie sich gegen eine zentralistische Organstruktur innerhalb der Europäischen Union.[222] Insoweit steht diese Verpflichtung im engen Zusammenhang mit der Verpflichtung auf das Subsidiaritätsprinzip.[223] Zum anderen wendet sich die gegenständliche Verpflichtung gegen Eingriffe in die föderalistische Binnenstruktur der Bundesrepublik.[224]

Ein Eingriff in die deutsche bundesstaatliche Ordnung muß angenommen werden, wenn dem Europäischen Parlament ein ausschließliches Entscheidungsrecht über zukünftige Vertragsänderungen eingeräumt würde. Ein solches Entscheidungsrecht würde sowohl die Verfassungsautonomie des deutschen Bundesstaates als auch die der einzelnen deutschen Gliedstaaten in wesentlichen Teilen aufheben. Die gemäß Art. 79 Abs. 3 GG garantierte bundesstaatliche Ordnung würde zur Disposition des Europäischen Parlaments stehen. Ein Gebot zur Achtung der nationalen Identität wie es derzeit in Art. 6 Abs. 3 EUV geregelt ist, müßte bei einer solchen Vertragslage als sinnentleert angesehen werden.

Hingegen würde die Einräumung eines Zustimmungsrechts zugunsten des Parlaments oder eine stärkere Beteiligung im Vorfeld der Entscheidung die Verfassungsautonomie des Bundesstaates und der Gliedstaaten nicht berühren. Letzteres wäre durch das Ratifikationserfordernis garantiert. In Hinblick auf die Mitwirkung des deutschen Bundesrates als föderales Organ käme es zu keiner Änderung.

Dies gilt auch, wenn man von einer Verpflichtung auf Abwehr einer zentra-

---

[220] *Classen*, in v.Mangoldt/Starck/Klein: GG Bd. 2, Art. 23, Rz. 44.

[221] Zur Diskussion *Schmalenbach*, Der neue Europaartikel, S. 68 ff.

[222] Dazu *Scholz*, in Maunz/Dürig: GG, Art. 23, Rz. 62; *Nettesheim*, in: XX. FIDE-Kongreß, S. 34.

[223] *Classen* sieht diese Funktion hingegen ausschließlich in der Verpflichtung auf das Subsidiaritätsprinzip verankert - in v. Mangoldt/Klein/Starck: GG Bd. 2, Art. 23, Rz. 44.

[224] *Everling*, DVBl. 1993, S. 945; *Rojahn*, in v.Münch/Kunig: GG, Bd. 2, Art. 23, Rn. 28; *Streinz*, in Sachs: GG, Art. 23, Rz. 34. Siehe auch *Schmalenbach*, Der neue Europaartikel, S. 70.

zlistischen Struktur der Union ausgeht. Ein wesentliches Merkmal der föderal strukturierten Union besteht in der Mitwirkung der Mitgliedstaaten am Entscheidungsprozess über den Europäischen Rat als mit Mitgliedern der nationalen Regierungen beschicktes Organ.[225] In Entsprechung des demokratischen Prinzips muß dem Europäischen Rat eine wesentliche Leitfunktion im Änderungsverfahren zukommen.[226] Im Falle eines ausschließlichen Entscheidungsrechts des Europäischen Parlaments würde diese institutionell föderale Ordnung aufgehoben werden zugunsten eines zentralistischen Systems. Bei Einräumung eines Zustimmungsrechts zugunsten des Europäischen Parlaments wäre der Europäische Rat hingegen an der inhaltlichen Gestaltung der Änderungsentscheidung weiterhin maßgeblich beteiligt.[227]

I. Ergebnis: Änderung des Grundgesetzes und die Grenzen

Zusammenfassend läßt sich feststellen, daß die Stärkung des Europäischen Parlaments im Wege der Einräumung eines Mitentscheidungsrechts oder einer stärkeren Einbeziehung im Rahmen der Vorbereitungsphase mit dem deutschen Grundgesetz vereinbar ist.

Hingegen würde die Einräumung eines ausschließlichen Entscheidungsrechts zugunsten des Parlaments insbesondere gegen das in Art. 20 Abs. 1 und 2 GG umrissene Demokratieprinzip verstoßen. Zudem würde ein solches ausschließliches Beschlußrecht entgegen der in Art. 23 Abs. 1 S. 3 GG vorausgesetzten Bindung zu einer Ablösung der Europäischen Union von ihren „vertraglichen Grundlagen" führen. Schließlich wäre eine Zustimmung der deutschen Staatsorgane zu einer solchen Regelung ausgeschlossen, weil sie gegen die in der Struktursicherungsklausel verankerte Verpflichtung zu einer föderalistisch geprägten Union verstoßen würde. Eine solche Regelung wäre auch unter Berücksichtigung der Integrationsoffenheit des Grundgesetzes im Wege einer sehr weiten Auslegung der genannten Verfassungsnormen mit dem Grundgesetz nicht kompatibel.

Zwar ist im Verfahren des Art. 79 Abs. 2 GG grundsätzlich eine Änderung der Verfassung möglich. So wurden auch im Vorfeld der Ratifikation des Maastricht-Vertrags entsprechende Anpassungen im Grundgesetz vorgenommen, um Zweifel an der Vereinbarkeit des Vertrages mit der Verfassung auszuschließen. Die Möglichkeit, den Integrationsschritt im Wege einer Änderung des Grundgesetzes zu verwirklichen, findet jedoch in Art. 79 Abs. 3 GG ihre unabänderliche Grenze.

---

[225] *Schmalenbach*, Der neue Europaartikel, S. 70. Allgemein zu den föderativen Strukturen der Union *Zuleeg*, NJW 2000, S. 2847 ff.

[226] Zur Bedeutung der Stärkung des Europäischen Rates aufgrund des Maastricht-Vertrages *Rojahn*, in v.Münch/Kunig: GG, Art. 23, Rn. 28.

[227] So auch *Everling*, FS für Doehring, S. 182.

Insoweit wurde festgestellt, daß der durch ein ausschließliches Beschlußrecht des Europäischen Parlaments in weiten Teilen ausgehebelte Grundsatz der Souveränität des deutschen Volkes zum Kern des durch Art. 79 Abs. 3 GG garantierten Demokratieprinzips gehört. Im Falle einer Entscheidung über die Fortentwicklung der supranationalen Gemeinschaft allein durch das Europäische Parlament unter Ausschluß der Mitgliedstaaten stände angesichts der Wechselwirkung zwischen nationaler und europäischer Verfassungsordnung auch die deutsche Verfassungsautonomie zur Disposition des Gemeinschaftsparlaments. Die grundgesetzlich garantierte Verfassungsautonomie des deutschen Volkes bedingt schließlich die zwingende Rückbindung der Union an eine völkervertragliche Grundlage, insbesondere an das daran angeknüpfte Ratifikationserfordernis.

Danach ließe sich ein ausschließliches Beschlußrecht des Europäischen Parlaments auf Grundlage des Grundgesetzes nicht durchsetzen. Eine Verfassungsneugebung unter Berücksichtigung eines solchen Rechts ist jedoch verfassungspolitisch illusorisch. Im übrigen wäre zweifelhaft, ob in einem solchen Fall noch von Verfassungsneugebung gesprochen werden kann, wenn das deutsche Volk im gleichen Schritt auf seine uneingeschränkte Verfassungsautonomie verzichten würde.

4. Kapitel: Die dänische Verfassung

A. Einführung in das dänische Verfassungssystem und die dänische Verfassungsdogmatik

I. Das Grundlov und die hervorgehobene Rolle des Folketing als Verfassungsinterpret

Das dänische Verfassungssystem beruht auf einer geschriebenen Verfassung, dem „Grundlov“[1] vom 5. Juni 1953, das sämtliche im Prüfungskatalog dargelegten formellen Kriterien einer Verfassung erfüllt. In ihm sind grundsätzliche Verfassungsprinzipien wie das Gewaltenteilungsprinzip (§ 3 GL) und der Schutz von Menschen- und Bürgerrechten (§§ 71 ff. GL) geregelt. Das Grundlov nimmt in der Normenhierarchie den höchsten Rang ein.
Diese Feststellung ist jedoch dahingehend einzuschränken, daß dem Grundlov in der Verfassungswirklichkeit in weiten Teilen nur symbolische Bedeutung zukommt.[2] Hinzu kommt, daß die dänische Verfassung im Vergleich beispielsweise zum deutschen Grundgesetz sehr kurz gefaßt und zum Teil äußerst offen formulierte Vorgaben enthält. Anders als in dem stark durch das positive Verfassungsrecht beeinflußten deutschem System ist die dänische Verfassungsrealität stark durch die Praxis der Staatsorgane, also durch Verfassungsgewohnheitsrecht bzw. Verfassungskonventionen geprägt.[3] Das Parlament ist nach der dänischen Verfassungstheorie zwar an die Verfassung gebunden. Jedoch wird gleichzeitig der Idee der Souveränität des Parlaments ein großer Stellenwert zugeordnet.[4] Die Verfassungsentwicklung ist in Dänemark weniger textorientiert, sondern eher pragmatisch-funktional zu verstehen.[5] Insoweit wird auch vom „nordischen Rechtsrealismus“ gesprochen.[6]

Die Gründe für eine solche Verfassungsentwicklung sind vielfältig, im Falle von Dänemark jedoch vor allem kulturell und historisch begründet. Ein weiterer Faktor für den Verfassungswandel außerhalb des Verfassungstextes besteht in den strengen Verfahrensanforderungen für die Änderung des Grundlov wie § 88 GL sie formuliert.

---

[1] Im Folgenden mit „GL“ abgekürzt. Hinsichtlich der deutschen Übersetzung wird auf die von *Kimmel*, Die Verfassungen der EU-Mitgliedstaaten, S. 41. ff., veröffentlichte Version zurückgegriffen.

[2] Dies bezieht sich insbesondere auf die politischen Rechte des Monarchen – dazu *Rehof*, in Dahl/Melchior/Rehof/Tamm: S. 56; *Faerkel*, The Irish Jurist 1982, S. 8.

[3] Entsprechende Würdigung bei *Faerkel*, a. a. O., S. 1.

[4] *Faerkel*, a. a. O., S. 7.

[5] *Rehof*, in Dahl/Melchior/Rehof/Tamm, S. 56 – “political culture of consensus building and pragmatism“.

[6] Siehe u. a. die rechtsvergleichende Arbeit von *Vogel*, Der skandinavische Rechtsrealismus.

Das Grundlov hat seinen Ursprung in der Verfassungsgebung im Jahr 1849. Damals eingeführte Verfassungsnormen, insbesondere die Befugnisse des Monarchen betreffend, sind noch heute textlich unverändert – wenn auch ohne Bedeutung - in der Verfassung enthalten.[7] Im Gegensatz zu vielen kontinentaleuropäischen Verfassungen ist das dänische Grundlov nicht aus einem revolutionären Akt hervorgegangen.[8] Der Verfassungsgebung lag nicht primär der aus einer Revolution entspringende Gedanke zugrunde, das staatliche Handeln an Verfassungsvorgaben rechtlich zu binden. Vielmehr kam dem Verfassungsakt eher die symbolische Wirkung dahingehend zu, die Abschaffung der absolutistischen Monarchie und die Errichtung eines dänischen Nationalstaates zu manifestieren.[9] So hatte die verfassungsgebende Reichsversammlung als verfassungspolitische Idee auch eher das britische System der Parlamentssouveränität im Blick.[10] Dies begründet die auch heute noch starke Autorität des Folketing, des dänischen Parlaments.[11]
Das dänische Verfassungssystem ist durch eine ausgeprägte Stabilität gekennzeichnet; Verfassungsbrüche wie sie das deutsche oder vor allem französische System prägten, haben in Dänemark nicht stattgefunden. Kennzeichnend dafür ist, daß die Verfassung seit dem Verfassungsakt 1849 erst dreimal geändert wurde. Dieser Umstand wird mit dem Begriff des Verfassungskonservatismus umschrieben.[12]
Letzteres liegt jedoch vor allem in der bereits angesprochenen Rigidität des Änderungsverfahrens begründet. Gemäß § 88 GL muß jede Änderung der Verfassung, die durch das Folketing angenommen worden ist, nach Neuwahlen nochmals vom neu eingesetzten Folketing angenommen werden und durch eine unmittelbare Volksabstimmung bestätigt werden. Der Vorschlag bedarf nicht nur der Mehrzahl der bei der Volksabstimmung abgegebenen Stimmen, sondern diese Mehrzahl muß zugleich mindestens 40 Prozent der gesamten stimmberechtigten Wählerschaft ausmachen. Verfassungsrevisionen sind daher nur dann realistisch, wenn tiefgreifende Umgestaltungen der Gesellschaft und eine breite

---

[7] So beschränkte sich die Verfassungsnovelle in 1953 im wesentlichen auf die Abschaffung der zweiten parlamentarischen Kammer, dem sog. Landstinget.

[8] *Faerkel*, The Irish Jurist 1982, S. 2: Die Verfassungsgebung war eher eine Reflektion auf eine internationale Bewegung, denn eine Reaktion auf eine vorangegangene interne Auseinandersetzung.

[9] *Koch*, Hvad er demokrati?, S. 58 – zit. bei *Mors*, Die Verfassungsgerichtsbarkeit, S. 165 (Fn. 863); siehe auch *Faerkel*, a. a. O., S. 1 ff.

[10] Nachweise bei *Mors*, a. a. O., S. 165, Fn. 859 f. – Verweis auf *A. F. Tscherning* als Mitglied der verfassungsgebenden Versammlung.

[11] *Mors*, a. a. O., S. 180, spricht von einer „auf das Folketing ausgerichteten Verfassungskultur"; *Faerkel*, The Irish Jurist 1982, S. 7; *Ross*, Dansk Statsforfatningsret, S. 203 ff.

[12] *Sørensen*, KSE 15, S. 1; *Faerkel*, a. a. O., S. 10 ff.

Einigung über Reformbedürfnisse bestehen.[13] Die strenge Verfahrensregelung hatte schließlich auch zur Folge, daß spezifische, das Grundlov ergänzende bzw. konkretisierende Regelungen im Wege einfachen Gesetzesrechts erlassen worden sind, aber trotzdem als Bestandteil der Verfassung angesehen werden.[14]

II. Die Bedeutung des Højesteret als Verfassungsgericht

Entsprechend der eher geringen normativen Bedeutung des Grundlov und der dem System zugrunde liegenden Idee eines breiten Entscheidungsspielraums des Parlaments, auch in Hinblick auf die Interpretation der Verfassung, besteht keine starke Verfassungsgerichtsbarkeit. Zwar ist die Kompetenz der Gerichte zur Überprüfung der Verfassungsmäßigkeit des legislativen Handelns grundsätzlich anerkannt, auch wenn dies nicht ausdrücklich im Grundlov geregelt ist.[15] Die Anerkennung dieser Prüfungskompetenz beruht wiederum auf Verfassungsgewohnheitsrecht.[16] Jedoch hatten sich die Gerichte lange Zeit in starker Zurückhaltung geübt: Die nach dem dänischen Rechtssystem allein zulässigen Individualklagen[17] wurden stets bereits wegen Verneinung eines rechtlichen Interesses an der Überprüfung des Gesetzes zurückgewiesen.[18] Aufgrund der eher untergeordneten Bedeutung der Kontrolle der Legislative durch die Gerichte kam es auch nicht zur Herausbildung einer mit der deutschen Verfassungsdogmatik vergleichbaren Verfassungslehre.[19] Die Rolle der Verfassungsinterpretation kam bislang dem insoweit politisch agierenden Parlament zu.[20]
In diesem Punkt ist jedoch ein Verfassungswandel erkennbar, der nicht zuletzt auf Einflüsse des Gemeinschaftsrechts zurückzuführen ist[21]. So hatte der däni-

---

[13] Zur Diskussion über eine Abmilderung der Verfahrenshürden *Mors*, Die Verfassungsgerichtsbarkeit, S. 178, unter Verweis auf den Vorschlag der sozialistischen Volkspartei von 1999.

[14] *Faerkel*, The Irish Jurist 1982, S. 11, verweist in diesem Zusammenhang auf den Responsibilities of Minister Act im Jahr 1964 und den Ombudsman Act aus dem Jahr 1961.

[15] Eine eigenständige Verfassungsgerichtsbarkeit wie das deutsche BVerfG kennt die dänische Rechtsordnung nicht. Entsprechende Klagen müssen vor den ordentlichen Gerichten erhoben werden. Zur Gerichtsbarkeit in Dänemark siehe *Ring/Olsen-Ring*, Einführung, 2. Teil, § 4.

[16] *Sørensen*, KSE 15, S. 5; *Mors*, Die Verfassungsgerichtsbarkeit, S. 175.

[17] Dazu *Faerkel*, The Irish Jurist 1982, S. 20 sowie *Mors*, a. a. O., S. 161 ff. Eine abstrakte Normenkontrolle kennt das dänische Recht nicht.

[18] Zur Bedingung der individuellen Betroffenheit *Mors*, EuGRZ 2001, S. 204.

[19] *Mors* verweist auf das Wechselspiel zwischen Verfassungsgerichtsbarkeit und Rechtswissenschaft, für dessen Herausbildung im dänischen System bislang keine ausreichende Grundlage bestand. Er umschreibt die Rolle der dänischen Rechtswissenschaft mit der Abgabe von Mutmaßungen über zukünftigen richterliches Verhalten, in: Die Verfassungsgerichtsbarkeit, S. 152.

[20] Siehe dazu *Mors*, a. a. O., S. 156.

[21] *Mors*, a. a. O., S. 171, verweist vor allem auf die Auswirkungen des Beitritts Dänemarks zur EMRK auf die dänische Grundrechtsdogmatik. Einen wesentlichen Einschnitt stellte das sog *Hauschildt-Urteil* des EuGMR dar, mit dem erstmals ein dänischer Legislativakt für rechtswidrig erklärt worden war – EuGRZ 1993, S. 122 ff.; dazu auch *Jensen*, EPL 5 (1999), S. 499.

sche Oberste Gerichtshof, das Højesteret, gerade aus Anlaß der Ratifizierung des Maastricht-Vertrags durch das Folketing erstmals ein entsprechendes Ver-fahren für zulässig erklärt und schließlich auch im Berufungsverfahren über die Begründetheit zu entscheiden.[22] In seiner Entscheidung hat das Gericht bedeutsame Vorgaben in Hinblick auf die Auslegung des Übertragungstatbestandes des § 20 GL entwickelt, die im Folgenden noch zu erörtern sein werden. Die Entscheidung ist unter vielen Gesichtspunkten vergleichbar mit dem Maastricht-Urteil des Bundesverfassungsgerichts.[23]
Mit dem Tvind-Urteil hat das Højesteret erstmals ein Gesetz wegen der Feststellung seiner Verfassungswidrigkeit verworfen.[24] Daß hieraus auf eine zukünftig stärkere Wahrnehmung der Prüfungskompetenz insbesondere durch das Højesteret geschlußfolgert werden kann, ist eher unrealistisch.[25] Aufgrund der unter der dänischen Bevölkerung vorherrschenden Europa-Skepsis kann das Gericht jedoch für die Wahrnehmung seiner verfassungsgerichtlichen Aufgabe auf eine entsprechende Zustimmung in der Bevölkerung verweisen.
Für die vorliegende Untersuchung ergibt sich daraus, daß sie sich an der Entscheidung des Højesteret zur Ratifizierung des Maastricht-Vertrags sowie an der sich anschließenden Diskussion orientieren muß. Die gerichtliche Auslegung des Übertragungstatbestandes des § 20 GL wird den Kern der Darstellung bilden. Auf eine der deutschen Verfassungslehre vergleichbare Dogmatik kann nicht zurückgegriffen werden.

---

[22] Entscheidung vom 06.04.1998, ins Deutsche übersetzt in: EuGRZ 1999, S. 49.

[23] *Høegh*, ELRev 24 (1999), S. 81; *Rasmussen*, in Jyränki: National Constitutions, S. 111.

[24] Urteil vom 19.02.1999, ins Deutsche übersetzt in: EuGRZ 2001, S. 233 ff., das im Kern auf das in § 3 GL verankerte Prinzip der Gewaltenteilung abstellt. Zur Besprechung des Urteils *Mors*, EuGRZ 2001, S. 201 ff.; *Thomas*, ZaöRV 60 (2000), S. 859. Ein wichtiges Urteil stellt auch das Rockerurteil vom 16.08.1999 (UfR 1999, 1798 H) dar, in dem das Højesteret eine umfassende Grundrechtsüberprüfung bzgl. eines Gesetzes unternahm, dieses jedoch im Ergebnis als verfassungsgemäß würdigte.

[25] *Mors* weist darauf hin, daß es sich bei der Tvind-Entscheidung um einen sehr eindeutigen Verfassungsverstoß und im Maastricht-Urteil um einen von der Bevölkerung eher skeptisch aufgenommenen Gesetzgebungsakt handelte und das Gericht zudem die Besonderheit dieses Falles explizit zum Ausdruck brachte, in: Die Verfassungsgerichtsbarkeit, S. 173 und 180. Ähnlich *Thomas*, ZaöRV 58 (1998), S. 878 mit Hinweis auf die vom Gericht dargelegten hohen Zulässigkeitsvoraussetzungen. Hingegen geht *Jensen*, EPL 1999, S. 496 ff., angesichts des Tvind-Urteils von einer künftig aktiveren Rolle des Højesteret aus.

B. Status der europäischen Integration innerhalb des dänischen Verfassungssystems

I. § 20 GL als spezifisches Regelungsregime für die Mitgliedschaft in supranationalen Organisationen

Das Grundlov enthält mit § 20 eine spezifische verfassungsrechtliche Grundlage für die Übertragung von Befugnissen auf Organe zwischenstaatlicher Einrichtungen zur Ausübung von Hoheitsgewalt im dänischen Verfassungsraum. Insoweit geht die Vorschrift über den Regelungsgegenstand des § 19 GL hinaus, welcher der Regierung lediglich die Kompetenz zum Abschluß völkerrechtlicher Verträge einräumt.

§ 20 GL wurde aus Anlaß der Verfassungsrevision 1953 in die Verfassung eingefügt. Der verfassungspolitische Hintergrund bestand darin, eine Mitwirkung Dänemarks in supranationalen Organisationen wie der zu diesem Zeitpunkt bereits gegründeten EGKS zu ermöglichen und zwar außerhalb des strengen Verfahrens der Verfassungsänderung nach § 88 GL.[26] Als Vorbild dienten die bereits zu diesem Zeitpunkt bestehenden Übertragungstatbestände in anderen Verfassungen wie der der deutschen, italienischen und insbesondere der niederländischen Verfassung.[27]

§ 20 GL i. V. m. § 19 GL wurde als verfassungsrechtliche Grundlage für den Erlaß des Gesetzes über den Beitritt Dänemarks zu den Europäischen Gemeinschaften vom 15. März 1972 angesehen[28] und diente im Folgenden auch als

---

[26] Die Einführung erfolgte auf ein von *Sørensen* vorgelegtes Gutachten hin, in dem er auf die wachsende wirtschaftliche, technische und militärische Zusammenarbeit in Europa und die Befugnisse der Organe dieser Organisationen zum Erlaß unmittelbar wirkender Rechtsakte verwies (in Teilen wiedergegeben bei *Lachmann*, E.U.I. Working Paper Nr. 85/144). Gerade in Hinblick auf die hohen verfahrensrechtlichen Hürden einer Verfassungsänderung, insbesondere das zu erreichende Quorum im Referendum, sollte ein leichter durchführbares Verfahren geschaffen werden. Zu diesem Zeitpunkt war ein Beitritt Dänemarks noch gar nicht abzusehen – dazu *Sørensen*, KSE 15, S. 7 ff.; *Krarup*, JöR 37 (1988), S. 119. Eine Verfassungsänderung wurde wegen des in der dänischen Verfassungstheorie vorherrschenden dualistischen Ansatzes bzgl. des Verhältnisses von nationalen und internationalen Recht für erforderlich gehalten. Danach muß das internationale Recht, um Geltungskraft in der dänischen Rechtsordnung zu erlangen, durch einen Transformationsakt umgesetzt werden. Dies wird aus dem von § 19 GL für bestimmte Verträge geforderten Zustimmungsakt des Folketings abgeleitet. Daneben wurde auf das aus § 3 GL ableitbare Verfassungsprinzip verwiesen, wonach jegliche hoheitliche Tätigkeit, also Rechtsakte mit unmittelbarer Wirkung gegenüber den dänischen Bürgern, den nationalen Behörden vorbehalten ist. Die Übertragung von Hoheitsrechten auf Organe zwischenstaatlicher Organisationen hätte eine Abweichung von diesem Verfassungsprinzip bedeutet – *Sørensen*, a. a. O., S. 6 f.; *Zahle*, in Battis/Tsatsos/Stefanou, Europäische Integration, S. 58 f.

[27] *Due/Gulmann*, CMLRev 9 (1972), S. 259.

[28] Lovtitende A 1972 – Nr. XLIII, Nr. 447, vom 11.10.1972, S. 965 f. Allerdings war dies in der dänischen Verfassungslehre heftig umstritten – dazu *Sørensen*, K.SE 15, S. 8; *Krarup*, JöR 37 (1988), S. 119.

Ermächtigungsgrundlage für das dem Beitritt Dänemarks zur Europäischen Union zugrunde liegende Gesetz[29]. *Zahle* kommt zu dem Ergebnis, daß die hohen verfahrensrechtlichen Hürden für eine Verfassungsänderung zu einer eher offenen bzw. weiten Auslegung des Anwendungsbereichs des § 20 GL geführt haben.[30]

Die dänische Verfassung verfügt damit über ein speziell für die Mitwirkung in supranationalen Organisationen geltendes Regelungsregime, ohne daß dieses auf die Europäische Union beschränkt wäre[31]. Es ist von seinem Regelungsgegenstand vergleichbar mit dem von Art. 24 des deutschen Grundgesetzes.

II. Verfassungsrechtliche Hürden und Vorbehalte in Verfassungsdogmatik sowie Verfassungspolitik bzgl. der europäischen Integration

Ein ausdrückliches Bekenntnis vergleichbar mit dem in der Präambel des deutschen Grundgesetzes bzw. der Staatszielbestimmung des Art. 23 Abs. 1 S. 1 GG verankertem enthält das Grundlov nicht. Stattdessen sind die verfahrensrechtlichen Hürden, die das Grundlov an die Mitwirkung Dänemarks im Prozeß der europäischen Integration stellt, sehr hoch. § 20 GL setzt voraus, daß für den Erlaß eines entsprechendes Gesetzes entweder eine Mehrheit von fünf Sechstel der Mitglieder des Folketing stimmt oder, falls nur die für einen gewöhnlichen Gesetzesentwurf erforderliche Mehrheit zustande kommt, eine Volksabstimmung nach § 42 GL durchgeführt wird. Gemäß § 42 Abs. 5 GL gilt der Gesetzesentwurf als verworfen, wenn bei der Abstimmung eine Mehrheit gegen ihn gestimmt hat, die mindestens 30 % der Stimmberechtigten umfaßt. Bei den bislang auf Grundlage des § 20 GL ergangenen Gesetzen wurde stets ein entsprechendes Verfassungsreferendum durchgeführt, auch wenn die erforderliche qualifizierte Parlamentsmehrheit bereits erreicht worden war.[32] Die Durchführung eines Referendums im Zusammenhang mit der Ratifizierung eines

[29] Änderungsgesetz Nr. 355 vom 09.06.1993 über Dänemarks Beitritt zum Beschluß von Edinburgh und zum Vertrag von Maastricht - abgedruckt bei *Gulmann/Hagel-Sørensen*, EU-ret.

[30] *Zahle*, in: 17. FIDE-Kongreß, S. 67, bezogen vor allem auf das noch zu erörternde Bestimmtheitsgebot.

[31] Der Entwurf der Regierung zur Einführung des § 20 verwies auch auf Organisationen unter dem Dach der Vereinten Nationen oder auf eine mögliche engere Zusammenarbeit zwischen den skandinavischen Staaten. Hinweis auf das Gutachten der Verfassungskommission bei *Zahle*, in Battis/Tsatsos/Stefanou, S. 59.

[32] Z. B. das Referendum vom 18.05.1993 über das um den Edinburgh-Kompromiß ergänzte Änderungsgesetz. Zur rechtlichen Zulässigkeit einer erneuten Einbringung eines Gesetzesentwurfs zur Volksabstimmung, wenn in einer ersten Abstimmung die Mehrheit den Gesetzesentwurf ablehnte *Zahle*, in Battis/Tsatsos/Stefanou, S. 55; kritisch *Curtin/van Voik*, in O'Keeffe/ Twoney: Legal Issues, S. 349.

Integrationsschrittes wird daher teilweise bereits als Verfassungsgewohnheitsrecht angesehen.[33]

Aufgrund dieser Verfassungspraxis kam und kommt der unter der Bevölkerung vorherrschenden Einstellung gegenüber dem Fortgang der Integration in der Verfassungsrealität maßgeblicher Einfluß zu. Dies hat insoweit reale Auswirkungen als seit dem Eintritt Dänemarks in die Gemeinschaften 1973 unter der Bevölkerung eine gewisse Skepsis besteht, die sich mit dem Fortgang des Integrationsprozesses noch verstärkt hat.[34] Dies hatte schließlich zur Ablehnung des zur Ratifizierung des Maastricht-Vertrages erforderlichen Änderungsgesetzes im Referendum am 2. Juni 1992 geführt.[35] Die Ratifizierung konnte schließlich nur im Wege des sog. Kompromisses von Edinburgh gelöst werden, der Dänemark im Vertrag über die Europäische Union einen Sonderstatus einräumt.[36] Die Gründe für diese tiefgreifenden Vorbehalte in der Bevölkerung werden u. a. in der Tradition nationaler Selbständigkeit und den Erfahrungen während der Besetzung des Landes während des Dritten Reiches, in dem als kleiner Mitgliedstaat entsprechend geringeren Einfluß auf die Unionspolitik sowie den insbesondere im Bereich der Sozial- und Umweltpolitik hohen Regulierungsstandards, die durch die Harmonisierungspolitik der Union als gefährdet betrachtet werden, gesehen.[37]

Ein entsprechend distanziertes Verhältnis zur europäischen Integration wird schließlich auch in dem in der Verfassungsdogmatik vorherrschenden Ansatz zur Frage des Verhältnisses zwischen Europarecht und nationalem Recht er-

---

33 *Koch*, in Kellermann: EU Enlargement, S. 111. Der dänische Ministerpräsident hat angekündigt, die Entscheidung über die Ratifizierung des Verfassungsvertrags einem Referendum zuzuführen.

34 Erkennbar im Abstimmungsverhalten des dänischen Volkes in den zu Europafragen abgehaltenen Referenden, in denen bei relativ hoher Wahlbeteiligung stets ein beachtlicher Anteil mit Nein stimmte - dazu *Zahle*, in Battis/Tsatsos/Stefanou, S. 56; *Jensen*, REDP 15 (2003), S. 815 ff. sowie zu Meinungsumfragen zum Thema Mitgliedschaft Dänemarks in den Gemeinschaften/Union *Petersen*, ZEI Discussion Paper 17/198, S. 7. Nach *Zahle*, a. a. O., S. 74 spricht, sich ein nicht unbedeutender Teil der Bevölkerung sogar für einen Austritt aus der Europäischen Union aus.

35 In diesem Referendum stimmte eine knappe Mehrheit von 50,7 % gegen den Gesetzesentwurf.

36 Der Kompromiß, der auf den im Folketing verabschiedeten sog. nationalen Kompromiß zurückging, sieht u. a. vor, daß (1) Dänemark sich der dritten Stufe der Währungsunion nicht anschließen wird, was durch das im Jahr 2000 abgehaltene, dänische Referendum zwischenzeitlich bekräftigt wurde, (2) Dänemark sich nicht an einer gemeinsamen EU-Verteidigungspolitik beteiligen wird und (3) auch nicht an dem vergemeinschafteten Bereichen der Zusammenarbeit in rechtlichen und inneren Angelegenheiten teilnehmen wird. Zur aktuellen Bedeutung der Sonderregelungen *Jensen*, REDP 15 (2003), S. 820. Demnach muß bei der Ratifikation von Vertragsänderungen in Dänemark grundsätzlich deren Auswirkungen auf die Sonderregelungen beachten und gegebenenfalls eine Entscheidung über deren Fortgeltung getroffen werden.

37 Dazu *Zahle*, in Battis/Tsatsos/Stefanou, S. 52; zu den Gründen der Ablehnung des Maastricht-Vertrages im ersten Referendum *Worre*, JCMS 33 (1995), S. 235 ff.

kennbar. Die Verfassung selbst enthält diesbezüglich keine ausdrückliche Regelung. Die herrschende Meinung in der dänischen Verfassungswissenschaft geht davon aus, daß im Falle eines bewußt gemeinschaftswidrigen Aktes des Gesetzgebers dieses Gesetz im innerstaatlichen Bereich Geltung und damit Vorrang vor dem Gemeinschaftsakt hätte. Der Vorrang des Gemeinschaftsrechts ist damit verfassungsrechtlich nicht abgesichert.[38] Das Højesteret hat in seinem Maastricht-Urteil seine Kompetenz zur Prüfung der Vereinbarkeit eines Gemeinschaftsaktes mit dem Grundlov bejaht.[39] Zudem geht das Højesteret im Maastricht-Urteil uneingeschränkt von der Europäischen Union als „internationale Organisation" aus.[40] Eine Auseinandersetzung zur Rechtsnatur wie sie das deutsche Bundesverfassungsgericht in seinem Maastricht-Urteil vornimmt, findet nicht statt.

Im Zusammenhang mit der aktuellen Diskussion um eine Reform des Grundlov wird nunmehr u. a. auch die Forderung erhoben, den Übertragungstatbestand in Hinblick auf eine Konkretisierung der Schranken und der Ausweitung des verfahrensrechtlichen Erfordernisses der Abhaltung eines Referendums zu überarbeiten.[41]

III. Forderung nach einer Struktursicherung

Eine Struktursicherungsregelung vergleichbar der des Grundgesetzes enthält die dänische Verfassung nicht. Allerdings wird auch in der dänischen Verfassungslehre eine Diskussion darüber geführt, inwieweit zwischen der Verfassungsordnung des Grundlov und der Gemeinschaftsordnung ein bestimmtes Maß an „struktureller Kongruenz" bestehen muß.[42] Die Diskussion bezieht sich insbesondere auf das Verfahren demokratischer Entscheidungsfindung. So fordert *Zahle* eine entsprechende Kongruenz zumindest in Hinblick auf Instrumentarien demokratischer Kontrolle, ohne dies jedoch an einer konkreten Verfassungsvorschrift festzumachen. Allerdings stellt auch *Zahle* fest, daß angesichts der unterschiedlichen Verfassungsstrukturen der einzelnen Mitgliedstaaten die Forderung nach kongruenten Strukturen zu unüberwindbaren Schwierigkeiten

---

[38] *Ross*, Juristen 1972, S. 161 ff. (zit. *Due/Gulmann*, CMLRev 9 (1972), S. 267); *Sørensen*, KSE 15, S. 21.

[39] Højesteret, EuGRZ 1999, S. 52, UAbs. 9.6. Allerdings hat das Gericht erhebliche Bedingungen für die Erklärung der Nichtigkeit dargelegt: Zunächst muß der fragliche Gemeinschaftsakt dem EuGH gem. Art. 177 EGV vorgelegt werden und erst wenn dieser den Rechtsakt für rechtmäßig hält, kann das dänische Gericht entscheiden. Für die Annahme der Unwirksamkeit des Gemeinschaftsaktes muß ein evidenter Verstoß gegen das Beitrittsgesetz festgestellt werden. Siehe zum ganzen *Thomas*, ZaöRV 58 (1998), S. 894 ff.

[40] Højesteret, EuGRZ 1999, S. 50 ff.

[41] Hierauf weist z. B. *Jensen*, EPL 5 (1999), S. 495, hin.

[42] Zur Diskussion der Hinweis bei *Mors*, Verfassungsgerichtsbarkeit, S. 212, Fn. 631.

führen würde.[43] Eine gewisse Anpassung in Hinblick auf die internationale Zusammenarbeit sei daher anzuerkennen.[44] *Jensen* leitet aus dem in § 20 GL formulierten Übertragungszweck der „Förderung zwischenstaatlicher Rechtsordnung und Zusammenarbeit" die Forderung nach der Einhaltung grundlegender demokratischer Werte ab, ohne an eine spezifische Organisationsstruktur wie beispielsweise die dänische anknüpfen zu wollen.[45] Im Ergebnis wird ein aus dem Grundlov ableitbares Gebot einer strukturellen Kongruenz überwiegend abgelehnt.[46] So hat auch das Højesteret das in der Klage gegen das Beitrittsgesetz zum Maastricht-Vertrag vorgetragene Argument, die Kompetenzübertragung müsse solange eingeschränkt erfolgen, als der europäische Gesetzgebungsprozeß nicht demokratische Garantien vergleichbar denen im nationalen Prozeß bereithält, im Ergebnis abgelehnt. Es verwies stattdessen auf die Kompetenz des Folketings zur Verfassungsauslegung in diesem Bereich.[47] Die Diskussion ähnelt der innerhalb der deutschen Verfassungslehre unter dem Stichwort „Homogenität der Wertvorstellungen" geführten Debatte, ohne jedoch deren Intensität zu haben.

Zusammenfassend ist festzustellen, daß mit § 20 GL eine grundsätzliche Öffnung des Grundlov für ein Fortschreiten des Integrationsprozesses besteht. Im Vergleich zur deutschen Verfassung mit ihrem ausdrücklichen Bekenntnis zur Integration ist der verfassungsrechtliche Rückhalt in der dänischen Verfassung viel geringer. Aufgrund der Verfassungspraxis, die Bevölkerung an der Entscheidung über die Ratifizierung einer Änderung der europäischen Verträge unmittelbar zu beteiligen, wirkt sich die in der Bevölkerung vorherrschende Skepsis unmittelbar auf die dänische Verfassungspolitik aus.

C. Die Regelung zur Übertragung von Hoheitsrechten

Die Abgrenzung zwischen den Anwendungsbereichen der §§ 19, 20 und 88 GL ist angesichts der unterschiedlich hohen Verfahrensanforderungen entscheidend dafür, wie realistisch die Umsetzung eines Integrationsakts wie die verfahrensrechtliche Stärkung des Europäischen Parlament im Vertragsänderungsverfahren ist. Die dänische Bevölkerung, die im Rahmen der § 20 und § 88 in einem Referendum an der Ratifizierungsentscheidung zu beteiligen wären, steht entsprechend der vorangehenden Darstellung einer weiteren Vertiefung der Integration sehr skeptisch gegenüber.

---

[43] Entsprechende Begründung bei *Zahle*, in Battis/Tsatsos/Stefanou, S. 70.
[44] *Zahle*, a. a. O., S. 70.
[45] *Jensen*, REDP 15 (2003), S. 819.
[46] *Sørensen*, KSE 15, S. 12; *Due/Gulmann*, CMLRev 9 (1972), S. 261; *Hartig Danielsen*, www.au.dk./en/aj/1999,aj99s368.pdf, S. 369.
[47] Højesteret, EuGRZ 1999, S. 52, U.Abs. 9.9; siehe dazu auch *Høegh*, ELRev 24 (1999), S. 86 f.

In der Vergangenheit wurde nicht für jede Vertragsänderung der Anwendungsbereich des § 20 GL als eröffnet angesehen. So wurde im Falle des Änderungsgesetzes zur Ratifizierung der EEA[48] und auch im Falle des Nizza-Vertrages § 19 GL angewandt. Andererseits wurden im Vorfeld der Verabschiedung des Beitrittsgesetzes als auch des Änderungsgesetzes zur Ratifizierung des Maastricht-Vertrages heftige Debatten darüber geführt, ob es sich bei dieses Akten nicht vielmehr um eine Verfassungsänderung handele, die eine Anwendung des § 88 GL bedinge.[49]
Bis dahin konnte für die Auslegung des § 20 GL nur auf das von der Verfassungskommission anläßlich der Verfassungsrevision 1953 erstellte Gutachten sowie auf die Interpretationsansätze der Verfassungslehre zurückgegriffen werden. In seinem Maastricht-Urteil hat das Højesteret erstmals konkrete Auslegungskriterien entwickelt.

I. Der Tatbestand einer Hoheitsrechtsübertragung

Gemäß Absatz 1 des § 20 können „Befugnisse, die auf Grund dieser Verfassung den Organen des Königs zustehen, durch Gesetz in näher bestimmten Umfang solchen zwischenstaatlichen Einrichtungen übertragen werden, die durch gegenseitige Übereinkunft zwecks Förderung zwischenstaatlicher Rechtsordnung und Zusammenarbeit errichtet worden sind". Absatz 2 des § 20 enthält Vorgaben für Form und Verfahren.

Entsprechend dem oben dargelegten ursprünglichen Regelungshintergrund soll § 20 GL zur Übertragung von Hoheitsrechten ermächtigen, die bislang „unter die nationale Souveränität fallen", also nach der Verfassung den staatlichen Organen zugewiesen sind.[50] In Abgrenzung zu § 19 GL soll dem Adressat des Übertragungsaktes ermöglicht werden, Rechtsakte zu erlassen, und zwar mit der gleichen Wirkung wie sie den Rechtsakten nationaler Organe zukommt, also mit unmittelbarer Wirkung gegenüber den dänischen Staatsbürgern.[51] Hierbei kann es sich um Kompetenzen aus allen staatlichen Bereichen, also aus der Legislative, Exekutive und Judikative handeln.[52] Nach *Zahle* stellt auch die Erweiterung von Befugnissen innerhalb eines bereits geregelten Bereichs einen Übertragungsakt dar. Hingegen wären nach seiner Ansicht Umverteilungen supranationaler Befugnisse innerhalb der supranationalen Organisation nicht

[48] *Sørensen,* in: Miscellanea W.J. Ganshof van der Meersch Bd. 2, S. 499 ff. Dies wurde insbesondere damit begründet, daß keine Kompetenzübertragung i. S. d. Art. 20 im Wege der EEA erfolgte. Trotz dessen wurde das Änderungsgesetz einer Volksabstimmung zugeführt.
[49] Zur Diskussion im Vorfeld des Beitritts *Sørensen*, KSE 15, S. 8 f.
[50] *Zahle*, in Battis/Tsatsos/Stefanou, S. 59.
[51] *Zahle*, a. a. O.
[52] Bereits die Verfassungskommission 1953 – zitiert bei *Due/Gulmann*, CMLRev 9 (1972), S. 260. Siehe auch Højesteret, EuGRZ 1999, S. 50, UAbs. 9.2.

unter § 20 GL einzuordnen, solange die Identität der Organisation sich nicht ändere.[53] Für *Hartig Danielsen* ist für die Eröffnung des Anwendungsbereichs des § 20 GL maßgeblich, ob die dänischen Organe in eine untergeordnete Rolle im Verhältnis zu den supranationalen Organen gestellt werden.[54] *Koch* sieht in der Stärkung der Legislativbefugnisse des Europäischen Parlaments eine solche bedeutsame Umverteilung von Kompetenzen, daß § 20 GL nach seiner Ansicht bereits aus diesem Grunde für den Erlaß des Änderungsgesetzes Anwendung finden muß.[55]

Im Übertragungsakt sah *Sørensen* die Aufgabe bestimmter Teile der Souveränität impliziert. So würde im Fall der Übertragung von Legislativbefugnissen das Folketing sich selbst von der künftigen Wahrnehmung von Gesetzgebungsbefugnissen in diesem Bereich suspendieren.[56] Nach *Due/Gulmann* sollten die Kompetenzen den Organen der supranationalen Organisation zur „Ausübung" überwiesen werden.[57] Im Ergebnis entspricht die dänische Dogmatik im wesentlichen dem deutschen Interpretationsansatz, der maßgeblich auf das Kriterium der Durchgriffswirkung abstellt.[58]

Angewendet auf die hier dargelegten Verfahrensvorschläge zur Stärkung des Europäischen Parlaments im Revisionsverfahren muß die Beteiligung des Parlaments in der Entscheidungsphase in Form eines ausschließlichen Beschlußrechts oder eines Zustimmungsrechts grundsätzlich als Hoheitsrechtsübertragung im Sinne des § 20 GL eingeordnet werden. Insoweit ist auch hier auf die in der Regel mit einer Vertragsänderung verbundenen Auswirkungen auf die nationale Verfassungsordnung zu verweisen. Im Falle eines ausschließlichen Entscheidungsrechts würde dem Europäischen Parlament die Möglichkeit eingeräumt, gleichzeitig eine verbindliche Entscheidung über die Gestalt der dänischen Verfassungsordnung zu treffen. Im Falle eines Zustimmungsrechts wäre die Durchsetzung einer positiven Entscheidung des Folketing zur Ratifizierung des Vertrages zumindest von der Zustimmung des Europäischen Parlaments abhängig. Insoweit kann auf die Ausführungen zum deutschen Übertragungstatbestand verwiesen werden. Eine solche Beteiligung des Parlaments in der Beschlußphase kann auch nicht als bloße Umverteilung von Kompetenzen innerhalb des institutionellen Gefüges der Union im Sinne von *Zahle* eingeordnet werden. Das Beschlußrecht ist nach der gegenwärtigen Regelung

---

[53] *Zahle*, in Battis/Tsatsos/Stefanou: S. 63.

[54] *Hartig Danielsen*, www.au.dk./en/aj/1999,aj99s368.pdf.

[55] *Koch*, Juristen 1992, S. 251 – zitiert bei *Zahle*, in Battis/Tsatsos/Stefanou: S. 63, Fn. 14.

[56] *Sørensen*, in Miscellanea/Ganshof van der Meersch, S. 484; *Gangsted-Rasmussen*, RTDE 11 (1975), S. 704.

[57] *Due/Gulmann*, CMLRev. 9 (1972), S. 258.

[58] Das Højesteret stellte bei Definition des Übertragungsgegenstandes maßgeblich auf die „unmittelbare Wirkung" der Aufgabenausübung der Gemeinschaftsorgane „im Land" ab, in EuGRZ 1999, S. 50, UA 9.2.

ausschließlich dem Europäischen Rat zugewiesen. Zwar stellt auch der Europäische Rat ein Unionsorgan dar. In ihm ist jedoch die ausschließliche Vertragsgewalt der Mitgliedstaaten verkörpert. Handeln die Mitglieder des Europäischen Rates auf Basis der jeweiligen nationalen Verfassung, wäre das Beschlußrecht des Europäischen Parlaments zumindest partiell originär auf die Unionsordnung zurückzuführen. Das Ratifikationserfordernis als Ausdruck der Verankerung der Vertragsordnung in den nationalen Verfassungen würde im Falle eines ausschließlichen Beschlußrechts des Parlaments vollständig wegfallen. Im Ergebnis muß die Zuweisung eines Beschlußrechts zugunsten des Europäischen Parlaments als eine echte Neubegründung einer Kompetenz bewertet werden, die auch die Identität der supranationalen Organisation bezogen auf den Ursprung der supranationalen Herrschaftsgewalt ändert.
Hingegen hätte eine stärkere Beteiligung des Europäischen Parlaments im Vorfeld der Entscheidung keine unmittelbare Auswirkung gegenüber den dänischen Bürgern und kann damit auch auf Grundlage der dänischen Verfassung nicht als Hoheitsrechtsübertragung eingeordnet werden.

II. Tatbestandliche Einschränkungen

Der Tatbestand des § 20 GL wird z. T. dahingehend eingeschränkt, daß eine Übertragung der Befugnis zur Verfassungsänderung ausgeschlossen ist.[59] Dies begründen *Lachmann* und *Sørensen* damit, daß es sich hierbei um ein Recht handelt, daß nur vom Folketing gemeinsam mit dem dänischen Wahlvolk ausgeübt werden könne. Folglich handele es sich nicht um eine von einem dänischen Staatsorgan im Sinne des § 20 GL ausgeübte Kompetenz.[60] Zwar würde jeder Übertragungsakt im Sinne des § 20 GL im Ergebnis zu einer Änderung des Grundlov führen. Nur dies, jedoch nicht die Einschränkung der Ausübung der verfassungsändernden Gewalt seien von § 20 GL gedeckt.[61] Danach ist die Einräumung eines ausschließlichen Beschlußrechts über zukünftige Vertragsänderungen zugunsten des Europäischen Parlaments bereits tatbestandlich nicht von § 20 GL gedeckt. Denn mit einer solchen Kompetenz wäre das Europäische Parlament in der Lage, Entscheidungen auch mit Auswirkungen auf die konkrete Gestalt der dänischen Verfassungsordnung zu treffen, ohne daß das Folketing und das dänische Wahlvolk hieran beteiligt wären.
Hingegen würde im Falle eines Zustimmungsrechts des Europäischen Parlaments aufgrund des Ratifikationserfordernisses und der Beteiligung der dänischen Regierungsvertreter im Europäischen Rat die Gestaltungsmacht des dänischen Verfassungsgebers erhalten bleiben.

---

[59] *Lachmann*, E.U.I. Working Paper Nr. 85/144, S. 9, unter Verweis auf den von *Sørensen* in seinem Verfassungskommentar dargelegten Ansatz; ähnlich *Due/Gulmann*, CMLRev. 9 (1972), S. 261.
[60] *Lachmann*, a. a. O.; ebenso *Jensen*, REDP 15 (2003), S. 818.
[61] *Lachmann*, a. a. O., S. 9.

Das Merkmal „gegenseitige Übereinkunft“ wird dahingehend ausgelegt, daß Dänemark hinsichtlich seiner Beteiligung in der supranationalen Organisation nicht ungerechtfertigt benachteiligt werden darf. Das schließt allerdings nicht aus, die Beteiligungsintensität von sachlichen Kriterien, wie etwa der Bevölkerungszahl und der Bedeutung der betroffenen Interessen für einen Mitgliedstaat abhängig zu machen.[62] Im Falle eines Beschlußrechts des Europäischen Parlaments würde die Vertragsmacht der Mitgliedstaaten einheitlich beschränkt.

III. Bestimmtheitsgebot

§ 20 GL ermächtigt nur zu einem Kompetenztransfer „in näher bestimmten Umfang“. Diese Einschränkung wird im dänischen Schrifttum dahingehend ausgelegt, daß nur die Übertragung einzelner Befugnisse der dänischen Hoheitsgewalt, nicht hingegen ganzer Bereiche zulässig ist.[63]

Es war bereits bei Erlaß des Beitrittsgesetzes heftig umstritten, ob in Hinblick auf die eher weit formulierten Zielvorschriften des EGV ein Verstoß gegen das Bestimmtheitsgebot des § 20 GL vorliegt. Es setzte sich jedoch die Ansicht durch, daß aufgrund des im EGV verankerten Prinzips der begrenzten Einzelermächtigung und der daraus resultierenden Notwendigkeit einer konkreten Verankerung der jeweiligen Kompetenz in den Gemeinschaftsverträgen die Bestimmtheitsanforderung gewahrt blieb. Ein größeres Problem wurde nach dem Beitritt in der zeitweise extensiven Wahrnehmung der Abrundungskompetenz des Art. 235 EGV (Art. 308 n.F.) sowie in der vom EuGH vertretenen „Implied-Power-Lehre“ gesehen.

Nachdem einschlägige Klagen in der Vergangenheit wegen Feststellung ihrer Unzulässigkeit nie zur Entscheidung kamen[64], hat sich das Højesteret erstmals in seinem Maastricht-Urteil mit dem Bestimmtheitserfordernis des § 20 GL auseinandergesetzt. Das Højesteret vertritt insoweit einen eher weiten Auslegungsansatz. Danach setzt das Bestimmtheitserfordernis voraus, daß „eine positive Abgrenzung der übertragenen Befugnisse vorzunehmen ist, teils im Hinblick auf die Sachbereiche, teils im Hinblick auf die Art der Befugnisse“, sodaß eine Bewertung der Souveränitätsübertragung ermöglicht wird.[65] Dies muß jedoch nicht mit einer solchen Präzision erfolgen, daß jeglicher Ermessens- bzw. Auslegungsspielraum der begünstigten Organe hinsichtlich der Bestimmung der Kompetenzen ausgeschlossen ist. Das Bestimmtheitsgebot schließt jedoch aus, daß der internationalen Organisation die Befugnis übertragen wird,

---

[62] *Due/Gulmann* CMLRev. 9 (1972), S. 262; *Sørensen*, KSE 15, S. 12.

[63] *Sørensen*, in Miscellanea Ganshof van der Meersch, S. 489; *Lachmann*, in Bieber/Jacque/Weiler, S. 196.

[64] Højesteret, UfR 1973, 694, zit. nach *Hofmann*, EuGRZ 1999, S. 2, Fn. 9.

[65] Højesteret, EuGRZ 1999, S. 50, UAbs 9.2. Die Ausführungen des Gerichts zum Bestimmtheitsgebot werden u. a. diskutiert von *Due*, in Mélanges/Waelbroeck, S. 209 ff; *Høegh*, ELRev. 24 (1999), S. 80 ff.

ihre Befugnisse selbst zu bestimmen.[66] Insoweit sieht das Gericht den Fortbestand des Prinzips der begrenzten Einzelermächtigung weiterhin als maßgeblich für die Einhaltung des Bestimmtheitsgebots an. Bezüglich der Vereinbarkeit des Art. 308 EGV n. F. mit dem Bestimmtheitsgebot des § 20 GL sieht das Gericht als entscheidend an, daß bei Anwendung der Norm das Einstimmigkeitsprinzip gilt und der dänischen Regierung damit maßgeblicher Einfluß auf die Ausweiung des Kompetenzbereiches der Gemeinschaftsorgane auf Grundlage der sog. Abrundungskompetenz zukommt.[67]

In Übertragung dieser Rechtsprechung auf die hier zu untersuchenden Beteiligungsrechte des Europäischen Parlaments ist festzustellen, daß die Einräumung eines ausschließlichen Entscheidungsrechts mit dem Bestimmtheitsgebot des § 20 GL nicht zu vereinbaren wäre. Im Falle eines ausschließlichen Entscheidungsrechts des Parlaments würde diesem quasi eine „Kompetenz-Kompetenz" eingeräumt werden; die dänischen Verfassungsorgane wären an den Entscheidungen über künftige Kompetenzzuweisungen zugunsten der Gemeinschaftsorgane nicht mehr beteiligt.[68] Damit wäre das Prinzip der beschränkten Einzelermächtigung, das den wesentlichen Kern der Entscheidung des Højesteret zur Verfassungskonformität darstellte, aufgegeben. Dies gilt selbst dann, wenn die vertraglich vereinbarten Ziele des Integrationsprozesses als nicht zur Disposition des Europäischen Parlaments stehend angesehen werden.
Hingegen würde ein Recht des Europäischen Parlaments auf Zustimmung zur Vertragsänderung ebenso wie eine Stärkung der Position des Parlaments im Vorfeld der Entscheidung mit dem Bestimmtheitsgebot konform gehen. Der dänischen Regierung würde im Europäischen Rat und vor allem dem Folketing im Rahmen der Ratifikation der Vertragsänderung weiterhin maßgeblicher Einfluß über den Kompetenztransfer zukommen. Insoweit entspricht die dänische Verfassungslage der deutschen.

D. Prinzip demokratischer Legitimation

Das Prinzip der Volkssouveränität ist nicht ausdrücklich im Grundlov festgeschrieben. Die gesamte dänische Verfassung beruht jedoch auf der Grundannahme, daß jegliche Hoheitsgewalt der Kontrolle des Volkes unterliege.[69] Dies läßt sich zum einen aus der verfassungsrechtlichen Verankerung des Prinzips repräsentativer Demokratie in § 3 und §§ 28 ff. GL und zum anderen aus der

---

[66] Højesteret, EuGRZ 1999, S. 50, U.A 9.2.
[67] Højesteret, EuGRZ 1999, S. 51, U.A. 9.4.
[68] Zum Ausschluß der Übertragung der Kompetenz-Kompetenz *Jensen*, REDP 15 (2003), S. 817.
[69] *Dübeck*, Einführung in das dänische Recht, S. 67.

umfassenden Regelung des § 42 GL zum Volksentscheid ableiten.[70] Schließlich hat auch das Højesteret im Maastricht-Urteil eine entsprechende Vorgabe des Grundlov für eine demokratische Staatsform grundsätzlich anerkannt.[71]

Entsprechend der bereits dargelegten Regelung des § 88 GL obliegt es dem Folketing und dem Wahlvolk gemeinsam, die Verfassung zu ändern.[72] Zwar wurden die Verfahrensanforderungen im Rahmen des § 20 GL abgemildert, um die Bedingungen für die Übertragung von Kompetenzen im Rahmen der Mitgliedschaft Dänemarks in den Europäischen Gemeinschaften zu erleichtern. Jedoch sollte die Entscheidung über den Übertragungsakt weiterhin maßgeblich beim Folketing als demokratisch legitimiertem Organ verbleiben.[73] Wie dargelegt, hat sich mittlerweile auch die Praxis gewohnheitsrechtlich verfestigt, bei Gesetzesvorhaben im Anwendungsbereich des § 20 GL grundsätzlich ein Referendum durchzuführen.[74] Dieser Praxis liegt schließlich die Idee zugrunde, das Volk in einer solch fundamentalen Frage wie die Übertragung von Hoheitsrechten auf eine supranationale Organisation an der Entscheidung unmittelbar zu beteiligen. *Koch* sieht darin einen besonderen Ausdruck für eine „lebendige Demokratie" in Dänemark und zwar unter Verweis auf den vom deutschen Bundesverfassungsgericht im Maastricht-Urteil verwandten Begriff.[75]

Auch in der dänischen Verfassungsordnung ist gemäß § 19 GL die Kompetenz zum Abschluß völkerrechtlicher Verträge der Regierung zugeordnet, die dementsprechend Dänemark im Europäischen Rat vertritt. Mit Einrichtung des sog. Europaausschusses des Folketings und der Regelung umfassender Informations- und Abstimmungspflichten der Regierung im Verhältnis zu diesem Aus-

---

[70] Teilweise wurde von einer „Oberherrschaft des Folketing" vergleichbar dem britischen Prinzip der Parlamentssouveränität ausgegangen („Kein Organ über und kein Organ neben dem Folketing"); siehe dazu *Krarup*, JöR 37 (1988), S. 122. Angesichts der Regelung des § 42 GL zum Referendum und der anerkannten und nunmehr vom Højesteret auch wahrgenommenen Kompetenz der Gerichte zur Kontrolle der Verfassungsmäßigkeit von Legislativakten ist diese Auffassung wohl kaum noch vertretbar.

[71] Højesteret, EuGRZ 1999, S. 52, U.A. 9.9.

[72] Die Regelung wurde 1915 gleichzeitig mit dem demokratisierten Wahlrecht zum Landstig eingeführt und sollte dem Schutz konservativer Minderheitsinteressen dienen - *Faerkel*, The Irish Jurist 1982, S. 11

[73] Entsprechend die Wertung bei *Koch*, in: EU Enlargement, S. 110.

[74] Gemäß § 42 GL kann eine Minderheit von einem Drittel der Abgeordneten selbst dann noch ein Referendum begehren, wenn ein solches gemäß § 20 GL aufgrund der erreichten Beschlußmehrheit im Parlament nicht erforderlich wäre. Als Folge einer Ablehnung des Gesetzesentwurfs durch eine entsprechende Mehrheit in der Bevölkerung könnte der Gesetzesbeschluß keine Wirkung entfalten.

[75] *Koch*, in Kellermann: EU Enlargement, S. 111. Auch *Zahle*, in Battis/Tsatsos/Stefanou, S. 54, verweist auf den „hohen Grad an Einbeziehung der Wähler" im Rahmen des Ratifikationsverfahrens.

schuß[76] nimmt das Folketing seine demokratischen Kontrollrechte gegenüber der Regierung im Vergleich zu anderen mitgliedstaatlichen Parlamenten in einer sehr umfassenden Weise wahr. So muß im Vorfeld einer Beschlußfassung im Rat dem jeweiligen dänischen Ratsmitglied vom Europaausschuß ein Verhandlungsmandat erteilt werden, das zwar keine rechtliche Bindungswirkung hat, jedoch aufgrund der aus § 15 GL resultierenden politischen Konstellation zu einer faktischen Gebundenheit führt.[77] Dies gilt auch für die Regierungskonferenzen als Teil des Vertragsänderungsverfahrens.[78] Damit ist dem Folketing über seinen Europaausschuß ein maßgeblicher Einfluß auch in der Verhandlungsphase des Revisionsverfahrens gesichert.

Insgesamt wird erkennbar, daß die dänische Verfassung vor allem erhebliche verfahrenstechnische Sicherungen enthält, die eine legitimatorische Rückführung der Gemeinschaftsordnung auf das dänische Volk gewährleisten. Zentrales Instrument ist auch in der dänischen Verfassungsordnung die in § 20 GL vorausgesetzte Zustimmung zur Vertragsänderung durch das Folketing sowie ergänzend durch das dänische Wahlvolk im Wege eines Referendums. Folglich stellen sich für die dänische Verfassung ähnliche Probleme wie sie bereits im Rahmen des Grundgesetzes dargelegt worden sind. In Hinblick auf die beschriebene Verfassungspraxis des Mandatverfahrens wäre die Reduzierung des Einflusses des Folketing als Repräsentant des dänischen Volkes auf die Gestaltung der Gemeinschaftsordnung und die Auswirkungen des Integrationsprozesses für die dänische Verfassung noch deutlicher erkennbar. Es ist daher auch hier zu

---

[76] Zwar ist lediglich die Informationspflicht in § 6 des Beitrittsgesetzes ausdrücklich gesetzlich niedergelegt. Jedoch sind die Abstimmungspflichten der Regierung in schriftlichen Vereinbarungen mit dem Folketing geregelt. Von besonderer Bedeutung ist in diesem Zusammenhang die Resolution der Regierung vom 01.02 1973 sowie der Bericht des damals noch als „Marktausschuß" bezeichneten Parlamentsausschusses vom 29.03.1973. Die Regierung ist angesichts der in § 15 GL verfassungsrechtlich verankerten Rückbindung jedes einzelnen Ministers an das Vertrauen des Folketing und den Umstand, daß aufgrund des dänischen Wahlsystems in der Regel nur Minderheitsregierungen zustande kommen, zur Einhaltung dieser Regelungen bereits aus politischen Gründen angehalten – dazu *Kamann*, Die Mitwirkung, S. 55 ff. Angesichts der seit über 30 Jahren dauernden Praxis wird zum Teil von Verfassungs-gewohnheitsrecht ausgegangen - *Jensen*, in Smith: National Parliaments, S. 45 f. Letzterer will für den Fall eines Abweichens von dieser Verfahrenspraxis sogar § 88 GL anwenden; a. A. *Rehof*, in Dahl/Melchior/Rehof/Tamm, S.67, der lediglich von politischen Bindungen ausgeht.

[77] *Kamann*, Die Mitwirkung, S. 60 f., der von einer Art „Vetorecht" bzw. „Instruktionsbefugnis" spricht. Die in § 15 GL geregelte Rückbindung der Regierung an das Vertrauen des Parlaments wird auch als *principle of negative parliamentarism* bezeichnet.

[78] Während Regierungskonferenzen leiten die dänischen Vertreter das Verhandlungsmaterial an den Europaausschuß weiter und informieren diesen fortlaufend über den Stand der Verhandlungen. Erst wenn sich ein konkretes Verhandlungsergebnis abzeichnet, erteilt der Europaausschuß ein mehr oder weniger detailliertes Verhandlungsmandat – The European Affairs Committee of the Folketing, www.eu-oplysningen.dk.

prüfen, ob das Grundlov in Hinblick auf das Demokratieprinzip eine ausschließliche Rückbindung der Entscheidung über die Übertragung von Hoheitsrechten an das dänische Volk garantiert und ob und in welchem Ausmaß Modifikationen möglich sind.
Einen Anknüpfungspunkt für eine verfassungsrechtliche Forderung einer Beteiligung des Europäischen Parlaments vergleichbar der Struktursicherungsklausel im deutschen Grundgesetz enthält das Grundlov jedenfalls nicht.

I. Das dänische Volk als Legitimationssubjekt

Im Grundlov selbst wird der Begriff des „dänischen Volkes" oder „Volkes" nicht verwendet. Zentraler Begriff ist stattdessen die „dänische Staatsangehörigkeit", über die sowohl in § 29 GL das Repräsentationssubjekt des Folketing, nämlich die Gesamtheit der dänischen Staatsangehörigen mit Wohnsitz im Königreich, als auch gemäß § 42 Abs. 5 GL das Beteiligungsrechts für die Volksabstimmung geregelt wird. Letzteres knüpft wiederum an das Wahlrecht zum Folketing gemäß § 29 GL an. Die Staatsangehörigkeit ist wiederum einfachgesetzlich geregelt. Vor diesem Hintergrund scheidet eine Lösung des verfassungsrechtlichen Konflikts im Wege der Auslegung der verfassungsrechtlichen Definition des Legitimationssubjektes von vornherein aus. Der Begriff der dänischen Staatsangehörigkeit läßt eine entsprechend offene Interpretation in Hinblick auf die Einbeziehung der Unionsbürgerschaft nicht zu. In Hinblick auf die in § 20 GL geregelte, ausschließliche Rückbindung des Übertragungsaktes an die Zustimmung des Folketing bzw. die Entscheidung in der Volksabstimmung wäre in jedem Fall eine Verfassungsänderung erforderlich.
Daß für eine solche Verfassungsänderung bereits aus verfassungspolitischen Gründen kaum Aussicht auf Erfolg besteht, zeigt die von Dänemark mit dem Edinburgh-Kompromiß verbundene, einseitige Erklärung, wonach „die Unionsbürgerschaft einen politischen und juristischen Begriff darstellt, der sich vom Begriff der Staatsbürgerschaft in der Bedeutung, in der er in Dänemarks Verfassung und im dänischen Rechtssystem Anwendung findet, vollkommen unterscheidet". Dem wurde hinzugefügt, daß „im Vertrag zur Europäischen Union unmittelbar und auf längere Sicht keinerlei Verpflichtung begründet wird, eine Unionsbürgerschaft zu schaffen, die der Staatsbürgerschaft in einem nationalem Staat gleichkommt."[79] *Zahle* umschreibt den Zweck dieser Erklärung damit, daß Abstand von der Vorstellung der europäischen Unionsbürgerschaft als einer Alternative zur dänischen nationalen Staatsbürgerschaft gewonnen werden sollte.[80] Zwar hat sich die Erklärung mit den Klarstellungen im Wege des Amsterdamer Vertrages erledigt. Jedoch kann aus der Erklärung, die auch als Antwort auf die im Scheitern des ersten Verfassungsreferendums offenbarten Ängste der dänischen Bürger verstanden werden muß, die insoweit in Dänemark

---

[79] Anhang 3, Nr. 1 S. 2 der Edinburgh-Erklärung. Siehe dazu *Schuster*, EuZW 1993, S. 179 f.
[80] *Zahle*, in Battis/Tsatsos/Stefanou, S. 66.

vorherrschende, restriktive verfassungspolitische Einstellung zur Staatsbürgerschaft abgelesen werden.[81]

II. Zulässige Modifikationen des demokratischen Prinzips und aus dem Demokratieprinzip ableitbare Grenzen für den Integrationsprozeß

Eine Verfassungsbestandsklausel vergleichbar der des Art. 23 Abs. 1 S. 3 i. V. m. Art. 79 Abs. 3 des deutschen Grundgesetzes enthält die dänische Verfassung nicht. Im dänischen Schrifttum ist allgemein anerkannt, daß das Grundlov keine absoluten Grenzen für eine Änderung der Verfassung enthält, somit auch nicht bezogen auf das demokratische Prinzip.[82] Aufgrund der in § 88 GL geregelten Verfahrenshürden für eine Verfassungsänderung wurde die Regelung eines unantastbaren Verfassungskerns für nicht notwendig erachtet.[83] Daß diese strikten Verfahrensanforderungen eine ausreichende Sicherung für die Verfassungskontinuität darstellen, wird schließlich durch die geringe Anzahl von Verfassungsänderungen seit Inkrafttreten des Grundlov bestätigt.

Damit ist die entscheidende Frage, die sich vor diesem Hintergrund stellt, ob für den hier zu untersuchenden Integrationsschritt § 20 GL mit seinen abgemilderten Verfahrensanforderungen oder § 88 GL Anwendung findet, der angesichts der Verfassungshürden und der bestehenden Europaskepsis eine entsprechende Änderung unrealistisch werden läßt.[84] Dies läuft auf die Untersuchung hinaus, inwieweit eine Änderung der Verfahrensmodalitäten des Vertragsänderungsverfahrens im Rahmen eines anerkannten Verfassungswandels noch als von § 20 GL gedeckt anzusehen sind.

Im Rahmen der Untersuchung des Übertragungstatbestandes wurde bereits festgestellt, daß § 20 GL nicht zu einer Änderung der fundamentalen Verfassungsprinzipien ermächtigt, da es sich bei der Änderung der Verfassung eben nicht um Befugnisse handelt, die im Sinne des § 20 GL „nach diesem Gesetz den Organen des Staates zustehen", sondern nach § 88 GL nur dem Folketing gemeinsam mit dem Wahlvolk.[85]

Zwar hat das Højesteret in seinem Maastricht-Urteil im Zusammenhang mit der verfassungsrechtlichen Vorgabe einer demokratischen Staatsform festgestellt, daß „jede Übertragung von Teilen der Gesetzgebungskompetenz des Folketing einen gewissen Eingriff in die demokratische Staatsform darstellt", und daß „dies auch bei der Formulierung der strengen Annahmeanforderungen in § 20

[81] Zu erwähnen ist aber auch, daß Dänemark bereits 1989 das aktive und passive Wahlrecht für Unionsbürger bei Kommunalwahlen eingeführt hatte (Gesetz Nr. 140 zu Kommunalwahlen vom 08.03.1989) und zu diesem Zeitpunkt vielen Mitgliedstaaten weit voraus war.

[82] So ausdrücklich *Zahle*, in: Battis/Tsatsos/Stefanou, S. 73 f.

[83] *Faerkel*, The Irish Jurist 1982, S. 11.

[84] *Zahle,* in Battis/Tsatsos/Stefanou, S. 73 f.

[85] *Zahle*, a. a. O., S. 60.

Abs. 2 GL berücksichtigt worden" ist.[86] Die hier zu untersuchenden Beteiligungsrechte des Europäischen Parlaments würden jedoch gerade eine Änderung dieser Annahmeanforderungen bewirken.[87] Das Højesteret hatte bereits in Verbindung mit der Prüfung der Verfassungsmäßigkeit Art. 308 EGV n. F.[88] und insbesondere im Rahmen seiner Ausführungen zu seiner Prüfungskompetenz im Verhältnis zum EuGH das Zustimmungs- bzw. Beitrittsgesetz implizit als zentrale verfassungsrechtliche Sicherung anerkannt. Denn aufgrund der notwendigen Zustimmung des Folketing liegt es in dessen Hand, als unmittelbar von den dänischen Staatsbürgern gewähltes Repräsentationsorgan der Vertragsänderung unmittelbare Wirkung für den dänischen Rechtsraum zu verleihen. In diesem demokratischen Kontext ist auch das Bestimmtheitserfordernis zu sehen, wonach es für den demokratischen Gesetzgeber erkennbar sein muß, in welchem Umfang er auf Gesetzgebungsbefugnisse zugunsten der supranationalen Organisation verzichtet.

Eine Änderung der Beteiligungsmodalitäten des § 20 GL muß folglich als so wesentlich angesehen werden, daß sie eine ausdrückliche Verfassungsänderung gemäß § 88 GL erfordert. Unter dem Gesichtspunkt des demokratischen Prinzips wären einer Verfassungsänderung grundsätzlich keine Grenzen gesetzt. Allerdings hat das Højesteret in seinem Maastricht-Urteil auch festgestellt, daß eine mögliche absolute Grenze für die Übertragung von Befugnissen in der Erhaltung der staatlichen Souveränität gesehen werden kann.[89] Hierauf soll im folgenden unter dem Stichwort staatliche Souveränität näher eingegangen werden.

E. *Prinzip staatlicher Souveränität*

I. Verankerung des Prinzips staatlicher Souveränität in der Verfassung

Das Grundlov enthält anders als z. B. die finnische Verfassung keine Rege-lung, in der die staatliche Souveränität ausdrücklich erwähnt wird.[91] Dies mag darauf zurückzuführen sein, daß Dänemark sich bis auf den schmerzhaft in Erinnerung gebliebenen Zeitraum deutscher Besetzung während des zweiten Weltkriegs[92] über einen sehr langen Zeitraum keinen Eingriffen in die staatliche Souveränität

---

[86] Højesteret, EuGRZ 1999, S. 52, U.A. 9.9. Kritisch *Høegh*, ELRev. 24 (1999), S. 86.

[87] Der vom Højesteret angenommene Ermessensspielraum des Folketing bzgl. seiner Beteiligung im Verfahren der Gemeinschaftsgesetzgebung bezieht sich eben nicht auf das Vertragsänderungsverfahren. Insoweit lassen die konkreten Verfahrensvorgaben des § 20 GL kaum Ermessen zu.

[88] So stellte es u. a. fest, daß die dänische Regierung im Rahmen des Art. 308 EGV n. F. nicht an der Annahme von Vorschlägen mitwirken darf, die außerhalb der von Dänemark – nämlich im Wege des Beitrittsgesetzes – übertragenen Kompetenzen liegen.

[89] Højesteret, EuGRZ 1999, S. 52, U.A. 9.8.

[91] *Zahle*, in: 17. FIDE-Kongreß, S. 61.

[92] Siehe den Hinweis bei *Zahle*, in Battis/Tsatsos/Stefanou, S. 52.

ausgesetzt sah. Es ist jedoch allgemein anerkannt, daß die dänische Verfassung auf dem Konzept staatlicher Souveränität fußt. *Zahle* verweist in diesem Zusammenhang auf die dualistische Theorie wie sie insbesondere § 19 GL entnommen wird, sowie auf den in § 3 GL verankerten Grundsatz, wonach jegliche hoheitliche Tätigkeit den nationalen Behörden vorbehalten ist.[93] Wie dargelegt, bildete dies den Ansatz für die Einführung des § 20 GL.[94]
Angesichts der Verankerung eines Tatbestandes zur Übertragung von Hoheitsrechten auf supranationale Organisationen in § 20 GL kann auch der dänischen Verfassung ein verengter nationalstaatlicher Souveränitätsansatz wie er im Prüfungskatalog umschrieben ist, nicht zugrunde gelegt werden.[95]

II. Schutz durch die Verfassung

In Hinblick auf die Reichweite des Übertragungstatbestandes ist im Schrifttum anerkannt, daß ein Akt, der zur Beseitigung staatlicher Souveränität führt, von § 20 GL nicht gedeckt ist. Dies wird insbesondere mit der Beschränkung der Übertragungsermächtigung auf bestimmte Befugnisse begründet.[96] *Sørensen* lehnte die Zulässigkeit einer Übertragung der Kompetenz zur Verfassungsänderung oder - durchbrechung auf Grundlage des § 20 GL gerade mit der Begründung ab, daß anderenfalls „die Existenz des Staates als verfassungsrechtliche Einheit im Wege des § 20“ eingebüßt werden könnte.[97] Diese Auffassung hat das Højesteret in seinem Maastricht-Urteil nunmehr bestätigt. Darin stellt das Gericht fest, daß „als vom Grundlov vorausgesetzt anzusehen [ist], daß eine Übertragung von Befugnissen nicht in einem solchen Umfang möglich ist, daß Dänemark nicht mehr als unabhängiger Staat angesehen werden kann“.[98] Dies leitet das Højesteret aus der Bestimmung der Adressaten des Übertragungsaktes in § 20 GL ab, die darin wie folgt umschrieben werden: als „zwischenstaatliche Einrichtungen [...], die durch gegenseitige Übereinkunft zwecks Förderung zwischenstaatlicher Rechtsordnung und Zusammenarbeit

---

[93] *Zahle*, a. a. O., S. 57.

[94] Auf den Terminus „Souveränität“ wird auch im Rahmen der Auslegung des in § 20 GL verwendeten Befugnis-Begriffs zurückgegriffen. Er bezieht sich jedoch in einem eher technischen Verständnis auf die drei staatlichen Gewalten. *Rasmussen*, in: Jyränki: National Constitutions, S. 98. So wird in der dänischen Verfassungsdiskussion um das Verhältnis von Gemeinschaftsrecht zum nationalen Recht eher auf Kategorien wie Dänemark als selbständiger Staat, statt auf den Begriff der Souveränität zurückgegriffen - siehe u. a. *Sørensen*, KSE 15, S. 22.

[95] *Mors*, Die Verfassungsgerichtsbarkeit, S. 119 f.

[96] So ausdrücklich *Zahle*, in Battis/Tsatsos/Stefanou, S. 61.

[97] *Sørensen*, KSE 15, S. 17; *ders.*, in: Miscellanea Ganshof van der Meersch, S. 489.

[98] Højesteret, EuGRZ 1999, S. 52, U.A. 9.8. Allerdings hat das Højesteret anders als in der Übersetzung von *Hofmann* den Begriff „unabhängig“ statt „souverän“ verwendet – dazu *Mors*, Die Verfassungsgerichtsbarkeit, S. 119. *Mors* weist in diesem Zusammenhang darauf hin, daß sich hinter dieser Begriffsverwendung möglicherweise ein „etatistisches Verfassungsverständnis“ des Højesteret verbergen könnte, lehnt dies im Ergebnis jedoch ab.

errichtet worden sind“. Das Gericht bezieht diese Einschränkung ausdrücklich nur auf den Übertragungstatbestand des § 20 GL, nicht hingegen auf § 88 GL. Die Einleitung eines Verfassungsänderungsverfahrens, das auf die Beseitigung der staatlichen Souveränität zielt, erscheint jedoch aus verfassungspolitischen Gründen von vornherein abwegig bzw. aussichtslos.
Von einer beispielhaften Erläuterung dieser Einschränkung hat das Højesteret in seinem Urteil abgesehen. Stattdessen stellt das Gericht fest, daß „die Festlegung der Grenzen in einem ganz überwiegenden Grad auf Überlegungen politischen Charakters beruhen“[99] und kehrt damit in dieser Frage zu seiner eingangs beschriebenen traditionellen Zurückhaltung gegenüber der legislativen Gewalt zurück.[100] *Rasmussen* legt die vom Højesteret aufgestellte Bedingung des Fortbestandes Dänemarks als „unabhängigen Staat“ im Sinne eines sich selbst regierenden staatlichen Systems aus. Demnach muß der Staat Kompetenzen von „sozial adäquaten Umfang und Qualität“ zurückbehalten.[101] Aus der Beurteilung des Gerichts, wonach das Beitrittsgesetz „unzweifelhaft“ nicht zu einer Souveränitätsübertragung in diesem Umfang führt, zieht *Mors* unter Verweis auf die Ausführungen von *Spiermann*[102] die Schlußfolgerung, daß hierin eine vom Gericht aufgestellte Qualifikationshürde zu erkennen ist. Demnach müsse eine Vertragsänderung von außergewöhnlich einschneidendem Charakter sein, damit überhaupt ein Verstoß gegen die Souveränitätsschranke in Betracht gezogen werden könne.[103] *Jensen* nennt als konkrete Kriterien für den Fortbestand der „Unabhängigkeit“ die Möglichkeit zum Austritt aus der Union sowie das Erfordernis der Einstimmigkeit der beschließenden Staaten.[104]

Übertragen auf den vorliegenden Untersuchungsgegenstand bedeutet dies, daß die Einführung eines ausschließlichen Beschlußrechts des Europäischen Parlaments über Vertragsänderungen bei gleichzeitigem Verzicht auf das Ratifikationserfordernis als ein solcher offensichtlicher Verstoß gegen die Souveränitätsschranke anzusehen wäre. Von einem „selbstregierten“ Staat im Sinne von *Rasmussen* könnte in diesem Fall nicht mehr ausgegangen werden. Wie dargelegt, würde eine solche Verfahrenskonstellation klar gegen das Bestimmtheitsgebot des § 20 GL verstoßen. Folglich müßte die eher unpräzise Souveränitätsschranke nicht herangezogen werden.
Auch die Verfahrensalternative, wonach dem Europäischen Parlament ein ausschließliches Beschlußrecht unter Beibehaltung des Ratifikationserfordernisses

---

99 Højesteret, EuGRZ 1999, S. 52, UA. 9.8.
100 Siehe dazu *Mors*, Die Verfassungsgerichtsbarkeit, S. 199; *Jensen*, REDP 15 (2003), S. 818.
101 *Rasmussen*, in: O'Keeffe, Liber Amicorum Lord Slynn, S. 383.
102 *Spiermann*, UfR 1998, S. 328.
103 *Mors*, Die Verfassungsgerichtsbarkeit, S. 119.
104 *Jensen*, REDP 15 (2003), S. 818, im Zusammenhang mit einer Untersuchung des Verfassungsvertrags.

eingeräumt wird, ist unter dem vorliegenden Gesichtspunkt problematisch. Denn auch in dieser Konstellation wären der Europäische Rat und damit die Vertreter des dänischen Staates an der inhaltlichen Gestaltung der Änderungsentscheidung nicht mehr beteiligt. Der Einfluß der dänischen Staatsorgane würde sich auf die Verweigerung der Zustimmung im Rahmen der Ratifikation beschränken. Unter diesen Umständen könnte von einer echten Selbst-Regierung in Fragen der Mitwirkung im europäischen Integrationsprozeß nicht mehr gesprochen werden. Aber auch insoweit würde das Bestimmtheitsgebot eine Zustimmung auf Grundlage des § 20 GL bereits ausschließen.

Hingegen würde ein Zustimmungsrecht des Europäischen Parlaments die Gestaltungsmacht des Europäischen Rates nicht in dem beschriebenen Maße beschränken. Zwar wäre in diesem Falle eine vorherige Abstimmung mit dem Europäischen Parlament erforderlich, um das Risiko eines Scheiterns wegen Verweigerung der Zustimmung durch das Parlament zu verhindern. Die dänischen Vertreter könnten jedoch zusammen mit den Vertretern der anderen Mitgliedstaaten weiterhin Umfang und Richtung des Integrationsprozesses maßgeblich bestimmen und die eigene Verfassungstradition in den Gestaltungsprozeß von Anfang an einbringen. Ein solches Zustimmungsrecht des Europäischen Parlaments könnte daher nicht als „offensichtlicher„ Verstoß gegen die Souveränitätsschranke angesehen werden.

Eine stärkere Einbeziehung des Europäischen Parlaments im Vorfeld der Entscheidung hätte unter dem Gesichtspunkt der staatlichen Souveränität keinerlei Auswirkungen.

F. Völkervertragliche Rückbindung

Als Begünstigte des Übertragungsaktes benennt § 20 GL „zwischenstaatliche Einrichtungen, die durch gegenseitige Übereinkunft zwecks Förderung zwischenstaatlicher Rechtsordnung und Zusammenarbeit errichtet worden sind". Sowohl der eindeutige Wortlaut als auch Systematik und Entstehungsgeschichte des Übertragungstatbestandes bedingen die völkervertragliche Einigung als zwingende Voraussetzung. § 20 GL steht in einem unauflösbaren Zusammenhang mit § 19 GL, der den Abschluß völkerrechtlicher Verträge regelt. Der Übertragungsakt, zu dem § 20 GL ermächtigt, ergeht gerade in Anschluß an die zuvor eingegangene völkervertragliche Verpflichtung.[105] So hatte auch *Sørensen* den Adressaten eindeutig als internationale, auf ein gegenseitiges Abkommen gegründete Organisation definiert.[106] Entsprechend ordnet das Højesteret im Maastricht-Urteil das Zuordnungssubjekt ganz selbstverständlich als internationale Organisation ein.

Die zitierte Verfassungsformulierung stand bislang nicht im Vordergrund der Auseinandersetzung in der dänischen Verfassungsdogmatik zum Fortgang des

---

[105] Siehe dazu die Erläuterungen bei *Sørensen*, KSE 15, S. 9.

[106] Siehe den entsprechenden Verweis bei *Lachmann*, E.U.I. Working Paper Nr. 85/144, S. 18.

Integrationsprozesses. Diese knüpft vielmehr an dem besprochenen Bestimmtheitsgebot des § 20 GL an. So wurde auch im Zusammenhang mit der Ratifikation des Maastricht-Vertrages im Gegensatz zur deutschen Diskussion die Einordnung der Europäischen Union unter den Begriff der zwischenstaatlichen Einrichtung nicht grundlegend in Frage gestellt. Das Højesteret hatte in seinem Maastricht-Urteil die Formulierung zwar aufgegriffen. Es diskutierte in diesem Zusammenhang jedoch nicht die vertragliche Rückbindung der Union, sondern vielmehr die zuvor dargestellte Souveränitätsschranke des § 20 GL. Kategorien wie die Mitgliedstaaten als „Herren der Verträge" wie sie gerade in der deutschen Diskussion Anwendung finden, sind in der dänischen Diskussion nicht von Relevanz.

Trotz der geringen Bedeutung der eingangs zitierten Verfassungsformulierung in der Dogmatik muß sie doch als wichtige Einschränkung des § 20 GL angesehen werden. Jeder Übertragungsakt, der zu Beseitigung der vertraglichen Grundlage der Union führt, wäre nicht von § 20 GL gedeckt und würde eine Verfassungsänderung gemäß § 88 GL bedingen.[107]

Wie bereits im Prüfungskatalog dargelegt, würde die Einräumung eines ausschließlichen Entscheidungsrechts zugunsten des Europäischen Parlaments eine solche Ablösung von der völkervertraglichen Grundlage bedingen. Damit wäre diese Verfahrensalternative auch wegen Ablösung von der in § 20 GL vorausgesetzten vertraglichen Grundlage der Union nur im Wege des § 88 GL durchsetzbar.

Ein Zustimmungsrecht des Europäischen Parlaments würde hingegen an die vertragliche Einigung der Mitgliedstaaten im Europäischen Rat anknüpfen. Insoweit kann auf die Ausführungen zum Grundgesetz verwiesen werden. Die Einführung eines solchen Zustimmungsrechts könnte folglich auf Grundlage des § 20 GL verwirklicht werden.

G. *Recht zum Widerruf und zur Beendigung der Mitgliedschaft in der Union*

Eine Verpflichtung der dänischen Verfassungsorgane zur Mitwirkung in der Europäischen Union kann dem Grundlov nicht entnommen werden. Anders als das deutsche Grundgesetz enthält das dänische Grundlov kein entsprechend verbindliches Bekenntnis zum europäischen Integrationsprozeß. Stattdessen wird in der dänischen Verfassungslehre übereinstimmend davon ausgegangen,

---

[107] So stellt auch *Zahle*, in Battis/Tsatsos/Stefanou, S. 74, fest, daß „die Ersetzung der derzeitigen vertraglichen Grundlage der Zusammenarbeit durch eine gemeinsame europäische verfassungsrechtliche Grundlage" nur im Wege des § 88 GL möglich ist, ohne dies allerdings im Detail zu erörtern; ähnlich *Lachmann*, in E.U.I. Working Paper Nr. 85/144, S. 21, der die Kompetenzübertragung auf die Union als föderalen Staat nicht als von § 20 GL gedeckt ansieht.

daß auf Grundlage des § 20 GL ein Widerruf des Übertragungsakts jederzeit möglich ist.

I. Widerruflichkeit des Übertragungsaktes

Die Widerruflichkeit des Übertragungsaktes wird zum einem aus dem Wortlaut der Norm, dem Begriff „übertragen“ abgeleitet.[108] Zum anderen wird darauf verwiesen, daß bereits die Verfassungskommission bei Einführung der Verfassungsnorm davon ausging, daß das auf Grundlage des § 20 GL ergangene Gesetz ohne weiteres aufgehoben werden könne und zwar im Wege eines einfachen Gesetzes und ohne notwendige Einhaltung des Verfahrens des § 20 GL.[109] Wie bereits im Prüfungskatalog dargelegt könnte sich daraus ein verfassungsrechtliches Problem dahingehend ergeben, daß durch eine stärkere Beteiligung des Europäischen Parlaments im Änderungsverfahren die Verwirklichung des Widerrufsrechts der dänischen Verfassungsorgane erschwert wäre.

Zur Diskussion bezüglich der Widerruflichkeit des Übertragungsaktes kam es bereits bei Verabschiedung des Gesetzes über den Beitritt zur Europäischen Gemeinschaft und zwar bezogen auf die in Art. 240 EGV (Art. 312 n. F.) geregelte unbegrenzte Geltungsdauer des Vertrages. Hieraus wurde zum Teil die Verfassungswidrigkeit des Beitrittsgesetzes abgeleitet.[110] *Sørensen* wies jedoch zu Recht darauf hin, daß zwischen der Wirksamkeit des Widerrufsaktes für die nationale Rechtsordnung einerseits und seiner Anerkennung innerhalb der Gemeinschaftsordnung andererseits zu unterscheiden ist. Demzufolge müssen die dänischen Verfassungsorgane von der Wirksamkeit des Widerrufs einer Kompetenzzuweisung ausgehen, auch wenn er unter Verletzung der gemeinschaftsrechtlichen Verpflichtungen erfolgt.[111] Daher wurden hinsichtlich der unbeschränkten Geltungsdauer überwiegend verfassungsrechtliche Einwände verneint.[112] In der dänischen Verfassungsdogmatik wird überwiegend von der Anwendbarkeit völkerrechtlicher Regelungen bezüglich der Lösung der gemeinschaftsrechtlichen Verpflichtungen ausgegangen.[113] Danach kann Dänemark durch Wahrnehmung der bereits im Prüfungskatalog genannten völkerrechtlichen Widerrufsrechte den Widerrufsakt auch auf Gemeinschaftsebene wirksam durchsetzen.

Vor diesem Hintergrund stellt ein ausschließliches Beschlußrecht des Europäischen Parlaments einen Verstoß gegen die verfassungsrechtlich vorausgesetzte Widerruflichkeit des Übertragungsaktes dar. Würde man auf das Ratifikations-

---

[108] *Zahle*, in: 17. FIDE-Kongreß, S. 64; *Koch*, in Kellermann, EU Enlargement, S. 110.
[109] Ein entsprechender Verweis bei *Due/Gulmann*, CMLRev. 9 (1972), S. 262.
[110] *Due/Gulmann*, CMLRev. 9 (1972), S. 262.
[111] *Sørensen*, KSE 15, S. 21.
[112] *Sørensen*, a. a. O.; *Hartig Danielsen*, www.au.dk./en/aj/1999,aj99s368.pdf, S. 370.
[113] *Zahle*, in: Battis/Tsatsos/Stefanou, S. 78 f.

erfordernis verzichten, erginge kein nationaler Übertragungsakt mehr, dessen Widerruf möglich wäre. Zwar könnte der originäre Übertragungsakt, auf dessen Grundlage dem Europäischen Parlament das alleinige Beschlußrecht eingeräumt wurde, wieder aufgehoben werden. Die Rechtsgrundlage für die Anwendbarkeit der vom Parlament getroffenen Entscheidungen im dänischen Rechtsraum wäre beseitigt. Dies würde jedoch nicht zur Lösung der Verpflichtungen Dänemarks gegenüber den anderen Mitgliedstaaten und der Union führen. Insoweit wären die Regelungen des Gemeinschaftsrechts maßgeblich. Da von der Anwendbarkeit des Vertragsänderungsverfahrens auszugehen ist, könnten die dänischen Staatsorgane den Widerruf auf Gemeinschaftsebene nicht mehr gegen den Willen des Europäischen Parlaments durchsetzen. Nach Auffassung von *Zahle* ist der Übergang zu einem verfassungsrechtlichen Rahmen unter Beseitigung des völkerrechtlichen Austrittsrechts von § 20 GL nicht mehr gedeckt und könnte nur im Rahmen des § 88 GL eingeführt werden.[114]
Sollte am Ratifikationserfordernis festgehalten werden, dann wäre ein Widerruf der nationalen Umsetzungsakte zwar weiterhin möglich. Hinsichtlich der Wirksamkeit der einzelnen Widerrufsakte auf Gemeinschaftsebene würden jedoch dieselben Bedenken gelten. Hinzu käme der immense politische Druck auf das Folketing angesichts der Auswirkungen eines Widerrufs.
Hinsichtlich eines parlamentarischen Zustimmungsrechts bestehen hingegen keine verfassungsrechtlichen Bedenken. An der geltenden Rechtslage, insbesondere in Hinblick auf die Frage der Anwendbarkeit einschlägiger völkervertraglicher Regelungen würde sich nichts ändern, da auch hinsichtlich der vertraglichen Grundlage der Union keine Änderung erfolgen würde. Die Einführung eines Zustimmungsrechts hätte auf die Frage der Durchsetzbarkeit des Widerrufs des dänischen Übertragungsaktes auf Gemeinschaftsebene keine Auswirkungen. Eine Stärkung des Parlaments im Vorfeld der Entscheidung hätte in diesem Zusammenhang überhaupt keine Auswirkungen.

Im Ergebnis bestehen hinsichtlich der in § 20 GL vorausgesetzten Widerruflichkeit des Übertragungsaktes allein für ein ausschließliches Beschlußrecht des Europäischen Parlaments erhebliche verfassungsrechtliche Bedenken.

II. Austrittsrecht

Allgemein wird auch von einer rechtlichen Austrittsmöglichkeit Dänemarks ausgegangen.[115] Entsprechend *Sørensen* ist die Möglichkeit Dänemarks zur Beendigung seiner Mitgliedschaft als Ausdruck für den Fortbestand der Mitgliedstaaten als „selbständige Staaten" zu sehen, „die ihre völkerrechtliche und

---

[114] *Zahle*, in: Battis/Tsatsos/Stefanou, S. 78 f.; wohl auch *Jensen*, REDP 15 (2003), S. 818.
[115] Nach dem negativen Votum im Referendum über die Ratifikation des Maastricht-Vertrags wurde der Austritt Dänemarks auch ernsthaft diskutiert - *Zahle*, in Battis/Tsatsos/Stefanou, S. 74.

staatsrechtliche Identität nicht eingebüßt haben".[116] Ein Austritt Dänemarks aus der Europäischen Union würde schließlich auf den Widerruf sämtlicher Beitrittsgesetze zu den einzelnen Verträgen hinauslaufen. Daher kann hinsichtlich der verfassungsrechtlichen Grundlage für den Austritt sowie hinsichtlich der verfassungsrechtlichen Bewertung der gegenständlichen Verfahrenskonstellationen auf die Ausführungen zur Widerruflichkeit des Übertragungsaktes verwiesen werden.
Das verfassungsrechtliche Problem würde sich dann nicht stellen, wenn wie im Verfassungsvertrag vorgesehen, ein Austrittsrecht zugunsten des einzelnen Mitgliedstaats ausdrücklich geregelt wäre. Die Einführung eines solchen Austrittsrechts wurde von dänischer Seite stark befürwortet.[117]

H. Ergebnis/Aussichten für eine Verfassungsänderung

Zusammenfassend läßt sich feststellen, daß auch auf Grundlage der dänischen Verfassung die Einführung eines Zustimmungsrechts des Europäischen Parlaments bezüglich zukünftiger Vertragsänderungen zu verwirklichen wäre. Keinerlei verfassungsrechtliche Bedenken bestehen hinsichtlich einer stärkeren Einbeziehung des Europäischen Parlaments im Vorfeld des Änderungsbeschlusses durch den Europäischen Rat.
Hingegen ist die Einräumung eines ausschließlichen Beschlußrechts zugunsten des Parlaments vom Übertragungstatbestand des § 20 GL nicht gedeckt. Ein solches Verfahrensrecht würde vor allem am Bestimmtheitsgebot des § 20 GL scheitern. Das Bestimmtheitsgebot steht im Mittelpunkt der dänischen Verfassungsdiskussion in Fragen des europäischen Integrationsprozesses.
Zwar könnte das ausschließliche Beschlußrecht des Parlaments im Wege einer Verfassungsänderung gemäß § 88 GL durchgesetzt werden. Anders als im deutschen Grundgesetz werden im dänischen Grundlov einer Verfassungsänderung keine Grenzen gesetzt. Angesichts der hohen verfahrensrechtlichen Hürden und der bereits angesprochenen Skepsis der dänischen Bevölkerung, aber auch der politischen Parteien gegenüber einer weiteren Vertiefung der Integration, insbesondere in Richtung auf ein föderales System erscheint eine entsprechende Verfassungsänderung aussichtslos.

---

[116] *Sørensen*, in KSE 15, S. 21 f. Zum Austrittsrecht auch *Zahle*, a. a. O., S. 77 ff.
[117] Entsprechend die Stellungnahme des dänischen Konventsvertreters *H. Christophersen* in der Berlingske Tidende v. 4.4.2003. Ein Austrittsrecht ist auch in Art. 46 des Vorschlags der dänischen KFU (junge Christdemokraten) für eine „Europäische Föderale Verfassung" enthalten – www.kfu.rft/108.pdf.

Kapitel 5: Die schwedische Verfassung

A. Einführung in das schwedische Verfassungssystem

I. Das Instrument of Governance als zentraler Verfassungstext

Der schwedische Staat hat kein einheitliches Verfassungsgesetz vergleichbar mit dem deutschen oder dem dänischen Grundgesetz. Stattdessen existieren vier Verfassungsgesetze, die als solche in Art. 1:3 des *„Instrument of Government"*[1] bezeichnet sind. Verfassungsrang haben demnach neben dem „Instrument of Governance" die „Sukzessionsordnung" von 1810, das „Pressegesetz" von 1949 und das „Grundgesetz über die Freiheit der Meinungsäußerung" von 1991. Diesen Gesetzen ist gemeinsam, daß ihr Zustandekommen und Änderungen auf einem Verfahren beruhen, das eine breite öffentliche Zustimmung garantiert. Hiermit wird ihre erhöhte Legitimität und ihre Erstrangigkeit in der Normenhierarchie begründet.[2]

Der „Reichstagsakt", der insbesondere die Geschäftsordnung des Parlaments regelt, hat zwar keinen formellen Verfassungsrang. Dem Gesetz wird jedoch aufgrund des erschwerten Änderungsverfahrens ein Gesetzesrang zwischen den Verfassungsgesetzes und den einfachen Gesetzes zugeordnet.[3]

Der zentrale Regelungskomplex der Verfassungsordnung stellt eindeutig das *Instrument of Governance* dar. Vergleichbar mit anderen europäischen Verfassungsurkunden enthält das *Instrument of Governance* die grundlegenden Verfassungsprinzipien (Kap. 1 IG), einen Grundrechtskatalog (Kap. 2 IG) und die Regelungen zur staatlichen Organisation (Kap. 3 ff. IG).[4] Das *Instrument of Governance* bildet daher auch den Kern der folgenden Untersuchung und soll im Folgenden unter dem Titel „schwedische Verfassung" diskutiert werden.

Die am 01.01.1975 in Kraft getretene schwedische Verfassung hat im Wege einer Totalrevision das aus dem Jahr 1809 stammende Verfassungsgesetz ersetzt. Hintergrund der seit den 50iger Jahren des letzten Jahrhunderts laufenden Reformbemühungen war die Einsicht, daß das alte Verfassungsgesetz in weiten Teilen, insbesondere in Fragen der Gewaltverteilung zwischen König, Regie-

---

[1] „IG" abgekürzt. Das IG teilt sich in verschiedene Kapitel mit jeweils in der Nummerierung mit 1 beginnenden Paragraphen auf. Im Folgenden werden zunächst das Kapitel und dann der Paragraph angegeben.

[2] *Holmberg/Stjernquist*, The Constitution of Sweden, S. 9; *Vogel*, in Bogdan: Swedish Law, S. 49.

[3] *Nergelius*, in Bogdan: Swedish Law, S. 65, vergleicht seine Stellung im Verfassungssystem mit dem eines Organgesetzes in der französischen Verfassungsordnung.

[4] *Bernitz*, in Schwarze: Die Entstehung, S. 391; *Schäder/Melin*, in: XX. FIDE-Kongreß, S. 1. Zur Übersetzung des Verfassungstextes *Kimmel*, Die Verfassungen der Mitgliedstaaten, S. 487 ff.

rung und Parlament[5] nicht mehr mit der Verfassungswirklichkeit übereinstimmte und ihm nur noch symbolischer Charakter zukam.[6] Als Unzulänglichkeit des damaligen Verfassungssystems wurde auch das Fehlen eines Grundrechtskataloges angesehen.[7] Um die Bedeutung der Verfassung als grundlegende Norm des politischen Systems zu stärken, kam es schließlich zur Totalrevision. Seit ihrem Inkrafttreten wurde die Verfassung wiederum mehrfach, insbesondere im Bereich des Grundrechtsschutzes abgeändert.[8] Zwar stellt das in § 8:15 IG geregelte Änderungsverfahren im Vergleich zur deutschen Regelung (Art. 79 Abs. 2 GG) ebenfalls erhöhte Anforderungen.[9] Anders als die dänische Verfassung ist jedoch kein zwingendes Referendum vorgesehen.

Tatsächlich ist der Konstitutionalisierungsgedanke im schwedischen Rechtssystem im Vergleich zu anderen europäischen Verfassungsstaaten seit jeher nicht sehr stark ausgeprägt. Dies ist vor allem rechtshistorisch und gesellschaftlich begründet.[10] Der Staat in seiner wohlfahrtsstaatlichen Ausrichtung beruhte allzeit auf einer breiten gesellschaftlichen Akzeptanz. Dies begründet auch die anfänglich eher geringe Ausprägung rechtsstaatlicher Instrumente in der Verfassung.[11] Hinzu kommt der bereits bei der Prüfung des dänischen Grundlov angesprochene „Skandinavische Pragmatismus“ wie er auch im schwedischen

---

[5] Dies bezog sich insbesondere auf die seit 1917 in der Verfassungspraxis etablierte Parlamentsverantwortlichkeit, also den Übergang zahlreicher, nach der Verfassung dem König zugeordneter Kompetenzen in den Verantwortungsbereich des Parlaments – dazu *Ring/Olsen-Ring*, Einführung, S. 21.

[6] *Nergelius*, in Bogdan: Swedish Law, S. 65. Da es sich bei dem Verfassungsgesetz von 1809 um die mittlerweile älteste europäische Verfassung handelte, bestanden gewisse Widerstände gegen eine Totalrevision. Zum Gang der Verfassungsreformen *Nyman*, in Strömholm: An introduction, S. 47 ff.

[7] *Nergelius*, a. a. O., S. 66.

[8] U. a. wurde mit dem Änderungsgesetz von 1979 das Recht der Gerichte und Behörden zur Prüfung der Verfassungsmäßigkeit von Gesetzen ausdrücklich in der Verfassung verankert. Ebenso machte der Beitritt Schwedens zur Europäischen Union Änderungen erforderlich.

[9] Gemäß § 8:15 IG kann die Verfassung durch zwei gleichlautende Beschlüsse des Parlaments geändert werden, wobei der zweite Beschluß erst nach Durchführung einer Reichstagswahl und Zusammentritt des neuen Parlaments gefaßt werden kann. Gemäß § 8:15 Abs. 3 kann auf Zustimmung von mindestens 1/3 der Reichstagsabgeordneten ein Referendum über die Änderung der Verfassungsgesetze abgehalten werden.

[10] Auch die schwedische Verfassung ist nicht aus einem revolutionären Akt hervorgegangen, was auf die weniger stark ausgeprägten feudalen Strukturen zurückzuführen ist. Schweden blieb in den beiden Weltkriegen außenpolitisch neutral und hat in der jüngeren Geschichte keine tiefgreifenden Erfahrungen mit einer fremden Besatzungsmacht gemacht. Siehe dazu *Petersson*, The European Debate, S. 30.

[11] Dies betraf bspw. den Grundrechtsschutz und die anfänglich eher verschwommene Abgrenzung zwischen den staatlichen Gewalten. *Petersson*, a. a. O., S. 30, spricht insoweit von einem "unterentwickelten Konstitutionalismus", auch *Lysén*, in: 17. FIDE-Kongreß, S. 431.

politischen System anzutreffen ist. Staatliche Entscheidungsfindungsprozesse finden danach verstärkt in konsensualen Verfahren statt. Der Bindung an die Verfassung wird dementsprechend eine geringere Bedeutung zugewiesen.[12]
Ein Blick auf die Entwicklungen in den letzten Jahrzehnten läßt jedoch eine bewußtere Einstellung gegenüber der Verfassung in Politik und Wissenschaft erkennbar werden. Maßgeblichen Anteil daran hat der Beitritt Schwedens zur europäischen Menschenrechtskonvention mit seinen Einflüssen auf die Herausbildung eines stärkeren Systems des Grundrechtsschutzes. Die Mitgliedschaft Schwedens in den Europäischen Gemeinschaften hat den Blick für verfassungsrechtliche Konflikte ebenfalls geschärft.[13]

II. Das Instrument der Verfassungskontrolle

Die schwedische Verfassung sieht keine Verfassungsgerichtsbarkeit vor. Eine Kontrolle der Verfassungsmäßigkeit von Legislativakten ist jedoch auch im schwedischen System möglich. Insoweit ist zwischen der ex-ante Kontrolle durch den Verfassungsrat gemäß § 8:18 IG und dem in § 11:14 IG geregelten Recht eines jeden öffentlichen Organs zur quasi ex-post Kontrolle der Verfassungsgemäßheit zu unterscheiden.
Im Verfahren des § 8:18 IG wird auf Antrag der Regierung oder der Reichstagsausschüsse im Vorfeld von Beschlüssen eine Stellungnahme des Verfassungsrates zur Vereinbarkeit von Gesetzesvorlagen mit der Verfassung eingeholt. Dem Verfassungsrat gehören Richter des Obersten Gerichtshofs und des Obersten Verwaltungsgerichts an. Der Verfassungsrat hat lediglich eine beratende Funktion. Das Verfahren selbst ist ebenfalls nicht zwingend.[14] Die Bedeutung dieses Verfahrens spiegelt eine Auseinandersetzung im Rahmen der Ratifizierung des Amsterdamer Vertrages wieder. Auf die starke öffentliche Kritik an der Nichtvorlage des Ratifikationsgesetzes durch die Regierung wurde das Verfahren schließlich doch durch den parlamentarischen Verfassungsausschuß eingeleitet.[15]
Die nach ihrem Zuständigkeitsbereich beurteilte eher weite Regelung des

---

[12] *Petersson*, The European Debate, S. 30 f. („schwedisches Modell"). In der schwedischen Verfassungsdogmatik wird diese Richtung auch mit der „Uppsala-Schule" umschrieben. Sie ist jedoch nicht unumstritten und hat in der öffentlichen Verfassungsdebatte zum Teil starke Kritik erfahren - dazu *Strömholm*, in Bogdan: Swedish Law, S. 46; im Detail *Elder/Thomas/Arter*, The Consensual Democracies?, S. 180 ff.

[13] Das „demokratische Defizit" der Gemeinschaften wurde auch in Schweden diskutiert, denn das erfolgreiche nationale Modell der Konsensdemokratie ließ sich auf das europäische Modell nicht übertragen. Fragen der Transparenz und Verantwortlichkeit der schwedischen Vertreter im Rat mußten neu gestellt werden - *Petersson*, The European Debate, S. S. 21 ff., 30.

[14] Zur Erläuterung der Befugnisse *Fogelklou*, XIII. International Congress of Comparative Law, S. 221.

[15] *Bernitz*, Die Enstehung, S. 432 unter Verweis auf die Artikel im Svenska Dagbladet vom 15.03.1998 und 19.03.1998.

§ 11:14 IG zur Verfassungskontrolle wird durch die Voraussetzung eines „offenbaren Fehlers" für die Annahme eines Verwerfungsrechts der Gerichte bezüglich Parlaments- und Regierungsakten stark eingeschränkt. Hinzu kommt der zu berücksichtigende politische Entscheidungsspielraum von Parlament und Regierung.[16] Mit diesen Einschränkungen läßt sich die in der Verfassungspraxis eher zurückhaltende Wahrnehmung der Verwerfungskompetenz durch die Gerichte und Behörden erklären.[17] Der zuvor dargestellte Tatbestand einer eher geringen verfassungsrechtlichen Tradition konnte schließlich nicht ohne Auswirkung auf die gerichtliche Praxis bleiben.[18] Gerichtliche Entscheidungen, die auf den Tatbestand und die Grenzen des § 10:5 IG eingehen, sind bislang nicht ergangen.

Entsprechend der zunehmenden Beschäftigung mit verfassungsrechtlichen Fragen in Politik und Schrifttum wird in den letzten Jahren auch eine stärkere Ausübung der Verfassungskontrolle durch die Gerichte wahrgenommen.[19] Insgesamt wird der schwedischen Verfassung eine wachsende Bedeutung zugesprochen, dies insbesondere vor dem Hintergrund des europäischen Integrationsprozesses.[20] Dieser Entwicklung entsprechen auch die erkennbare Tendenz der Gerichte zur stärkeren Wahrnehmung ihrer Kontrollbefugnisse gegenüber der Legislative und der Regierung sowie die stärkere Auseinandersetzung mit Verfassungsfragen in der Lehre.[21]

B. Status der europäischen Integration innerhalb des schwedischen Verfassungssystems

I. § 10:5 Abs. 1 IG als spezifisches Regelungsregime

Vergleichbar dem dänischen Grundlov beruht die schwedische Verfassung auf einem dualistischen Ansatz hinsichtlich des Verhältnisses zwischen nationalem und internationalem Recht.[22] Es ist allgemein anerkannt, daß die Ausübung von

[16] Dazu *Fogelklou,* XIII. International Congress of Comparative Law, S. 218.

[17] Siehe *Fogelklou*, a. a. O., S. 221.

[18] *Lysén*, in: 17. FIDE-Kongreß, S. 430 f. Urteile im Bereich des Verfassungsrechts sind kaum zu finden. Gleiches gilt für das Schrifttum, das sich oftmals nur auf die Wiedergabe der Stellungnahme der öffentlichen Untersuchungskommissionen, die in der Regel im Vorfeld von Verfassungsrevisionen einberufen werden, beschränkt.

[19] Siehe z. B. *Schäder/Melin*, in: XX. FIDE-Kongreß, S. 2.

[20] *Nergelius*; in Bogdan: Swedish Law, S. 88 („spill-over effect"). Er verweist vor allem auf die zunehmende Geltendmachung von Verfassungsargumenten im Rahmen von Gesetzgebungsprozessen; *ders.*, in: Scheinin, Welfare State and Constitutionalism, S. 86 f.

[21] *Nergelius*, a. a. O. Er weist auf die Empfehlung einer Untersuchungskommission aus dem Jahr 2000 hin, wonach auf das einschränkende Kriterium der Offensichtlichkeit in § 11:14 IG verzichtet werden sollte.

[22] *Bernitz*, in Schwarze: Die Entstehung, S. 421, unter Verweis auf Entscheidungen des Obersten Gerichtshof und des Obersten Verwaltungsgerichtshofs.

Hoheitsrechten im innerstaatlichen Bereich ausschließlich staatlichen Organen zukommt, auch wenn dies nicht explizit in der Verfassung geregelt ist.[23] Für einen möglichen Beitritt Schwedens zu einer supranationalen Organisation wie den Europäischen Gemeinschafteten bedeutete dies, daß für eine Übertragung von Hoheitsrechten auf Organe dieser Organisation eine ausdrückliche verfassungsrechtliche Grundlage erforderlich war. Im Rahmen der Verfassungsreform im Jahr 1965 wurde ein entsprechender Übertragungstatbestand in die Verfassung aufgenommen, der dann in Form des § 10:5 IG auch Eingang in die Verfassung von 1975 fand.[24] Der Übertragungstatbestand wurde im Wege einer Verfassungsrevision 1985 dahingehend eingeschränkt, daß zu Übertragungen nur noch „im begrenzten Umfang" ermächtigt wurde und daß Übertragungen von Beschlußrechten, die die Einführung, Änderung oder Aufhebung von Normen höheren Ranges oder die Einschränkung von Grundrechten und Freiheiten zum Gegenstand haben, ausgeschlossen wurden.

Nach Beendigung des Kalten Krieges, der aus Gründen der schwedischen Neutralitätspolitik eine Mitgliedschaft Schwedens in den Europäischen Gemeinschaften bis dahin ausschloß, stellte die schwedische Regierung 1990 den Beitrittsantrag.[25] Angesichts der Reichweite der Gemeinschaftskompetenzen, der gemeinschaftsrechtlichen Grundsätze der unmittelbaren Anwendbarkeit und des Vorranges von Gemeinschaftsakten und der in den einzelnen Mitgliedstaaten geführten Debatten um die Wahrnehmung der Abrundungskompetenz des Art. 308 EGV wurde die Frage aufgeworfen, ob die gegenwärtige Transferregelung des § 10:5 IG eine ausreichende verfassungsrechtliche Grundlage für den Beitritt darstellte. Insbesondere wurde die in § 10:5 IG enthaltene Einschränkung der Übertragung auf Beschlußrechte „im begrenzten Umfang" als problematisch angesehen.[26] In den Zeitraum dieser Verfassungsdebatte fiel schließlich das Maastricht-Urteil des deutschen Bundesverfassungsgerichts, das in Schweden große Aufmerksamkeit fand. Die vom Bundesgericht getroffenen Feststellungen zur fehlenden „Kompetenz-Kompetenz" der Gemeinschaftsorgane und der verbleibenden Souveränität der Mitgliedstaaten sowie zum Prüfungsvorbehalt in Fragen des Grundrechtsschutzes wurden in der schwedi-

---

[23] *Holmberg/Stjernquist*, The Constitution of Sweden, S. 37.

[24] Schweden hatte sich 1961 bereits um den Abschluß eines Assoziierungsabkommens auf Grundlage des Art. 310 (ex-Art. 238) EGV bemüht, zog sich jedoch im Verlauf der anti-britischen Politik *De Gaulle's* wieder zurück. Mit Amtsaufgabe *De Gaulle's* führten die Wiederaufnahme der Verhandlungen und der Beitritt Schwedens zur EFTA schließlich auch zu einem Free Trade Agreement mit den Gemeinschaften. Ein Beitritt kam für Schweden hingegen aus Gründen des außenpolitischen Neutralitätsprinzips nicht in Frage. Dazu *Bernitz*, CMLRev. 38 (2001), S. 903 ff.

[25] *Bernitz*, in Schwarze: Die Entstehung, S. 419.

[26] Zur Debatte siehe *Bernitz*, in Schwarze, S. 419; *ders.*, CMLRev. 38 (2001), S. 910 f.

schen Debatte aufgegriffen.[27] Der Verfassungsausschuß des Riksdags – das schwedische Parlament – wurde mit der Prüfung dieser Verfassungsfrage befaßt. Der von ihm verfaßte Bericht stellt eine entscheidende Auslegungshilfe dar.[28] Schließlich verabschiedete der Riksdag auf Empfehlung des Verfassungsausschusses 1994 ein Verfassungsänderungsgesetz, durch das § 10:5 IG um einen für die Europäischen Gemeinschaften spezifischen Übertragungstatbestand ergänzt wurde. Der spezielle Übertragungstatbestand war gerade deshalb erforderlich geworden, weil auf die o. g. Einschränkung aus den genannten Gründen verzichtet, dieser Verzicht jedoch nicht auf sämtliche internationale Organisationen ausgeweitet werden sollte.[29] Die schwedische Verfassung enthält damit vergleichbar dem deutschen Grundgesetz ein für die Europäischen Gemeinschaften spezielles Regelungsregime, § 10:5 Abs. 1 IG. Im Unterschied zur deutschen Verfassung knüpft der Regelungstext des § 10:15 Abs. 1 IG nicht an die Europäische Union, sondern an die Europäischen Gemeinschaften an. Dies ist um so erstaunlicher, als zum Zeitpunkt der Einführung dieser Norm der Maastricht-Vertrag weitestgehend durch die Mitgliedstaaten ratifiziert worden war. Jedoch wurde in der verfassungsrechtlichen Auseinandersetzung der Übertragungstatbestand allein für die supranationale Struktur der Gemeinschaft als erste Säule der Union, nicht jedoch für die weiterhin intergouvernemental ausgestaltete zweite und dritte Säule als relevant angesehen. Dieser Ansatz wurde jedoch bereits mit der Ratifizierung des Amsterdamer Vertrages in Frage gestellt, ohne daß der Verfassungstext reformiert wurde.[30]

Der aufgrund des dualistischen Ansatzes erforderliche gesetzliche Umsetzungsakt erfolgte mit der Verabschiedung des „*Swedish Accession Act*".[31] § 2 des Act stellt die Geltung des *acquis communautaire* in der schwedischen Rechtsordnung, § 3 den Transfer von Beschlußrechten auf die Europäischen Gemeinschaften fest. Sofern weitere Beschlußrechte übertragen werden sollen, muß das Gesetz unter Berücksichtigung des § 10:5 IG geändert werden.

---

[27] *Bernitz*, in Schwarze, S. 420, 455. Ein Hinweis auf die Bezugnahme des Konstitutionellen Ausschusses auf das Maastricht-Urteil bei *Holmberg/Stjernquist*, The Constitution, S. 40.

[28] Hierauf wird in den Kommentierungen zu § 10:5 IG regelmäßig verwiesen.

[29] Hinweis bei *Holmberg/Stjernquist*, The Constitution, S. 40.

[30] Mit Einführung des Instruments verbindlicher Rahmenregelungen im 3. Säulenbereich der Union und der Möglichkeit, den EuGH anzurufen, wurde die Annahme einer rein intergouvernemtaler Struktur in Frage gestellt. Weder Regierung noch der eingeschaltete Legislativrat sahen dies jedoch als wesentliches Problem an. Kritisch *Bernitz*, CMLRev. 38 (2001), S. 913 ff.

[31] *Lysén*, in: 17. FIDE-Kongreß, S. 432, stellt die Notwendigkeit des Umsetzungsaktes in Frage, da nach seiner Ansicht die Übertragung bereits im Rahmen der Verträge erfolge. Dies mache nur bei Zugrundelegung eines dualistischen Ansatzes Sinn, den er jedoch anschließend in Frage stellt.

II. Verhaltene Debatte um Zukunft der EU - Verfassungspolitische Hintergründe

Mit dem Übertragungstatbestand des § 10:5 Abs. 1 IG enthält die schwedische Verfassung ein ausdrückliches Bekenntnis zum Integrationsprozeß. Auf der anderen Seite ist die Diskussion um den Fortgang der europäischen Integration und die Herausforderungen für das nationale Verfassungssystem sowohl in Politik als auch im verfassungsrechtlichen Schrifttum als eher zurückhaltend zu umschreiben. Dies läßt sich nicht allein auf den erst sehr späten Beitritt zurückführen, denn bereits seit den 60iger Jahren wurde ein entsprechender Beitritt diskutiert. Tatsächlich war und ist das Interesse Schwedens an einer Mitgliedschaft von vornherein primär wirtschaftlich orientiert. Visionäre Auseinandersetzungen über den Fortgang der europäischen Integration, um Begriffe wie „europäische kulturelle Identität“ und „europäischen Föderalismus“ haben daher in der schwedischen Debatte geringe Bedeutung, werden vielmehr skeptisch aufgenommen.[32] Der bereits beschriebene politische Pragmatismus ist auch im Umgang mit Konflikten im Verhältnis von europäischem und nationalem Recht zu erkennen.

Hinzu kommt die eher gespaltene Einstellung der schwedischen Bevölkerung zur EU-Mitgliedschaft.[33] In der Vergangenheit zeigten sich die schwedischen Bürger gerade in Hinblick auf die demokratischen Strukturen der Union sehr unzufrieden.[34] Die Verbesserung insbesondere der Transparenz des Entscheidungssystems, ist ein Hauptanliegen Schwedens im europäischen Integrationsprozeß.[35] Die kritische Einstellung der schwedischen Bürger hat sich zuletzt im Referendum vom 14.09.2003 gezeigt, in dem eine Mehrheit von 56,1 % der Abstimmenden den Beitritt Schwedens zur Wirtschafts- und Währungsunion ablehnte.

III. Anforderungen an strukturelle Kongruenz

Zwar ist in der schwedischen Verfassung keine dem Art. 23 Abs. 1 S. 1 GG vergleichbare Struktursicherungsklausel zu finden. Allerdings enthält § 10:5 Abs. 1 IG eine ausdrückliche Regelung, wonach eine Übertragung von Beschlußrechten auf die Europäischen Gemeinschaften nur erfolgen darf, „solange“ diese über einen den Standards der schwedischen Verfassung und der Menschenrechtskonvention entsprechenden Freiheits- und Rechtsschutz verfügen, eine konkrete Vorgabe hinsichtlich der auf Unionsebene erforderlichen

---

[32] *Huldt*, in Hrbek: Die Reform der EU.

[33] In dem im Vorfeld des Beitritts durchgeführten konsultativen Referendum stimmten nur 52, 1 % dafür.

[34] Nach dem Eurobarometer Nr. 51 (1999), Pkt. 1.4, ergab sich ein Zufriedenheitsgrad der Schweden von gerade 19 %, die niedrigste Quote aller EU-Mitgliedstaaten - dazu *Augustin*, Das Volk, S. 190.

[35] Zur schwedischen Debatte siehe *Petersson*, The European Debate in Sweden, S. 25 ff.

Grundrechtsstandards.[36] Bei Formulierung dieser Vorgabe hat sich der schwedische Verfassungsgesetzgeber an der „Solange-Formel" des deutschen Bundesverfassungsgerichts orientiert.[37] Soweit diese Vorgabe gemeinschaftsrechtliche Grundrechtsstandards betrifft, wird sie als unproblematisch angesehen, da allgemein von der Einhaltung bzw. Stärkung des Grundrechtsschutzstandards auf Unionsebene ausgegangen wird.[38]

C. Regelung zur Übertragung von Hoheitsrechten

Mit § 10:5 Abs. 1 IG enthält die schwedische Verfassung eine speziell für den Transfer von Kompetenzen auf die Europäischen Gemeinschaften geltende Regelung.
Satz 1 enthält die Ermächtigung des Riksdags, „Beschlußrechte auf die Europäischen Gemeinschaften [zu] übertragen, solange diese über einen Freiheits- und Rechtsschutz verfügen, der den in dieser Verfassung und in der Europäischen Konvention für Menschenrechte und Grundfreiheiten gegebenen entspricht".
Satz 2 und 3 regeln das Verfahren, wonach die Übertragung durch einen „Beschluß" erfolgt, „dem mindestens dreiviertel der Abstimmenden zustimmt" oder „in der gleichen Weise, in der Grundgesetze erlassen werden".

Die Übertragung von Hoheitsrechten ist abzugrenzen vom Abschluß intergouvernementaler Vereinbarungen, deren Rechtsgrundlage weiterhin die § 10:1 bis § 10:3 IG darstellen. Von erheblicher Bedeutung für die vorliegende Untersuchung ist die Frage, in welchen Fällen statt des Verfahrens des § 10:5 Abs. 1 IG das in § 8:15 IG geregelte Verfahren der Verfassungsänderung Anwendung findet, womit nicht nur eine Neuwahl des Riksdags verbunden, sondern auch der Weg zur Abhaltung eines Referendums eröffnet wäre. Zwar hat der Verfassungsgesetzgeber mit § 10:5 Abs. 1, S. 3 IG die Entscheidung über die Wahl des Verfassungsänderungsverfahrens grundsätzlich in das Ermessen des Riksdags gestellt. Der Verfassungsausschuß, auf dessen Vorarbeiten sich der Riksdag bei seiner Entscheidung über die Einführung des § 10:5 Abs. 1 IG maßgeblich stützte, hatte jedoch ausdrücklich erklärt, daß die Übertragung von Beschlußrechten, die zu einer materiellen Änderung der „Grundprinzipien der Verfassung" führt, nicht ohne Änderung der Verfassung erfolgen kann.[39]

---

[36] Im Gegensatz zur deutschen bestimmt die schwedische Regelung explizit die schwedischen Staatsorgane als Adressaten, deren Übertragungsbefugnisse entsprechend eingeschränkt werden.
[37] *Bernitz*, in Schwarze: Die Entstehung, S. 456.
[38] Zur Einschätzung der schwedischen Regierung *Bernitz*, a. a. O., S. 432 sowie *Schäder/Melin*, XX. FIDE-Kongreß, S. 4 bezogen auf die Einschätzung des Riksdags.
[39] Constitutional Committee Report, 1993/94:KU 21, S. 27 ff. – zit. nach *Lysén*, 17. FIDE-Kongreß, Fn. 18.

I. Der Tatbestand der Hoheitsrechtsübertragung

Wie eingangs dargelegt verfolgte der Verfassungsgesetzgeber mit Einführung des § 10:5 Abs. 1 IG das Ziel, eine ausreichende verfassungsrechtliche Grundlage für die Geltung der mit unmittelbarer und vorrangiger Wirkung ausgestatteten Gemeinschaftsakte innerhalb der schwedischen Rechtsordnung zu schaffen. Vergleichbar mit den Übertragungstatbeständen der deutschen Verfassung bezieht sich § 10:5 Abs. 1 IG auf die Ermächtigung der Gemeinschaftsorgane zum Erlaß von Hoheitsrechten mit unmittelbarer Wirkung gegenüber den schwedischen Bürgern.[40] Ebenso bezieht sich der Übertragungstatbestand grundsätzlich auf sämtliche Bereiche der staatlichen Gewalt.[41] Auf eine umfassende Kommentierung wie sie in der deutschen oder dänischen Verfassungsdogmatik zu finden ist, kann bei Auslegung der tatbestandlichen Voraussetzungen des § 10:5 Abs. 1 IG nicht zurückgegriffen werden. Dies liegt nicht zuletzt daran, daß § 10:5 Abs. 1 IG erstmalig Anwendung beim Beitritt Schwedens im Jahr 1995 fand und sich bei Ratifikation des Amsterdamer Vertrages sowie des Nizza-Vertrages auf Basis der schwedischen Verfassung keine echten Auslegungsprobleme stellten.[42]

Aufgrund der Vergleichbarkeit des Anwendungsbereichs des § 10:5 Abs. 1 IG mit Art. 23 Abs. 1 S. 2 GG und § 20 GL ergeben sich für die Prüfung des vorliegenden Untersuchungsgegenstandes keine abweichenden Ergebnisse. In Hinblick auf die unmittelbaren Gestaltungswirkung eines Beschlußrechts des Europäischen Parlaments im Vertragsänderungsverfahren für die nationale Verfassungsordnung und der entsprechenden Minderung der Vertragsgewalt der schwedischen Organe, ob im Wege eines ausschließlichen Entscheidungsrechts oder lediglich im Wege eines Zustimmungsrechts des Europäischen Parlament, muß von einer Hoheitsrechtsübertragung auch im Sinne der schwedischen Verfassung ausgegangen werden. Insoweit kann auf die Ausführungen zum deutschen und zum dänischen Übertragungstatbestand verwiesen werden.

II. Grenzen des Übertragungstatbestandes

Ein Bestimmtheitsgebot wie es das deutsche und das dänische Grundgesetz kennen, ist in der schwedischen Verfassung nicht enthalten.[43] § 10:5 Abs. 1 IG

---

[40] Entsprechend *Holmberg/Stjernquist*, The Constitution, S. 38, die ebenfalls an die für schwedische Staatsbürger bindende Wirkung von Gemeinschaftsakten anknüpfen.

[41] *Schäder/Melin*, XX. FIDE-Kongreß, S. 4.

[42] Entsprechend geht *Bernitz*, CMLRev. 38 (2001), S. 913 ff., lediglich auf die Auseinandersetzung im Zusammenhang mit den vertraglichen Änderungen betreffend die 2. und 3. Säulenkomplex der Union ein.

[43] Dementsprechend stellt *Bernitz*, a. a. O., S. 913, Fn. 32, fest, daß ein dem Maastricht-Urteil des dänischen Højesteret vergleichbare Gerichtsentscheidung in der schwedischen Rechtsordnung nicht denkbar wäre.

enthält jedoch die bereits angesprochene Vorgabe für die Einhaltung von Grundrechtsstandards. Dem Wortlaut entsprechend bezieht sich die Vorgabe auf die im *Instrument of Governance* verankerten Freiheits- und Rechtsschutzgarantien, also insbesondere auf die in Kapitel 2 IG verankerten Grundrechte sowie auf die durch die EMRK eingeführten Grundrechtsstandards. Eine Aushöhlung dieser Standards erscheint allgemein und auch konkret bezogen auf den hier zu untersuchenden Übertragungsakt ausgeschlossen.

Im Schrifttum wird allgemein davon ausgegangen, daß hiervon auch die im „Pressegesetz" und im „Grundgesetz über die Freiheit der Meinungsäußerung" geregelten Grundfreiheiten umfaßt sind. Insoweit wird auf den Bericht des Verfassungsausschusses zur Einführung des § 10:5 IG verwiesen, worin dieser feststellt, daß Übertragungsakte, die zur Einschränkung von Verfassungsrechten wie der Meinungsfreiheit, das Zensurverbot oder des Rechts auf freien Zugang zu öffentlichen Dokumenten wie sie in den zuvor genannten Verfassungsgesetzen verankert sind, nicht außerhalb des Verfassungsänderungsverfahrens erfolgen können. Diese Einschränkung erweiterte der Verfassungsausschuß ausdrücklich auf „*fundamental rules concerning the governing of the State*".[44] Ein Übertragungsakt, der zu einer Aufhebung der Eigenstaatlichkeit Schwedens führen würde, wäre demnach im Rahmen des § 10:5 IG ausgeschlossen.[45]
Nun ist allgemein anerkannt, daß die Übertragung von Hoheitsrechten zwangsläufig mit Modifikationen des nationalen Verfassungssystems verbunden ist. In Hinblick auf die Feststellungen des Verfassungsausschusses wird im schwedischen Schrifttum daher unterschieden zwischen Übertragungsakten, die ohne eine ausdrückliche Änderung der Verfassung im Verfahren des § 10:5 Abs. 1 IG ergehen können und solchen, die aufgrund ihrer weitreichenden Auswirkungen auf fundamentale Verfassungsprinzipien eine ausdrückliche Verfassungsänderung und zwar im Verfahren des § 8:15 IG erfordern.[46] Wo genau diese Grenze zu ziehen ist und ob diese Abgrenzung justitiabel oder rein verfassungspolitischer Natur ist, bleibt jedoch ungeklärt.[47]

Betrachtet man die hier gegenständlichen Übertragungsakte, also die Einräumung eines ausschließlichen Beschlußrechts oder eines Zustimmungs-

---

[44] Constitutional Committee Report, 1993/94:KU 21, S. 27 ff. – zit. nach *Lysén*, 17. FIDE-Kongreß, Fn. 18.
[45] Entsprechender Verweis bei *Bernitz*, in Schwarze: Die Entstehung, S. 420.
[46] *Schäder/Melin*, in: XX. FIDE-Kongreß, S. 8; *Lysén*, in: 17. FIDE-Kongreß, S. 433.
[47] *Holmberg/Stjernquist*, The Constitution, S. 41, sprechen von als „unverletzlich anzusehenden Verfassungsprinzipien"; *Nergelius,* in Bogdan: Swedisch Law, S. 77, verweist auf Gesetzgebungskompetenzen „von spezieller sensibler Natur". Zweifelnd hinsichtlich der Justitiabilität *Bernitz*, CMLRev. 38 (2001), S. 912 f., unter Verweis auf die fehlende Verankerung im Verfassungstext; *Holmberg/Stjernquist*, The Constitution, S. 40.

rechts zugunsten des Europäischen Parlaments, so erscheint angesichts der bereits im Rahmen der Untersuchung zum deutschen und zum dänischen Grundgesetz festgestellten Auswirkungen auf die Verfassungsautonomie des Mitgliedstaates bzw. die Kompetenzen des nationalen Parlaments als Repräsentationsorgan des mitglied-staatlichen Volkes die Annahme einer entsprechend weitreichenden Modifikation von Verfassungsgrundsätzen der schwedischen Verfassung nicht ausgeschlossen. Dies soll jedoch im Folgenden bei Prüfung der insoweit in Frage kommenden Fundamentalprinzipien der schwedischen Verfassung im einzelnen dargelegt werden.

D. Prinzip demokratischer Legitimation

Gemäß Absatz 1 des Art. 1:1 IG „geht alle öffentliche Gewalt in Schweden vom Volk aus". Absatz 2 konkretisiert die „schwedische Volksherrschaft" dahingehend, daß diese „sich auf die freie Meinungsbildung und das allgemeine und gleiche Stimmrecht gründet" (Satz 1) und „durch eine repräsentative, parlamentarische Staatsform und kommunale Selbstverwaltung verwirklicht" wird (Satz 2). § 1:4 IG bestimmt den Riksdag als „die wichtigste Vertretung des Volkes".

Demnach gründet sich auch die schwedische Verfassung auf die Idee der Souveränität des Volkes. Das demokratische System ist repräsentativ ausgestaltet. Dem Riksdag als Repräsentativorgan des schwedischen Volkes kommt ähnlich dem Folketing im dänischen Verfassungssystem eine sehr starke Position zu; aufgrund der nur gering ausgeprägten Gesetzgebungskontrolle durch die Gerichte erfolgt die Verfassungsauslegung im wesentlichen durch den Riksdag.[48] Ihm kommt daher auch ein entsprechend umfassender verfassungspolitischer Entscheidungsspielraum zu.

Im Rahmen des Verfassungsänderungsverfahrens läßt die schwedische Verfassung – im Unterschied zur deutschen – auch die Durchführung eines Referendums zu, § 8:15, Abs. 3 und 4 IG. Im Falle der Ablehnung durch die Mehrheit der Abstimmungsteilnehmer, die größer als die Hälfte der Stimmen sein muß, die in der gleichzeitig mit dem Referendum durchzuführenden Neuwahl zum Riksdag abgegeben wurden, kann der Riksdag das Verfassungsprojekt nicht weiter verfolgen. Daneben sind gemäß § 8:4 IG auch konsultative Volksabstimmungen zulässig, deren Ausgang für den Riksdag nicht bindend ist. Das am 13.11.1994 bezüglich des Beitrittsgesetzes durchgeführte Referendum sowie das Referendum vom 14.09.2003 über den Beitritt

---

[48] Der Riksdag setzt für die Erarbeitung von Gesetzesentwürfen in der Regel Ausschüsse ein. Deren oftmals sehr umfassenden Berichte werden ähnlich der deutschen Reihe „Verhandlungen des Deutschen Bundestags, Drucksachen" in der Reihe „Swedish Government Reports" (SOU) veröffentlicht. Als Grundlage der Riksdags-Beschlüsse enthalten sie wesentliche Anhaltspunkte für die Auslegung von Gesetzen, aber auch der Verfassung selbst.

Schwedens zur Wirtschafts- und Währungsunion waren konsultativer Natur.[49] Auch für die Ratifizierung des Verfassungsvertrages wird die Durchführung eines Referendums erwogen.[50]

Wie auch im dänischen und deutschem Verfassungssystem obliegt es gemäß § 10:1 IG der Regierung, das Volk beim Abschluß von völkerrechtlichen Verträgen zu vertreten. Entsprechend wirkt der schwedische Ministerpräsident als Mitglied des Europäischen Rates an den Regierungskonferenzen mit. Aber auch der Riksdag verfügt – im Vergleich zum deutschen Bundestag – über starke Einflußmöglichkeiten. Wichtigstes Instrument ist der aus Anlaß des Beitritts eingerichtete ständige EU-Ausschuß[51]. Die rechtlichen Grundlagen für die Mitwirkung des Riksdags in EU-Angelegenheiten sind im Reichstagsakt (RA), Kapitel 10 enthalten.[52] Gemäß Art. 10:1 RA ist die schwedische Regierung verpflichtet, den Riksdag laufend über alle Angelegenheiten im Rahmen der Zusammenarbeit in der Europäischen Union zu informieren. Speziell im Vorfeld von Verhandlungen im Europäischen Rat soll die Regierung gemäß Art. 10:5 Abs. 1 RA den EU-Ausschuß informieren und sich in Hinblick auf Verhandlungs-positionen mit diesen beraten.[53] Die Stellungnahmen des Ausschusses sind für die Regierung zwar nicht zwingend, haben jedoch eine große politische Bindungskraft.[54] Bereits für die Regierungskonferenz 1996/97 wurde festgestellt, daß der Riksdag in die Verhandlungen einen guten Einblick hatte.[55] Es wird davon ausgegangen, daß der Riksdags seine rechtlichen Möglichkeiten für eine aktive Mitwirkung in EU-Angelegenheiten in Zukunft immer stärker wahrnehmen wird.[56]

---

[49] Sämtliche politische Parteien hatten jedoch im Vorfeld erklärt, deren Ausgang als verbindlich zu betrachten.

[50] Siehe den Bericht in der FAZ vom 22.06.2004, S. 4.

[51] „EU-Nämnden". Der Ausschuß setzt sich aus mindestens 15 Mitgliedern des Riksdags zusammen. Mit Zustimmung des Ausschusses können auch Abgeordnete des EU-Parlaments an Sitzungen teilnehmen. Als Vorbild diente der dänische EU-Auschuß.

[52] Die Initiative, eine entsprechende Grundlage für die Einbeziehung des Riksdags in EU-Angelegenheiten im Wege einer Verfassungsänderung auch im Instrument of Governance festzuschreiben, konnte nicht verwirklicht werden – dazu *Hegeland*, in Maurer/Wessels: National Parliaments, S. 393.

[53] *Bernitz*, CMLRev. 38 (2001), S. 91.

[54] Dies resultiert nicht zuletzt aus der Abhängigkeit der Regierung vom Vertrauen des Parlaments gemäß § 6: 5 IG - dazu *Kamann*, Die Mitwirkung, S. 176 f., mit einem guten Überblick zu den Mitwirkungsrechten des Riksdags; ebenso *Hegeland*, in Maurer/Wessels: National Parliaments, S. 377 ff.

[55] *Hegeland*, in Maurer/Wessels: National Parliaments, S. 393.

[56] Siehe nur *Hegeland*, in Maurer/Wessels: National Parliaments, S. 394.

Im Ergebnis bleibt festzustellen, daß auch im schwedischen Verfassungssystem rechtliche Instrumente bestehen, die eine umfassende Beteiligung des Riksdags als Repräsentativorgan des schwedischen Volkes in den Verhandlungen über Vertragsänderungen garantieren. Ähnlich dem dänischen Folketing kann der Riksdag auch inhaltlichen Einfluß auf das Verhandlungskonzept der schwedischen Vertreter im Europäischen Rat nehmen. Damit stellt sich das Problem einer stärkeren Beteiligung des Europäischen Parlaments und seine Auswirkungen auf die zuvor dargestellten Beteiligungsrechte des Riksdags in ähnlich deutlicher Form wie unter dem Regime der dänischen Verfassungsordnung. Zumindest aus verfahrensrechtlicher Sicht stellt § 8:16 IG mit dem Erfordernis einer dreiviertel Mehrheit der Abstimmenden erhöhte Anforderungen an die Änderung der zuvor dargelegten Beteiligungsrechte des Riksdags.

I. Das schwedische Volk als Legitimationssubjekt

Auch in Hinblick auf die schwedische Verfassung stellt sich zunächst die Frage, inwieweit diese eine Legitimation der Vertragsänderungsentscheidung durch das Europäische Parlament als Repräsentationsorgan der Unionsbürger neben der Legitimation durch das schwedische Volk zuläßt. Ausgangspunkt ist § 1:1 IG, wonach sämtliche öffentliche Gewalt vom schwedischen Volk auszugehen hat. Hoheitliche Gewalt im Sinne dieser Norm stellt auch die Entscheidung über die Übertragung von Hoheitsrechten dar. Entsprechend ordnet § 10:5 IG das Entscheidungsrecht dem Riksdag als Repräsentationsorgan des schwedischen Volkes zu.

Der Volksbegriff selbst wird in der Verfassung nicht explizit definiert. Da es sich um eine repräsentative Demokratie handelt, muß insoweit an die verfassungsrechtliche Zuordnung des Wahlrechts angeknüpft werden. Gemäß § 3:2 Abs. 1 IG haben allein schwedische Staatsangehörige ein Stimmrecht bei Wahlen zum Riksdag. Damit handelt es sich auf Verfassungsebene um eine auf die Gesamtheit der Staatsbürger zugeschnittene Demokratie.[57] Eine Auslegung des Volksbegriffs im Sinne eines allein an den gleichen Bürgerstatus anknüpfenden Legitimationssubjekts, das auch die in Schweden lebenden Unionsbürger umfaßt, ist daher ausgeschlossen.

Daraus resultiert für den vorliegenden Untersuchungsgegenstand, daß ein ausschließliches Beschlußrecht des Europäischen Parlaments bezüglich Vertragsänderungen sich mit § 1:1 IG eindeutig nicht vereinbaren ließe. In einer solchen Konstellation würde sich die Entscheidung nicht mehr auf das schwedische Volk zurückführen lassen.

---

[57] Bemerkenswert ist, daß Schweden bereits 1975 das Kommunalrecht für Ausländer eingeführt hat.

Schwieriger zu beantworten ist die Frage nach der Verfassungsmäßigkeit für das Zustimmungsrecht des Europäischen Parlaments. Angesichts der Auswirkungen eines solchen Zustimmungsrechts mit Vetocharakter auf die Durchsetzbarkeit von Beschlüssen des Riksdags gemäß § 10:5 Abs. 1 IG muß auch insoweit von einer Unvereinbarkeit mit der gegenwärtigen Verfassungsregelung ausgegangen werden. Zwar ließe sich die Übertragungsentscheidung, die weiterhin der Riksdag für den nationalen Rechtsraum zu treffen hätte, auf das schwedische Volk zurückführen. Aus der Idee der Volkssouveränität wie sie in den Verfahrensregelungen zur Verfassungsänderung und zum Beschluß über die Übertragung von Hoheitsrechten zum Ausdruck kommt, muß jedoch geschlußfolgert werden, daß das schwedische Volk Entscheidungen mit Auswirkungen auf das Verfassungssystem ausschließlich und unabhängig von einer außenstehenden Gewalt zu treffen hat.[58]

Hingegen würde sich im Falle einer stärkeren Einbeziehung des Europäischen Parlaments auch unter der schwedischen Verfassung kein Konflikt ergeben.

Damit kann davon ausgegangen werden, daß für die Einführung eines ausschließlichen Beschlußrechts oder eines Zustimmungsrechts zugunsten des Europäischen Parlaments eine Vertragsänderung erforderlich ist.

II. Verfahren und Grenzen einer Modifikation des demokratischen Prinzips

Die schwedische Verfassung enthält keine explizite materiellrechtliche Grenze für eine Verfassungsänderung. Ähnlich dem dänischen Verfassungssystem wird die Zulässigkeit von Modifikationen des nationalen Verfassungssystems primär verfahrensrechtlich geregelt. Insoweit stellt sich das bereits angesprochene Abgrenzungsproblem zwischen dem Verfahren des § 10:5 Abs. 1 IG, nach dem ein einfacher Beschluß des Riksdags ohne ausdrückliche Änderung des Wortlauts der Verfassung genügt, und § 8:15 IG mit seinen erhöhten Anforderungen für eine Verfassungsänderung. Bei dem hier betroffenen Prinzip der Volkssouveränität handelt es sich eindeutig um eine für „die Regierung des Staates bestimmende Regelung“ wie sie für die Anwendbarkeit des § 8:15 IG vorausgesetzt wird.[59] Auf § 1:1 IG baut das gesamte schwedische Verfassungssystem auf. Von entsprechender Bedeutung sind daher auch die verfahrensrechtlichen Regelungen zur Umsetzung dieses Prinzips.

Angesichts der Skepsis der schwedischen Bürger, was sich auch in den Stellungnahmen der politischen Parteien widerspiegelt[60], ist die Verwirklichung

---

[58] Entsprechend anklingend bei *Schäder/Melin*, in: XX. FIDE-Kongreß, S. 3, die unter Hinweis auf § 1:1 IG eine Entwicklung der EU zu einem föderalistischen Staat ablehnen.

[59] Siehe Pkt. III. 2. dieses Abschnitts.

[60] Von beiden großen Parteien, der Sozialdemokratischen Partei und der Zentrumspartei, wird eine eher intergouvernementale Ausrichtung der Union befürwortet – u. a. *Petersson*, The European Debate, S. 3.

einer solchen Verfassungsänderung eher unrealistisch. Im Falle eines ausschließlichen Beschlußrechts gilt dies um so mehr, da sich das schwedische Volk damit in weiten Bereichen seiner Verfassungsautonomie entäußern würde. Eine europäische Identität der Bürger, die ein solcher Schritt voraussetzen würde, ist jedoch gerade in Schweden, das lange Zeit eine Mitgliedschaft ablehnte, nur wenig ausgeprägt.

III. Effizienz der Legitimationsvermittlung – verfassungsrechtliche Garantien zur Transparenz des Entscheidungsfindungsprozesses

Zum Zeitpunkt des Beitritts Schwedens bestand ein verfassungsrechtliches Problem hinsichtlich des in Kapitel 2 des Presseaktes verfassungsrechtlich garantierten Rechts auf freien Zugang zu öffentlichen Dokumenten. Da eine entsprechende Gewährleistung auf Unionsebene nicht bestand, war die Verwirklichung dieses Rechts in EU-Angelegenheiten fraglich. Die Bedeutung dieses Rechts für das schwedische Demokratiemodell verdeutlicht die von Schweden im Zusammenhang mit dem Beitrittsakt abgegebene Erklärung zum Fortbestand dieses Rechts als fundamentales Verfassungsprinzip.[61]

Mit dem gerade auf Druck von Schweden im Amsterdamer Vertrag eingeführten Recht auf Zugang zu Dokumenten und dessen Verankerung in Art. 255 EGV hat sich das Problem weitestgehend aufgelöst. Die vom Rat auf Grundlage von Abs. 2 des Art. 255 EGV erlassene Regelung zu den allgemeinen Grundsätzen und Einschränkungen wurde von der schwedischen Regierung in Hinblick auf die schwedische Verfassungssituation als zufriedenstellend angesehen.[62]

Da dieses Zugangsrecht die Dokumente des Europäischen Parlaments einschließt, ist bezogen auf den vorliegenden Untersuchungsgegenstand ein Verfassungskonflikt zumindest unter dem Gesichtspunkt des in Kapitel 2 des Presseaktes garantierten Rechts nicht erkennbar.

E. Konzept staatlicher Souveränität

Die schwedische Verfassung enthält zwar eine ausdrückliche Normierung zur Idee der Volkssouveränität, jedoch kein explizites Bekenntnis zur staatlichen Souveränität.

Seit Inkrafttreten der Verfassung in 1809 hat Schweden keine ernsthaften Eingriffe in die nationale Unabhängigkeit erfahren. Die Politik der außenpolitischen Neutralität bestimmte das Verhältnis Schwedens zu anderen Staaten bis in die 90iger Jahre des letzten Jahrhunderts.[63] Darin ist der Hauptgrund dafür zu

---

[61] OJ 1994 C 241, S. 397 – dazu *Bernitz*, in Schwarze: Die Entstehung, S. 440, der die politische Bedeutung dieser Erklärung besonders unterstreicht; auch *Griller*, in Kellermann, EU-Enlargement, S. 174 f.

[62] 1997/98:KU9y, Amsterdamfördaget, S. 16 – Hinweis bei *Bernitz*, in: Schwarze, a. a. O., Fn. 173.

[63] Siehe dazu bereits Fn. 10.

sehen, daß die verfassungstheoretische Kategorie der staatlichen Souveränität weder in der schwedischen Verfassungspolitik noch Dogmatik in der Vergangenheit eine große Rolle spielte. Erst mit dem Beitritt Schwedens zur Europäischen Union gewann der Begriff der staatlichen Souveränität in den verfassungsrechtlichen Debatten um den Fortgang der europäischen Integration an Bedeutung.[64] Ein Blick auf die Auseinandersetzung um den Beitritt Schwedens zur Währungsunion, die in das Referendum am 14.09.2003 mündete, zeigt jedoch, daß nicht die staatliche Souveränität, sondern vielmehr Fragen nach der demokratischen Basis der Europäischen Union die Debatte im Kern geprägt haben.[65] Dies mag nicht zuletzt auf den bereits angesprochenen skandinavischen Verfassungspragmatismus zurückzuführen sein, in dem politische Argumente eine sehr große Rolle spielen und die Verfassungsdogmatik im Vergleich zur deutschen wesentlicher geringer ausgeprägt ist.

I. Verankerung des Prinzips staatlicher Souveränität in der Verfassung

Wie dargelegt, wurde die Einführung des Übertragungstatbestandes gerade deshalb als notwendig erachtet, weil von einer ausschließlichen Zuordnung der Hoheitsgewalt an die schwedischen Staatsorgane ausgegangen wurde, die eine unmittelbare Geltung einer nichtstaatlichen Hoheitsgewalt wie der Gemeinschaftsgewalt im Verfassungsbereich Schwedens ausschloß.[66] Daß die staatliche Souveränität Ausgangspunkt für diese Verfassungsänderung war, zeigt sich nicht zuletzt in der Auseinandersetzung um die Verankerung des Prinzips des Vorrangs des Gemeinschaftsrechts in der schwedischen Verfassung. So hatte zunächst der Verfassungsausschuß des Parlaments vorgeschlagen, in die Verfassung eine Regelung aufzunehmen, wonach allen übernommenen Pflichten auch gegenüber dem Verfassungsrecht zur Durchsetzung zu verhelfen ist. Dieser Vorschlag wurde gerade mit der Begründung abgelehnt, daß eine solche Regelung die nationale Hoheitsgewalt zu einem größeren Umfang dem Vorrangprinzip unterwerfen würde, als vom Gemeinschaftsrecht tatsächlich gefordert wird. Die Regierung stellte dazu in der Begründung zu ihrem Änderungsentwurf ausdrücklich fest, daß die in den Europäischen Gemeinschaften getroffenen Entscheidungen grundsätzlich eine Frage der Kooperation zwischen den Mitgliedstaaten ist: „Es sind die Mitgliedstaaten, nicht die EG-Institutionen, die entscheiden wie weit die Zusammenarbeit gehen soll und welche Kompetenzen den EG-Institutionen gegeben werden sollen".[67] Gerade in dieser Auseinander-

---

[64] Bericht der schwedischen Regierung, SOU 1994:12 – Verweis bei *Lysén*, Jurisdisk Tidskrift 1994, S. 289.

[65] Dies ist um so bemerkenswerter, als mit Übertragung von Kernaufgaben der Geld- und Währungspolitik auf die EZB staatliche Kompetenzen in erheblichen Umfang und von sehr sensibler Natur betroffen wären.

[66] Pkt. II. 1. dieses Abschnitts.

[67] Prop. 1994/95:19 – Hinweis bei *Bernitz*, CMLRev 38 (2001), S. 911.

setzung zeigte sich der Einfluß des Maastricht-Urteils des deutschen Bundesverfassungsgerichts auf die schwedische Verfassungsdebatte. Entsprechend findet sich in der Begründung zum Regierungsentwurf die vom deutschen Gericht aufgenommene Formulierung von den Mitgliedstaaten als „Herren der Verträge".[68] Diese Stellungnahmen, die der Riksdag seiner Entscheidung über die Einführung des § 10:5 Abs. 1 IG zugrunde legte, müssen bei Auslegung der Verfassung entsprechend Berücksichtigung finden.

Im Ergebnis ist von einer Verankerung eines Ausschließlichkeitsanspruchs zugunsten der nationalen Hoheitsgewalt auch für die schwedische Verfassung auszugehen. Die Regelungen zur Übertragung von Hoheitsrechten schließen ein absolutistisches Souveränitätsverständnis jedoch aus.[69] Bezogen auf die hier zu untersuchende Stärkung der Rechte des Europäischen Parlaments im Vertragsänderungsverfahren ist also auch für die schwedische Verfassung die Frage zu klären, ob das Prinzip staatlicher Souveränität die Einschränkung der Vertragsmacht der schwedischen Organe im dargelegten Sinne ausschließt bzw. Grenzen setzt.

II. Schutz durch die Verfassung

Betrachtet man die bereits dargelegten Auswirkungen sowohl des ausschließlichen Beschlußrechts als auch des Zustimmungsrechts des Europäischen Parlaments im Vertragsänderungsverfahren auf die Vertragsmacht der nationalen Verfassungsorgane einerseits sowie auf deren Gestaltungsmacht bezogen auf die nationale Verfassungsordnung andererseits, so muß auch für das schwedische Verfassungsregime von einer Modifikation des Prinzips staatlicher Souveränität im Falle der Durchsetzung dieser Rechte ausgegangen werden. Für die Verfahrensalternative des ausschließlichen Beschlußrechts des Europäischen Parlaments wäre – wie auch in den bereits untersuchten Verfassungssystemen – von einer Infragestellung der staatlichen Existenz selbst auszugehen.[70]

Bei einer Stärkung des Europäischen Parlaments im Vorfeld der Entscheidung kann aus den genannten Gründen von keiner Berührung der nationalen Souveränität ausgegangen werden.

Da es sich hier um ein fundamentales, die „Regierung des Staates bestimmendes Prinzip"[71] handelt, kann eine Modifikation nur im Wege des Verfahrens gemäß

---

[68] Government Bill 1993/94:114, S. 18 – Hinweis bei *Bernitz*, CMLRev. 38 (2001), S. 912.

[69] Entsprechend *Lysén*, Juridisk Tidskrift 1994, S. 289.

[70] Zu beachten ist auch die Ausgestaltung des schwedischen Systems als Monarchie gemäß § 1:5 IG. Fraglich ist daher auch, welcher Bedeutung in diesem Fall der schwedischen Monarchie noch zukäme.

[71] Siehe zu der vom Constitutional Committee formulierten Grenze des Übertragungstatbestandes Pkt. III. 2.

§ 8: 15 IG erfolgen. Der Übertragungstatbestand des § 10:5 Abs. 1 IG stellt keine ausreichende Grundlage dar.

Da die schwedische Verfassung keine Ewigkeitsgarantie enthält, steht das Prinzip der staatlichen Souveränität zur vollen Disposition innerhalb eines Verfassungsänderungsverfahrens. Wie auch im dänischen Verfassungssystem ist die Frage der Durchsetzung der hier untersuchten Integrationsakte im Kern allein verfassungspolitisch zu beantworten.[72] Insoweit kommt der bereits erwähnten eher distanzierten Haltung der schwedischen politischen Parteien und auch die eher gespaltene Einstellung der schwedischen Bevölkerung gegenüber einer weiteren Vertiefung der europäischen Integration eine besondere Bedeutung zu. So hatte der schwedische Ministerpräsident *Persson* in seiner Rede am 18.10.2001 in der Humboldt Universität ausdrücklich deutlich gemacht, daß aus seiner Sicht auf die Ratifizierung der Verträge durch die nationalen Parlamente nicht verzichtet werden könne.[73] Dem entspricht der allgemeine Ansatz in der schwedischen Politik als auch der schwedischen Verfassungsdogmatiker, wonach die Europäische Union weiterhin als primär intergouvernmentale Organisation verstanden wird.[74] Vor diesem Hintergrund erscheint eine Verfassungsänderung zwecks Durchsetzung eines ausschließlichen Beschlußrechts des Europäischen Parlaments ausgeschlossen. In Hinblick auf die Einräumung eines Zustimmungsrechts zugunsten des Europäischen Parlaments ist zumindest mit erheblichem Widerstand nicht nur in den politischen Parteien, sondern auch in der Bevölkerung zu rechnen. Dies hat nicht zuletzt das negative Votum in dem zum Beitritt Schwedens zur Währungsunion durchgeführten Referendum im September 2003 gezeigt.

F. Völkervertragliche Rückbindung

Wie im Rahmen der Prüfung der deutschen und dänischen Verfassung bereits festgestellt, ist von einer Ablösung der Unionsgrundordnung von der völkervertraglichen Grundlage tatsächlich nur im Fall des ausschließlichen Beschlußrechts des Europäischen Parlaments auszugehen.

§ 10:5 Abs. 1 IG enthält zwar keinen textlichen Hinweis auf eine verfassungsgesetzlich vorausgesetzte völkervertragliche Grundlage. Die Europäischen Gemeinschaften werden als Adressat des Übertragungsaktes ausdrücklich benannt, ohne daß eine Umschreibung ihrer rechtlichen Grundlagen erfolgt. Bezieht man bei Auslegung der Norm jedoch die Ausführungen des historischen Verfassungsgesetzgebers mit ein, so ist auch § 10:5 Abs. 1 IG eine völkervertragliche

---

[72] Siehe nur *Lysen*, in: 17. FIDE-Kongreß, S. 433.

[73] Unter www.whi-berlin.de/persson.htm abrufbar. Dazu auch *Schäder/Melin*, in: XX. FIDE-Kongreß, S. 6 f.

[74] *Schäder/Melin*, a. a. O., S. 5. Eine Auseinandersetzung um Ansätze staatlicher Qualität der Europäischen Union in ihrer gegenwärtigen Form, wie sie in der deutschen Dogmatik geführt wird, ist in Schweden nicht mal ansatzweise erkennbar.

Rückbindung der Gemeinschaften zu entnehmen. Es wurde bereits darauf hingewiesen, daß die Regierung und in Anschluß daran auch der Riksdag bei Einführung des Übertragungstatbestandes des § 10:5 IG ausdrücklich von der Stellung der Mitgliedstaaten als „Herren der Verträge" ausgingen. Entsprechend werden die Gemeinschaften weiterhin als internationale Organisation eingeordnet. Eine Anknüpfung des Verfassungsgesetzes an eine völkervertragliche Grundlage wird schließlich auch durch die systematische Auslegung bestätigt. Demnach ist der Übertragungstatbestand des § 10:5 Abs. 1 IG in das Kapitel 10 eingeordnet worden, das den Abschluß völkerrechtlicher Verträge allgemein regelt.[75] Zwar wurde in Hinblick auf den spezifisch supranationalen Charakter der Europäischen Gemeinschaften eine spezielle verfassungsrechtliche Ermächtigung geschaffen, ohne jedoch die völkervertragliche Grundlage der Gemeinschaften selbst in Frage zu stellen.

Im Ergebnis muß also auch im Rahmen des § 10:5 Abs. 1 IG davon ausgegangen werden, daß dieser eine völkervertragliche Rückbindung der Europäischen Gemeinschaften voraussetzt. Damit würde die Einräumung eines ausschließlichen Beschlußrechts also auch unter diesem Gesichtspunkt eine Anpassung der Verfassung erforderlich machen.

G. Austritts- oder Widerrufsrecht

Zwar enthält die schwedische Verfassung eine spezifische Verfassungsgrundlage für die Mitwirkung der schwedischen Verfassungsorgane in den Europäischen Gemeinschaften. Auch kann der Einfügung einer solchen Regelung in die Verfassung ein entsprechendes verfassungsrechtliches Bekenntnis zum europäischen Integrationsprozeß entnommen werden. Jedoch würde eine Interpretation des Übertragungstatbestandes als eine rechtliche Verpflichtung zur Mitwirkung Schwedens in den Europäischen Gemeinschaften über den Wortlaut und auch die Ziele des Verfassungsgesetzgebers hinausgehen. Eine mit der deutschen Staatszielbestimmung zur Mitwirkung in der Europäischen Union vergleichbare Regelung enthält die schwedische Verfassung gerade nicht. Mit der Formulierung „kann" wird die Übertragung von Hoheitsrechten auf die Gemeinschaften gerade in das Ermessen der schwedischen Verfassungsorgane gestellt.

Es bleibt folglich zu prüfen, inwieweit die schwedische Verfassung ein Widerrufs- bzw. Austrittsrecht voraussetzt und eine Verfassungswidrigkeit der hier zu untersuchenden Alternativen des Vertragsänderungsverfahrens in Betracht kommt.

---

[75] Dabei bezieht sich die Überschrift „Beziehungen zu anderen Staaten" eben nicht auf den Charakter der Europäischen Gemeinschaften, sondern auf ihre Grundlage als Zusammenschluß souveräner Staaten.

Ein expliziter Hinweis auf eine Bedingung der Widerruflichkeit des Übertragungsaktes läßt sich dem Verfassungstext nicht entnehmen. Allerdings gehen *Lysén* und *Bernitz* in Hinblick auf den beschriebenen „solange“-Einschub davon aus, daß damit die Widerruflichkeit des Übertragungsaktes für den Fall des Verstoßes gegen den verfassungsgesetzlich vorgegebenen Grundrechtstandard auf Gemeinschaftsebene vom Verfassungsgesetzgeber vorausgesetzt worden ist.[76] Dem entspricht auch der Verweis des Verfassungsgesetzgebers auf das Maastricht-Urteil des Bundesverfassungsgerichts und den darin vertretenen Ansatz des Gerichts, wonach die Mitgliedstaaten weiterhin Herren der Verträge sind und die Entscheidung zum Austritt aus der Europäischen Union ihnen als *ultima ratio* verblieben ist.[77] Wie auch in der dänischen und deutschen Verfassungsdogmatik wird allerdings auf den möglichen Konflikt mit den aus den Unionsverträgen resultierenden völkervertraglichen Verbindlichkeiten hingewiesen[78], wonach eine völkerrechtlich verbindliche Beendigung der Mitgliedschaft nur im Wege der Ausübung eines bestehenden Widerrufs- bzw. Austrittsrechts erfolgen kann.

Im Ergebnis ist die schwedische Verfassungslage in diesem Punkt vergleichbar mit der dänischen. Folglich stellen sich in Hinblick auf die hier zu untersuchenden Verfahrensrechte die gleichen Verfassungsprobleme wie sie bereits im Rahmen der dänischen Verfassung dargelegt worden sind. Da im Fall eines ausschließlichen Beschlußrechts des Europäischen Parlaments ein Widerruf des ursprünglichen Übertragungsaktes bzw. die Beendigung der Mitgliedschaft nicht mehr im Wege der allgemeinen völkerrechtlichen Sezessionsrechte vollziehbar wäre, sondern vielmehr allein das Vertragsänderungsverfahren und damit das alleinige Beschlußrecht des Europäischen Parlaments eingreifen würde, wäre ein wirksamer Widerruf bzw. Austritt Schwedens aus der Europäischen Union nicht mehr aufgrund autonomer Entscheidung der schwedischen Verfassungsorgane möglich. Dies wäre mit der dem Übertragungstatbestand des § 10:5 Abs. 1 IG zugrunde gelegten Widerruflichkeit nicht vereinbar. Folglich müßte bezüglich des ausschließlichen Beschlußrechts auch unter dem Gesichtspunkt der Widerruflichkeit des Übertragungsaktes eine Verfassungsänderung erfolgen.
In Hinblick auf ein Zustimmungsrecht des Europäischen Parlaments wäre angesichts der fortbestehenden völkervertraglichen Beendigungsgründe eine wirksame Durchsetzung eines Widerrufs bzw. Austrittsrecht auch gegenüber der Europäischen Union weiterhin möglich. Es bestehen unter diesem Gesichtspunkt folglich keine verfassungsrechtlichen Bedenken.

---

[76] *Lysén*, in: 17. FIDE-Kongreß, S. 432; *Bernitz*, in Schwarze, Die Entstehung, S. 456.
[77] Gesetz 1993/94:114; S. 18 – Hinweis bei *Bernitz*, CMLRev. 38 (2001), S. 912, Fn. 30.
[78] U. a. *Lysén*, in: 17. FIDE-Kongreß, S. 32.

H. Ergebnis/Aussichten einer Verfassungsänderung

Die Untersuchung hat gezeigt, daß es für die Umsetzung der hier in Frage stehenden Verfahrensrechte des Europäischen Parlaments auf Basis der schwedischen Verfassung maßgeblich darauf ankommt, ob das für die Übertragung von Hoheitsrechten geltende, vereinfachte Verfahren des § 10:5 Abs. 1 IG oder das erschwerte Verfahren der Verfassungsänderung gemäß § 8:15 IG Anwendung findet. Das Verfassungsänderungsverfahren wäre mit einer Neuwahl des Riksdags und in der Regel mit der Durchführung eines Referendums verbunden. Dies würde einen erheblich größeren Einsatz zwecks Motivation der politischen Entscheidungsträger und der Bevölkerung erfordern, als der nach § 10:5 Abs. 1 IG erforderliche Beschluß einer drei Viertel Mehrheit der Abstimmenden im Riksdag. Für die verfahrensmäßige Einordnung ist entscheidend, inwieweit durch die Änderung sog. Fundamentalnormen betroffen sind.

Die Einräumung eines ausschließlichen Beschlußrechts würde angesichts der erheblichen Einwirkung auf das Legitimationssystem der schwedischen Verfassung und die Vertragsmacht der schwedischen Verfassungsorgane als Ausfluß staatlicher Souveränität eine derart weitreichende Verfassungsänderung darstellen, daß sie nur im Wege des Verfassungsänderungsverfahrens umzusetzen wäre. Auch wenn die schwedische Verfassung keine materiellrechtliche Schranke für eine Verfassungsänderung enthält, erscheint der Erfolg eines entsprechenden Verfassungsänderungsverfahrens angesichts der in der schwedischen Gesellschaft verbreiteten Skepsis gegenüber dem europäischen Einigungsprozeß unrealistisch.

Auch die Einführung eines Zustimmungsrechts wäre unter dem Regime der schwedischen Verfassung eindeutig mit der Übertragung von Hoheitsrechten verbunden. Da im Falle des Zustimmungsrechts die schwedischen Verfassungsorgane an der inhaltlichen Gestaltung der Änderungsentscheidung im Rahmen der vertraglichen Verhandlungen beteiligt blieben und mittels gesetzlichen Ratifikationsaktes über die innerstaatliche Geltung weiterhin entscheiden würden, ist die Frage, ob die Durchsetzung dieses Rechts im vereinfachten Verfahren des § 10:5 IG oder im Wege des Verfahrens des § 8:15 IG zu erfolgen hätte, nicht eindeutig zu beantworten. Vielmehr wäre diese Entscheidung stark verfassungspolitisch geprägt. In Hinblick auf die distanzierte Einstellung der schwedischen Politik gegenüber dem Integrationsprozeß kann angenommen werden, daß aufgrund der mit einem solchen Vetorecht verbundenen Bindung der schwedischen Verfassungsorgane an die Entscheidung des Europäischen Parlaments die Notwendigkeit eines formellen Verfassungsänderungsverfahrens auch insoweit befürwortet wird.

Eine Stärkung des Europäischen Parlaments im Vorfeld des Änderungsbeschlusses würde nicht mal eine Übertragung von Hoheitsrechten im Sinne der schwedischen Verfassung bedingen und könnte damit ohne weiteres verwirklicht werden.

6. Kapitel:
Die finnische Verfassung

A. Einführung in das finnische Verfassungssystem

I. Die reformierte Verfassung aus 2000

Seit dem Inkrafttreten des Grundgesetzes[1] am 1.03.2000 hat Finnland eine einheitliche Verfassungsurkunde, die ausdrücklich als solche bezeichnet wird. Sie enthält mit der Normierung der „Grundlagen der Staatsform“ (Kapitel 1), der „Grundfreiheiten und Grundrechte“ (Kapitel 2), den Regelungen zu den wichtigsten staatlichen Institutionen und ihren Verfahren (insbesondere Kapitel 3 bis 6 sowie 9) sowie zu den „internationalen Beziehungen“ (Kapitel 8) die spezifischen, materiellen Verfassungsinhalte.

Das Grundgesetz hat im Wege einer Totalrevision die ursprünglich vier Verfassungsgesetze, von denen die sog. Regierungsform von 1919 das wichtigste Gesetz darstellte, ersetzt.[2] Obwohl entsprechende Bestrebungen zur Totalrevision bereits in den 70iger Jahren des letzten Jahrhunderts bestanden[3], konnte diese aufgrund erheblichen politischen Widerstandes nach zahlreichen Teilrevisionen erst Ende der 90iger Jahre erfolgreich abgeschlossen werden. Insoweit hat der Beitritt Finnlands zur Europäischen Union im Jahr 1995 und die damit verbundenen notwendigen Anpassungen des nationalen Verfassungssystems einen erheblichen Anschub geleistet.[4]
Die Ziele der Reform bestanden vor allem in der Modernisierung der Verfassung, beispielsweise in Hinblick auf die sich vertiefenden internationalen Beziehungen, sowie in der Verbesserung der Klarheit und Homogenität der Verfassung.[5] Letzteres bezog sich nicht nur auf die Zersplitterung des Verfassungssystems in vier Gesetze, sondern vor allem auf die durch die zahlreichen Teilreformen geschwächte Konsistenz gerade in den Regelungen zum Verhältnis

---

[1] Im Folgenden abgekürzt als „GG“.
[2] Das finnische Verfassungssystem bestand neben der Regierungsform aus dem Parlamentsgesetz von 1928, dem Gesetz zur Ministerverantwortung von 1922 und dem Gesetz zur Amtsanfechtung von 1922. Bezüglich eines Überblicks siehe *Suksi*, EPL 2 (1996), S. 185.
[3] In 1970 und 1974 wurde jeweils ein Verfassungsausschuß eingesetzt, um Vorschläge für eine umfassende Reform der Verfassung zu entwickeln. In Hinblick auf die angestrebte Stärkung der parlamentarischen Rechte im Verhältnis zum Präsidenten konnte jedoch keine Einigung erzielt werden.
[4] *Pohjolainen*, in: 17. FIDE-Kongreß, S. 401; *Sipponen*, in Pohjolainen: Constitutionalism in Finland, S. 55.
[5] *Sipponen*, a. a. O., S. 55.

von Präsident und Parlament.[6] Hieraus resultierten Kompetenzkonflikte, die sich insbesondere bei Ausübung der Kompetenzen in internationalen Angelegenheiten offenbarten.[7] Mit der Reform sollte endgültig der Übergang von einem im Kern semipräsidentiellen hin zu einem eindeutig parlamentarischen Regierungssystem vollzogen werden.[8]

Ein weiterer wesentlicher Grund für die Totalrevision bestand in der Durchbrechung der Verfassungsgesetze durch zahlreiche Ausnahmeregelungen, die sich nicht im Verfassungstext widerspiegelten.[9] Die Zulässigkeit von Änderungen der Verfassung außerhalb des Verfassungswortlauts (sog. mittelbare Verfassungsänderung oder auch Verfassungsdurchbrechung) ist ein Spezifikum der finnischen Verfassung.[10] Sie hat in der Vergangenheit die Flexibilität der finnischen Verfassung angesichts der Änderungen der finnischen Gesellschaft in sozialer und wirtschaftlicher Hinsicht begründet und zu einer gewissen Stabilität des Verfassungssystems beigetragen.[11] Das Instrument beruht auf dem Beschluß einer zeitlich begrenzten Aussetzung von Verfassungsnormen, der im Wege des Verfahrens der Verfassungsänderung zustande kommt, jedoch im Wege einfachen Gesetzesbeschlusses wieder aufgehoben werden kann.[12] Seine Anwendung beschränkte sich in der Vergangenheit nicht nur auf die Regelung einer Ausnahmesituation. Vielmehr wurde es auch zur Regelung gewöhnlicher und permanenter Tatbestände eingesetzt.[13]

---

[6] Dies betraf insbesondere das Änderungsgesetz von 1991 zur Einführung der Direktwahl des Präsidenten, mittels dessen die demokratische Legitimation des Präsidenten gestärkt und gleichzeitig dessen Rechte wie die autonome Entscheidung über die Auflösung des Parlaments oder über die Entlassung eines Ministers beseitigt wurden. Zu einzelnen Teilreformen *Tiitinen*, www.virtual.finland.fi/finfo/english/tiiteng.html.

[7] Zum Konflikt zwischen Parlament und Präsidenten bzgl. der Beschlußfassung in EU-Angelegenheiten *Nousiainen*, Die Verfassung Finnlands, S. 23.

[8] Die starke Position des Präsidenten war historisch bedingt. Nach Erreichen der Unabhängigkeit Finnlands 1917 und der Beendigung des sich anschließenden Bürgerkrieges konnte zwischen den beiden politischen Klassen („Schutzkorps" der bürgerlichen Parteien und „Rote Garden") keine Einigung bzgl. der Staatsform gefunden werden. Nachdem der Versuch der Einführung einer Monarchie in Folge der Auswirkungen des 1. Weltkrieges scheiterte (der designierte deutsche Prinz Friedrich Karl nahm die Krone nach Deutschlands Niederlage nicht an), und das Vertrauen in die parlamentarische Demokratie geschwächt war, wurde in der 1919 in Kraft gesetzten Regierungsform die Rechte des Präsidenten besonders weit ausgestaltet.

[9] Die Rechtsgrundlage war in § 95 der Regierungsform (RF) und § 94 des Parlamentsgesetzes enthalten. Zur Praxis siehe *Sipponen*, in Pohjolainen: Constitutionalism in Finland, S. 56 ff.

[10] *Pohjolainen/Husa*, EPL 3 (1997), S. 48.

[11] *Sipponen*, in Pohjolainen: Constitutionalism in Finland, S. 57.

[12] *Jyränki*, in Sakslin: The Finnish Constitution, S. 8.

[13] *Sipponen*, Fn.11, der die Zahl der zwischen 1919 und 1995 erlassenen Ausnahmegesetze mit 900 beziffert. Der Ursprung der Ausnahmegesetzgebung liegt in der Eingliederung Finnlands in das russische Zarenreich, unter dessen Regime Finnland zwar eine weitreichende Autonomie hatte, Verfassungsgebung bzw. Änderung der zum Teil weitergeltenden schwedischen Verfassungsgesetze aber ausgeschlossen war. Die Lösung bestand in den Ausnahmegesetzen.

Die Möglichkeit, derartige Ausnahmeregelungen zu beschließen, besteht auch im Rahmen der reformierten Verfassung gemäß § 73 fort. Das Parlament hat jedoch zum Ausdruck gebracht, von dieser Regelung in Zukunft nur „in besonders außergewöhnlichen Fällen und aus zwingenden Gründen zurückzugreifen"; zentrale Verfassungsnormen sollen nicht mehr Gegenstand der Ausnahmegesetzgebung sein.[14]

Abschließend soll auf die spezifischen historischen Hintergründe des finnischen Verfassungssystems hingewiesen werden, aus denen sich einerseits die besondere Nähe zum schwedischen Verfassungsrecht und andererseits die im Unterschied zu den zuvor untersuchten skandinavischen Verfassungen eher starke Betonung der staatlichen Souveränität in der finnischen Verfassung erklären lassen. Finnland war über sechs Jahrhunderte Teil des schwedischen Königreiches bis es 1809 als autonomes Großherzogtum dem Russischen Zarenreich eingegliedert wurde. In dieser Zeit behielt es das schwedische Verfassungssystem bei. Erst 1917 erhielt Finnland seine Unabhängigkeit und war in der Lage, ein eigenes Verfassungssystem zu entwickeln.[15]

II. Kontrolle der Verfassungsmäßigkeit von Gesetzen – der finnische Verfassungsausschuß

Als Instrument zur Kontrolle der Verfassungsmäßigkeit von Gesetzgebungsakten enthält das finnische Grundgesetz die abstrakte und ex-ante Prüfung durch den parlamentarischen Grundgesetzausschuß. Gemäß § 74 GG wird der Grundgesetzausschuß bei Fragen der Grundgesetzkonformität von Gesetzesvorlagen angerufen. Auf Grundlage der bereits in der Regierungsform enthaltenen Prüfungskompetenz hatte der Grundgesetzausschuß in der Vergangenheit durch entsprechende Vorschläge die Praxis der oben umschriebenen sog. Ausnahmegesetzgebung entscheidend mitgeprägt.[16]

Anders als in den beiden anderen skandinavischen Mitgliedstaaten war in Finnland eine Prüfungskompetenz der Gerichte in Hinblick auf die Verfassungsmäßigkeit von Gesetzgebungsakten bislang nicht anerkannt.[17] Dahinter stand die Idee der Souveränität des Parlaments als höchstes Organ im Verfassungssystem, dessen Autorität durch kein anderes Organ in Frage gestellt werden sollte und

---

[14] *Nouisainen*, Die Verfassung Finnlands, S. 43; *Tiitinen*, www.virtual.finland.fi/finfo/english/tiiteng.html.

[15] Zum geschichtlichen Hintergrund *Blomstedt*, in Uotila: The Finnish Legal System, S. 26 ff.

[16] *Suksi*, EPL 5 (1999), S. 347.

[17] Vor der Verfassungsreform wurde dies im Wege eines Umkehrschlusses aus § 92 RF abgeleitet, der eine Prüfungs- und Verwerfungskompetenz der Richter bzgl. Exekutivakten, nicht hingegen bzgl. Gesetzgebungsakten vorsah – *Sipponen*, in Pohjolainen, Constitutionalism, S. 58; *Jyränki*, in Sakslin, S. 8.

das sich mit der Prüfungskompetenz des Grundgesetzausschusses einer Selbstkontrolle unterwirft.[18]

Mit § 106 GG wurde jetzt eine Regelung in die Verfassung aufgenommen, wonach ein Gericht in einer vor ihm verhandelten Angelegenheit für den Fall, daß „eine anzuwendende Gesetzesbestimmung mit dem Grundgesetz im offenkundigen Widerspruch steht", den Bestimmungen des Grundgesetzes den Vorrang zu geben hat. Dies stellt eine grundlegende Änderung zur früheren Rechtslage dar, wonach ein grundsätzliches Anwendungsgebot bezüglich Gesetzesrecht gegenüber den Gerichten bestand.[19] Auch der Beitritt Finnlands zur Europäischen Union hat die Kompetenzen der finnischen Gerichte nicht unerheblich erweitert, kommt diesen doch nunmehr die Aufgabe zu, den Vorrang des Gemeinschaftsrechts vor nationalem Recht zu sichern.[20]

Eine allgemeine Prüfungskompetenz ähnlich den schwedischen oder dänischen Gerichten bleibt jedoch weiterhin ausgeschlossen.[21] An dem System der antizipatorischen parlamentarischen Kontrolle, das sich nach allgemeiner Ansicht bewährt hat, sollte die Verfassungsreform keine Änderungen herbeiführen.[22] Die Einführung eines Verfassungsgerichts, die im Rahmen der Verfassungsreformen ebenfalls diskutiert wurde[23], ist schließlich gerade unter Verweis auf die Effizienz der *ex ante* Prüfung durch den Grundgesetzausschuß abgelehnt worden.

B. Status der europäischen Integration innerhalb des finnischen Verfassungssystems

Die Mitgliedschaft Finnlands in der Europäischen Union wird im reformierten Grundgesetz von 2000 lediglich in der Regelung des § 96 GG zur Mitwirkung des finnischen Parlaments, des Eduskunta, bei der Vorbereitung von EU-Angelegenheiten erwähnt. Im übrigen enthält das Grundgesetz weder ein ausdrückliches Bekenntnis zur Mitgliedschaft in der Europäischen Union, noch ein spezielles Regelungsregime. Die Mitwirkung Finnlands in der Europäischen

---

[18] So sieht *Tiitinen*, www.virtual.finland.fi/finfo/englsih/tiiteng.html, S. 11, es gerade als Vorteil des finnischen Systems an, daß Konflikte zwischen den verschiedenen Gewalten gerade vermieden werden.

[19] *Nousiainen*, Die Verfassung, S. 42 f.; *Suksi*, EPL 5 (1999), S. 347. In Hinblick auf das Evidenzkriterium ist die Regelung vergleichbar mit der schwedischen. Entsprechend den Materialien zur Verfassungsänderung kann von einem „evidenten" Verstoß nur dann ausgegangen werden, wenn dieser unstreitig ist bzw. anderweitige verfassungskonforme Interpretationsalternativen nicht erkennbar sind. Angesichts dieser hohen Anforderungen geht *Suksi*, a. a. O., S. 348, von einem minimalen Anwendungsbereich aus.

[20] Zu dieser Entwicklung im Zusammenhang mit den Verpflichtungen Finnlands aus der EMRK *Sipponen*, in Pohjolainen: Constitutionalism, S. 59.

[21] *Tiitinen*, www.virtual.finland.fi/finfo/englsih/tiiteng.html, S. 11.

[22] Siehe *Nousiainen*, Die Verfassung Finnlands, S. 43; ebenso *Suksi*, EPL 5 (1999), S. 347.

[23] *Pohjolainen/Husa*, EPL 3 (1997), S. 51; *Sipponen*, in Pohjolainen: Constitutionalism, S. 59.

Union bestimmt sich nach den Regelungen über internationale Beziehungen, wie sie nunmehr im Kapitel 8 des Grundgesetzes enthalten sind.
Entsprechende Forderungen hinsichtlich einer Struktursicherung wie sie in der umfassenden deutschen Regelung des Art. 23 Abs. 1 S. 1 GG oder in der schwedischen Regelung des § 10:5 Abs. 1 IG hinsichtlich der Einhaltung von Grundrechtstandards enthalten sind, können weder der finnischen Verfassung entnommen werden, noch sind sie Gegenstand einer Auseinandersetzung in der finnischen Verfassungsdogmatik.
Im Gegensatz zu den zuvor dargestellten Verfassungen enthält die finnische Verfassung keinen speziellen Tatbestand, auf dessen Grundlage die Übertragung von Hoheitsrechten erfolgt. Eine derartige Regelung war auch nicht in den zuvor geltenden Verfassungsgesetzen enthalten. Zwar ging man auch in Finnland von einem Eingriff in die nationale Kompetenzordnung aus; vergleichbar mit der dänischen oder schwedischen Verfassung ordnete die Regierungsform in § 2 die Hoheitsgewalt ausschließlich den nationalen Organen zu. Das bereits dargestellte Instrument der Ausnahmegesetzgebung ermöglichte es jedoch, die mit dem Beitritt verbundenen Verfassungskonflikte zu lösen, ohne eine entsprechende Änderung im Wortlaut der Verfassung herbeiführen zu müssen. Aufgrund dieser Verfassungspraxis wurde die Einführung eines spezifischen Übertragungstatbestandes als nicht notwendig erachtet. Dementsprechend wurde der Beitritt Finnlands zur Europäischen Union im Wege des Erlasses eines Ausnahmegesetzes vollzogen.[24] Das Ausnahmegesetz sichert schließlich den Vorrang des umgesetzten Vertragsrechts vor allem staatlichen Recht, einschließlich der Verfassung.[25]
Trotz der im Rahmen der Verfassungsreform teilweise vorgetragenen Bedenken wurde an dieser Praxis festgehalten und auf die Einführung eines Übertragungstatbestandes verzichtet. Insoweit wird die Ausnahmegesetzgebung weiterhin als das flexiblere Instrument angesehen. Gegen eine ausdrückliche Verankerung der Mitgliedschaft im Grundgesetz wurde u. a. angeführt, daß die Möglichkeit zur Beendigung der Mitgliedschaft hierdurch erschwert werden könnte.[26] Hingegen kann das Ausnahmegesetz, das die Grundlage der Mitgliedschaft Finnlands in der Europäischen Union bildet, durch einfaches Gesetz aufgehoben werden.[27]

---

[24] Sog. Ausführungsgesetz Nr. 1540/94.

[25] *Jääskinen*, CMLRev. 36 (1999), S. 409.

[26] *Pohjolainen*, in: 17. FIDE-Kongreß, S. 406, mit Verweis auf den Grundsatz der Effizienz der Verfassung. Danach soll die Verfassung keinerlei Regelung enthalten soll, die nicht unter der effektiven Autorität eines nationalen Organs steht. Dies ließe sich jedoch nur durch Ausnahmegesetze verwirklichen.

[27] Das Ausnahmegesetz wird trotz des spezifischen Erlaßverfahrens als einfaches Gesetz eingeordnet – *Pohjolainen*, in: 17. FIDE-Kongreß, S. 405; *Sundström/Boedecker/Kauppi*, XX. FIDE-Kongreß, S. 7, unter Verweis auf die Feststellung des Grundgesetzausschusses, wonach ein Ausnahmegesetz im Wege des Gesetzgebungsverfahrens abgeändert werden kann, solange die Ausnahmeregelung nicht erweitert wird.

Dem verfassungsrechtlichen Regime zu den internationalen Beziehungen liegt wiederum ein dualistischer Ansatz zugrunde.[28] Die Verfassungsreform hat insoweit zu keinen Änderungen geführt.[29] Wie in der finnischen Verfassungspraxis üblich enthält auch das Gesetz über den Beitritt zur Europäischen Union im wesentlich nur den Anwendungsbefehl für das primäre und sekundäre Gemeinschaftsrecht.[30] Da mit dem Beitritt Verfassungskonflikte auftraten, erging das Ratifikationsgesetz im Wege des Verfahrens zum Erlaß eines Ausnahmegesetzes.

Die Bedeutung des Beitritts zur Europäischen Union für das finnische Verfassungssystem kommt darin zum Ausdruck, daß aus diesem Anlaß erstmalig in der Verfassungsgeschichte ein konsultatives Referendum durchgeführt worden ist.[31] Das Ergebnis des Referendums hat jedoch die eher gespaltene Einstellung der finnischen Bevölkerung zur Unionsmitgliedschaft erkennbar werden lassen.[32] Ähnlich der Beitrittsdebatte in Schweden wurden erhebliche Bedenken hinsichtlich der demokratischen Strukturen und Transparenz der Entscheidungsfindung in der Union geltend gemacht.[33]

Eine entsprechende Distanz zeigt sich heute auch in der finnischen Debatte zur „Zukunft Europas". So hatte bereits 2001 der parlamentarische Ausschuß für Auslandsangelegenheiten in Übereinstimmung mit der Regierung eine zukünftige Ausgestaltung der Europäischen Union als „Kooperation zwischen unabhängigen Mitgliedstaaten" bei fortbestehender „Kompetenz-Kompetenz der Mitgliedstaaten" ausdrücklich privilegiert.[34]

Das grundsätzlich offene Verhältnis des finnischen Grundgesetzes zeigt sich schließlich jedoch deutlich in dem im Zusammenhang mit dem Souveränitätsprinzip in § 1 Abs. 3 GG geregelten Bekenntnis zur Beteiligung Finnlands „an

---

[28] *Pohjolainen*, 17. FIDE-Kongreß, S. 403; für die reformierte Verfassung *Kulosvesi*, Nordic Journal of International Law 2000, S. 520. Der dualistische Ansatz läßt sich eindeutig aus der Trennung zwischen „Anerkennung" (§ 94) und Inkrafttreten (§ 95) internationaler Verpflichtungen entnehmen.

[29] Grundlage für den Beitritt Finnlands zur Union waren § 33 RF und § 69 des Parlamentsgesetzes.

[30] Die Verträge wurden als Annex veröffentlicht. *Rosas* spricht daher von einem „de facto Monoismus", EPL 1 (1995), S. 167; *Aalto*, ELRev. 20 (1995), S. 619; *Pohjolainen*, in: 17. FIDE-Kongreß, S. 403. Zur Ratifikation des Amsterdamer Vertrages *Jääskinen*, CMLRev. 36 (1999), S. 410.

[31] Referendum vom 16.10.1994. Das Instrument des Referendums war 1987 durch eine Verfassungsänderung eingeführt worden; zum verfassungspolitischen Hintergrund *Jääskinen*, CMLRev. 36 (1999), S. 409.

[32] In dem Referendum stimmten 57 % der Votierenden für und immerhin 43 % gegen den Beitritt.

[33] *Wiberg/Raunio*, Journal of Legislative Studies 1996, S. 303.

[34] Bericht der Regierung zur Zukunft Europas, VNS 3 /2001 vp sowie Bereicht des parlamentarischen Ausschusses UaVM 18/2001 vp – zitiert bei *Sundström/Boedeker/Kauppi*, XX. FIDE-Kongreß, S. 8 und 31.

der internationalen Zusammenarbeit in der Absicht, Frieden und Menschenrechte sicherzustellen, und in der Absicht, die Gesellschaft zu entwickeln". Auch wenn die Europäische Union aus den zuvor genannten Gründen nicht namentlich erwähnt wird[35], ist die Europäische Union mit ihren Zielsetzungen hiervon eindeutig umfaßt.

C. Verfassungsrechtliche Grundlage für die Übertragung von Hoheitsrechten – Erfordernis eines sog. Ausnahmegesetzes

Da im Wege der Verfassungsreform kein spezifischer Tatbestand zur Übertragung von Hoheitsrechten geschaffen wurde, auf dessen Grundlage die Gemeinschaftsorgane Rechtsakte mit unmittelbarer und vorrangiger Wirkung für den finnischen Verfassungsraum Erlassen können, stellt sich im Rahmen der finnischen Verfassung weiterhin das Problem, daß Einwirkungen auf die nationale Kompetenzordnung grundsätzlich einer Änderung der Verfassung bedürfen.[36] Dafür stellt das Grundgesetz – wie dargelegt – weiterhin das Instrument der Ausnahmegesetzgebung zur Verfügung.[37] Aber auch dieses Instrument kann nur beschränkt Anwendung finden.

I. Das sog. vereinfachte Verfahren zum Erlaß von Ausnahmegesetzen gemäß § 95 GG

Gemäß § 95 Abs. 1 und 2 GG werden Verträge, die aufgrund ihres Gegenstandes eines gesetzlichen Umsetzungsaktes bedürfen, im Wege des Verfahrens zum Erlaß einfachen Gesetzesrechts ratifiziert. Wenn die aus den Verträgen resultierenden Verpflichtungen allerdings „das Grundgesetz betreffen", „muß der Gesetzesantrag unverzüglich zur Abstimmung gebracht werden" (Abs. 2 S. 2) und „zur Annahme sind mindestens zwei Drittel der abgegebenen Stimmen erforderlich" (Abs. 2 S. 3).
Dieses Verfahren stellt im Verhältnis zu dem in § 73 Abs. 1 GG geregelten Verfahren zur Grundgesetzänderung eine Erleichterung dar, da letzteres grundsätzlich ein Ruhenlassen der Gesetzesvorlage bis zur ersten Sitzung ein Jahr nach den Reichstagswahlen voraussetzt und damit unmittelbar zum Gegenstand der Wahlen gemacht wird. Nur für den Fall, daß gemäß § 73 Abs. 2 GG mindestens fünf Siebtel der Abstimmenden sich für eine „Dringlichkeit" des Änderungsvorhabens aussprechen, kann der Antrag sofort und zwar wiederum

---

[35] *Nousiainen*, Die Verfassung, S. 26, spricht von der Vertretung einer „vorsichtigen nationalen Linie".
[36] Kritisch insoweit *Aalto*, ELRev. 20 (1995), S. 623.
[37] Entsprechend der im Zusammenhang mit der Ausnahmegesetzgebung allgemein anerkannten sog. Lückentheorie wird dem Gemeinschaftsrecht auf Grundlage des Beitrittsgesetzes als Ausnahmeregelung zur Verfassung selbst dann Vorrang zugeordnet, wenn es materiellrechtlich im Konflikt mit dem finnischen Grundgesetz steht – *Jääskinen*, CMLRev. 36 (1999), S. 411; *Griller*, in: Kellermann, EU Enlargement, S. 166.

mit der Unterstützung durch zwei Drittel der abgegebenen Stimmen verabschiedet werden. Allerdings wird § 95 GG in einem Umkehrschluß entnommen, daß der Verfassungsgesetzgeber den Fall der Umsetzung einer völkervertraglichen Verpflichtung grundsätzlich als eine „dringliche" Entscheidung eingeordnet hat. Aus diesem Grund scheidet eine Anwendung des § 73 Abs. 2 GG als verfahrensrechtliche Grundlage hier von vornherein aus.[38]
Das Verfahren des § 95 GG und auch das des § 73 Abs. 1 GG haben gleichzeitig den Erlaß von Gesetzen, die zu einer expliziten Änderung des Verfassungswortlauts führen und den Erlaß von Ausnahmegesetzen zum Gegenstand. Im Wortlaut des § 73 Abs. 1 GG kommt dies in der Formulierung „zeitlich begrenzte Aussetzung des Grundgesetzes" zum Ausdruck. Bezüglich des § 95 Abs. 2 GG hat der Grundgesetzausschuß festgestellt, daß die in diesem erleichterten Änderungsverfahren zustande kommenden Regelungen grundsätzlich sog. Ausnahmegesetze darstellen.[39]

Soweit die hier zu untersuchenden Änderungen des Vertragsänderungsverfahrens eine Änderung des finnischen Grundgesetzes darstellen, würde deren Realisierung angesichts der dargelegten hohen Hürden für eine Verfassungsänderung gemäß § 73 Abs. 1 GG und der erkennbaren Skepsis in der finnischen Politik und auch Bevölkerung gegenüber einer fortschreitenden Intensivierung der Integration durch eine Ratifizierung im Wege des § 95 GG wesentlich erleichtert werden. Da die Verfassungsreform in Hinblick auf die frühere Verfassungssituation in diesem Punkt zu keiner wesentliche Änderung geführt hat, können im Rahmen der Subsumtion auch die Auslegungsansätze zur Regierungsform und zum Parlamentsgesetz herangezogen werden wie sie insbesondere im Rahmen der Ratifizierung des Beitrittsvertrages und des Amsterdamer Vertrages Anwendung gefunden haben.
Sundström/Boedecker/Kauppi stellen unter Verweis auf die einschlägige Stellungnahme des Grundgesetzausschusses fest, daß die Verträge, die zu einer Erweiterung der Kompetenzen der Unionsorgane und im Gegenzug zu einer Beschränkung der Kompetenzen der finnischen Organe führen, bezüglich des Erlasses des gesetzlichen Umsetzungsaktes zumindest die Einhaltung des Verfahrens gemäß § 95 Abs. 2 GG erfordern. Vertragsänderungen, die keine Kompetenzerweiterungen bewirken bzw. als „unbedeutend im Verhältnis zum gesamten Vertragskonzept" zu verstehen sind, können hingegen im Wege des einfachen Gesetzgebungsverfahrens Erlassen werden.[40] Ebenso stellte *Jääskinen* noch unter Geltung der früheren Verfassungslage und unter Verweis auf die

---

[38] Siehe dazu u. a. *Aalto*, ELRev. 20 (1995), S. 620.
[39] Grundgesetzausschuß Pevl 10/1998 vp und Pevl 21/1995 vp – zitiert nach *Sundström/ Boedeker/Kauppi*, XX. FIDE-Kongreß, S. 6, Fn. 28.
[40] Grundgesetzausschuß Pevl 10/1998 vp und Pevl 21/1995 vp – zit. bei *Sundström/ Boedeker/Kauppi*, a. a. O., S. 6, Fn. 28.

vom Grundgesetzausschuß zur Ratifizierung des Amsterdamer Vertrages abgegebene Stellungnahme bezüglich des Erfordernisses eines Ausnahmegesetzes maßgeblich darauf ab, ob eine Übertragung weiterer Hoheitsrechte erfolgt.[41]

Soweit die Rechte des Europäischen Parlaments im Vorfeld der eigentlichen Änderungsentscheidung gestärkt werden sollen, ist ein Konflikt mit der Kompetenzordnung des finnischen Grundgesetzes nicht erkennbar. Die Beteiligungsrechte der finnischen Organe im Rahmen des Vertragsänderungsverfahrens bleiben unberührt. Demnach könnte eine solche Vertragsänderung auf Grundlage des finnischen Grundgesetzes durch einfaches Gesetz umgesetzt werden. Hingegen erfolgt sowohl im Falle der Einräumung eines Zustimmungsrechts als auch eines ausschließlichen Beschlußrechts zugunsten des Europäischen Parlaments eine Erweiterung der Kompetenzen eines Unionsorgans. Im Falle eines ausschließlichen Beschlußrechts würde die Gestaltungsfreiheit der finnischen Verfassungsorgane hinsichtlich der nationalen Verfassungsordnung reduziert werden. Im Falle eines Zustimmungsrechts würde zumindest eine erkennbare Dependenz zwischen der Entscheidung der finnischen Organe und dem Europäischen Parlament hergestellt werden. Insoweit kann auf die Ausführungen im Rahmen der anderen Verfassungen verwiesen werden.

Daraus ist zu schlußfolgern, daß die vertragliche Vereinbarung einer Beteiligung des Europäischen Parlaments in der Beschlußphase des Vertragsänderungsverfahrens zu einem Verfassungskonflikt führt. Insoweit bleibt zu prüfen, inwieweit der Erlaß eines Ausnahmegesetzes im Wege des § 95 Abs. 1 und 2 GG zur Lösung des Konflikts ausreicht oder ob gegebenenfalls eines ausdrückliche Verfassungsänderung im Wege des § 73 Abs. 1 GG herbeigeführt werden müßte.

II. Grenzen des § 95 GG

Eine ausdrückliche verfassungsrechtliche Schranke für die Anwendung des § 95 GG ergibt sich aus § 94 Abs. 3 GG. Danach „darf eine internationale Verpflichtung keinesfalls die demokratische Grundordnung gefährden".
Aufgrund dieser Einschränkung ist nach allgemeiner Auffassung nicht der Abschluß einer solchen völkerrechtlichen Vereinbarung generell ausgeschlossen. Jedoch kann einer solchen Verpflichtung nicht in dem vereinfachten Verfahren des § 95 GG innerstaatliche Geltung verschafft werden. Vielmehr bedarf es hierfür einer ausdrücklichen Verfassungsänderung unter Einhaltung des Verfahrens des § 73 Abs. 1 GG. Insoweit ist zu beachten, daß das Grundgesetz einer Verfassungsänderung gemäß § 73 GG keine materiellen Grenzen setzt.[42] Hinter der Verpflichtung zur Anwendung des § 73 Abs. 1 GG steht nicht

[41] *Jääskinen*, CMLRev. 36 (1999), S. 410 f. unter Verweis auf Stellungnahme des Grundgesetzausschusses vom 27. März 1998, PeVL 10/1998 vp.
[42] Siehe entsprechende Ausführungen bei *Sundström/Boedeker/Kauppi*, XX. FIDE-Kongreß, S. 7.

zuletzt die Idee, daß die Bürger im Rahmen des § 73 Abs. 1 GG über ihr Wählervotum unmittelbar an der Entscheidung über eine derart weitreichende Verfassungsänderung beteiligt wären.[43]
Darüber hinaus ist zu berücksichtigen, daß nach den Stellungnahmen im Rahmen des Verfassungsreformprozesses die Ausnahmegesetzgebung auf zentrale Verfassungsvorschriften keine Anwendung mehr finden soll.[44] Bereits im Zusammenhang mit dem Erlaß des Beitrittsgesetzes war die Frage der Anwendbarkeit des Verfahrens der Ausnahmegesetzgebung angesichts der weitereichenden Auswirkungen des Beitritts für das finnische Verfassungssystem heftig umstritten.[45] Vor diesem Hintergrund ist die Einführung der Schrankenregelung des § 94 Abs. 3 GG nur konsequent.

Inwieweit durch die hier gegenständlichen Vertragsänderungen „die demokratische Grundordnung" im Sinne des § 94 Abs. 3 GG oder andere „zentrale Verfassungsvorschriften" beeinträchtigt werden, soll im Folgenden gesondert untersucht werden.

D. Das Prinzip demokratischer Legitimation

Auch das finnische Grundgesetz beruht auf dem Grundsatz der Volkssouveränität wie er in § 2 Abs. 1 GG als „Grundlage der Staatsform" ausdrücklich formuliert wird. Danach ist „Träger der Staatsgewalt in Finnland das Volk, das vom Reichstag vertreten wird".[46] Das Prinzip der Volkssouveränität ist demnach auch in Finnland als parlamentarische Demokratie ausgestaltet, in der der einzelne Bürger unmittelbar über sein Wahlrecht zum Parlament, zur Eduskunta, Einfluß auf die Ausübung der Staatsgewalt ausüben kann. Das finnische Grundgesetz kennt auch das Instrument des konsultativen Referendums (§ 53 GG), das nach seiner Einführung 1987 erst einmal Anwendung fand.[47]

---

[43] In diesem Sinne auch *Sundström/Boedeker/Kauppi*, ebenda.

[44] *Tiitinen*, www.virtual.finland.fi/finfo/english/tiiteng/html. Der Grundrechtsausschuß hatte bereits in seinem Bericht zur Reform des Grundrechtskatalogs eine Einschränkung des Anwendungsbereichs der Ausnahmegesetzgebung betreffend die Grundrechte gefordert; HE 309/1993 vp, S. 30 – zit. nach *Pohjolainen*, 17. FIDE- Kongreß, S. 405, Fn. 15 sowie *Cottier*, Staatsrechtliche Auswirkungen, S. 235.

[45] Der Grundgesetzausschuß entschied sich nach Anhörung zahlreicher Experten mit einer Mehrheit von 13 zu 5 für die Anwendung – Stellungnahme vom 7.10.1994, Nr. 14/1994 - *Rosas*, EPL 1 (1995), 168 f.

[46] Entsprechend der historischen Verknüpfung mit dem schwedischen System hat das Prinzip der Volkssouveränität eine ähnliche Tradition in der finnischen Gesellschaft. Seit dem Parlamentsgesetz von 1723 galt der gesetzgebenden Gewalt als die höchste im Staat - *Sundström/Boedecker/Kauppi*, XX. FIDE-Kongreß, S. 5.

[47] Ein Überblick zu diesem Instrument gibt *Suksi*, EPL 5 (1999), S. 535 ff.

Wie eingangs dargelegt, sind die Rechte des Parlaments, insbesondere im Verhältnis zum Präsidenten im Rahmen der Verfassungsreform erheblich gestärkt worden, indem die präsidentiellen Rechte im Gegenzug abgeschwächt wurden.[48] Dem Eduskunta wird in § 2 des Grundgesetzes nunmehr eindeutig die Rolle als höchstes Staatsorgan in der Verfassung zugeordnet. Bezogen auf die konkrete Ausgestaltung des Verfassungssystems wird dies besonders deutlich im Übergang vom präsidial orientierten Regierungsbildungsverfahren zu einem parlamentarisch orientierten, wie es nunmehr in § 61 GG geregelt ist. Daneben erfolgte eine Beschneidung des vormals bezüglich Gesetzesbeschlüssen des Parlaments bestehenden Vetorechts des Präsidenten sowie die Rückbindung seines Initiativrechts für Gesetzesentwürfe an die Regierung in § 58 GG.[49] Das finnische System stellt daher heute eindeutig eine parlamentarische Demokratie dar und kann nicht mehr als semi-präsidentiell[50] eingeordnet werden.[51]

Im Wege der Verfassungsreform sind nunmehr auch die Rechte des Eduskunta auf Mitwirkung in Angelegenheiten der Europäischen Union ausdrücklich in § 96 GG festgeschrieben worden. Danach hat die Finnland auf EU-Ebene vertretende Regierung (§ 93 Abs. 2 GG) den Reichstag über wesentliche Vorschläge auf supranationaler Ebene zu informieren, was insbesondere anstehende Vertragsänderungen mit einbezieht. Der sog. Große Ausschuß des Parlaments übernimmt entsprechend der bewährten Praxis die Koordinierung zwischen Eduskunta und Regierung.[52] Demnach sind dem finnischen Eduskunta wie auch den Parlamenten der anderen skandinavischen Mitgliedstaaten[53] große Einfluß-

---

[48] Die das Parlament betreffenden gesetzlichen Grundlagen blieben hingegen fast unverändert. Siehe dazu *Tiitinen*, www.virtual.finland.fi/finfo/english/tiiteng/html.

[49] Siehe insgesamt *Nouisianen*, Die Verfassung, S. 27 ff.

[50] Wie beispielsweise das französische System.

[51] Zwar wird der Präsident weiterhin - wie für Präsidialdemokratien typisch - direkt vom Volk gewählt (§ 54 GG). Ihm fehlt jedoch das für ein präsidentielles System typische Vetorecht. Das finnische System unterscheidet sich von einem präsidentiellen System auch entscheidend dadurch, daß nicht der Präsident, sondern gemäß § 60 GG der Ministerpräsident der Regierung vorsteht.

[52] Diese Praxis besteht seit dem Beitritt Finnlands 1995 und war zuvor in § 33a der RF sowie im Kapitel 4A des Parlamentsgesetzes geregelt. Danach kommt dem Großen Ausschuß die Aufgabe zu, die von der Regierung beigebrachten Informationen an die zuständigen Fachausschüsse weiterzuleiten, die dann eine inhaltliche Stellungnahme abgeben können. Die Stellungnahmen werden vom Großen Ausschuß weiterbearbeitet. Er gibt im Rahmen der wöchentlichen Sitzung, an der auch die zuständigen Minister teilnehmen, eine endgültige Stellungnahme ab, die in wichtigen Angelegenheiten den Charakter eines verbindlichen Verhandlungsmandats haben – *Kamann*, Die Mitwirkung, S. 95 ff; *Jääskinen/Kivisaari*, in Wiberg: Trying to make, S. 29 ff.

[53] Vorbild war der dänische EU-Ausschuß - *Kamann*, Die Mitwirkung der Parlamente, S. 95.

möglichkeiten auf die Entscheidungsfindung auf supranationaler Ebene verblieben und im Wege der Verfassungsreform noch verstärkt worden[54].

I. Das finnische Volk als Legitimationssubjekt

Die Entscheidung über die Inkraftsetzung von Vertragsänderungen, soweit sie „in den Bereich der Legislative fallen oder von erheblicher Bedeutung sind", trifft gemäß § 93 Abs. 1 S. 2 und § 94 GG das Parlament. Entscheidungen über die Übertragung von Hoheitsrechten sind grundsätzlich von entsprechender Rechtsqualität und erfolgen – wie zuvor dargelegt – in der Regel im Wege der Änderungsgesetzgebung.

Legitimationssubjekt des Eduskunta ist gemäß § 2 Abs. 1 GG das finnische Volk. Zwecks Bestimmung des Legitimationssubjekts ist wiederum an das Wahlrecht zum Parlament anzuknüpfen, das in § 14 Abs. 1 GG geregelt ist. Danach besitzt „jeder finnische Staatsbürger" das Wahlrecht bei staatlichen Wahlen.[55] Folglich nehmen Bürger ohne finnische Staatsbürgerschaft an der Legitimation der Entscheidungen des finnischen Parlaments nicht teil.

Dasselbe gilt im Falle der Durchführung eines konsultativen Referendums wie es anläßlich des Beitritts stattfand.[56] Denn auch das Stimmrecht im Referendum ist gemäß § 14 Abs. 1 GG unmittelbar an die finnische Staatsbürgerschaft geknüpft.

Zwar hat die finnische Verfassung mit § 2 Abs. 2 GG einen sehr modernen, explizit freiheitlichen Demokratieansatz.[57] Danach gehört es zur Demokratie, „daß der Einzelne das Recht hat, an der Entwicklung der Gesellschaft und der Lebensumwelt teilzunehmen und sie zu beeinflussen". Entsprechend soll gemäß § 14 Abs. 3 GG „das Gemeinwesen die Möglichkeiten des Einzelnen, am Leben der Gesellschaft teilzunehmen, und Entscheidungen, die ihm selbst gelten, zu beeinflussen", fördern. Dies läßt im Vergleich beispielsweise mit dem deutschen Grundgesetz von vornherein eine viel offenere Definition des Volksbegriffs zu.[58] Aufgrund der eindeutigen Regelung des § 14 Abs. 1 i.V.m. § 5 GG ist eine erweiternde Auslegung des Legitimationssubjekts dahingehend, daß Unions-

---

[54] Waren die Kompetenzen von Präsident und Regierung im Bereich der Europäischen Union zuvor ungeklärt, stellt § 93 Abs. 2 GG nunmehr die Zuständigkeit der Regierung als dem Parlament gegenüber verantwortliches Organ explizit fest – *Kulovesi*, Nordic Journal of International Law 2000, S. 521 f.

[55] Die finnische Staatsbürgerschaft wird in § 5 GG verfassungsgesetzlich definiert.

[56] In Bezug auf die Ratifizierung des Verfassungsvertrages hat die finnische Regierung bereits erklärt, auf eine Volksabstimmung verzichten zu wollen – Bericht in FAZ vom 22.06.2004, S. 4.

[57] Dazu die Darstellung zum Autonomieprinzip bzw. Selbstbestimmungsrecht als Grundlage eines modernen Demokratieverständnisses, Kapitel 1, D. I. 3.

[58] Im Gegensatz zum deutschen Art. 28 Abs. 1 S. 3 GG beschränkt der finnische § 14 Abs. 2 GG das Wahlrecht auf kommunaler Ebene nicht auf EU-Bürger, sondern erweitert es auf alle „in Finnland dauerhaft wohnhaften Ausländer".

bürger generell einbezogen sind, jedoch auch im Rahmen des finnischen Grundgesetzes ausgeschlossen.

Soweit dem Europäischen Parlament das ausschließliche Beschlußrecht über Vertragsänderungen zukäme, ließen sich die mit der Vertragsänderung verbundenen Einwirkungen auf die nationale Verfassungsordnung nicht mehr ausschließlich auf das finnische Volk zurückführen. Insoweit kann auf die Untersuchung der anderen Verfassungen verwiesen werden. Eine entsprechende Erweiterung der Rechte des Europäischen Parlaments im Rahmen des Revisionsverfahrens würde folglich auch zur Änderung des Demokratieansatzes des finnischen Grundgesetzes führen.
Hingegen käme im Fall eines Zustimmungsrechts mit der Beteiligung der Regierungsvertreter im Europäischen Rat und der Ratifizierung durch das Eduskunta den finnischen Staatsorganen weiterhin maßgeblicher Einfluß auf Gestaltung des Änderungsbeschlusses und Inkraftsetzung für die finnische Rechtsordnung zu. Allerdings bleibt auch zu bedenken, daß das Eduskunta in Hinblick auf die Vetomacht des Europäischen Parlaments über die Durchsetzung eines positiven Beschlusses nicht mehr autonom entscheiden könnte. Damit scheint das demokratische Prinzip zumindest berührt.

II. Zulässige Modifikationen

Hier stellt sich nun die oben aufgeworfene Frage, ob eine solche Änderung des verfassungsrechtlichen Demokratieansatzes sich im Wege des sog. vereinfachten Verfahrens des § 95 Abs. 2 GG umsetzen ließe oder ob dessen Anwendung gemäß § 94 Abs. 3 GG ausgeschlossen ist, da durch die Regelung die „demokratische Grundordnung der Verfassung gefährdet ist". § 94 Abs. 3 GG ist als an den finnischen Präsidenten und die Regierung gerichtetes Verbot interpretiert worden, Verträge mit entsprechenden Inhalt zu unterzeichnen und dem Parlament vorzulegen.[59]

Die Geltung des Verbots muß für die Verfahrensalternative eines ausschließlichen Beschlußrechts des Europäischen Parlaments im Revisionsverfahren eindeutig bejaht werden. Aufgrund des mit einem solchen Beschlußrecht verbundenen Einflusses des Parlaments auch auf die Gestaltung der finnischen Verfassungsordnung wäre eine legitimatorische Rückführung der Verfassungsordnung ausschließlich auf das finnische Volk im Sinne des § 2 GG nicht mehr gegeben. Vielmehr würde die verfassungsändernde Gewalt, die in Entsprechung von § 2 GG der Ausübung durch das Parlament zugewiesen wird, nunmehr in weiten Teilen auch zur Disposition des Europäischen Parlaments stehen. So

---

[59] Bericht der Arbeitsgruppe für Vertragsrecht, S. 16 – zit. nach *Kulovesi*, Nordic Journal of International Law 2000, S. 519, Fn. 24.

hatte *Jyränki* die Anwendung in Hinblick auf neue „föderale Bestrebungen“ im Rahmen des europäischen Integrationsprozesses ausdrücklich bejaht.[60]
Folglich könnte eine entsprechende Modifikation des Demokratieansatzes der finnischen Verfassung nur im Wege des Verfahrens zur Verfassungsänderung gemäß § 73 Abs. 1 GG umgesetzt werden. Angesichts der Verfahrenshürden und der bestehenden Skepsis der finnischen Bevölkerung gegenüber einer weiteren Vertiefung des Integrationsprozesses erscheint der Erfolg eines solchen Verfassungsprojektes eher unrealistisch.[61]
Ob die mit der Einführung eines Zustimmungsrechts des Europäischen Parlaments notwendige Modifikation dem § 94 Abs. 3 GG unterfällt, ist allerdings fraglich und eher abzulehnen. Angesichts der im wesentlichen fortbestehenden Gestaltungsmacht der finnischen Organe nach innen und außen kann von einer „Gefährdung der demokratischen Grundordnung“ nicht ausgegangen werden.

E. Das Prinzip staatlicher Souveränität

Ein spezifisches Element des finnischen Grundgesetzes, in dem es sich von den Verfassungen der anderen skandinavischen Staaten unterscheidet, ist die explizite Verankerung staatlicher Souveränität in der Verfassung. § 1 Abs. 1 GG lautet: „Finnland ist eine souveräne Republik“.[62] Dieses ausdrückliche Bekenntnis zur staatlichen Souveränität liegt in der bereits eingangs beschriebenen, besonderen Geschichte Finnlands begründet. Aufgrund seiner besonderen geopolitischen Lage zwischen dem kommunistischen Sowjetreich und den westlich orientierten anderen skandinavischen Staaten stellte die Absicherung der Unabhängigkeit nach außen ein Kernelement der finnischen Politik dar. Finnland entschied sich schließlich für den Weg der politischen Neutralität[63], die erst mit dem Zusammenbruch des sowjetischen Staates und den Wegfall des klassischen Ost-West-Konflikts aufgegeben wurde.
In Abs. 3 des § 1 GG enthält die finnische Verfassung gleichzeitig das unter Punkt II. zitierte ausdrückliche Bekenntnis zur Beteiligung Finnlands an der „internationalen Zusammenarbeit“. Damit verfügt die finnische Verfassung über einen erkennbar offenen Souveränitätsansatz.

---

[60] Hinweis bei *Kulovesi*, Nordic Journal of International Law 2000, S. 519, Fn. 25.

[61] Entsprechend die Einschätzung von *Sundström/Boedecker/Kauppi*, XX. FIDE-Kongreß, S. 7 in Hinblick auf eine Verfassung der Union, die staatlich ausgestaltet ist.

[62] Eine entsprechende Formulierung war bereits in § 1 der Regierungsform enthalten.

[63] Finnland veröffentlichte am 03.09.1939 eine an alle europäischen Mächte gerichtete Neutralitätserklärung, die jedoch von der Sowjetunion nicht anerkannt wurde. Am 03.11.1939 griff die Sowjetunion Finnland an (sog. Winterkrieg 1939/1940). Das Neutralitätskonzept war damit vorerst gescheitert, wurde nach Ende des 2. Weltkrieges jedoch weiterverfolgt. Zum historischen Hintergrund *Wagner*, Finnlands Neutralität.

I. Konkretisierung im Grundgesetz

Der in § 1 Abs. 1 GG formulierte Grundsatz staatlicher Souveränität wird im Grundgesetz zum einen dadurch umgesetzt, daß hoheitliche Befugnisse gemäß § 3 GG allein den staatlichen Organen zugewiesen werden, zum anderen im Wege der Regelungen zu den Internationalen Beziehungen gemäß §§ 93 ff. GG, wonach für die Geltung außerstaatlichen Rechts ein Umsetzungsakt erforderlich ist.[64] Diesen Regelungen liegt ein Ausschließlichkeitsanspruch staatlicher Hoheitsgewalt unmittelbar voraus.
Das Gesetz über den Beitritt zur Europäischen Union wurde gerade im Wege des verfassungsändernden Verfahrens zum Erlaß eines Ausnahmegesetzes verabschiedet, weil in dem Beitritt ein Konflikt mit dem staatlichen Souveränitätsanspruch gesehen wurde.[65] Die Praxis der Ausnahmegesetzgebung im Zusammenhang mit der europäischen Integrationspolitik Finnlands ist gleichzeitig ein Ausdruck für ein sehr rigides Souveränitätsverständnis.[66] Die Aufnahme eines ausdrücklichen Bekenntnisses zur Mitgliedschaft Finnlands in der Europäischen Union im Rahmen der Verfassungsreform wurde abgelehnt mit dem Argument, die Möglichkeit Finnlands zum Austritt nicht zu erschweren.
Angesichts der bereits im Rahmen der anderen Verfassungen dargestellten Auswirkungen eines Beschlußrechts des Europäischen Parlaments auf die inhaltliche Gestaltungs- und Vertragsmacht des einzelnen Mitgliedstaates, die bezogen auf den europäischen Integrationsprozeß de facto aufgehoben werden würde, ist ein Eingriff in die verfassungsrechtlich verankerte staatliche Souveränität auch für das finnische Grundgesetz eindeutig zu bejahen.

Im Fall eines Zustimmungsrechts des Europäischen Parlaments wären die finnischen Staatsorgane, also Regierung und Eduskunta, zwar weiterhin maßgeblich an der inhaltlichen Gestaltung der Vertragsänderung beteiligt. Aufgrund der Bindung der Entscheidung an das quasi Vetorecht des Europäischen Parlaments muß auch insoweit grundsätzlich von einer Betroffenheit der finnischen Souveränität ausgegangen werden.

II. Verfassungsrechtliche Garantien

Auch bezüglich des Grundsatzes staatlicher Souveränität enthält die finnische Verfassung keine materiellrechtliche Schranke hinsichtlich Modifikation oder gar Aufhebung dieses Grundsatzes. Die Grenzen sind wiederum rein verfahrenstechnischer Natur.

---

[64] Wie dargelegt, beruht auch die finnische Verfassung insoweit auf einem dualistischen Ansatz.
[65] *Pohjolainen*, 17. FIDE-Kongreß, S. 400; *Jääskinen*, CMLRev. 36 (1999), S. 409.
[66] Siehe entsprechend die Formulierung bei *Pohjolainen*, 17. FIDE-Kongreß, S. 400.

Da es sich bei dem in § 1 GG geregelten Prinzip staatlicher Souveränität eindeutig um eine Fundamentalnorm der Verfassung handelt, muß davon ausgegangen werden, daß die Möglichkeit einer Modifikation dieses Prinzips im Wege des vereinfachten Verfahrens des § 95 Abs. 2 GG abgelehnt werden wird. Zwar bezieht sich die Ausschlußnorm des § 94 Abs. 3 GG explizit nur auf die Garantie der „demokratischen Grundordnung der Verfassung". Damit ist primär das in § 2 Abs. 1 GG verankerte Prinzip der Volkssouveränität und dessen Konkretisierung durch die Regelungen zur parlamentarischen Demokratie gemeint. Andererseits wurzelt auch die staatliche Souveränität im Selbstbestimmungsrecht des Volkes, gleich wenn sie primär das Verhältnis zu anderen Völkern bzw. Staaten betrifft. Diese weite Auslegung des § 94 Abs. 3 GG erscheint also nicht von vornherein ausgeschlossen. In jedem Fall sollte die Ausnahmegesetzgebung entsprechend der Stellungnahme des Parlaments im Rahmen der Verfassungsreform auf die Abänderung von Fundamentalnormen keine Anwendung mehr finden.
Demnach könnte die Einführung eines ausschließlichen Beschlußrechts des Europäischen Parlaments und die damit verbundene Modifikation des Prinzips staatlicher Souveränität nur im Wege des Verfassungsänderungsverfahrens des § 73 Abs. 1 GG erfolgen. Insoweit müßten zunächst die politischen Parteien und dann natürlich die Bevölkerung im Rahmen der Wahl und gegebenenfalls eines Referendums zur Zustimmung zu einem solchen Integrationsschritt motiviert werden. Da das Europäische Parlament mit einem solchen Verfahrensrecht auch weitreichenden Einfluß auf die nationale Verfassungsordnung erhalten würde, erscheint dies unrealistisch. Dies gilt angesichts der relativ jungen Unabhängigkeit des finnischen Staates und seiner noch kurzen Mitgliedschaft um so mehr. Zu beachten ist auch, daß Finnland als kleiner Mitgliedstaat einer weiteren Vertiefung grundsätzlich relativ skeptisch gegenübersteht. Wie eingangs angemerkt, hatte das Eduskunta in Übereinstimmung mit der Regierung in der nationalen Debatte zur Zukunft Europas die Perspektive einer Europäischen Union als „enge Kooperation zwischen unabhängigen Mitgliedstaaten", in der die „Kompetenz-Kompetenz" bei den Mitgliedstaaten verbleibt, eindeutig befürwortet.[67]

Hingegen erscheint die Ratifizierung eines Gesetzes, mit dem einem Zustimmungsrecht des Europäischen Parlaments zu Vertragsänderungen für die finnische Verfassungsordnung Geltung verschafft werden soll, auch unter dem Blickwinkel verfassungsrechtlich geregelter staatlicher Souveränität aus den bereits genannten Gründen im Wege eines Ausnahmegesetzes möglich. Das finnische Parlament würde mit dem Umsetzungsakt für die einzelne Vertragsänderung weiterhin den Anwendungsbefehl für die finnische Rechts-

---

[67] Siehe Bericht des Grundgesetzausschusses, PeVL 56/2001 vp, S. 2.

ordnung erteilen. Ein Übergang der Kompetenz-Kompetenz auf das Europäische Parlament wäre mit einem solchen Zustimmungsrecht des Europäischen Parlaments nicht verbunden.

F. Völkervertragliche Rückbindung

Ein textlicher Hinweis auf eine zwingend völkervertragliche Rückbindung der Europäischen Union läßt sich im finnischen Grundgesetz nicht finden. Konnte der dänischen Verfassung noch eine Definition der Europäischen Union als „zwischenstaatliche Einrichtung" entnommen werden, so fehlt es in der finnischen Verfassung bereits an dem entsprechenden Übertragungstatbestand. Eine entsprechende Bedingung ließe sich daher allenfalls über eine systematische und historische Auslegung herleiten. Insoweit kann darauf verwiesen werden, daß die Regelung des § 96 GG, in der die Mitwirkung des Eduskunta an der Europapolitik der Regierung festgeschrieben ist, in das Regime des Kapitel 8 („Internationale Beziehungen") eingeordnet ist und insoweit an die Regelung des § 93 Abs. 2 GG anknüpft. Tatsächlich stellte sich zum Zeitpunkt des Beitritts und im Verlauf der anschließenden Verfassungsreform die Frage der Notwendigkeit einer völkervertraglichen Rückbindung der Europäischen Union für den finnischen Verfassungsgesetzgeber gar nicht. Im Rahmen der Diskussion zur Reform der Europäischen Union, die nach dem Abschluß des Amsterdamer Vertrages einsetzte, wurde das Instrument der völkervertraglichen Einigung nicht in Frage gestellt. Daraus läßt sich begründen, daß bezüglich der vertraglichen Rückbindung der Union in der finnischen Verfassungsdogmatik keine Diskussion besteht.

Angesichts der zuvor dargelegten, aus dem Demokratieprinzip und Prinzip staatlicher Souveränität resultierenden, ausdrücklichen Sicherungen läßt sich ein verfassungsrechtlicher Konflikt einfacher anhand dieser Sicherungen klären. Schließlich stellt die Vertragsmacht der finnischen Staatsorgane ein Kernelement staatlicher Souveränität dar, ist dieser also immanent. Eine verfassungsrechtliche Schranke in Hinblick auf die völkervertragliche Rückbindung läßt sich daher ohne weiteres mit dem zuvor dargelegten Prinzip staatlicher Souveränität beantworten.

G. Recht zum Widerruf und zur Beendigung der Mitgliedschaft

Eine der deutschen Staatszielbestimmung des Art. 23 Abs. 1 GG entsprechende rechtliche Verbindlichkeit bezüglich der Beteiligung des finnischen Staates an der Europäischen Union läßt sich weder dem § 1 Abs. 3 GG noch den §§ 93 ff. GG entnehmen. Vielmehr wird in §§ 93 f. GG ausdrücklich von der Möglichkeit der „Kündigung" der internationalen Verpflichtungen Finnlands ausgegangen. Und schließlich wurde – wie mehrfach angesprochen – die Aufnahme eines ausdrücklichen Bekenntnisses gerade mit der Begründung abgelehnt, daß hierdurch der Austritt Finnlands aus der Europäischen Union erschwert werden könnten.

Demnach ist in der finnischen Verfassung ein Recht zur Beendigung der Mitgliedschaft verankert.
Da die Mitgliedschaft Finnlands auf dem Beitrittsgesetz als Ausnahmegesetz beruht, ist ein Widerruf von Übertragungsakten bzw. ein Austritt aus der Europäischen Union durch Erlaß eines gesetzlichen Aufhebungsaktes möglich. Dieser kann im Wege des einfachen Gesetzgebungsverfahrens ergehen; die Einhaltung des Verfahrens des § 95 Abs. GG ist nicht erforderlich. Die besondere Flexibilität dieses Verfahrens war der Grund für die Beibehaltung der Ausnahmegesetzgebung gerade für den Bereich der Angelegenheiten der Europäischen Union. Dem Parlament wird auf diese Weise ein sehr weitreichender Gestaltungsspielraum eingeräumt, in dem auch die besondere Souveränität des Parlaments im Verfassungssystem zum Ausdruck kommt.

Übertragen auf die hier zu untersuchenden Verfahrensrechte des Europäischen Parlaments im Vertragsänderungsverfahren bedeutet dies, daß ein ausschließliches Beschlußrecht des Europäischen Parlaments – sei es ohne oder mit Beibehaltung des Ratifikationserfordernisses – im Widerspruch zu dem im finnischen Grundgesetz verankerten Austrittsrechts stehen würde. Fällt das Ratifikationserfordernis weg, würde es bereits an dem im Wege eines Aufhebungsgesetzes widerruflichen Ausnahmegesetz fehlen, auf dessen Grundlage die Übertragung von Hoheitsrechten erfolgt. Im übrigen ließe sich mangels vertraglicher Einigung die in § 94 Abs. 2 GG geregelte Befugnis des Parlaments zum Beschluß der Kündigung einer internationalen Verpflichtung nicht mehr effektiv umsetzen.

Hingegen wäre im Fall des Zustimmungsrechts des Europäischen Parlaments die völkervertragliche Grundlage der Union als Anknüpfungspunkt des in § 94 Abs. 2 GG geregelten Kündigungsrechts weiterhin gegeben. Von einer Einschränkung kann daher nicht ausgegangen werden. Dies gilt erst recht in Hinblick auf eine Stärkung der Parlamentsrechte im Vorfeld der eigentlichen Beschlußphase.

H. Ergebnis/Aussichten einer Verfassungsänderung

Als Ergebnis läßt sich feststellen, daß allein in Hinblick auf eine Stärkung des Europäischen Parlaments im Vorfeld der Beschlußfassung ein Widerspruch zum finnischen Grundgesetz eindeutig zu verneinen ist.
Ein ausschließliches Beschlußrecht des Parlaments würde hingegen offensichtlich gegen das in § 2 und § 3 GG verankerte Demokratieprinzip sowie gegen das in § 1 Abs. 1 GG formulierte und in den §§ 93 ff GG konkretisierte Prinzip staatlicher Souveränität verstoßen. Angesicht der mit einem Zustimmungs- bzw. Vetorecht des Europäischen Parlaments verbundenen Beschränkungen der

Vertragsmacht der finnischen Organe ist zumindest eine Betroffenheit der zuvor genannten Prinzipien zu bejahen.

Anders als das Zustimmungsrecht ließe sich ein ausschließliches Beschlußrecht des Europäischen Parlaments nicht im Wege der bislang für die Ratifizierung von Vertragsänderungen angewandten vereinfachten Verfahren für den Erlaß von Änderungsgesetzen umsetzen. In Hinblick auf den weitreichenden Eingriff in die Gestaltungsmacht der finnischen Staatsorgane nicht nur bezogen auf den Abschluß und Abänderung von Verträgen der Europäischen Union, sondern auch bezogen auf die innerstaatliche Verfassungsordnung muß von einer „Gefährdung der demokratischen Grundordnung" im Sinne des § 94 Abs. 3 GG und der erheblichen Abänderung des Prinzips staatlicher Souveränität, einschließlich des sich daraus ergebenden Kündigungsrechts für internationale Beziehungen als Fundamentalnormen der Verfassungsordnung ausgegangen werden. Für derartig weitreichende Verfassungsmodifikationen muß jedoch das erschwerte Verfahren der Verfassungsänderung des § 73 Abs. 1 GG Anwendung finden. Zwar besteht keine materiellrechtliche Schrankenregelung für eine Abänderung der finnischen Verfassungsordnung. Eine entsprechende Motivation der politischen Entscheidungsträger sowie der Bevölkerung im Wahlprozeß und wahrscheinlich durchzuführendem Referendum erscheint jedoch illusorisch.

7. Kapitel: Die französische Verfassung der V. Republik

A. Einführung in das französische Verfassungssystem

I. Französisches Verfassungsverständnis

Mit der 5. Verfassung der Republik Frankreich vom 4. Oktober 1958 verfügt auch der französische Staat über eine geschriebene Verfassung, die sämtliche Merkmale des formellen Verfassungsbegriffs erfüllt. Die als solche titulierte Verfassung, wurde im Wege eines Referendums des französischen Volkes in Kraft gesetzt und ist gemäß Art. 89 Vf[1] nur in einem erschwerten Verfahren abänderbar.[2] Der Rang der Verfassung als in der Normenhierarchie höchste Norm ist allgemein anerkannt.[3]

1. Bedeutungswandel der Verfassung

Im Vergleich zum deutschen Grundgesetz kommt der französischen Verfassung jedoch eine weitaus geringere normative Kraft zu.[4] Der Verfassung wird auch heute noch primär die Funktion einer zweckmäßigen Institutionenordnung zugeordnet. Die Verfassungsnormierungen werden eher als „Anleitung für den demokratischen Gesetzgeber“, als – wie im deutschen Verfassungssystem – inhaltlich durchsetzbares und durchzusetzendes Instrument politischer Steuerung verstanden.[5] Im Verhältnis zum materiellen Verfassungsverständnis, das maßgeblich auf die Verfassungsinhalte abstellt, ist in der französischen Verfassungsdogmatik der formelle Verfassungsansatz weiterhin vorherrschend.[6]

Dies liegt vor allem in der Verfassungsgeschichte der französischen Republik begründet. *Rousseaus* Lehrevon der *volonté générale*, die maßgeblich die französische Verfassungstradition prägt, ließ ein hierarchisches Verhältnis zwischen Verfassung und Gesetz nicht zu. Zwar verhalf *Siéyès* vor dem Hintergrund der Instabilität der ersten Republik mit seiner Differenzierung zwischen verfassungsgebender und verfassungsändernder Gewalt dem Verfassungsgedanken schließlich zum Durchbruch.[7] Das Konzept der Souveränität des Volkes bzw.

---

[1] Bei den im Folgenden mit Vf. abgekürzten Normen handelt es sich um solche der Verfassung von 1958.

[2] Zum formellen Verfassungsbegriff in der französischen Verfassungsdogmatik siehe u. a. *Lavroff*, Le droit constitutionnel, Rz. 52.

[3] *Hübner/Constantinesco*, Einführung in das französische Recht, S. 5.

[4] *Schönberger*, in Hesse/Schuppert/Harms, S. 171, zieht insoweit den Vergleich zwischen deutschen, normativistisch-justizförmigen Sicht des Verfassungsrechts und der französischen, politisch-prozeduralen.

[5] *Schönberger*, a. a. O.

[6] *Lavroff*, Le droit constitutionnel, Rz. 52; *Flauss*, in Schwarze: Die Entstehung, S. 26; für ein materielles Verfassungsverständnis hingegen *Beaud*, RFDA 1993, S. 1046 ff.

[7] Zum verfassungstheoretischen Hintergrund u. a. *Spiegels*, EuR 2003, S. 122.

der Nation blieb jedoch für die Verfassung weiterhin bestimmend und schloß eine die Entscheidungsgewalt des Parlaments als Träger des Volkswillens kontrollierende Instanz aus.[8] Noch heute ist die Vorstellung, daß Konflikte nur im Wege des freien politischen Prozesses und nicht durch justizförmige Durchsetzung der Verfassung zu lösen sind, vorherrschend.[9] Mit der Doktrin der justiziellen Unantastbarkeit des Gesetzes[10] war der Verfassung ein erheblicher Teil ihrer Effizienz genommen.[11]
Hinzu kommt, daß die französische Verfassungstradition durch eine besondere Diskontinuität der Verfassungen gekennzeichnet ist.[12] Dies hat den Prozeß einer normativen Verfestigung des Verfassungsrechts entsprechend abgeschwächt und mußte sich schließlich auch auf die Herausbildung des Vertrauens der Bürger in die Steuerungskraft der Verfassung in Konfliktfällen auswirken.[13]
Ein gewisser Wandel im Verfassungsverständnis hat die mit der Verfassung von 1958 erfolgte Einsetzung des Conseil constitutionnel bewirkt. Dem Conseil constitutionnel wurde erstmals die Aufgabe übertragen, Gesetze anhand der Verfassung zu prüfen und gegebenenfalls für nicht verfassungskonform zu erklären. Ursprünglich nur als Disziplinierungsmittel im Rahmen des sog. rationalisierten Parlamentarismus gedacht[14], hat der Conseil constitutionnel erst seit den 70iger Jahren des letzten Jahrhunderts seine Prüfungskompetenz progressiv wahr-

[8] Trotz formeller Anerkennung des Vorrangs der Verfassung wurde das Parlamentsgesetz unter Verweis auf Art. 6 der Erklärung der Menschen- und Bürgerrechte als unwiderlegbarer Ausdruck des *volonté générale* angesehen – so die berühmte Schrift von *Carré de Malberg*, La Loi, expression de la volonté générale. Das Parlamentsgesetz bildete damit den Kern des französischen Staatsrechts.

[9] *Hübner/Constantinesco*, Einführung, S. 6, sprechen in diesem Zusammenhang von einer „gewissen Furcht vor der Jurisdiktionsgewalt". Kritisch gegenüber dem Verfassungsinstitut des Conseil Constitutionnel u. a. *Rousseau*, RDP 1990, S. 5 ff.

[10] Gemäß Art. 6 der Menschen- und Bürgerrechtserklärung vom 26. August 1789. Zur Bedeutung der Lehre *Rousseaus* für Gestaltung und Verständnis der französischen Verfassung - *Hecker*, Europäische Integration, S. 29 ff.

[11] *Hübner/Constantinesco*, Einführung, S. 6.

[12] Seit 1791 hatte Frankreich bereits siebzehn Verfassungen.

[13] *Schönberger* in Hesse/Schuppert/Harms, S. 172 f; *Hübner/Constantinesco*, Einführung, S. 5.

[14] Nach der Vorstellung *de Gaulles* und *Debrés* als Väter der Verfassung von 1958 sollte die Funktion des Conseil constitutionnel vor allem darin bestehen, den Übergriff der Legislativgewalt auf das Verordnungsrecht der Exekutive zu verhindern. Das Parlament besitzt in der V. Republik keine Allzuständigkeit; es darf nur auf den in Art. 34 Vf. genannten Gebieten als Gesetzgeber tätig werden - *Rouvillois*, Les origines de la Ve République, S. 80 f.; *Spies*, NVwZ 1990, S. 1040 f. Zuletzt hat der Conseil constitutionnel in seiner Entscheidung zum Verfassungsvertrag vom 19.11.2004, No. 2005-505 DC, Journal officiel 24.11.2004, 19885, eine Verfassungsänderung gerade deshalb für erforderlich gehalten, weil der Vertrag dem französischem Parlament in Hinblick auf die Kontrolle der Einhaltung des Subsidiaritätsprinzips sowie im Rahmen des vereinfachten Änderungsverfahrens des Art. I-444 Rechte einräumt, die die Verfassung bislang nicht vorgesehen hatte (siehe 37. – 41. Erwägungsgrund).

genommen und aufgrund der Entwicklung substanzieller Verfassungsregeln seine Position im Verfassungsgefüge der V. Republik gefestigt.[15] Heute ist die Rechtsprechung des Conseil constitutionnel als Quelle positiven Verfassungsrechts allgemein anerkannt, wenngleich seinen Entscheidungen nicht dieselbe Bedeutung bzw. Durchsetzungskraft zugemessen wird wie dem formellen Verfassungsrecht.[16] Aus heutiger Sicht kann festgestellt werden, daß die Einführung einer Verfassungsgerichtsbarkeit zu einer radikalen Neuerung im Verhältnis zu den vorangegangenen demokratischen Verfassungen Frankreichs geführt hat.[17]

2. Der „bloc de constitutionalité"

Heute ist allgemein anerkannt, daß sich das französische Verfassungsrecht nicht ausschließlich aus den in der Verfassungsurkunde der V. Republik von 1958 enthaltenen Normen zusammensetzt, sondern auch andere Quellen dazu zählen. Die Summe aller Rechtssätze von Verfassungsrang wird in der Literatur allgemein mit dem Begriff des *„bloc de constitutionalité*" umschrieben.[18]
Eine grundlegende Entscheidung des Conseil constitutionnel betraf die Bestätigung des Verfassungsranges der Präambel der Verfassung von 1946 sowie der Erklärung der Menschen- und Bürgerrechte von 1789, den er aus dem in der Präambel der Verfassung von 1958 enthaltenen Verweis auf diese Regelungskomplexe ableitete.[19] Die in Art. 3 der Menschenrechtserklärung sowie Absatz 14 und 15 der Präambel der Verfassung von 1946 verankerten Souveränitätskonzepte sind für das französische Verfassungsrecht immer noch von grundlegender Bedeutung, was sich insbesondere in der verfassungsrechtlichen Auseinandersetzung mit dem europäischen Integrationsprozeß zeigen sollte. Schließlich wird auch den sog. *„principes fondamentaux reconnus*

[15] Zur Entwicklung der Verfassungsgerichtsbarkeit in Frankreich siehe statt vieler *Philip*, RDP 1983, S. 401 ff. sowie *Ehrmann*, Der Staat 20 (1981), S. 373 ff.
[16] Insoweit wird auf den Umstand verwiesen, daß der Verfassungsrat seine Entscheidungen ohne weiteres abändern kann – siehe dazu *Flauss*, in Schwarze, Die Entstehung, S. 26 f. sowie S. 78.
[17] Näher *Philip,* RDP 1983, S. 401 ff.
[18] Der Begriff wurde vor allem durch *Favoreu* geprägt und zwar in Anknüpfung an den von den Verwaltungsgerichten zur Umschreibung ihres Prüfungsmaßstab verwandten Begriff des „bloc de légalité" - u. a. in Hommage à Ch. Eisenmann, S. 34 ff. Der Conseil constitutionnel verwendet u. a. die Formulierung *„principes et règles de valeur constitutionnelle*", um die Verfassung im engeren Sinne von anderen Normengruppen unterhalb des Verfassungsranges (z. B. Lois organiques) abzugrenzen - u. a. Entscheidung vom 25. Juli 1979, No. 79-105 DC. Dazu *Gundel*, Die Einordnung, S. 76 oder *Pactet*, Institution politique, S. 478 ff sowie *Lavroff*, Le droit constitutionnel, S. 195 ff.
[19] Erstmals in der Entscheidung vom 15.01.1975, No. 74 – 54 DC, Rec. 19. Bis dahin war die Menschenrechtserklärung zwar als hervorragendes politisches Manifest anerkannt; Rechtswirkungen wurden ihr jedoch nicht zugeordnet – dazu *Lavroff*; Le droit constitutionnel, S. 90 f. Zur Frage, ob nur einzelne Normen oder der gesamte Regelungskomplex vom Verweis erfaßt werden siehe *Gundel*, Die Einordnung, S. 83 ff.

par les lois de la Republique" wie sie in der Präambel von 1946 ausdrücklich erwähnt werden Verfassungsrang zugeordnet.[20]

II. Die Prüfungskompetenz des Conseil constitutionnel

Ein Prüfungsverfahren vor dem Conseil constitutionnel kann auf Grundlage des Art. 61 Abs. 2 Vf. oder des Art. 54 Vf durch die dort genannten Organe eingeleitet werden.[21]

In Art. 54 Vf enthält die französische Verfassung ein spezielles Verfahren für die Prüfung der Verfassungsmäßigkeit völkervertraglicher Verpflichtungen. Die Prüfung erfolgt abstrakt und präventiv, d. h. vor Einleitung des innerstaatlichen Ratifizierungsprozesses im Wege der parlamentarischen Zustimmung. Damit kann im französischen System im Unterschied zum deutschen ein Auseinanderfallen von internationaler Verpflichtung und nationalem Verfassungsrecht verhindert werden.[22] Stellt der Conseil constitutionnel einen Widerspruch zur Verfassung fest, kann der Vertrag erst nach einer Verfassungsänderung im Verfahren des Art. 89 Vf ratifiziert werden, die diesen Widerspruch beseitigt.

Das in Art. 61 Abs. 2 Vf geregelte Verfahren einer präventiven und abstrakten Normenkontrolle als Bestandteil des Gesetzgebungsverfahrens[23] hat im Verhältnis zu Art. 54 Vf für den Abschluß der europäischen Verträge kaum noch praktische Bedeutung.[24]

Die Entscheidungen des Conseil constitutionnel sind gemäß Art. 62 Vf bindend.

---

[20] Hierbei handelt es um Grundsätze, die in einem formellen Gesetzestext ihren Niederschlag gefunden haben, zeitlich vor Inkrafttreten der Präambel von 1946 begründet wurden und seitdem ununterbrochen Geltung beanspruchten. Der Conseil constitutionnel ist in seinem Rückgriff auf dieses Rechtsinstitut jedoch sehr zurückhaltend – *Gundel*, Die Einordnung, S. 88.

[21] Hierbei handelt es sich um sog. *competences d'attribution*. Danach kann der Conseil nur im Rahmen der ihm durch die Verfassung ausdrücklich zugewiesenen Kompetenzen tätig werden – zuletzt Entscheidung vom 26.03.2003, No. 2003-469 DC., 1. Erwägungsgrund.

[22] *Walter*, EuGRZ 1993, S. 185.

[23] Aufgrund seines Tätigwerdens im Rahmen des Gesetzgebungsverfahrens war lange Zeit umstritten, ob es sich bei dem Conseil constitutionnel tatsächlich um ein Organ der Judikative handelt. In der Entscheidung Maastricht II vom 02.09.1992, No. 92-312 DC, hat der Conseil mit dem Rückgriff auf das Rechtsinstitut der Rechtskraft deutlich gemacht, daß er sich selbst als Gericht versteht – *Favoreu*, RFDC 1992, S. 410.

[24] Die Prüfung der Verfassungsmäßigkeit des gemäß Art. 53 Vf erforderlichen Zustimmungsgesetzes war in der Vergangenheit gerade wegen der im Vergleich zu Art. 54 Vf weiteren Definition des Kreises der Anrufungsberechtigten (60 Angehörige der Nationalversammlung oder des Senats) von Bedeutung. Art. 54 Vf wurde durch das Gesetz No 92-554 vom 25.06.1992 mittlerweile angepaßt. Der Conseil stellte in der Entscheidung vom 31.12.1997, No. 97-394 DC, in einem obiter dictum fest, daß er für internationale Verträge vom Fortbestand des Prüfungsrechts nach Art. 61 Abs. 2 Vf ausgeht.

Ein einmal ratifizierter Vertrag kann weder durch den Conseil constitutionnel[25] noch durch die Fachgerichte[26] überprüft werden. Eine *a posteriori* Kontrolle sieht die Verfassung nicht vor. Die Geltung der europäischen Verträge innerhalb der französischen Rechtsordnung hängt damit maßgeblich von der zuvor dargelegten Prüfung durch den Conseil constitutionnel ab. Zwar kommt auch dem Conseil d'État in seiner Funktion als beratendes Gremium der Regierung eine wichtige Rolle zu.[27] Die für die Gemeinschaftsverträge allein verbindliche Entscheidung trifft jedoch der Conseil constitutionnel.[28]

Seit Etablierung seiner Prüfungstätigkeit bezüglich europäischer Integrationsakte in den 70iger Jahren hat der Conseil constitutionnel wesentlich zur Klärung des Verhältnisses der französischen Verfassung zum europäischen Integrations-

---

[25] In seiner Maastricht I-Entscheidung vom 09.04.1992, No 92-308 DC, 7. Erwägungsgrund, lehnte der Conseil eine inzidente Prüfung der geltenden europäischen Verträge ausdrücklich ab und begründete dies mit dem völkerrechtlichen Grundsatz *Pacta sunt servanda*. Die Gründungsverträge über die Europäischen Gemeinschaften, die vor Inkrafttreten der Verfassung 1958 geschlossen wurden sowie der Vertrag über die EEA, bzgl. dessen der Conseil nicht angerufen wurde, blieben daher ungeprüft.

[26] Aufgrund der ausschließlichen Kompetenz des Verfassungsrats zur Prüfung von völkerrechtlichen Verträgen am Maßstab der Verfassung, ist den Fachgerichten eine entsprechende Kontrolle verwehrt. Den Fachgerichten kommt jedoch die Aufgabe zu, den in Art. 55 Vf ausdrücklich garantierten Geltungsvorrang von internationalen Verträgen gegenüber den formellen Gesetzen durchzusetzen. Nach ursprünglicher Ablehnung des Vorrangs der europäischen Verträge unter Berufung auf die „*lex posterior*"-Regelung hat schließlich auch der Conseil d'Etat den Vorrang in seiner berühmten Nicolo-Entscheidung, CE Assemblée du contentieux, Rec. 190, anerkannt. Zwar zeichnet sich in der Koné-Entscheidung, CE 03.07.1996, Rec. 255 und insbesondere der Sarran-Entscheidung des Conseil d'État, CE vom 30.10.1998, AJDA 1998, S. 1039, ein neuer Rechtsprechungsansatz ab. In diesen Entscheidungen ging es um die Frage, ob die Fachgerichte unter Hinweis auf das ihnen nicht zugängliche Verfassungsrecht keine Gesetzeskontrolle am Maßstab des internationalen Rechts vorzunehmen brauchen. Insoweit hat der Conseil d'État in den genannten Entscheidungen angedeutet, in Zukunft eine Verfassungskontrolle auch über völkerrechtliche Verträge vorzunehmen. Ähnlich argumentiert der Cour de Cassation in seiner Entscheidung vom 02.06.2000. Angesichts der in Art. 54 Vf verankerten Beschränkung auf die präventive Kontrolle durch den Conseil constitutionnel ist dies höchst umstritten – dazu u. a. *Gundel*, AVR 37 (1999), S. 438 ff.; *Dupuy*, Droit international, Vol. 1, 1999; *Chaltiel*, RTDE 1999, S. 403 ff. Aufgrund der ausdrücklichen verfassungsrechtlichen Absicherung der geltenden Gemeinschaftsverträge in Art. 88-1 Vf wird diese Rechtsprechung für die Gemeinschaftsverträge von vornherein nicht relevant werden; *Gundel*, a. a. O., S. 453. Allerdings hat der Conseil d'État in seiner SNIP Entscheidung vom 3.12.2001 angedeutet, daß er auch in Hinblick auf das Europarecht von einem Vorrang der Verfassung ausgeht – CE 3.12.2001, Nr. 226514.

[27] Gemäß Art. 38 Abs. 2 und 39 Abs. 2 Vf. Dazu *Sonnenberger/Autexier*, Einführung, S. 46.

[28] *Gundel*, EuR 1998, S. 373 f. spricht insoweit von der „Schlußpunkt-Funktion" der Kontrolle durch den Conseil constitutionnel. Wie zuvor dargelegt hat der Conseil d'État in der Sarran-Entscheidung dieses Verwerfungsmonopol wieder in Frage gestellt (Fn. 26). Allgemein zur Prüfungskompetenz des Conseil constitutionnel *Dutheil de la Rochère*, in Kloepfer/Pernice, S. 44 ff.

prozeß beigetragen. Seine Entscheidungen zum Maastricht-Vertrag[29] und zum Amsterdamer Vertrag haben schließlich zu Änderungen der Verfassungen und zur Einführung eines neuen Kapitels bzgl. der „Europäischen Gemeinschaften und Europäische Union“ (Titel XV, Art. 81-1 ff Vf) und damit zu einer „Konstitutionalisierung des Gemeinschaftsrechts“[30] geführt. Die Entscheidungen des Conseil constitutionnel werden daher vergleichbar denen des deutschen Bundesverfassungsgerichts den wesentlichen Kern der anschließenden Erörterung bilden.

Abschließend soll jedoch darauf verwiesen werden, daß die grundlegenden Fragen der Verfassungsentwicklung in Frankreich weiterhin maßgeblich ihrer Beantwortung im politischen Prozeß zugeführt werden. Im Unterschied beispielsweise zum deutschen System werden diese Fragen in der Regel unmittelbar dem Volk zur Entscheidung im Wege eines Referendums vorgelegt.[31] Der Conseil constitutionnel hat es bislang abgelehnt, die Verfassungsmäßigkeit der im plebiszitären Verfahren ergangenen Entscheidungen zu überprüfen.[32] In seiner Entscheidung vom 26.03.2003 hat der Conseil nunmehr klargestellt, daß er sich auch für die Kontrolle der vom Kongreß als Repräsentationsorgan des französischen *pouvoir constituant* erlassenen verfassungsändernden Gesetzes als unzuständig ansieht.[33] Dem liegt die Vorstellung zugrunde, daß im französischen System das Volk die letzte Entscheidungsinstanz bildet.[34]

---

[29] In der Maastricht I–Entscheidung (Fn. 25) hat der Conseil erstmals einen internationalen Vertrag als nicht verfassungskonform erklärt.

[30] So u. a. *Spiegels*, EuR 2003, S. 129. Zur zentralen Rolle des Conseil constitutionnel auch *Gaïa*, 17. FIDE-Kongreß, S. 246.

[31] Präsident *Chirac* hat auch für die Ratifizierung des Verfassungsvertrages in der Fernsehansprache vom 18.07.2004 die Durchführung eines Referendums bereits in Aussicht gestellt.

[32] Zuletzt in seiner Maastricht II-Entscheidung (Fn. 23).

[33] Fn. 21.

[34] *Schönberger*, in Hesse/Schuppert/Harms: Verfassungsrecht, S. 175. Im Detail siehe Pkt. VI. 1 c) dieses Abschnitts. Entsprechend die Begründung des Conseil, Cahiers No 15/2003, S. 20: *„Le Conseil constitutionnel, pouvoir constitué, ne saurait s'arroger le pouvoir constituant"*.

B. Status der europäischen Integration innerhalb des französischen Verfassungssystems

I. Titel VI als verfassungspolitisches Bekenntnis zum Integrationsprozeß

1. Die Integrationsklausel des Art. 88-1

In Anschluß an die Feststellung der Verfassungswidrigkeit von Teilen des Maastricht-Vertrages durch den Conseil constitutionnel[35] wurde mit Art. 88-1 Vf erstmals ein ausdrückliches Bekenntnis zur Mitwirkung der französischen Republik am europäischen Integrationsprozeß in die Verfassung aufgenommen. Danach „wirkt die Republik an den Europäischen Gemeinschaften und der Europäischen Union mit, welche aus Staaten bestehen, die sich freiwillig kraft der Gründungsverträge entschlossen haben, einige ihrer Kompetenzen gemeinsam auszuüben." Mit dieser Normierung wurden die Europäischen Gemeinschaften auf eine klare verfassungsrechtliche Grundlage gestellt; hinsichtlich der Gemeinschaftsverträge und des in Ausführung der Verträge ergehenden Sekundärrechts ist nunmehr von der Verfassungskonformität auszugehen.[36] Art. 88-1 Vf bezieht sich mit diesem Geltungsgehalt allerdings nur auf die zum Zeitpunkt der Verfassungsänderung bereits geschlossenen Gemeinschaftsverträge. Bezogen auf künftige Integrationsschritte wird der Regelung zum Teil die Bedeutung eines politischen Programmsatzes zugeordnet[37], der durchaus „gemeinschaftsfreundliches" Integrationspotential in sich trägt[38]. Inwieweit der Regelung tatsächlich eine verfassungsrechtliche Verpflichtung zur Teilnahme Frankreichs an den Gemeinschaften bzw. der Union zu entnehmen ist, ist umstritten.[39] Diese Frage stellt sich insbesondere im Zusammenhang mit dem Problem der Möglichkeit der Beendigung der Mitgliedschaft und soll daher an dieser Stelle genauer betrachtet werden.

---

[35] Fn. 24.

[36] Zugunsten der Verträge gilt nunmehr eine absolute Vermutung der Übereinstimmung mit der Verfassung – *Constantinesco*, in Battis/Kunig: Das Grundgesetz, S. 64; *Oliver*, ICLQ 43 (1994), S. 24. Zuvor enthielt die französische Verfassung keinerlei Hinweis auf den europäischen Integrationsprozeß. Dies ist um so erstaunlicher, als zum Zeitpunkt der Arbeiten zur 5. Verfassung die Römischen Verträge gerade verhandelt wurden. Aufgrund des Ausschlusses einer *a posteriori* Prüfung konnten die Gemeinschaftsverträge nicht mehr durch den mit der Verfassung von 1958 eingesetzten Conseil constitutionnel überprüft werden.

[37] So *Hecker*, Europäische Integration, S. 176. Im ursprünglichen Regierungsentwurf zur Verfassungsänderung war Art. 88-1 Vf gar nicht enthalten. Mittels der expliziten Beschreibung der Gemeinschaften und der Union als zwischenstaatliche Organisation sollte schließlich die der notwendige parlamentarische Zustimmung für die Verfassungsänderung gesichert werden - *Rideau*, in Gaudin, Droit constitutionnel, S. 277.

[38] *Rideau*, RAE 3/1992, S. 37.

[39] Dazu *Gundel*, Die Einordnung, S. 184.

Zuletzt hatte der Conseil constitutionnel sich in der Entscheidung vom 10.06.2004 maßgeblich auf Art. 88-1 Vf als verfassungsrechtliche Pflicht zur Umsetzung von Gemeinschaftsrecht berufen.[40] Der Conseil hat den Vorrang des Verfassungsrechts gegenüber Gemeinschaftsrecht im Falle eines Konflikts bestätigt. Da er die europarechtliche Verpflichtung unmittelbar in der Verfassung verortet, also als Teil des Verfassungsrechts selbst erkennt, kann ein solcher Verfassungskonflikt nur im Fall einer ausdrücklichen gegenteiligen Verfassungsbestimmung entstehen.[41] Indem der Conseil die europarechtliche Verpflichtung zum Verfassungsgebot erhebt, verleiht er dem Europarecht im Verhältnis zu sonstigen völkervertraglichen Verpflichtungen, die nach Art. 55 Vf. eindeutig unterhalb der Verfassung einzuordnen sind, eine spezifische Bedeutung.[42]
Darüber hinaus hat der Conseil constitutionnel nunmehr klargestellt, daß für den Fall, daß eine gegenteilige verfassungsrechtliche Vorschrift nicht existiert, „es allein Sache des Gemeinschaftsrichters ist [...], die Beachtung der durch die Verträge definierten Kompetenzen sowie der durch Art. 6 EUV garantierten Grundrechte durch die Richtlinie der Gemeinschaft zu kontrollieren“[43]. Anders als das deutsche Bundesverfassungsgericht hat der Conseil folglich auf die Formulierung einer „Reserve“-Prüfungskompetenz hinsichtlich „ausbrechender Rechtsakte“ der Gemeinschaftsorgane verzichtet.[44]

In seiner Entscheidung zur Vereinbarkeit des Vertrags über eine Verfassung von Europa vom 19.11.2004 hat der Conseil constitutionnel das in der Entscheidung vom Juni konkretisierte Vorrangprinzip erneut bestätigt.[45] So hat er das in Art. I-6 des Vertrags verankerte Prinzip des „Vorranges des Gemeinschaftsrechts vor dem Recht der Mitgliedstaaten“ gerade deshalb als mit der Verfassung vereinbar angesehen, weil der Verfassungsvertrag an dem in der Entscheidung vom Juni entwickelten Prinzips des Vorranges der Verfassung keine Änderung herbeiführt.[46] Er ordnet der Verfassung weiterhin ihren Platz „an der Spitze der staatlichen Rechtsordnung“ ein.[47]

---

[40] Entscheidung vom 10.06.2004, 2004-496 DC.

[41] Entsprechend hat der Conseil als Bedingungen eines solchen Konflikts gefordert, daß es sich um eine „*transposition de dispositions inconditionnelles et suffisamment précises*“ handelt und keine „*disposition expresse contraire la Constitution*“ vorliegt, 7. Erwägungsgrund.

[42] So auch *Mayer*, EuR 2004, S. 929.

[43] Fn. 40, 7. Erwägungsgrund.

[44] Entsprechend *Classen*, JZ 2004, S. 971.

[45] Entscheidung vom 19.11.2004, Fn. 14..

[46] A. a. O., 13. Erwägungsgrund. Siehe dazu auch *Mayer*, EuR 2004, S. 935.

[47] A. a. O., 10. Erwägungsgrund.

2. *Die verfassungsrechtlichen Ermächtigungen der Artt. 88-2 bis 88-4*

Der Regelungsgehalt der Art. 88-2 und 88-3 Vf beschränkt sich hingegen auf die Schaffung einer konkreten Ermächtigungsgrundlage für die zuvor vom Conseil constitutionnel als verfassungswidrig eingeordneten Regelungen über die Wirtschafts- und Währungsunion, das kommunale Wahlrecht für Gemeinschaftsbürger und die gemeinsame Visapolitik gegenüber Drittstaaten. Entsprechend wurde bei Ratifizierung des Amsterdamer Vertrages in Hinblick auf die vom Conseil als verfassungswidrig eingestuften Regelungen über den freien Personenverkehr verfahren.[48] Damit hat sich in Frankreich die Strategie durchgesetzt, Verfassungskonflikte durch explizite verfassungsrechtliche Verankerung gemeinschaftsrechtlicher Bestimmungen zu lösen.[49] Durch die Änderungen bleiben die übrigen Verfassungsbestandteile unberührt.[50] Im Gegensatz zu Deutschland, wo mit der Schaffung des Art. 23 GG als speziellen Europaartikel die vom Bundesverfassungsgericht entwickelte Rechtsprechung zu den Schranken des Integrationsprozesses weitestgehend verfassungsrechtlich normiert wurde, bleiben in Frankreich künftige Integrationsakte weiterhin maßgeblich dem richterrechtlichen System des Conseil constitutionnel unterworfen.[51] Der Prozeß der Integration des Gemeinschaftsrechts in die französische Verfassung wird vielfach als „Konzept der dualen Verfassung" und insoweit als Widerspruch zur Idee der Einheit der Verfassung begriffen.[52]

Schließlich wurde mit Art. 88-4 Vf eine Grundlage für die stärkere Einbindung des französischen Parlaments in die Tätigkeit der Regierung in Angelegenheiten der Union geschaffen. Es handelt sich um eine wirkliche Neuerung, wird mit Regelung der parlamentarischen Kompetenzen das bislang geltende System der

---

[48] Art. 88-2 Abs. 2 Vf. Zur Bedeutung dieser Entscheidung als „*une étape nouvelle dans l'integrations du système juridique national dans l'ordre juridique de l'Union*" - *Mathieu*, Recueil Dalloz 25/2004, S.1739, der insoweit auch von dem „directive-ecran" in Anknüpfung an die Rechtsprechung zum „*loi-ecran*" spricht. In Hinblick auf den vom Conseil formulierten Vorbehalt (Fn. 40) zieht er den Vergleich zur Solange-Rechtsprechung des deutschen Bundesverfassungsgerichts.

[49] *Sonnenberger/Autexier*, Einführung, S. 58. Der Conseil constitutionnel hatte in der Maastricht II-Entscheidung (FN. 22) die Wahl der Revisionstechnik ausdrücklich in das Ermessen des Verfassungsgesetzgebers gestellt.

[50] Anders die Konzeption in Deutschland, wo die Verfassungsnormierungen, zu denen der Integrationsakt im Widerspruch stand, angepaßt wurden (u. a. Art. 28 Abs. 1 S. 3 u. Art. 88 GG).

[51] In der Wissenschaft wurde teilweise kritisiert, daß der Verfassungsgesetzgeber es vermied, eine allgemeingültige Legitimationsgrundlage für künftige einfachgesetzliche Übertragungsakte in die Verfassung einzufügen – *de Berranger*, Constitutions nationales, S. 86 f. m. w. N. Andererseits stellte die Einfügung der spezifischen Ausnahmegenehmigungen die einfachste und sicherste Möglichkeit dar, den Vorgaben des Conseil constitutionnel nachzukommen – *Grewe*, RFDC 1992, S. 420.

[52] Siehe dazu die eher kritischen Ausführungen von *Flauss*, EuR Beiheft 1/2000, S. 34.

ausschließlichen außenpolitischen Kompetenz von Regierung und Präsident durchbrochen.[53]

Zusammenfassend läßt sich feststellen, daß trotz des in Titel XV verankerten verfassungspolitischen Bekenntnisses zum Integrationsprozeß sich aus Inhalt und dem angewandten Verfahren der Schaffung verfassungsrechtlicher Sonderermächtigungen eine dem Integrationsprozeß gegenüber eher vorsichtige und stark auf die Bewahrung der nationalen Identität ausgerichtete Haltung des Verfassungsgesetzgebers erkennbar wird. Mit Verzicht auf die Einfügung eines generellen Übertragungstatbestandes und allgemeingültiger Formulierung der Übertragungsschranken hat sich der Verfassungsgesetzgeber die volle Entscheidungsbefugnis über weitere Eingriffe in das Souveränitätskonzept der französischen Verfassung vorbehalten.

II. Die Präambel der Verfassung von 1946 – Das Prinzip nationaler Souveränität und Integrationsoffenheit der Verfassung

Die grundsätzliche Öffnung der französischen Verfassung für den europäischen Integrationsprozeß ergibt sich schließlich aus der fortgeltenden Präambel der Verfassung von 1946. Gemäß Abs. 15 der Präambel „stimmt Frankreich unter dem Vorbehalt der Gegenseitigkeit den zur Organisation und Verteidigung des Friedens notwendigen Einschränkungen seiner Souveränität zu". Die Regelung ist als Reaktion auf die Erfahrungen der vorangegangen Weltkriege zu sehen, verbunden mit dem Wunsch, durch Integration Frankreichs in die sich herausbildenden neuen Formen politischer Zusammenarbeit sich an der Schaffung eines dauerhaften Friedens zu beteiligen.[54]
Die 5. Verfassung von 1958 selbst enthält keine explizite Aussage zur Möglichkeit einer Souveränitätsbeschränkung. Stattdessen sollte mit der in der Präambel enthaltenen Bezugnahme auf die „Grundsätze der nationalen Souveränität" sowie dem unmittelbar der Souveränität gewidmeten Titel I der Verfassung gerade eine Rückbesinnung auf die Souveränitätsidee erfolgen.[55] Dahinter stand die in der Ära *de Gaulle* erfolgte „Renationalisierung" der französischen Politik. Den Befürwortern einer europäischen Föderation wie sie in dem 1954 gescheiterten Projekt der Europäischen Verteidigungsgemeinschaft gesehen wurde, sollte eine verfassungsrechtliche Schranke gesetzt werden. Mit Einfügung der Prüfungskompetenz des Conseil constitutionnel auf Grundlage des Art. 54 Vf sollte gerade die Kontrolle zukünftiger Integrationsschritte am verfassungsrechtlichen Souveränitätsprinzip als Kernprinzip der französischen Verfassung garantiert werden.[56]

---

[53] Zur Bedeutung der Regelung u. a. *Hecker*, Europäische Integration, S. 248 f.
[54] Zur Entstehungsgeschichte und Motiven *de Berranger*, Constitutions, S. 83 ff.
[55] *Gaïa*, 17. FIDE-Kongreß, S. 247. Im Detail Pkt. IV dieses Abschnitts.
[56] *De Berranger*, Constitutions nationales, S. 85 ; *Flauss*, EuR Beiheft 1/2000, S. 34.

Bekanntlich hat der Conseil constitutionnel der Präambel von 1946 den Charakter justitiablen Verfassungsrechts zugeordnet und die darin enthaltene Formulierung der „*limitations de souveraineté*“ seiner ab den 70iger Jahren einsetzenden Rechtsprechung zum europäischen Integrationsprozeß zugrunde gelegt.[57] Trotz der Feststellungen über die teilweise Verfassungswidrigkeit des Maastricht-Vertrags und des Amsterdamer Vertrags hat der Conseil in diesen Entscheidungen mittlerweile zu einer grundsätzlichen integrationsfreundlichen Linie in seiner Rechtsprechung gefunden.[58]

Anders als im deutschen Verfassungssystem, das auf Grundlage des Art. 23 GG und der Rechtsprechung des Bundesverfassungsgerichts dem Gemeinschaftsrecht ein Sonderstellung gegenüber dem klassischen Völkerrecht zuordnet, wird das Gemeinschaftsrecht unter dem Regime der französischen Verfassung weiterhin den allgemeinen Regelungen über Internationale Verträge und Abkommen (Titel VI) unterstellt. Gemäß Art. 55 Vf steht das Gemeinschaftsrecht im Rang über den Gesetzen, jedoch unterhalb der Verfassung. Art. 55 Vf liegt ein monistischer Ansatz in Bezug auf das Verhältnis zwischen Völkerrecht und internem Recht zugrunde. Einen Anwendungsbefehl wie es nach der überwiegenden Mehrheit der deutschen Verfassungswissenschaftler und auch das deutsche Bundesverfassungsgericht für das dualistische Konzept der deutschen Verfassung annimmt, wird von der französischen Verfassung nicht gefordert.[59] Allerdings hat der Conseil constitutionnel in seiner Entscheidung vom 10.06.2004, wenn auch unter dem Vorbehalt eines erkennbaren Verstoßes gegen die Verfassung, den Vorrang des Gemeinschaftsrechts auch gegenüber der Verfassung anerkannt.[60]
In seiner Entscheidung zum Amsterdamer Vertrag hat der Conseil constitutionnel jedoch nunmehr klarstellt, daß er die Europäische Union nicht mehr als „normale“ internationale Organisation im ursprünglichen Sinne des Titel VI versteht. Er betrachtet die Union als zugehörig zu einer „eigenen Rechtsordnung, die, wenngleich sie in das juristische System verschiedener Staaten eingegliedert ist, nicht der institutionellen Ordnung der französischen Republik angehört“.[61]

Eine der deutschen Struktursicherungsklausel des Art. 23 Abs. 1 S. 3 GG

---

[57] Zu nennen vor allem die Direktwahl-Entscheidung vom 30.12.1976, No 76-71 DC.
[58] Siehe zum Wandel in der Rechtsprechung den folgenden Prüfungspunkt.
[59] U. a. *Hübner/Constantinesco*, Einführung, S. 12 f.
[60] Fn. 40 und 41. Einen anderen Ansatz vertritt der Conseil d'Ètat, der im Verfahren des Art. 39 Abs. 2 Vf in Bezug auf eine Umsetzung einer Richtlinie zur Einführung des europäischen Haftbefehls feststellte, daß dieser gegen die Verfassung verstoßen würde, die jedoch Vorrang genieße – dazu *Mathieu*, Recueil Dalloz 2004, S. 1740
[61] Entscheidung vom 31.12.1997, No 97-394 DC. Siehe dazu *Flauss*, EuR Beiheft 1/2000, S. 32.

vergleichbare Forderung an die Struktur der Unionsgrundordnung enthält die französische Verfassung nicht. Anders als die insoweit eher progressive Ausrichtung der deutschen Verfassung, ist dem französische Verfassungssystem und schließlich auch der Rechtsprechung des Conseil constitutionnel eine primär defensive Haltung gegenüber dem europäischen Integrationsprozeß zu entnehmen.

Kernproblem im Verhältnis des französischen Verfassungsrecht zum Konstitutionalisierungsprozeß auf europäischer Ebene war und ist jedoch weiterhin die Ausbalancierung der konträren Prinzipien der nationaler Souveränität als „Angelpunkt der Verfassung“[62] einerseits und der grundsätzlichen Zulassung der Mitwirkung Frankreichs am Integrationsprozeß.[63] Dies kommt schließlich auch in der Rechtsprechung des Conseil constitutionnel zur Frage der Zulässigkeit eines Kompetenztransfers zum Ausdruck, die im Folgenden dargestellt werden soll.

C. *Verfassungsrechtliche Grundlage für Zuweisung von Hoheitsrechten*

I. Zulässigkeit des Kompetenztransfers

Einen spezifischen Übertragungstatbestand vergleichbar dem des deutschen Art. 23 GG oder des dänischen § 20 GL enthält die französische Verfassung nicht. Ein solcher ist insbesondere nicht mit dem Art. 88-2 Vf eingeführt worden, dessen Regelungsgehalt sich wie dargelegt allein auf die verfassungsrechtliche Ermächti-gung zur Ratifizierung des Maastrichter und des Amsterdamer Vertrages beschränkt.[64]

Die Verfassung von 1958 stellt zwar mit den Regelungen des Titel VI (Art. 52 bis 55) die verfassungsrechtliche Ermächtigung für den Abschluß von internationalen Verträgen, insbesondere zum „Abschluß von Abkommen über die internationale Ordnung“ (Art. 53) zur Verfügung, ohne jedoch auf die Frage der Übertragung von Hoheitsrechten oder Kompetenzen unmittelbar einzugehen. Allerdings enthält die Präambel der Verfassung von 1946 in dem bereits erwähnten Absatz 15 einen expliziten Hinweis auf eine mögliche Beschränkung der Souveränität Frankreichs. Heute ist allgemein anerkannt, daß auf Grundlage dieser Norm eine Übertragung von Kompetenzen auf die Gemeinschaftsorgane verfassungsrechtlich zulässig ist. Der Conseil constitutionnel hat in seinen Entscheidung zu den Verträgen von Maastricht und Amsterdam und zuletzt in seiner Entscheidung zum Verfassungsvertrag ausdrücklich festgestellt, daß die Verfassung der 5. Republik trotz der Betonung der Souveränität die Mitwirkung Frankreichs „an der Errichtung und der Weiterentwicklung einer auf Dauer angelegten europäischen Organisation“ in Form einer „Übertragung von Kom-

---

[62] *Constantinesco*, in Battis/Kunig, Das Grundgesetz, S. 65.

[63] So auch *Gaïa*, 17. FIDE-Kongreß, S. 233.

[64] Entscheidung vom 19.11.2004 (Fn. 14), 24. Erwägungsgrund.

petenzen mit Entscheidungskompetenzen“ erlaubt und verwies insbesondere auf die zuvor genannten Regelungen.[65]
Seine in der umstrittenen Direktwahl-Entscheidung vom 30.12.1976 vorgenommene und an die Formulierung in der Präambel von 1946 anknüpfende Differenzierung zwischen einer möglichen Beschränkung der Souveränität („*limitations de souveraineté*“) und der unzulässigen vollständigen oder teilweisen Übertragung („*transfert de tout ou partie de la souveraineté nationale*“) hat er damit endgültig aufgegeben.[66] Der Conseil constitutionnel knüpft nunmehr wörtlich an die Übertragung von Befugnissen („*competences*“) und nicht mehr an die Übertragung von Souveränität an.[67]

Eine allgemeine Definition des Kompetenztransfers hat der Conseil nicht vorgenommen. Aus seinen Entscheidungen ist jedoch zu entnehmen, daß er hierunter im Sinne einer negativen Begriffsdefinition einen Verzicht des französischen Staates auf die Entscheidung bzw. eine Beschränkung hierin versteht. Dies zeigt sich zum einen an der in der Maastricht I-Entscheidung gewählten Formulierung „*une amputation de la liberté de décision de l'Etat*".[68] Zum anderen kann in diesem Zusammenhang auf seine Entscheidung vom 22.05.1985 zum 6. EMRK-Zusatzprotokoll[69] verwiesen werden, die zwar keinen die Europäischen Gemeinschaften betreffenden Akt zum Gegenstand hatte, jedoch in ihrem Aussagegehalt ohne weiteres übertragbar ist. In dieser Entscheidung stellte der Conseil ebenfalls maßgeblich auf den Fortbestand der Entscheidungsfreiheit der staatlichen Organe ab.[70]
In der Lehre wird bei Definition des Kompetenztransfers teilweise hinsichtlich verschiedener Wirkungsebenen differenziert. Danach ist von einem Kompetenztransfer bei einer vertraglichen Regelung mit dem Effekt einer Kompetenzsperre

---

[65] So ausdrücklich in der Entscheidung vom 19.11.2004 (Fn. 14), 6. Erwägungsgrund. Siehe auch die Entscheidungen vom 9.4.1992 (Fn. 24), 13. Erwägungsgrund, sowie Entscheidung vom 31.12.1997 (Fn. 24), 3. – 6. Erwägungsgrund.

[66] Fn. 57, 2. Erwägungsgrund. In seiner Entscheidung vom 25.7.1991 zum Schengener Abkommen, No. 9-294 DC, Rec. 91, hatte der Conseil diese Differenzierung aufgrund der entsprechend abgefaßten Rüge der Antragsteller nochmals aufgenommen. Das Schrifttum sah jedoch bereits diese Entscheidung nicht mehr als Bestätigung einer Systembildung an – dazu *Gundel*, Die Einordnung, S. 128. Zum Wandel in der Rechtsprechung des Conseil constitutionnel die übersichtliche Darstellung bei *Hecker*, Europäische Integration, S. 174 ff.

[67] Siehe dazu u. a. *Grewe/Ruiz Fabri*, RUDH 1992, S. 281 sowie *Rousseau*, RDP 1993, S. 45.

[68] Fn. 24 – 36. Erwägungsgrund; dazu *Gaïa*, 17. FIDE-Kongreß, S. 242.

[69] Entscheidung vom 22.05.1985, No 85-188 DC, Rec. 15.

[70] Der Conseil stellte fest, daß aufgrund des Fortbestandes der Notstandsrechte des Präsidenten betreffend die Anordnung der Todesstrafe und des Kündigungsrechts gemäß Art. 65 der Konvention die wesentlichen Bedingungen der Ausübung der staatlichen Souveränität nicht berührt werden. Die von den Antragsstellern vorgetragene mittelbare Bindung des künftigen Parlaments an diese Entscheidung war für ihn nicht von Relevanz. Zum Ganzen *Gundel*, Die Einordnung, S. 122 ff.

und erst recht im Falle der Begründung einer gemeinschaftlichen Handlungsbefugnis (regelrechte Kompetenzübertragungen) auszugehen.[71] In der Regel werden beide Regelungseffekte gleichzeitig auftreten. *Fromont* versteht unter einem Kompetenztransfer jede Ausübung einer hoheitlichen Tätigkeit, die den wesentlichen Kern der traditionellen Aufgaben des Staates betrifft.[72]
In Anwendung dieser Auslegungsformeln auf die hier zu untersuchenden Verfahrensänderungen ist ein Entscheidungsverzicht für das ausschließliche Beschlußrecht des Europäischen Parlaments eindeutig zu bejahen. Im Fall des Zustimmungsrechts des Parlaments ist zumindest eine Einschränkung in dem Sinne anzunehmen, daß sich die französischen Staatsorgane in ihrer Entscheidung über die Verwirklichung von Vertragsänderungen an die Entscheidung des Europäischen Parlaments binden. Hinsichtlich der stärkeren Einbeziehung des Europäischen Parlaments in die Beratungsphase ist eine solche Beschränkung der Entscheidungsfreiheit der französischen Staatsorgane hingegen nicht erkennbar. Eine entsprechende Diskussion wurde auch nicht durch Einsetzung des Verfassungskonvents angestoßen.
Das Kriterium der Durchgriffswirkung wie es insbesondere für die tatbestandliche Auslegung der deutschen oder der dänischen Regelung maßgeblich ist, findet hingegen kaum Erwähnung.[73] Dies kann auf den monistischen Ansatz der französischen Verfassung zurückgeführt werden. Da die Verträge Bestandteil der französischen Rechtsordnung werden, allerdings überwiegend die Zustimmung des Parlaments gemäß Art. 53 Vf. vorausgesetzt, kommt es auf einen Anwendungsbefehl wie ihn beispielsweise die deutsche Rechtsordnung voraussetzt, nicht an.

In seiner sog. Eigenmittelentscheidung vom 19.6.1970 hatte der Conseil constitutionnel bei Prüfung der Verfassungsmäßigkeit maßgeblich auf den Fortbestand des Gleichgewichts zwischen den Gemeinschaften und den Staaten abgestellt bzw. darauf, daß die Entscheidung über eigene Finanzmittel der Gemeinschaften das „interne Funktionieren", also die Befugnisverteilung zwischen den Organen betraf.[74] Die Entscheidung wurde dahingehend ausgelegt, daß Vertragsänderungen, die lediglich die interne Struktur der Gemeinschaften betreffen, von vornherein verfassungsrechtlich ohne Interesse sind.[75] Wie die

---

[71] *Gaia*, 17. FIDE-Kongreß, S. 239 f.; *Hecker*, Europäische Integration, S. 235. Eine entsprechende Ausdifferenzierung läßt sich der Rechtsprechung des Conseil allerdings nicht entnehmen – *Fromont*, DÖV 1995, S. 484.
[72] *Fromont*, in Battis/Tsatsos/Stefanou, S. 144.
[73] Der Conseil constitutionnel hatte allerdings in seiner Schengen-Entscheidung von 1991 (Fn. 66) das Fehlen eines Rechtsschutzsystems zur Durchsetzung der Grundrechte gerade deshalb als unbeachtlich erachtet, weil die Entscheidungen des Gremiums keine unmittelbare Wirkung für den französischen Rechtsraum entfalten sollten.
[74] Entscheidung vom 19.6.1970, No. 70-39 DC, Rec. 15; Kommentar von *Sasse*, FS Ipsen, S. 717.
[75] *Gundel*, Die Einordnung, S. 113 sowie *Kovar/Simon*, CMLRev. 1977, S. 546.

bisherigen Ausführungen gezeigt haben, betreffen die Modalitäten einer Beteiligung des Europäischen Parlaments am Vertragsänderungsverfahren gerade den Kern des Verhältnisses der Mitgliedstaaten zur Europäischen Union. Dies leitet sich vor allem aus der Bedeutung des Vertragsänderungsverfahrens ab, das den Fortgang des Integrationsprozesses zum Gegenstand hat. Ist das Vertragsänderungsverfahren in der entscheidenden Beschlußphase gegenwärtig rein völkerrechtlich organisiert, um den Mitgliedstaaten die alleinige Entscheidung über den Fortgang der Integration zu garantieren, würde jegliche Beteiligung des Europäischen Parlaments als Gemeinschaftsorgan in der Beschlußphase des Verfahrens diesen Charakter modifizieren. Von einer Beeinflussung des gegenwärtigen institutionellen Gleichgewichts muß bezüglich des in Frage stehenden Zustimmungsrechts und ganz offensichtlich bezüglich des ausschließlichen Beschlußrechts ausgegangen werden. Eine stärkere Beteiligung des Europäischen Parlaments in der Beratungsphase beeinflußt dieses Gleichgewicht hingegen nicht.

Den Kern der Prüfung des Conseil constitutionnel bildet jedoch die Subsumtion der jeweiligen Vertragsänderung unter den bereits 1970 eingeführten Maßstab der „wesentlichen Bedingungen der Ausübung der nationalen Souveränität". Eine absolute Grenzziehung zwischen tatbestandlicher Einordnung des vertraglichen Gegenstandes und der Prüfung der verfassungsrechtlichen Schranken wie sie der deutschen Dogmatik zugrunde liegt, ist weder der Rechtsprechung des Conseil constitutionnel noch der wissenschaftlichen Auseinandersetzung zu entnehmen.

II. „Wesentliche Bedingungen der Ausübung nationaler Souveränität" als Grenze des Kompetenztransfers

In seiner Maastricht I-Entscheidung hat der Conseil constitutionnel für die Übertragung von Kompetenzen die Schranke aufgestellt, daß, „wenn der zu diesem Zweck abgeschlossene Vertrag eine verfassungswidrige Klausel enthält oder die wesentlichen Bedingungen der Ausübung der nationalen Souveränität beeinträchtigt, die Ratifizierungszustimmung eine Verfassungsänderung erfordert"[76]. Diese Formel kann inzwischen als etablierter Maßstab für die Prüfung weiterer Integrationsschritte angenommen werden, soweit diese einen Kompetenztransfer bzw. eine Änderung der Modalitäten zur Ausübung der Kompetenzen beinhalten.[77] In seiner Entscheidung zum Statut des Internationalen Gerichtshofs hat der Conseil constitutionnel die Formel um die der Berührung von verfassungsrechtlich garantierten Grundrechten und Freiheiten ergänzt.[78]

[76] Fn. 25.

[77] Siehe dazu u. a. *Dord*, in XX. FIDE-Kongreß, S. 9. Entsprechend die Entscheidung des Conseil vom 19.11.2004 (Fn. 14), 7. Erwägungsgrund.

[78] Entscheidung vom 22.01.1999, No 98-408 DC.

Für die Gemeinschaftsverträge bleibt die erstgenannte Schranke der „*conditions essentielles d'exercise*" von besonderem Interesse.[79] Die Formel kann als Entsprechung des zuvor angesprochenen Kernkonflikts zwischen dem das gesamte französische Verfassungssystem prägendem Prinzip der nationalen Souveränität und seiner Beschränkung im Wege der Integration gesehen werden. Eine allgemeingültige Definition dessen, was unter der Formel der „wesentlichen Bedingungen der Ausübung der nationalen Souveränität" zu verstehen ist, hat der Conseil constitutionnel nicht vorgegeben. Die Schwierigkeit in der inhaltlichen Konkretisierung dieser Schranke besteht gerade darin, daß entsprechend dem Ansatz des Conseil constitutionnel der Terminus der nationalen Souveränität die Gesamtheit der französischen Verfassung ausfüllt.[80] Der Inhalt der Schranke läßt sich nur im Wege einer Gesamtschau der allgemein zum Abschluß internationaler Abkommen Entscheidungen des Conseil constitutionnel näher bestimmen.

In der Entscheidung zum 6. EMRK-Zusatzprotokoll hatte der Conseil constitutionnel den Inhalt der Formel durch Nennung dreier Bedingungen zu konkretisieren versucht, ohne dies allerdings an konkreten Verfassungsnormen festzumachen. Danach müssen „die Institutionen der Republik, der Fortbestand der Nation sowie die Rechte und Freiheiten der Bürger bewahrt werden".[81] Dies griff der Conseil constitutionnel später jedoch nicht wieder auf.[82]
In seinen Entscheidungen zum IWF-Statut[83] sowie zum Schengener Abkommen[84] hatte der Conseil eine entsprechende Beeinträchtigung für den Fall angenommen, daß die französische Republik riskiert, Entscheidungen hinnehmen zu müssen, an denen sie nicht mitgewirkt oder die sie abgelehnt hat. Der Conseil sah die Abkommen nur deshalb als verfassungsgemäß an, weil die endgültige Entscheidung weiterhin bei den nationalen Behörden verblieb. Entsprechend stellte die Ausgestaltung der Beschlußverfahren ein maßgebliches Bewertungskriterium des Conseil für die Übertragungsakte im Rahmen der Europäischen Union dar. In der Maastricht I-Entscheidung hatte der Conseil die Einführung einer gemeinsamen Visapolitik wegen des Übergangs von der Einstimmigkeitsentscheidung zum Mehrheitsvotum als verfassungswidrig eingeordnet. Er begründet dies gerade damit, daß es sich bei dem Bereich der nationalen

---

[79] So auch *Flauss*, in Schwarze, Die Entstehung, S. 48.
[80] *Spiegels*, EuR 2003, S. 132.
[81] Entscheidung vom 22.05.1985 (Fn. 69), kommentiert von *Favoreu*, AFDI 1985, S. 869.
[82] *Dutheil de la Rochère*, in Kloepfer/Pernice, S. 49, geht daher davon aus, daß der Conseil diesen Ansatz endgültig aufgegeben hat.
[83] Entscheidung vom 29.04.1978, No 78-93 DC, die die nationalen Währungshoheit in ihrer Bedeutung für die staatliche Souveränität zum Gegenstand hatte.
[84] Entscheidung vom 25.07.1991 (Fn. 66).

Ausländerpolitik um einen „sensiblen Gegenstand" handelt.[85] In der Entscheidung zum Amsterdamer Vertrag knüpfte der Conseil constitutionnel an das Kriterium der Entscheidungsmacht der französischen Staatsorgane an. Im konkreten Fall sah es der Conseil nicht mehr als ausreichend an, daß über die Abschaffung des Einheitsprinzips in der Beschlußfassung des Rates nach Ablauf einer bestimmten Frist der Rat wiederum einheitlich zu entscheiden hatte. Er begründete dies damit, daß kein nationales Verfahren der Ratifizierung oder Genehmigung stattfinden würde und damit diese Entscheidung einer Kontrolle auf ihre Verfassungsmäßigkeit dem Conseil entzogen wäre.[86] Diese Rechtsprechung hat der Conseil nunmehr in seiner Entscheidung zum Verfassungsvertrag bestätigt.[87]
Wie sich der Maastricht I-Entscheidung und der Entscheidung zum Amsterdamer Vertrag entnehmen läßt, beanstandet der Conseil den Übergang zum Mehrheitsprinzip jedoch nicht grundsätzlich.[88] Von einem generellen verfassungsrechtlichen Einwand gegen das Mehrheitsprinzip kann daher nicht ausgegangen werden.[89]

Aus diesen Entscheidungen läßt sich allgemein auf eine Methodik schlußfolgern, wonach der Conseil maßgeblich auf eine Bewertung des Kompetenztransfers nach „Art und Umfang" der betreffenden Kompetenz sowie auf das Gestaltung des Entscheidungsverfahrens abstellt. Es kristallisiert sich eine, wenn auch nicht systematisch angewandte Prüfungsreihenfolge heraus: Danach prüft der Conseil in einem ersten Schritt, ob die betroffenen Kompetenzen aufgrund ihrer Natur Bereiche betreffen, welche die Ausübung wesentlicher souveräner Kompetenzen berühren. Er bewertet also wie „sensibel" der Gegenstand der Kompetenzübertragung für den Fortbestand der nationalen Souveränität ist.[90] In einem zweiten Schritt prüft der Conseil die Modalitäten der Verwirklichung der übertragenen Kompetenzen.[91] Diese komplementäre Prüfungsabfolge tritt in seiner Entscheidung vom 19.11.2004 besonders deutlich hervor.[92] Demnach können die fraglichen Kompetenzen einen für die Souveränität wesentlichen Bereich betreffen, jedoch wegen der vorgesehenen Ausübungsmodalitäten ungefährlich für die wesentlichen Bedingungen der Ausübung der Souveränität sein. Hingegen können diese Bedingungen aufgrund

---

[85] *Gundel*, Die Einordnung, S. 133; *Rideau* RAE 1992, S. 27; *Genevois*, RFDA 1992, S. 399 ff.

[86] Zur Analyse der Entscheidungen des Conseil siehe u. a. *Dutheil de la Rochère*, in Kloepfer/Pernice, S. 50 f.; *Flauss*, in Schwarze, Die Entstehung, S. 48 ff. m. w. N.

[87] Entscheidung vom 19.11.2004 (Fn. 14), 29. – 36. Erwägungsgrund.

[88] So hatte er beispielsweise die Ausweitung des Mehrheitsprinzip im Regelungsbereich der GASP (Art. 23 Abs. 2 n. F. EUV) gar nicht näher untersucht.

[89] So auch *Gundel* ; EuR 1998, S. 380.

[90] *Dutheil de la Rochère*, in Kloepfer/Pernice, S. 52.

[91] *Flauss*, in Schwarze, Die Entstehung, S. 49.

[92] Fn. 45.

der Ausübungsmodalitäten auch in Bereichen bereits bedroht sein, die weniger direkt mit der Souveränität der Staaten verbunden sind.[93]

Hecker erkennt in der Bewertung der einzelnen Regelungen des Maastricht-Vertrages durch den Conseil ein 3-Stufen-System in der Anwendung der Übertragungsschranke. Danach umfaßt die 1. Stufe sog. kernhoheitliche Befugnisse, deren Übertragung aufgrund ihrer Natur grundsätzlich eine Verfassungsänderung fordern und zwar unabhängig von der Gestaltung des Entscheidungsverfahrens auf Unionsebene. Die Kompetenzen der 2. Stufe können hingegen auch ohne Verfassungsänderung übertragen werden, wenn auf der Unionsebene das Einstimmigkeitsprinzip gilt, dem französischen Staat als eine Vetomacht verbleibt. Die 3. Stufe betrifft schließlich die Kompetenzen, die aufgrund ihrer geringen Bedeutung für die nationale Souveränität auch zur mehrheitlichen Beschlußfassung übertragen werden können.[94]

In jedem Fall kann der Rechtsprechung des Conseil constitutionnel eine gewisse Tendenz dahingehend entnommen werden, daß von der Beeinträchtigung der wesentlichen Bedingungen der nationalen Souveränität und damit von einer Verfassungswidrigkeit des Kompetenztransfers eher auszugehen ist, je direkter die betreffenden Kompetenzen mit der Souveränität des Staates verbunden sind. Schließlich darf Frankreich in den unter Souveränitätsgesichtspunkten „sensiblen" Kompetenzbereichen nicht das Risiko eingehen, sich verbindlichen Entscheidungen ausgesetzt zu sehen, denen es nicht zugestimmt hat bzw. denen es sogar widerspricht.

Überträgt man diesen Ansatz auf den vorliegenden Untersuchungsgegenstand, dann muß hinsichtlich der Einführung eines ausschließlichen Beschlußrechts des Europäischen Parlaments eindeutig von einer Beeinträchtigung der „wesentlichen Bedingungen für die Ausübung der Souveränität" ausgegangen werden. Zum einen handelt es sich bei der inhaltlichen Entscheidung über die Vertragsänderung angesichts der wahrscheinlichen Auswirkungen für das nationale Verfassungssystem um einen höchst sensiblen Kompetenzbereich im Sinne der Rechtsprechung des Conseil bzw. um eine grundlegende „kernhoheitliche Befugnis" im Sinne des beschriebenen Stufensystems. Die Verfassungsautonomie des französischen Volkes betrifft schließlich den Kern der verfassungsrechtlich verankerten *souveraineté democratique*. Hinzu kommt der Umfang des Kompetenztransfers, der eine Beteiligung der französischen Staatsorgane als Vertreter des französischen Volkes an der inhaltlichen Gestaltung der Vertragsänderung ausschließt. Dies gilt selbst dann, wenn das Ratifikationserfordernis bestehen bliebe. In diesem Fall bliebe dem französischen Parlament zwar die Entscheidung über die Inkraftsetzung der Vertrags-

---

[93] *Flauss*, in Schwarze, Die Entstehung, S. 50. Er erkennt insoweit einen gewissen Vorrang in der Bewertung des Kompetenzbereiches bzw. der Natur der zu übertragenden Kompetenzen.

[94] *Hecker*, Europäische Integration, S. 225 ff.

änderung für die französische Verfassungsordnung. Im Sinne des zuvor dargelegten Interpretationsansatzes zur Rechtsprechung des Conseil könnte es also eine verbindliche Entscheidung verhindern, wenn es den von ihm formulierten Interessen des französischen Volkes widerspricht. Andererseits würde sich sein Einfluß in diesem Fall auf die Ablehnung der Entscheidung beschränken. Die Möglichkeit, die Entscheidung entsprechend inhaltlich zu beeinflussen, um damit verbundene Interessen des französischen Volkes durchzusetzen, käme ihm nicht zu.
Unter Verweis auf die bereits bei Prüfung der anderen mitgliedstaatlichen Verfassungen dargelegten Gründe muß eine entsprechende Beeinträchtigung der wesentlichen Bedingungen der Ausübung der nationalen Souveränität auch für die Einführung eines Zustimmungsrechts des Europäischen Parlaments angenommen werden. Dies gilt allein schon wegen der damit verbundenen Abänderung der Legitimationsbasis der Union, die nicht ohne Auswirkung auf den Legitimationsansatz der französischen Verfassung für die Beteiligung Frankreichs an internationalen Organisationen bleiben kann. Schließlich muß erneut die Sensibilität des in Frage stehenden Kompetenzbereichs der zukünftigen vertraglichen Gestaltung der Europäischen Union im Verhältnis zum französischen Verfassungssystem betont werden.

In seiner Entscheidung zum Vertrag über eine Verfassung für Europa hat der Conseil nun ausdrücklich festgestellt, daß die Zuordnung einer Entscheidungsfunktion zugunsten des Europäischen Parlaments, „welches nicht Ausfluß der nationalen Souveränität ist“, grundsätzlich eine Verfassungsänderung erfordert.[95]

Auch wenn der Conseil constitutionnel es bislang vermieden hat, die Anwendung der Schrankenregelung an konkreten Verfassungsnormen festzumachen und statt dessen einen eher subjektiven Argumentationsansatz vertrat[96], kann für die hier zu untersuchenden Beteiligung des Europäischen Parlaments in der Beschlußphase der Vertragsrevision grundsätzlich davon ausgegangen werden, daß der Conseil constitutionnel in seiner Bewertung zu einer Beeinträchtigung der „wesentlichen Bedingungen der Ausübung der nationalen Souveränität“ kommen wird und sich damit das Erfordernis einer Anpassung der französischen Verfassung stellt. Ob einer Verfassungsänderung in Hinblick auf die Bewahrung

---

[95] Entscheidung vom 19.11.2004 (Fn. 14), 29. Erwägungsgrund.

[96] Entsprechend *Dutheil de la Rochère*, in Pernice/Kloepfer, S. 49 : "*It seems to be a permanent characteristic of the case law of the Conseil that on the question of domains of sovereignty it proceeds through affirmation more than demonstrations*". Eine Subsumtion unter objektive Leitlinien wie sie das deutsche Bundesverfassungsgericht z. B. für die zwingende Beteiligung des deutschen Bundestages aus dem grundgesetzlichen Demokratieprinzip abgeleitet hatte, ist auf Grundlage der insoweit eher offenen französischen Verfassungsrechtsprechung nicht möglich.

des in Art. 3 Vf. verankerten Prinzips nationaler Souveränität Grenzen gesetzt sind, soll im Detail im Rahmen der Darstellung des französischen Souveränitätskonzepts untersucht werden. An dieser Stelle wird auch genauer auf die Frage einzugehen sein, inwieweit die Beteiligung des Europäischen Parlaments zur Herausbildung einer „europäischen Souveränität" beiträgt wie sie der Conseil constitutionnel in seiner Direktwahlentscheidung vom 30.12.1976 unter dem Gesichtspunkt der nationalen Souveränität verfassungs-rechtlich strikt ausschloß.[97]

Der Conseil constitutionnel hatte in der Maastricht I-Entscheidung neben den „wesentlichen Bedingungen nationaler Souveränität" als weitere Übertragungsschranke auf den „Vorbehalt der Gegenseitigkeit" verwiesen wie er in Abs. 15 der Präambel der Verfassung ausdrücklich formuliert ist. Für den vorliegenden Untersuchungsgegenstand kann der Vorbehalt der Gegenseitigkeit dann relevant werden, wenn aus seiner ausdrücklichen verfassungsgesetzlichen Verankerung die Bedingung einer vertraglichen Einigung der Mitgliedstaaten zu schlußfolgern wäre. Da im Rahmen der bisherigen rechtsvergleichenden Studie die Frage der vertraglichen Rückbindung separat geprüft worden ist, sollen diese Fragen unter dem entsprechenden Prüfungspunkt beantwortet werden.

D. Das Prinzip nationaler Souveränität im Sinne der souveraineté democratique

Anders als im deutschen Grundgesetz oder in der schwedischen Verfassung durchdringt der Terminus der Souveränität die gesamte französische Verfassung. Bereits die Präambel der Verfassung von 1958 enthält in ihrem Absatz 1 einen ausdrücklichen Verweis auf die „Grundsätze der nationalen Souveränität, wie sie in der Erklärung von 1789 niedergelegt wurden, die durch die Präambel der Verfassung von 1946 bestätigt und ergänzt wurden". Die in Bezug genommene Erklärung der Menschen- und Bürgerrechte vom 26. August 1789 proklamiert in Art. 3: „Der Ursprung aller Souveränität liegt wesenhaft in der Nation. Keine Körperschaft und kein Einzelner kann eine Gewalt ausüben, die nicht ausdrücklich von ihr ausgeht." Die Präambel von 1946 enthält in Absatz 5 die bereits zitierte Ermächtigung zur „Einschränkung seiner [Frankreichs] Souveränität". Der Verfassungstext wiederum widmet mit Titel I der „Souveränität" einen vollständigen und vor allem den ersten Abschnitt. Gemäß Art. 3 „liegt die nationale Souveränität beim Volk, das sie durch seine Vertreter und durch den Volksentscheid ausübt". Art. 4 verweist auf die „Grundsätze der Volkssouveränität".

---

[97] Entscheidung vom 30.12.1976 (Fn. 57): „*la souveraineté ...ne peut être que nationale ...*" ; dazu u. a. *Hecker*, Europäische Integration, S.192.

Wie dargelegt hat der Conseil constitutionnel hinsichtlich der Formulierung der verfassungsrechtlichen Schranke für einen Kompetenztransfer an das Prinzip der nationalen Souveränität angeknüpft.
Damit stellt sich für die Untersuchung des französischen Verfassungssystems die inhaltliche Konkretisierung des Souveränitätsprinzips als konkretes verfassungsrechtliches Problem. Anders als in Deutschland, wo sich der verfassungsrechtliche Konflikt im Zusammenhang mit dem Integrationsprozeß vor allem auf das Demokratieprinzip des Art. 20 Abs. 1 und 2 GG bezieht und die Debatte um die Garantie der staatlichen Souveränität eher verfassungstheoretischer Natur ist ohne expliziten Anknüpfungspunkt in der Verfassung, bildet in Frankreich die Auslegung des Verfassungsprinzips der nationalen Souveränität den Kern der Verfassungsdebatte. Hingegen wird das Demokratieprinzip in der französischen Debatte kaum angeführt.[98]

Die für Frankreich spezifische Zuordnung der Souveränität zur Nation wirft hinsichtlich der Frage der Übertragung von Hoheitsrechten Probleme auf, wie sie sich in den zuvor untersuchten Verfassungssystemen so nicht stellen. Daher wird zunächst eine kurze Einführung in das Prinzip der nationalen Souveränität erfolgen, um im Anschluß den für das französische System spezifischen Verfassungskonflikt herauszuarbeiten.
Die Prüfung wird sich an der auch in der französischen Verfassungsdogmatik erkennbaren Differenzierung zwischen der „inneren“ und „äußeren“ Souveränität orientieren. So wird unter dem Begriff der „inneren“ Souveränität die Trägerschaft der Souveränität innerhalb des staatlichen Systems diskutiert.[99] Aufgrund der sich in diesem Zusammenhang stellenden demokratietheoretischen Fragen wird auch der Begriff der *„souveraineté démocratique“* verwandt.[100] Wird der Ursprung dieses Konzepts im nationalen Recht gesehen, so wird das Konzept der „äußeren“ Souveränität aus dem Völkerrecht abgeleitet, beruht also auf dem Nebeneinander einer Vielzahl souveräner Staaten mit gleichen Rechten.
Diese inhaltlich unterschiedliche Gewichtung und Zielrichtung des Souveränitätsprinzips läßt sich auch im Ansatz im Verfassungstext wiederfinden. So wird das Konzept der „inneren“ Souveränität als in Art. 3 der Verfassung von 1958 sowie in Art. 3 der Erklärung der Menschen- und Bürgerrechte verankert gesehen, das Konzept der „äußeren“ Souveränität hingegen in Absatz 15 der

---

[98] *Classen*, DÖV 2004, S. 270, kommt zu dem Ergebnis, daß der Begriff der Demokratie keinen eigenständigen, spezifischen Begriff des französischen Verfassungsrechts bildet.
[99] *Luchaire*, RDP 1991, S. 1502 f.
[100] So ausdrücklich *Flauss*, in Schwarze: Die Entstehung, S. 78.

Präambel der Verfassung von 1946[101] und implizit auch in Art. 53, 54 sowie Art. 88-1.[102]

Tatsächlich lassen sich diese beiden Aspekte der nationalen Souveränität kaum trennen.[103] Denn die Souveränität nach innen setzt die Unabhängigkeit des Staates nach außen voraus. Eine entsprechende Differenzierung wird daher von Teilen der Lehre abgelehnt.[104] Der Conseil constitutionnel hat, soweit er auf das verfassungsrechtliche Prinzip der nationalen Souveränität einging, nicht explizit zwischen dem externen und internen Aspekt der nationalen Souveränität unterschieden. Trotz dessen lassen sich in seinen Entscheidungen Anknüpfungen an spezifische Ausprägungen des jeweiligen Konzepts entnehmen.[105]

Angesichts der im dargelegten Sinne unterscheidbaren Schutzbereiche des Prinzips der nationalen Souveränität und in Hinblick auf den rechtsvergleichenden Ansatz der vorliegenden Untersuchung soll hier die dargelegte Differenzierung zugrunde gelegt werden.

I. Definition des Legitimationssubjekts in der französischen Verfassung

Mit Art. 3 Vf wollte der Verfassungsgeber zwei alte Theorien ausgleichen: die repräsentative Demokratie verliehen an die Nation und die Volkssouveränität verliehen an das Volk, die von diesem im Wege von Wahlen und Referenden ausgeübt wird.[106] Bei den in Art. 3 Vf verankerten Prinzipien handelt es sich um verschiedene, in ihrem verfassungstheoretischen Ansatz teilweise sogar gegensätzliche Ideen mit unterschiedlichen juristischen und politischen Konsequenzen.[107] Die Unterschiede lassen sich vor allem durch einen Blick auf ihre ideengeschichtliche Begründung erläutern wie sie auch heute noch für die Auslegung und Anwendung der Konzepte relevant ist. Nur durch eine Gesamtschau der wesentlichen Inhalte beider Prinzipien läßt sich der Demokratieansatz der französischen Verfassung verstehen.[108]

---

[101] *Luchaire*, RDP 1991, S. 1502. *Flauss*, in Schwarze: Die Entstehung, S. 78.

[102] Zum Ganzen *Dutheil de la Rochère*, in Pernice/Kloepfer, S. 47 f.

[103] Entsprechend *Carré de Malberg*, der mit seiner Analyse maßgeblich zur Konkretisierung des Prinzips der nationalen Souveränität beigetragen hat – dazu *Hecker*, Die Europäische Integration, S. 166.

[104] Z. B. *Grewe*, RFDC 1992, S. 423 f.; *Prétot*, La Constitution et l'Europe, S. 54 ff.

[105] Nach Ansicht von *Flauss*, in Schwarze: Die Entstehung, S. 78 f., hat der Conseil mit seiner Rechtsprechung zur europäischen Integration zu einer Verdeutlichung der beiden unterschiedlichen Konzepte beigetragen. A. A. hingegen *Gaïa*, Le Conseil constitutionnel, S. 283 sowie *Prétot*, La Constitution, S. 56.

[106] *Luchaire*, RDP 1991, S. 1502.

[107] *Gaïa*, 17. FIDE-Kongreß, S. 239; *Hübner/Constantinesco*, Einführung, S. 35; *Pactet*, Institutions, S. 87 ff.

[108] Zum gemeinsamen Ausgangspunkt im Demokratieprinzip siehe *Cadart*, Droit constitutionnel, S. 167.

1. *Prinzip der nationalen Souveränität und Prinzip der Volkssouveränität – der geltende Verfassungskompromiß*

Das Prinzip der nationalen Souveränität hat seinen Ausgangspunkt in der Lehre *Bodins* zur Begründung der Legitimationsgrundlage für die Absolutheit der französischen Königsherrschaft. Unter Rückgriff auf die Lehren *Rousseaus* zum *contrat social*[109] und inspiriert durch das von *Baron de Montesquieu* entwickelte Konzept der nationalen Souveränität[110] übertrug die revolutionäre Verfassungstheorie die Souveränität des *Ancien Régime* auf die Nation als neuen Inhaber. Die Gründung der Nation selbst wurde auf den freien Willensentschluß der innerhalb des staatlichen Territoriums vom Staat geschaffenen Citoyens zurückgeführt. Anders als bei dem für die deutsche Verfassung maßgeblichen Begriff des Volkes wurde hinsichtlich der Zugehörigkeit zur Nation nicht auf vorrechtliche Bedingungen abgestellt, sondern auf das freiwillige Bekenntnis des Einzelnen zu den von der Nation als Einheit vertretenen universellen Werten der *Liberté*, *Egalité* und *Fraternité*. In dieser Abstraktion fand die nationale Souveränität Eingang in Art. 3 der Erklärung der Menschen – und Bürgerrechte von 1789. Um den Rückfall der höchsten Gewalt auf den königlichen Träger zu verhindern und das revolutionäre System zu konsolidieren, wurde in Art. 1 des Titels III der Verfassung von 1791 die Souveränität als „unveräußerlich" und „unteilbar" festgestellt. Demokratietheoretisch ist dieses Konzept der Nation notwendig auf das Repräsentationsprinzip ausgerichtet.[111] Durch Wahlen werden Repräsentanten bestimmt, deren Aufgabe in der Artikulierung des allgemeinen Willens (*volonté générale*) der zur kollektiven Einheit verbundenen Nation besteht.[112] Direktdemokratische Elemente wie das Referendum sind in dem das einzelne Individuum ausblendenden Konzept ausgeschlossen. Dem Parlament als Träger des repräsentativen Mandats kommt eine Vorrangstellung im institutionellen System des Staates zu (sog. Parlamentssouveränität). Aus der Idee Nation leitet sich schließlich auch der Gedanke ihrer Unteilbarkeit und Unveräußerlichkeit ab.[113] Andere souveräne Institutionen innerhalb des französischen Territoriums sind ausgeschlossen, da sie als Gefährdung der Einheit

---

[109] So das berühmte Werk *Rousseaus* „Le contrat social" von 1761.

[110] Von *Montesquieu* in seiner Schrift „De l'esprit des lois" von 1748 entwickelt.

[111] *Pactet*, Institutions politiques, S. 88.

[112] Das Electorat repräsentiert die Nation als Ganzes, nicht die einzelnen Wähler - *Pactet*, a. a. O.

[113] *Pactet*, Institutions politiques, S. 87. Entsprechend die Formulierung in Art. 3 der Erklärung der Menschen- und Bürgerrechte: *„Le principe de toute souveraineté réside essentiellement dans la Nation. Nul corps, nul individu ne peut exercer d'autorité qui n'en émane expressément"*.

anzusehen wären.[114] Vor diesem Hintergrund hat sich die Föderalismusidee in der französischen Verfassungstheorie kaum entwickeln können.[115]
Das ebenfalls auf die Ideen *Rousseaus* zurückzuführende Prinzip der Volkssouveränität ordnet die Souveränität hingegen dem Volk als Summe der einzelnen, es bildenden Individuen zu. Mit diesem Sinngehalt wurde es erstmals in die Verfassung von 1793 aufgenommen. Es war und ist Ausdruck des Demokratiegedankens.
Anders als das Prinzip der nationalen Souveränität bedingt das der Volkssouveränität nicht zwingend das repräsentative System. Denkbar ist auch die Äußerung des Volkswillens im Wege von Referenden. Die durch Wahlen bestimmten Repräsentanten verfügen über ein imperatives Mandat.[116]

Beide Prinzipien mit ihren teilweise widersprüchlichen Inhalten bildeten seit Beginn an die fundamentalen französischen Verfassungsprinzipien. Der zwischen beiden Prinzipien zu treffende Kompromiß spiegelt sich heute in Art. 3 Vf wider. Die Formulierung deutet auf eine dominierende Stellung des Prinzips nationaler Souveränität hin. War die Verfassung von 1946 noch sehr stark durch das Prinzip der nationalen Souveränität geprägt, was beispielsweise in der Vormachtstellung des Parlaments zum Ausdruck kam, wurden in der Verfassung von 1958 die Elemente der Volkssouveränität durch die Einführung der Direktwahl des Präsidenten[117] unter gleichzeitiger Stärkung der präsidialen Rechte und restriktiver Festsetzung der Rechte des Parlaments (sog. rationalisierter Parlamentarismus)[118] sowie durch die Einführung des direktdemokratischen Instruments des Referendums gestärkt.[119] Das traditionelle, aus den Zeiten der 3. Republik überkommende französisches Souveränitätsverständnis im Sinne einer Gleichsetzung von nationaler Souveränität und Parlamentssouveränität wie es teilweise noch vertreten wird, läßt sich angesichts der von den Verfassungsschöpfern in Hinblick auf die Schwächen der III. und IV. Republik getroffenen Entscheidung zur Einschränkung der Parlamentsrechte kaum rechtfertigen.[120]

---

[114] Entsprechend der Ansatz der Antragssteller des gegen das Verfassungsgesetz zur Reform der dezentralen Strukturen vom 17.03.2003 eingeleiteten Verfahrens vor dem Conseil constitutionnel. Da der Conseil sich für unzuständig erklärte (Fn. 21), mußte diese Frage nicht geklärt werden.
[115] *Buhmann*, Die nationale Souveränität, S. 44 sowie *Hübner/Constantinesco*, Einführung, S. 34.
[116] Zur genaueren Definition siehe *Pactet*, Institutions politiques, S. 88.
[117] Seit der Verfassungsänderung von 1962.
[118] Zurückgehend auf die Vorstellungen *Michel Debrés* als einen der Väter der Verfassung – dazu *Sonnenberger/Autexier*, Einführung, S. 34. Zur Stellung des Parlaments in der Verfassung von 1958 *Classen*, DÖV 2004, S. 269 ff.
[119] Das Verfassungssystem der 5. Republik verfügt über das für ein parlamentarisches Regierungssystem spezifische Element der parlamentarischen Regierungsverantwortung und gleichzeitig über eine starke Präsidialgewalt; dazu *Sonnenberger/Autexier*, Einführung, S. 35.
[120] Erkennbar wurde dies in der Diskussion um die Integrationsfestigkeit der in Art. 34 Vf genannten Kompetenzfelder; dazu *Gundel*, Die Einordnung, S. 137 ff.

Die Zuordnung der Souveränität zum Volk bildet die Grundlage des Demokratieprinzips als eines der Grundprinzipien der französischen Verfassung gemäß Art. 1 Vf.[121] Das Prinzip der Volkssouveränität kann jedoch nur im Zusammenhang mit dem Prinzip der nationalen Souveränität betrachtet werden, das quasi den übergeordneten Rahmen bildet. Dies hat wesentliche Auswirkungen auf die Definition des Legitimationssubjekts selbst. So ergibt sich aus dem Nationenkonzept das Prinzip der Einheit bzw. Unteilbarkeit der Nation.[122] Das Prinzip der nationalen Souveränität steht im engen Zusammenhang zu dem in Art. 1 Vf formulierten Grundsatz der Unteilbarkeit der Republik.[123] Hieraus erklärt sich wiederum der allgemein vertretene enge Interpretationsansatz, der das französische Volk als den ausschließlichen Träger der Souveränität erkennt und die Ausübung der Souveränität allein in dem organisatorischen Rahmen der Institutionen der Republik als möglich ansieht.[124] Ein pluralistischer Ansatz hinsichtlich der Definition des Legitimationssubjekts scheidet vor diesem Hintergrund von vornherein aus.[125] Vorrechtliche Bedingungen wie sie das deutsche Bundesverfassungsgericht in seinem Maastricht-Urteil als maßgeblich für die Definition des grundgesetzlichen Demokratieprinzips ausgeführt hat, spielen für den in das Konzept der Nation eingebetteten Volksbegriff der französischen Verfassung hingegen keine Rolle.[126]

2. *Einordnung der Rechtsprechung des Conseil constitutionnel zum Integrationsprozeß*

Aus der Rechtsprechung des Conseil constitutionnel zum europäischen Integrationsprozeß werden die im Prinzip der nationalen Souveränität enthaltenen bzw. hiermit verbundenen Elemente der Einheit und Unteilbarkeit der Nation bzw. der Republik klar erkennbar.

Hatte der Conseil constitutionnel in seiner Direktwahlentscheidung hieraus noch die Exklusivität der nationalen Willensbildung abgeleitet und eine Parlamentarisierung der Gemeinschaftsebene unter Verweis auf die in Ursprung und Gebrauch zwingend staatliche Souveränität ausgeschlossen, so hat er dieses Postulat der nationalen Demokratie in seiner Maastricht-Entscheidung inzwischen abgemildert. Mit der Anerkennung der genuin gemeinschaftsbezogenen Legitimation des Europäischen Parlaments und seiner Bedeutung als Repräsentationsorgan der europäischen Bevölkerung hat der Conseil seine 1976

---

[121] *Gaïa*, 17. FIDE-Kongreß, S. 238.

[122] Die Unteilbarkeit beruht wiederum auf der dem Konzept zugrunde liegenden Vorstellung der Gleichheit aller Bürger – *Grewe*, in dies./Gusy, Französisches Staatsdenken, S. 55.

[123] U. a. *Grewe*, in dies./Gusy, Französisches Staatsdenken, S. 54.

[124] *Gaïa*, 17. FIDE-Kongreß, S. 239.

[125] *Grewe*, a. a. O, S. 51 ff; *Herrara*, in Grewe/Gusy, Französisches Staatsdenken, S. 158 ff.

[126] Zur Gegenüberstellung der Konzepte *Fleiner*, Müller-Graff/Riedel, Gemeinsames Verfassungsrecht, S. 20.

aufgestellte Forderung nach einer unbedingten Rückbindung des Parlaments an die mitgliedstaatlichen Völker aufgegeben[127]. Der Conseil constitutionnel hat schließlich eine Beteiligung des Europäischen Parlaments am europäischen Willensbildungsprozeß in Teilbereichen zugelassen.[128]
Als Grenze für eine fortschreitende Parlamentarisierung auf Gemeinschaftsebene stellte der Conseil jedoch in seiner Maastricht-Entscheidung ausdrücklich fest, daß sich das Europäische Parlament nicht zu einer „*assemblée souveraine dotée d'une compétence générale*" entwickeln könne. Dies entspricht dem vom Conseil in seiner Direktwahlentscheidung vertretenen Ansatz, wonach er eine Verletzung des durch die Verfassung vorgegebenen Souveränitätsprinzips gerade deshalb ausschloß, weil eine Kompetenzänderung des Europäischen Parlaments nur im Wege einer Vertragsänderung möglich und die verfassungsgebende Gewalt entsprechend des damaligen Art. 236 EWGV ausschließlich staatlich war.[129] Zudem hält der Conseil constitutionnel – wie dargelegt – für den Bereich der staatlichen Kernkompetenzen an dem Postulat der Ausschließlichkeit nationaler Willensbildung fest, wenn er hier eine Kompetenzübertragung im Rahmen der geltenden Verfassung ausschließt.[130] Es kann daher davon ausgegangen werden, daß der Conseil constitutionnel weiterhin an der Rückbindung der Vertragsentscheidung an nationale Legitimationsstrukturen festhalten wird.[131]

Betrachtet man den vorliegenden Untersuchungsgegenstand, dann stellt das ausschließliche Beschlußrecht des Europäischen Parlaments gerade einen solchen autonomen und damit als verfassungswidrig einzuordnenden Willensbildungsprozeß dar. Ein solches Beschlußrecht liefe auf die Einräumung einer „*compétence générale*" zugunsten des Europäischen Parlaments hinaus wie es der Conseil constitutionnel gerade ausgeschlossen hat.

---

[127] In der Direktwahlentscheidung sah der Conseil die national gewählten Abgeordneten als „*représentant francais*" an, das Parlament als „europäische Versammlung" (Fn. 46, 5. u. 6. Erwägungsgrund). Aus der Idee der „Unteilbarkeit der Republik" leitete er für die zukünftige Gestaltung der europäischen Wahlordnung die Forderung ab, daß das Verfahren staatlich rückgebunden bleibt.

[128] Siehe dazu Pkt. III 2. dieses Abschnitts.

[129] Fn. 57, 4. Erwägungsgrund. In Anschluß an die Direktwahlentscheidung wurde das französische Gesetz für die Wahl zum Europäischen Parlament erlassen, das in Art. 2 explizit die Nichtigkeit eines Aktes des EP feststellt, mit dem es sich zur verfassungsgebenden Versammlung aufschwingt (Gesetz Nr. 77-680 vom 30.06.1977, J. O. vom 1.7.1977, S. 3478).

[130] Zum genauen Inhalt der Entscheidung siehe Pkt. III 2. dieses Abschnitts.

[131] Gegenteiliges kann auch der Entscheidung vom 10.06.2004 zur Unzuständigkeit des Conseil constitutionnel bzgl. der Kontrolle von Richtlinien umsetzenden Gesetzen angenommen werden (Fn. 40), da sich der Conseil insoweit auf die bereits getroffene Verfassungsentscheidung des Art. 88-1 Vf beruft und die gerade Unzuständigkeit unter den Vorbehalt stellt, daß kein deutlicher Verstoß gegen die Verfassung vorliegt – dazu *Mathieu*, Recueil Dalloz 25/2004, S. 1740.

Im Falle des Zustimmungsrechts würde die Kompetenz zur inhaltlichen Gestaltung der Änderungsentscheidung zwar weiterhin dem Europäischen Rat als Repräsentant der mitgliedstaatlichen Interessen zukommen und dem französischem Parlament verbliebe weiterhin die Steuerungsmöglichkeit im Wege der Verweigerung seiner Zustimmung zur Ratifizierung. Das Europäische Parlament hätte jedoch aufgrund des eigenen Zustimmungsrechts erheblichen Einfluß auf das Zustandekommen der Entscheidung. Eine ausschließlich mitgliedstaatliche Entscheidungsgewalt wie sie der Conseil für den französischen Verfassungsraum aus dem Prinzip der nationalen Souveränität ableitet, könnte nicht mehr angenommen werden.

Wie bereits angesprochen, hat der Conseil constitutionnel in seiner neuesten Entscheidung über die Vereinbarkeit des europäischen Verfassungsvertrages mit der französischen Verfassung ausdrücklich festgestellt, daß jede Zuordnung einer Entscheidungsfunktion zugunsten des Europäischen Parlaments, das eben nicht der französischen Souveränität entstammt, eine Verfassungsänderung erfordert.[132] Bezieht er sich hier auf Änderungen der Modalitäten im europäischen Gesetzgebungsverfahren, so muß dies erst recht für die Änderung der Strukturen des Vertragsänderungsverfahrens gelten.

II. Beteiligung des Volkes im Rahmen des Integrationsprozesses – Bedingungen einer effizienten Legitimationsvermittlung

Das gefundene Ergebnis wird schließlich durch einen Blick auf die konkrete verfassungsrechtliche Ausgestaltung der Beteiligung des französischen Volkes im Rahmen des Integrationsprozesses bestätigt.

Beim Abschluß von Abkommen über die internationale Ordnung, um die es sich bei den Änderungen der vertraglichen Grundlage der Europäische Union handelt, ist das französische Parlament gemäß Art. 53 Vf grundsätzlich im Wege der gesetzlichen Ratifizierung zu beteiligen. Der Conseil constitutionnel hatte in der Eigenmittel-Entscheidung festgestellt, daß in Hinblick auf den mit der Übertragung von Kompetenzen gegebenenfalls einhergehenden Übergriff in den Anwendungsbereich des Art. 34 Vf die Rechte des Parlaments mittels dieser Beteiligung gewahrt werden.[133] Zwar bezog er sich insoweit vor allem auf das innerstaatliche Verhältnis zwischen Parlament und Exekutive.[134] Jedoch ist die Beteiligung des Parlaments vor allem auch als Ausdruck der Volkssouveränität zu verstehen. Im Falle eines ausschließlichen Beschlußrechts würde diese legitimatorische Grundlage jedoch aufgehoben werden.

---

[132] Fn. 14, 29. Erwägungsgrund.

[133] Fn. 74, 6. Erwägungsgrund.

[134] Art. 34 Vf wird dahingehend interpretiert, daß dieser allein die innerstaatliche Kompetenzverteilung zwischen Gesetzgeber und Regierung, nicht aber das Verhältnis zum internationalen Normgeber regelt, dazu *Rideau*, RFDC 1990, S. 282.

Noch deutlicher wird der Konflikt, berücksichtigt man, daß im Falle eines ausschließlichen Beschlußrechts auch die Prüfung des einzelnen Integrationsschritts auf seine Vereinbarkeit mit der französischen Verfassung durch den Conseil constitutionnel entfiele. Nach der geltenden Regelung des Art. 54 Vf muß im Falle der Feststellung der Verfassungswidrigkeit eine Verfassungsänderung erfolgen wie dies auch aus Anlaß der Ratifizierung des Maastrichter und des Amsterdamer Vertrages erfolgt ist. Im Verfassungsänderungsverfahren des Art. 89 Vf erfolgt eine sehr weitreichende Einbeziehung des französischen Volkes. So setzt Art. 89 Abs. 2 Vf neben der Zustimmung beider parlamentarischer Kammern (S. 1) grundsätzlich die unmittelbare Zustimmung des Volkes im Wege eines Volksentscheides voraus (S. 2). Zwar kann der Präsident gemäß Absatz 3 des Art. 89 Vf. entscheiden, den Entwurf zur Verfassungsänderung anstelle eines Volksentscheides dem als Kongreß ein zu berufenen Parlament vorzulegen, das den Entwurf dann mit einer qualifizierten Mehrheit von drei Fünfteln annehmen muß.[135] Bei Integrationsakten mit weitreichenden Folgen für das französische Verfassungssystem kann davon ausgegangen werden, daß der Präsident angesichts des politischen Drucks einen Volksentscheid zum Beschluß über die Verfassungsänderung herbeiführen wird. Die durch Art. 54 Vf installierte Verpflichtung zur Verfassungsänderung wird in der Lehre entsprechend als *„garde-fou normatif préservant la suprématie de l'Etat"* ausgelegt.[136]
Zudem ermächtigt Art. 11 Vf den Präsidenten zur Durchführung eines Volksentscheides über einen Gesetzesentwurf, „der auf die Ermächtigung zur Ratifizierung eines Vertrages abzielt, der, ohne gegen die Verfassung zu verstoßen, Auswirkungen auf das Funktionieren der Institutionen hätte".[137] Letzteres ist für Änderungen der vertraglichen Grundlagen der Europäischen Union regelmäßig anzunehmen.[138] Das Zustimmungsgesetz zum Maastricht-

---

[135] Sowohl im Falle der Verfassungsänderung aus Anlaß der Ratifizierung des Maastricht-Vertrages als auch im Falle der aus Anlaß der Ratifizierung des Amsterdamer Vertrages hatten sich die Präsidenten jeweils für die Alternative der Verabschiedung durch den Kongreß entschieden. Die Entscheidung des Präsidenten für den Kongreß und gegen den Volksentscheid ist auf erhebliche Kritik gestoßen. Hinweis bei *Constantinesco*, in Battis/Kunig, Das Grundgesetz, S. 68.
[136] *Lequesne*, in Rideau: Les Etat-membres, S. 479 ; *Rueda*, XX. FIDE-Kongreß, S. 56.
[137] Ob auch im Wege der Volksabstimmung gem. Art. 11 eine Verfassungsänderung zustande kommen kann, ist in der Verfassungsdogmatik umstritten. Die Frage ist insoweit entscheidend, als auf diesem Weg die erhöhten Anforderungen des Art. 89 Vf umgangen werden könnten. Hinzu kommt, daß der Conseil constitutionnel in seiner Entscheidung vom 6.11.1962, No. 62-20 DC, Rec. 27, festgestellt hat, daß die Lois référendaires seiner Prüfungskompetenz entzogen sind. Er begründete dies mit dem Charakter dieser Gesetze als unmittelbar zum Ausdruck gebrachten Volkswillen - dazu *Grewe*, RFDC 1992, S. 427; kritisch *Flauss*, in Schwarze: Die Entstehung, S. 100. Nach *Dord*, XX. FIDE-Kongreß, S. 13, wäre Art. 11 Vf im Falle der Zustimmung zu einer „Europäischen Verfassung" aus verfassungspolitischer Sicht zwingend anwendbar.
[138] Entsprechend *Hecker*, Europäische Integration, S. 112, Fn. 44.

Vertrag wurde im Wege eines Referendums gemäß Art. 11 Vf beschlossen.[139] Ein solcher innerstaatlicher Gesetzesakt wäre im Falle eines ausschließlich Beschlußrechts des Europäischen Parlaments nicht mehr gegeben.

Die dargelegten verfahrensrechtlichen Regelungen sichern jedoch gerade die Gestaltungsbefugnis des französischen Volkes hinsichtlich des eigenen Verfassungssystems ab. Insoweit sind die Regelungen der französischen Verfassung mit beispielsweise denen des deutschen Grundgesetzes vergleichbar. Ein ausschließliches Beschlußrecht des Europäischen Parlaments wäre mit diesen verfassungsrechtlichen Sicherungen nicht vereinbar. Hingegen kämen die aufgezeigten Sicherungsinstrumente im Falle eines Zustimmungsrechts des Europäischen Parlaments weiterhin zum Einsatz, da hier weiterhin eine innerstaatliche Beschlußfassung erforderlich ist und diese weiterhin der Kontrolle durch den Conseil constitutionnel unterworfen wäre.

In seiner jüngsten Entscheidung vom 19.11.2004 hat der Conseil constitutionnel in Bezug auf die im Verfassungsvertrag verankerten speziellen „Passerelle-Klauseln"[140] sowie die allgemeine „Passerelle-Klausel" des Art. IV-444, mit denen ein Übergang vom Einstimmigkeitsprinzip im Rat zur qualifizierten Mehrheit ermöglicht wird und zwar außerhalb des sog. ordentlichen Änderungsverfahrens des Art. IV-443, den zuvor dargelegten Begründungsansatz auch dargelegt. So begründet er das Erfordernis einer Verfassungsänderung für diese Vertragsregelungen gerade damit, daß diese Modifikationen in der Folge keinerlei nationalen Ratifikations- oder Zustimmungsakt erfordern, der eine Überprüfung auf die Vereinbarkeit mit der Verfassung auf der Grundlage von Art. 54 oder von Art. 61 Abs. 2 der Verfassung ermöglichen.[141]

III. Schranken für Änderung des Prinzips nationaler Souveränität (materielle Grenzen einer Verfassungsänderung)

Angesichts der Bedeutung der hier zu untersuchenden Änderung des Revisionsverfahrens kann davon ausgegangen werden, daß der Conseil constitutionnel entweder über das Verfahren des Art. 54 Vf oder das des Art. 61 Vf zur Entscheidung über die Verfassungsmäßigkeit dieses Integrationsaktes angerufen wird. Stellt der Conseil die Unvereinbarkeit der Verfahrensänderung mit dem Prinzip der nationalen Souveränität fest, dann setzt die Durchsetzung der Regelung gemäß Art. 55 Vf bzw. Art. 62 Abs. 1 Vf die Änderung der Verfassung im Verfahren des Art. 89 Vf voraus. Dies könnte wie bei Ratifizierung des Maastrichter und des Amsterdamer Vertrages erneut durch die Einführung

[139] Im Rahmen des Referendums stimmten lediglich 51,04 % Mehrheit für die Ratifizierung.
[140] Dies betrifft u. a. Artt. III-269 Abs. 3, III-270 Abs. 2 lit. d), III-271 Abs. 1 UAbs. 3; I-40 Abs. 7 und III-300 Abs. 3.
[141] Entscheidung vom 19.11.2004 (Fn. 14), 33. – 35. EG.

spezieller Ausnahmeermächtigungen erfolgen. Ebenfalls kann damit gerechnet werden, daß aufgrund des zuvor dargelegten Eingriffs in den Schutzbereich des Prinzips nationaler Souveränität die bereits anläßlich des Maastrichter Vertrages aufgeworfene Frage nach den Schranken einer solchen Verfassungsänderung erneut gestellt wird.[142]

Die Frage, ob die französische Verfassung materielle Schranken für eine Verfassungsänderung enthält, ist heftig umstritten. Zwar wird in Art. 89 Abs. 5 Vf ausdrücklich festgestellt, daß „die republikanische Staatsform nicht zum Gegen-stand einer Verfassungsänderung gemacht werden kann". Jedoch wird überwiegend angenommen, daß dem ursprünglichen Wortsinn dieser Regelung keine aktuelle Bedeutung mehr zukommt.[143] Zudem ist fraglich, ob diese Regelung nicht selbst im Wege einer Verfassungsänderung aufgehoben werden kann.[144] Der Conseil constitutionnel hat zur Problematik materieller Schranken bislang nicht Stellung nehmen müssen.[145]
Tatsächlich ist die Vorstellung eines änderungsfesten Kerns der Verfassung in der französischen Verfassungstheorie kaum ausgeprägt. Wie eingangs dargestellt liegt dem Konzept der nationalen Souveränität die Idee eines unbeschränkbaren Willens des Volkes bzw. der Nation zur Gestaltung der eigenen Ordnung zugrunde. Die für die deutsche Verfassungsdogmatik prägende Unterscheidung zwischen dem schrankenlos handelnden Verfassungsgeber und dem Verfassungsschranken unterliegenden Verfassungsgesetzgeber wie sie aus der Lehre *Sieyès* hervorging, war der französischen Theorie zwar bekannt, ihr wurde jedoch keinerlei rechtliche Bedeutung beigemessen.[146] Vielmehr werden beide Gewalten als Ausdruck der Volkssouveränität verstanden und jeweils dieselbe Machtfülle zugeschrieben.[147] An einer Instanz, die vergleichbar dem deutschen Bundesverfassungsgericht die Schranken gegenüber dem Verfassungsgesetzgeber hätte durchsetzen können, fehlte es bis zur Einsetzung des Conseil constitutionnel.
Vor dem Hintergrund zunehmender Änderungen der bis dahin eher änderungsresistenten französischen Verfassung[148], insbesondere im Zuge der europäischen Integration, und der schließlich immer aktiveren Rechtsprechung-

[142] So auch die Einschätzung von *Flauss*, in Schwarze, Die Entstehung, S. 103.
[143] Die Idee der Republik verdeutlichte in ihrem ursprünglichen Sinngehalt den Gegensatz zur Monarchie – dazu *Hecker*, Europäische Integration, S. 258, Fn. 383.
[144] Entsprechend *Vedel*, RFDA 1992, S. 178 ff.; *Luchaire*, RDP 1992, S. 1591.
[145] Zuletzt die Entscheidung vom 10.06.2004 zur fehlenden Prüfungskompetenz – Fn. 21.
[146] *Hecker*, Europäische Integration, S. 257; *Vedel*, RFDA 1992, S. 179.
[147] *Vedel*, ebenda; *Gundel*, Die Einordnung, S. 174; *Grewe/Ruiz Fabri*, Droits constitutionnels européens, Rn. 49, S. 62.
[148] Im Schrifttum wird bereits von einem Phänomen der „*banalisation de la révision constitutionnelle*" gesprochen – *Favoreu*, AIJC 1994, 115 – 116; *Flauss*, in Schwarze, Die Entstehung, S. 81.

stätigkeit des Conseil constitutionnel kam der Frage nach eventuellen materiellen Schranken einer Verfassungsänderung immer größere Bedeutung zu. Es ist nicht erstaunlich, daß gerade die aus Anlaß des Maastrichter Vertrages unternommenen Verfassungsänderungen eine umfassende Diskussion dieses Themas in der französischen Verfassungslehre in Gang setzten.[149]
Auch dem Conseil constitutionnel wurde im zweiten Verfahren zum Maastricht-Vertrag diese Frage gestellt. Zwar lehnte der Conseil eine abschließende Stellungnahme wegen der fehlenden Prüfungskompetenz im Verfahren des Art. 54 Vf in der sog. Maastricht II-Entscheidung ab. Dennoch machte er sich im Zusammenhang mit der Prüfung der Regelungstechnik des Verfassungsgesetzgebers eine bedeutsame Feststellung, indem er die Souveränität des *pouvoir constituant* einerseits betonte und andererseits gleichzeitig auf die in Art. 7, 16, 89 Abs. 4 und insbesondere in Art. 89 Abs. 5 enthaltenen Vorgaben verwies.[150] Diese Feststellung wurde in der Lehre teilweise als Bestätigung der These einer in Art. 89 Abs. 5 Vf verankerten „*supraconstitutionalité*" gesehen.[151]
In einer vielbeachteten Auseinandersetzung hatte auch *Beaud* aus dem Prinzip der nationalen Souveränität abgeleitet, daß die verfassungsgebende Gewalt unübertragbar sei. Auch dem Verfassungsgesetzgeber seien insoweit Grenzen gesetzt. Er begründete dies damit, daß allein das Volk als Souverän seine verfassungsgebende Souveränität übertragen oder auswechseln könne, die verfassungsgebende Gewalt insoweit also der verfassungsändernden Gewalt übergeordnet sei.[152] Das hier in Frage stehende ausschließliche Beschlußrecht des Europäischen Parlaments im Vertragsänderungsänderungsverfahren würde de facto gerade auf eine solche Übertragung der verfassungsgebenden Gewalt zumindest in Teilen hinauslaufen. Wie mehrfach dargelegt hat die Entscheidung über die zukünftige Unionsgrundordnung zwangsläufig Auswirkungen auch auf die nationale Verfassungsordnung. Im Falle des Zustimmungsrechts verbliebe aufgrund der Beteiligung des Europäischen Rates am Beschluß und des weiterhin erforderlichen Ratifizierungsaktes dem französischen Volk das Letztentscheidungsrecht über die eigene Verfassungsordnung. Bei Zugrundelegung dieses Ansatzes wäre im Ergebnis zumindest das ausschließliche Beschlußrecht nicht durchsetzbar.

---

[149] U. a. *Hamon*, Recueil Dalloz 1991, S. 331 ff; *Boulois*, RTDE 1992, S. 462; *Dutheil de la Rochère*, RMC 1992, S. 607. Entsprechend das Thema der Tagung der *Association française de droit constitutionnelle* 1992 – Verweis bei *Favoreu*, RFDA 2003, S. 794, m. w. N.
[150] Vertreter einer derartig engen Interpretation ist z.B. *Vedel*, Pouvoirs 1993, S. 79 (86).
[151] Dazu die Darstellung bei *Hecker*, Europäische Integration, S. 257 ff. Allerdings hatten *Badinter* und *Genevois*, zu diesem Zeitpunkt Präsident und Generalsekretär des Conseil, im Nachgang mehrfach ausdrücklich betont, daß es sich bei diesem Interpretationsansatz um ein Mißverständnis handele – so der Hinweis des Conseil zur Begründung seiner Entscheidung vom 26.03.2003, in Cahiers No 15/2003, S. 20.
[152] *Beaud*, RFDA 1993, 1046.

Der Conseil constitutionnel hat mit der Entscheidung vom 26.03.2003 nunmehr zumindest seine Kompetenz zur Durchsetzung etwaiger Verfassungsgarantien gegenüber dem Verfassungsgesetzgeber ausdrücklich verneint. Sein Hauptargument war die insoweit abschließende Kompetenzzuordnung durch die Art. 61 Abs. 2 Vf, der die „*lois constitutionnelles*" eben nicht erwähnt.[153] Daneben betonte er erneut die Souveränität des *pouvoir constituant*, dem allein die Legitimität zur Kontrolle der Verfassungsgemäßheit zukomme; eine Kontrolle durch den Conseil in seiner Stellung als *pouvoir constitué* sei demnach ausgeschlossen.[154]
Dieser Ansatz entspricht der zuvor dargelegten klassischen französischen Verfassungstheorie, welche die Idee der „*supraconstitutionalité*" insbesondere mit dem Argument des nicht gewollten „*gouvernement des juges*" ablehnt und von der auch die Verfassungsväter bei Verabschiedung ausgegangen sind[155]. Ob der Conseil constitutionnel in Krisensituationen, in denen die Beseitigung von für die Bewahrung der demokratischen Ordnung grundlegend notwendigen Freiheiten droht, von einer ultimativen Kontrollkompetenz Gebrauch machen wird, wie es von Teilen der Lehre weiterhin angenommen wird, ist unabhängig von den Schwierigkeiten hinsichtlich der Definition etwaiger Anwendungsfälle aufgrund der deutlichen Stellungnahmen durch den Conseil fraglich.[156] Zumindest für den für den vorliegenden Untersuchungsgegenstand kann weiterhin davon ausgegangen werden, daß sich die aus dem Prinzip der nationalen Souveränität ableitbaren Verfassungshindernisse für die hier zu untersuchenden Integrationsakte im Wege einer Verfassungsänderung über-winden ließen. Eine andere Frage ist dann, inwieweit angesichts der Reichweite dieser Integrationsakte die entsprechende Zustimmung im Parlament und in Hinblick auf ein wahrscheinliches Referendum im Volk selbst zu erreichen ist.

E. Prinzip nationaler Souveränität im Sinne der souveraineté étatique

I. Verfassungsrechtliche Verankerung

Es wurde bereits kurz dargelegt, daß das Prinzip der nationalen Souveränität neben dem zuvor dargelegten spezifisch demokratischen Gehalt auch die

---

[153] Fn. 21, 1. u. 2. Erwägungsgrund.
[154] Cahiers No 15/2003; S. 20.
[155] In dem Zusammenhang wird auf das Verfassungsgesetz vom 03.06.1958, das den Übergang von der 4. zur 5. Republik organisierte, verwiesen. In ihm waren inhaltliche Vorgaben für den neuen Verfassungsentwurf enthalten, u. a. auch die Verankerung des Prinzips der Volkssouveränität - *Genevois*, in: L'écriture de la Constitution 1992, S. 485 Fn. 5. Allerdings läßt sich hieraus nicht ableiten, inwieweit die dort genannten Prinzipien als unantastbar festgeschrieben werden sollten. Angesichts der anderslautenden Verfassungstheorie wäre eine eindeutige Stellungnahme erforderlich gewesen.
[156] *Favoreu*, RFDA 2003, S. 794 f.; ähnlich *Zimmer*, RFDC 2003, S. 389, die die Entscheidung auch wegen der damit verbundene Verkürzung der grundrechtlichen Freiheiten bedauern.

Stellung der französischen Nation als unabhängiger Staat innerhalb der Völkerrechtsordnung umschreibt. Neben dem bereits genannten Titel VI der Verfassung (Art. 53 ff.) sowie den als Grundlage der Kompetenzübertragung an internationale Organisationen nunmehr anerkannten Absätzen 14 und 15 der Präambel der Verfassung von 1946 ist dieser spezifische Aspekt nationaler Souveränität insbesondere in der Formulierung der „nationalen Unabhängigkeit" in Art. 5 Abs. 2 Vf und Art. 16 Vf enthalten. Es wird allgemein davon ausgegangen, daß der Begriff der Unabhängigkeit mit dem der Souveränität inhaltlich deckungsgleich ist.[157] Die Unabhängigkeit der französischen Nation von einer anderen, insbesondere staatlichen Gewalt, bildet schließlich den Kerngehalt der *souveraineté étatique*[158].

II. Schutz durch die Verfassung

Auch wenn sich die staatliche Souveränität aufgrund des gemeinsamen Ursprungs im Selbstbestimmungsrecht der französischen Nation kaum vom demokratischen Begriffsverständnis der nationalen Souveränität abgrenzen läßt, so will *Flauss* einen Unterschied jedoch im Schutz durch die Verfassung erkennen. So bezieht er das vom Conseil constitutionnel der Präambel von 1946 entnommene Konstrukt der zulässigen „Beschränkung der Souveränität" in erster Linie auf das Element der staatlichen Souveränität. Letztere ist aus seiner Sicht reversibel im Sinne des Conseil constitutionnel, die *souveraineté démocratique* hingegen nicht.[159]

Der Conseil constitionnel unternimmt eine solche Differenzierung jedoch nicht explizit. Als spezifisch für das Prinzip staatlicher Souveränität kann jedoch die vom Conseil constitutionnel in seiner Maastricht-Entscheidung vorgenommene Beschränkung der Übertragungsermächtigung auf „internationale Organisationen" angesehen werden.[160] Zwar hat der Conseil in diesem Zusammenhang nicht ausdrücklich auf das verfassungsrechtliche Postulat der „nationalen Unabhängigkeit" verwiesen. Die Übertragung von Kompetenzen auf eine staatliche bzw. souveräne Organisation würde jedoch de facto auf die Beseitigung der Unabhängigkeit im oben dargelegten Sinne hinauslaufen. Vor diesem Hintergrund ist auch die Formulierung des Art. 88-1 Vf auszulegen, wie sie in Anschluß an die Maastricht-Entscheidung Eingang in die Verfassung gefunden hat. Mit der Beschreibung der Gemeinschaften und der Union als vertraglicher Zusammenschluß von Staaten zur gemeinsamen Kompetenzausübung hat der Verfassungsgesetzgeber diesen einen staatlichen bzw. souveränen Charakter aus Sicht der französischen Verfassung gerade abgesprochen.[161] Die überwiegende

---

[157] *Buhmann*, Die nationale Souveränität, S. 75.
[158] *Gaïa*, 17. FIDE-Kongreß, S. 238; *Flauss*, in Schwarze: Die Entstehung, S. 78.
[159] *Flauss*, in Schwarze, Die Entstehung: S. 78 ff.
[160] Fn. 25, 13. Erwägungsgrund.
[161] *Flauss*, in Schwarze: Die Entstehung, S. 99.

Ansicht erkennt in Art. 88-1 Vf eine verfassungsrechtliche Schranke für die Entwicklung der Europäischen Union hin zu einer echten Föderation.[162] Hier muß jedoch berücksichtigt werden, daß die Föderalismusidee anders als in der deutschen in der französischen Verfassungsdogmatik bislang kaum ausgeprägt war und erst mit dem fortschreitenden Integrationsprozeß an Bedeutung und Aktualität gewann.[163]
Schließlich hat der Conseil constitutionnel in seiner Entscheidung vom 19.11.2004 das in Art. I-6 des Verfassungsvertrags verankerte Prinzip des Vorrangs des Rechts der Europäischen Union vor nationalem Recht gerade deshalb als mit der französischen Verfassung vereinbar angesehen, weil der Vertrag „den Charakter eines internationalen Vertrags behält" und in Art. I-5 des Verfassungsvertrags eindeutig festgeschrieben ist, daß die Union die nationale Identität der Mitgliedstaaten weiterhin achtet.[164]

Ohne hier in eine umfangreiche Prüfung der Auswirkungen der hier gegenständlichen Änderungen des Vertragsänderungsverfahrens auf die Rechtsnatur der Union eintreten zu können, ist für die Einführung eines ausschließlichen Beschlußrechts zugunsten des Europäischen Parlaments der Übergang der Union zur souveränen Einheit ohne weiteres erkennbar. Schließlich wäre mit einem solchen Beschlußrecht des Parlaments der Übergang der für den Souveränitätsbegriff maßgeblichen sog. Kompetenz-Kompetenz verbunden. Zwar gestaltet sich die Klärung dieser Frage im Falle des Zustimmungsrechts schwieriger. Im Ergebnis kann jedoch wiederum darauf verwiesen werden, daß der französischen Nation die Letztentscheidungsbefugnis für die eigene Ordnung verbleiben würde. Allerdings bleibt auch zu beachten, daß im Falle der Verweigerung der Zustimmung durch das Europäische Parlament der Wille der Nation zur Umsetzung der vertraglichen Änderung nicht durchsetzbar wäre. Insoweit würde sich die französische Nation eben doch in ihrer Willensäußerung von der Entscheidung des Europäischen Parlaments abhängig machen. Inwieweit dies noch als zulässige Beschränkung im Sinne der Präambel von 1946 gesehen werden kann oder aber als unzulässige Aufhebung der nationalen Unab-

---

[162] So auch *Flauss*, a. a. O. S. 99 sowie 103; *Renoux/de Villiers*, S. 614; *Gaïa*, 17. FIDE-Kongreß, S. 258.

[163] Die mit der Föderalismusidee verbundene Frage nach der Teilbarkeit der Souveränität wurde in der französischen Verfassungslehre vor allem in Anschluß an die vom Conseil constitutionnel in der Direktwahlentscheidung vorgenommene Unterscheidung zwischen „*limitation*" und „*transfer de souveraineté*" diskutiert – dazu die Übersicht bei *Gundel*, Die Einordnung, S. 117. Mit der in Anschluß an den Maastricht-Vertrag und aktuell zum Entwurf des Verfassungsvertrages eingebrachten föderalistischen Ansätzen hat die Diskussion auch in der französischen Verfassungslehre wieder an Schwung gewonnen – siehe nur *Beaud*, Der Staat 35 (1996), S. 45 ff.

[164] Entscheidung vom 19.11.2004 (Fn. 14), 9. und 12. Erwägungsgrund. Siehe dazu auch *Chagnollaud*, Recueil Dalloz 2005, n° 2, S. 100 ff.

hängigkeit anzusehen ist, ist fraglich. Zumindest bestehen unter dem Gesichtspunkt der staatlichen Souveränität erhebliche verfassungsrechtliche Bedenken.

Wie zuvor festgestellt, ließen sich die unter dem Gesichtspunkt der „staatlichen Souveränität" ergebenden Verfassungshindernisse jedoch im Wege einer Verfassungsänderung beseitigen. Die französische Verfassungslehre geht insbesondere davon aus, daß die verfassungsändernde Gewalt das Recht habe, den Inhalt des Art. 88-1 Vf abzuändern.[165]

F. Völkervertragliche Rückbindung

Hinsichtlich der Frage, ob die französische Verfassung Vorgaben hinsichtlich des Fortbestandes einer völkervertraglichen Grundlage der Union enthält, sind zwei Formulierungen von Bedeutung: zum einen die in Art. 88-1 Vf enthaltene Umschreibung der Union als bestehend aus Staaten, die sich durch „Gründungsverträge" zur gemeinsamen Kompetenzausübung zusammengeschlossen haben sowie der in Absatz 15 der Präambel von 1946 sowie in den Art. 88-2 und Art. 88-3 enthaltene „Vorbehalt der Gegenseitigkeit".

I. „Gründungsverträge" i. S. d. Art. 88-1 Vf

Der Text des Art. 88-1 Vf verweist explizit auf die „Gründungsverträge" als Grundlage der Gemeinschaften und der Union. Entsprechend wird auch in den Art. 88-2 und Art. 88-3 auf den „am 7. Februar 1992 unterzeichneten Vertrag über die Europäische Union und „den Vertrag zur Gründung der Europäischen Gemeinschaft" Bezug genommen. Das Ziel des Verfassungsgesetzgebers bestand gerade darin, mit der Beschreibung des Rechtscharakters der Gemeinschaften und der Union in Art. 88-1 die Entwicklung der Union in Richtung eines föderalen Staates zu verhindern.[166] Schließlich kann diese verfassungsrechtliche Fixierung auch als Reaktion auf die vom Conseil im Maastricht-Urteil ausgesprochene Beschränkung des zulässigen Kompetenztransfers auf „internationale Organisationen" als Adressaten gesehen werden.

Ähnlich wie in der deutschen Verfassungsdogmatik wird dieser verfassungsrechtliche Bezug auf die Gründungsverträge nicht erkennbar als Schranke für den Fortgang des Integrationsprozesses diskutiert. Stattdessen konzentriert sich die Diskussion auf die vom Conseil geprägte Formulierung der „*conditions essentielles d'exercise de souveraineté nationale*". Da entsprechend dem Conseil constitutionnel jede „verfassungswidrige Klausel" nicht mehr von der verfas-sungsrechtlichen Übertragungsermächtigung erfasst ist, würde hierfür

---

[165] *Flauss*, in Schwarze: Die Entstehung, S. 99.

[166] Hinweis bei *Renoux / de Villiers*, S. 614; *Luchaire*, RDP 1998, S. 337; *Blumann*, RMC 1994, S. 399.

jedoch bereits die erkennbare Abkehr von der vertraglichen Grundlage im Sinne des Art. 88-1 Vf genügen.
Eine vertragliche Grundlage kann im Falle des ausschließlichen Beschlußrechts des Europäischen Parlaments über zukünftige Vertragsänderungen nicht mehr angenommen werden. Wie bereits dargelegt würde ein solcher Integrationsschritt auf die Schaffung einer souveränen bzw. föderalstaatlichen Unionsebene hinauslaufen wie sie dem in Art. 88-1 Vf formulierten Vorstellungen des Verfassungsgesetzgebers widerspricht.
Hinsichtlich der Bewertung des Zustimmungsrechts stellen sich jedoch Probleme vergleichbar mit denen im Rahmen des deutschen Grundgesetzes Erörterten. Denn bei einem Zustimmungsrecht würde ein Vertragsschluß der Parteien notwendig bleiben, die Vertragsmacht im Sinne einer ausschließlichen Entscheidungsmacht der Mitgliedstaaten jedoch beseitigt werden. Da die Einräumung eines Zustimmungsrechts zugunsten des Parlaments tatsächlich eine erhebliche Abweichung von der bisherigen Vertragspraxis bedeuten würde, der Verfassungsgesetzgeber jedoch konkret auf die Gründungsverträge Bezug genommen hat, liegt die Annahme einer Unvereinbarkeit mit Art. 88-1 Vf nahe. Anders als in der deutschen Regelung des Art. 23 Abs. 1 S. 3 GG, die lediglich auf die „vertraglichen Grundlagen" verweist, wird in der französischen Regelung mit Anknüpfung an die „Gründungsverträge", also den Vertrag von Maastricht und Amsterdam, gerade auf die konkrete Vertragspraxis der Vergangenheit Bezug genommen.
Auf die Ausführungen des Conseil constitutionnel in seiner Entscheidung vom 19.11.2004 zum fortbestehenden Charakter des Verfassungsvertrages als internationaler Vertrag wurde bereits Bezug genommen.[167]

II. Vorbehalt der Gegenseitigkeit

Der Conseil constitutionnel hat in seiner Formel zur Zulässigkeit des Kompetenztransfers ausdrücklich den von der Präambel von 1946 geforderten Vorbehalt der Gegenseitigkeit aufgenommen[168], der daraufhin auch in die Verfassungsrevision von 1992 Eingang fand.
Entsprechend seines ursprünglichen Sinngehalts forderte der Gegenseitigkeitsvorbehalt insbesondere die Ratifizierung des Vertrages, also der unbedingten Übernahme der Verpflichtung durch alle Mitgliedstaaten.[169] In Hinblick auf diese Forderung geht der Gegenseitigkeitsvorbehalt ebenfalls von einer vertraglichen Regelung aus.

---

[167] Siehe Fn. 164.
[168] Fn. 25, 13. Erwägungsgrund.
[169] Der Vorbehalt der Gegenseitigkeit ist zudem in Art. 55 Vf enthalten. Er bezieht sich dort jedoch auf die Anwendung, also Erfüllung der vertraglichen Regelung durch alle Beteiligten. Siehe dazu *Gundel*, Die Einordnung, S. 287.

Allerdings wird die Bedeutung dieses Vorbehalts, insbesondere im Zusammenhang mit der europäischen Integration zunehmend in Frage gestellt.[170] *Flauss* kommt zu dem Ergebnis, daß die Bedingungen für die Annahme der Gegenseitigkeit einer vertraglichen Regelung durch die Rechtsprechung des Conseil „weitestgehend neutralisiert“ worden sind.[171] Diese Diskussion bezieht sich jedoch vor allem auf die Anerkennung unterschiedlicher Verpflichtungen der Vertragspartner und den insoweit unter dem Stichwort „Europa der verschiedenen Geschwindigkeiten“ diskutierten Problemkreis.[172] Von einer vollständigen Aufgabe des Vorbehalts kann schon wegen der fortbestehenden textlichen Verankerung nicht ausgegangen werden.
Angesichts des zuvor erläuterten eindeutigen Bezugs der Verfassung auf die „Gründungsverträge“ kommt dem Gegenseitigkeitsvorbehalt in Hinblick auf eine mögliche Ablösung von der vertraglichen Grundlage geringere Bedeutung zu.

G. Recht zur Beendigung der Mitgliedschaft

Erhebliche Bedeutung wird in der Diskussion über die Verfassungsmäßigkeit der Beteiligung Frankreichs am Integrationsprozeß der Frage nach der Möglichkeit zur Kündigung der vertraglichen Einbindung Frankreichs beigemessen. Dabei wird das Recht zur Beendigung der Mitgliedschaft vor allem als Ausfluß der nationalen Souveränität ähnlich der Diskussion in Deutschland problematisiert. Die Verfassung selbst schweigt jedoch zu dieser Frage. Im Unterschied dazu stellte Art. 28 der Verfassung von 1946 – ähnlich der finnischen Regelung – noch ausdrücklich fest, daß Verträge, deren Ratifizierung von einer Genehmigung abhängig ist, durch dieselbe Organe, welche die Genehmigung erteilen, auch widerrufen werden können.

Geht man vom Verfassungstext aus, so legt Art. 88-1 Vf zunächst nahe, daß eine Beendigung der Mitgliedschaft in der Union ähnlich der deutschen Regelung verfassungsrechtlich ausgeschlossen ist. Die Lehre lehnt eine solche Inter-

---

[170] Dies wird insbesondere aus der Integrationsrechtssprechung des Conseil constitutionnel abgeleitet, in dessen Entscheidungen der Vorbehalt kaum bzw. gar nicht problematisiert wurde. So hatte er in seiner Maastricht I-Entscheidung als Nachweis für die Einhaltung der Gegenseitigkeitsforderung genügen lassen, daß Art. 52 EUV für das Inkrafttreten des Unionsvertrages die Hinterlegung aller Ratifikationsurkunden forderte (Fn. 25, 16. Erwägungsgrund). *Flauss*, in Schwarze: Die Entstehung, S. 101, spricht von einer „minimalistischen“ Interpretation. In der Entscheidung zum Amsterdamer-Vertrag ging der Conseil auf den Vorbehalt der Gegenseitigkeit gar nicht mehr ein, obwohl der Vertrag spezifische Regelungen zugunsten von Dänemark, Irland und Großbritannien enthielt.

[170] *Flauss*, in Schwarze: Die Entstehung, S. 101.

[171] *Flauss*, ebenda.

[172] In diesem Sinne auch *Flauss*, ebenda, unter Bezug auf *„une construction communautaire à géométrie variable“*. Dazu auch *Hecker*, Europäische Integration, S. 215 f.

pretation der Regelung jedoch ab; der Conseil constitutionnel hat sich zu dieser Frage bislang nicht äußern müssen. Wie bereits ausgeführt bestand das Ziel des Verfassungsgesetzgebers darin, mit Art. 88-1 Vf eine ausdrückliche Rechtsgrundlage zu schaffen. Eine Verpflichtung der staatlichen Organe zur weiteren Beteiligung war hingegen nicht bezweckt. Eine solche Verpflichtung wie sie insbesondere das deutsche Instrument einer Staatszielbestimmung beinhaltet, ist dem französischen Verfassungssystem fremd.[173] Allerdings wäre eine Beendigung der Mitgliedschaft angesichts der ausdrücklichen verfassungsrechtlichen Feststellung der Mitwirkung nur im Wege einer Aufhebung des Titels XIV und zwar im Wege eines verfassungsändernden Gesetzes möglich.[174]

Auch aus dem Absatz 14 der Präambel von 1946 kann eine Verpflichtung zur weiteren Mitwirkung nicht abgeleitet werden. Darin verpflichtet sich die französische Republik „getreu ihrer Tradition, an die Regeln des Völkerrechts" zu halten. Das Völkerrecht kennt jedoch nicht nur den Grundsatz „*pacta sunt servanda*", sondern erkennt gleichzeitig auch die Möglichkeit zur Kündigung völkerrechtlicher Verträge unter bestimmten Bedingungen an.[175]

Der Conseil constitutionnel hat mit seiner Rechtsprechung bestätigt, daß das Recht zur Kündigung einer völkervertraglichen Vereinbarung oder zumindest die faktische Möglichkeit hierzu einen wesentlichen Bestandteil der nationalen Souveränität bildet. So leitete er in seiner Entscheidung zum 6. EMRK-Protokoll aus dem in Art. 65 EMRK vorgesehenen Kündigungsrecht ab, daß die Institutionen der Republik, der Fortbestand der Nation und der Schutz der Bürgerrechte durch das Protokoll nicht gefährdet und damit die „*conditions essentielles d'exercise de souveraineté nationale*" nicht berührt sind.[176] Zwar hat der Conseil constitutionnel in seiner Schengen-Entscheidung ausdrücklich sowie in der Maastricht I-Entscheidung implizit klargestellt, daß der unbefristete Abschluß einer völkervertraglichen Regelung auch ohne ausdrückliche Regelung einer Kündigungsmöglichkeit mit der Verfassung vereinbar ist. Die Frage, die sich in der vorliegenden Untersuchung stellt, ist jedoch, ob eine Verfahrensregelung, die gerade eine solche Kündigung ausschließt bzw. erschwert, noch verfassungsgemäß ist. Angesichts der Auswirkungen eines solchen Verzichts auf das Selbstbestimmungsrecht der französischen Nation und ihre Unabhängigkeit im Verhältnis zur Union muß jedoch von einem ver-

---

[173] Dem widerspricht bereits das auch heute noch in Grundzügen anerkannte Prinzip der Souveränität des Gesetzgebers.

[174] Dazu *Carillo de Albornoz*, DV 1995, S. 229. Vor der Verfassungsrevision wurde überwiegend vertreten, daß die Kündigung im Wege eines *acte contraire* zum Vertragsschluß keinen Verfassungsrang habe - *Luchaire*, RDP 1991, S. 1510.

[175] Zwar hat Frankreich die WVRK nicht ratifiziert, sodaß es sich auf die in diesem Zusammenhang bedeutsamen Art. 61 f. nicht berufen kann. *Luchaire*, RDP 1991, S. 1510, sieht diese jedoch als Völkergewohnheitsrecht an.

[176] Fn. 69, 2. und 3. Erwägungsgrund.

fassungswidrigen Eingriff ausgegangen werden.[177] Dies entspricht im übrigen der Rechtsprechung des Conseil constitutionnel, wonach sich Frankreich in wichtigen Kompetenzbereichen die Einflußmöglichkeiten erhalten muß.[178] Letzteres muß erst recht für die Möglichkeit zur Kündigung des Gründungsaktes gelten.
Es wurde bereits begründet, daß im Falle eines ausschließlichen Beschlußrechts des Europäischen Parlaments eine Kündigung der Gründungsverträge nur noch im Wege des Vertragsänderungsverfahrens möglich und damit diesbezüglich allein das Europäische Parlament entscheidungsbefugt wäre. Die Einführung eines solchen Rechts käme also einem Verzicht der französischen Nation auf die Kündigung der Mitgliedschaft gleich.
Hingegen müßte im Falle des Zustimmungsrechts vom Fortbestand der völkervertraglichen Kündigungsmöglichkeiten ausgegangen werden, sodaß eine Lösung aus der vertraglichen Gemeinschaft für Frankreich weiterhin möglich bliebe.
Damit ist auch unter dem Gesichtspunkt der verfassungsrechtlich vorausgesetzten Kündigungsmöglichkeit von der Verfassungswidrigkeit des ausschließlichen Beschlußrechts, nicht jedoch des Zustimmungsrechts auszugehen.

H. Ergebnis – Aussichten für eine Verfassungsänderung

Daß die französische Verfassung einen Kompetenztransfer zugunsten der Gemeinschaftsorgane zuläßt, ist heute allgemein anerkannt. Eine allgemeine Definition der Voraussetzungen und insbesondere Grenzen des Kompetenztransfers enthält die Verfassung hingegen nicht. Letztere werden weiterhin maßgeblich durch die Rechtsprechung des Conseil constitutionnel bestimmt. Die in der jüngeren Vergangenheit durchgeführten Vertragsrevisionen haben gezeigt, daß der Conseil im Falle möglicher und grundlegender Verfassungskonflikte grundsätzlich zu einer verbindlichen Entscheidung über die Verfassungsgemäßheit des Integrationsaktes angerufen wird. Dies ist angesichts der Reichweite der hier gegenständlichen Verfahrensänderungen auch für den Fall ihrer Umsetzung zu erwarten.

Entsprechend seiner Bedeutung als Fundamentalgrundsatz der französischen Verfassung bildet das Prinzip der nationalen Souveränität auch das zentrale Thema der Integrationsrechtsprechung des Conseil constitutionnel. Da ein ausschließliches Beschlußrecht des Europäischen Parlaments im Revisionsverfahren zur Aufhebung der Verfassungsautonomie der französischen Nation

---

[177] Ähnlich *Luchaire*, RDP 1991, S. 1511.

[178] Fn. 69, 56. Erwägungsgrund. Hier sah der Conseil eine dauerhafte vertragliche Bindung solange als verfassungsgemäß an, als das Abkommen nicht ohne Zustimmung Frankreichs geändert werden könne. Letzteres träfe im Falle des ausschließlichen Beschlußrechts des Europäischen Parlaments jedoch nicht zu.

als Kernelement der nationalen Souveränität in weiten Teilen führen würde, muß von einem klaren Verfassungsverstoß ausgegangen werden. Angesichts des bezogen auf die nationale Souveränität sehr sensiblen Gegenstandes des Vertragsänderungsverfahrens und des vom Conseil constitutionnel für kernhoheitliche Bereiche weiterhin vertretenen Ansatzes der Exklusivität der nationalen Willensbildung ist auch hinsichtlich des Zustimmungsrechts mit sehr hoher Wahrscheinlichkeit von einer Feststellung der Verfassungswidrigkeit durch den Conseil auszugehen. Dies hat der Conseil constitutionnel zuletzt in seiner Entscheidung über die Vereinbarkeit des Vertrag über eine Verfassung für Europa bestätigt, indem er für jede Zuordnung einer Entscheidungsfunktion zugunsten des Europäischen Parlaments in Sachbereichen, die untrennbar mit der Ausübung von Souveränität verbunden sind, eine Verfassungsänderung gefordert hat. Hingegen bestehen hinsichtlich einer Stärkung des Europäischen Parlaments im Vorfeld des Beschlusses, beispielsweise durch dauerhafte Verankerung des Konventsverfahrens keinerlei verfassungsrechtlichen Bedenken. Weder die Einberufung des Grundrechte-Konvents noch des Reform-Konvents haben in der französischen Verfassungsdogmatik zu Diskussionen geführt.

Zwar kennt die französische Verfassungstradition keine materiellen Grenzen für eine Verfassungsänderung. Sowohl im Falle der Einberufung des Kongresses als auch bei Durchführung eines Referendums zur Entscheidung über die Verfassungsänderung wäre ein breiter Konsens der politischen Kräfte erforderlich. Auch wenn unter den politischen Parteien Frankreichs die Zustimmung zur europäischen Integration sehr groß ist[179], so bestehen schon aus der französischen Verfassungsgeschichte heraus hinsichtlich eines möglichen Fortganges hin zu einem europäischen föderalen System immer noch starke Vorbehalte.

---

[179] *Brunet*, in XX. FIDE-Kongreß, S. 14.

Ergebnisse und Ausblick

1. Die europäische Verfassungsebene bildet zusammen mit den mitgliedstaatlichen Verfassungen, auf die sich die Union unmittelbar gründet und die selbst wiederum den Einflüssen des Integrationsprozesses unterworfen sind, einen Verfassungsverbund. Mit Verabschiedung des Vertrages über eine Verfassung für Europa durch den Europäischen Rat in Dublin wurde endgültig die verfassungsspezifische Bedeutung des europäisches Primärrechts für die Unionsordnung anerkannt und im Titel sowie in der inhaltlichen Gestaltung dieser Urkunde für den einzelnen Unionsbürger sichtbar dokumentiert. Die Diskussion zur Möglichkeit und Notwendigkeit einer europäischen Verfassung, die gerade in der deutschen Dogmatik stark begriffsanalytisch geprägt war, sollte damit als abgeschlossen gelten. Konkrete Fragen der Anpassung und Fortentwicklung der europäischen Verfassungsordnung treten wieder in den Mittelpunkt der rechtlichen Auseinandersetzung. Von einer dauerhaften Festschreibung des Integrationsstandes kann mit Verabschiedung des auf Fortschreibung angelegten Verfassungsvertrags nicht ausgegangen werden. Zudem bleibt der Verlauf der nationalen Ratifikationsverfahren abzuwarten.

In Hinblick auf einen adäquaten Fortgang der europäischen Integration sind die Untersuchung der verfassungstheoretischen Grundbedingungen dieses Prozesses und die Prüfung der Realisierbarkeit von Integrationsfortschritten auf Grundlage der nationalen Verfassungen von gleicher Bedeutung: Der Ansatz einer europäischen Verfassungstheorie ermöglicht durch seine Lösung von staatstheoretischen Modellen die Entwicklung neuer Lösungsansätze, die allein den spezifischen Anforderungen des Verfassungsverbundes gerecht werden können. Dabei bleibt der Integrationsprozeß bis auf weiteres an die mitglied-staatlichen Verfassungen rückgebunden.

2. Die vorliegende verfassungstheoretische Untersuchung zur Frage einer Stärkung der Rechte des Europäischen Parlaments im Vertragsänderungsverfahren hat im Ergebnis ein Bedürfnis nach unmittelbarer Beteiligung des Parlaments in der Beschlußphase des Verfahrens in Form eines Zustimmungsrechts bestätigt.

Mit zunehmender Verdichtung der Unionsordnung aufgrund fortschreitender Aufgabenzuweisung im Zuge der Globalisierung und der damit zunehmenden Betroffenheit des einzelnen Bürgers steigen auch die Anforderungen an die Legitimation nicht nur der Rechtsakte der Gemeinschaftsorgane, sondern erst recht der Unionsgrundordnung. Die gegenwärtige rein intergouvernementale Gestaltung der Beschlußphase des Änderungsverfahrens kann angesichts ihrer verfassungsspezifischen Bedeutung den Anforderungen im Verfassungsverbund nicht mehr gerecht werden. Dies gilt nicht nur wegen des relativ geringen Einflusses der Mehrzahl der nationalen Parlamente auf die inhaltliche Gestaltung der Verträge und des vornehmlich kritisierten Mangels an Transparenz des Prozesses. Gerade die Dominanz der nationalen Interessen und der Mangel an echter Repräsentation des spezifischen Gemeinschaftsinteresses der Unionsbürger muß als Grund für die eher zögerlichen Reformanstrengungen der Vergangenheit angesehen werden. Daraus ergibt sich, daß eine Stärkung der Repräsentativorgane der nationalen Ebene nicht ausreicht, sondern ebenso eine Einbeziehung des Europäischen Parlaments erreicht werden muß. Eine solche Beteiligung des Europäischen Parlaments in der Beschlußphase würde auch nicht - wie vielfach befürchtet - zu einer weiteren Schwächung oder gar Verdrängung der nationalen Parlamente aus ihrer Rolle als Repräsentativorgane führen. Die Parlamente unterscheiden sich bereits hinsichtlich ihrer Repräsentationssubjekte. Zwar sind dies dieselben Bürger, jedoch mit unterschiedlichen, auf die jeweilige Ebene ausgerichteten Interessen bzw. Identitäten.

Die Analyse des Legitimationspotentials des Europäischen Parlaments hat ergeben, daß das Parlament über die für diese Repräsentationsaufgabe erforderlichen Strukturen im Ansatz verfügt, auch wenn diese verbesserungsbedürftig sind. Letzteres betrifft insbesondere die Einführung eines einheitlichen Wahlverfahrens. Die Annahme ist gerechtfertigt, daß sich das Europäische Parlament auf lange Sicht zum echten und damit tendenziell unitarischen Repräsentationsorgan der Unionsbürger wandeln wird und als starker Gegenpol zu dem die mitgliedstaatlichen Interessen repräsentierenden Europäischen Rat im Änderungsverfahren funktionieren kann. Die im Rahmen dieser Untersuchung dargestellten Verfassungsinitiativen des Europäischen Parlaments und auch die engagierte Mitwirkung der Vertreter des Parlaments im EU-Reformkonvent belegen, daß das Europäische Parlament zur Übernahme dieser Verantwortung auch bereit ist. Angesichts des bereits eingeräumten Zustimmungsrechts im Rahmen des Beitrittsverfahrens gemäß Art. 49 EUV wäre eine entsprechende Anpassung der Verfahrensregelung des Art. 48 EUV nur konsequent.

Die Verankerung der Konventsmethode im Verfassungsvertrag (Art. IV-443) hat den Reformbedarf bezüglich des Vertragsänderungsverfahrens nicht aufgehoben, beschränken sich die Gestaltungsrechte des Konvents doch auf die Beratungsphase. Die Schwächen der weiterhin rein intergouvernemental gestalteten Beschlußphase des sog. ordentlichen Änderungsverfahrens bestehen fort. Die Beteiligung des Europäischen Parlaments im Rahmen der sog. clause passerelle (Art. IV-444) im Wege eines Zustimmungsrechts ist wie dargelegt von geringem Gewicht.

3. Die Untersuchung der Beteiligungsmöglichkeiten des Europäischen Parlaments im Rahmen der hier exemplarisch ausgewählten mitgliedstaatlichen Verfassungen läßt die für alle mitgliedstaatlichen Verfassungen verallge-

meinerungsfähige Schlußfolgerung zu, daß eine unmittelbare Beteiligung an der Änderungsentscheidung in Form eines Zustimmungsrechts, wenn auch im Wege von Anpassungen der jeweiligen Verfassung möglich erscheint, ein ausschließliches Beschlußrecht hingegen die Identität der nationalen Verfassungen berührt und im Rahmen der Verfassungen mit materiell garantiertem Verfassungskern auch nicht durchsetzbar wäre. Eine Stärkung der Rechte des Europäischen Parlaments in der Beratungsphase führt hingegen zu keinen erkennbaren Verfassungskonflikten, was durch die vielfach befürwortete Durchführung und jetzige vertragliche Verankerung des Reformkonvents belegt wird.

Allgemein hat die Untersuchung der sechs mitgliedstaatlichen Systeme ergeben, daß den einzelnen Verfassungen als Steuerungsinstrument unterschiedliche normative Kraft zukommt. Wesentlicher Faktor hierfür ist, ob die Verfassung ein Instrument zur Kontrolle der Verfassungsmäßigkeit von Gesetzgebungsakten vorsieht und in welchem Umfang von diesem Instrument Gebrauch gemacht wird. Insgesamt ist eine anwachsende Bedeutung des Verfassungsrechts feststellbar, erkennbar in der aktiveren Wahrnehmung der Kontrollinstrumente wie sie in allen fünf Verfassungen zumindest im Ansatz enthalten sind. Die Einflüsse des europäischen Integrationsprozesses, resultierend aus dem Bedürfnis nach Klärung des Verhältnisses zwischen beiden Rechtsebenen, haben sich insbesondere in dem Bedeutungszuwachs der Rechtsprechung des französischen Conseil constitutionnel und der sich entwickelnden Verfassungsrechtsprechung des dänischen Højesteret gezeigt. Entsprechend sollte der vom Integrationsprozeß ausgehende Druck auf die nationalen Verfassungssysteme von einem rechtsvergleichenden Blickwinkel aus statt als Schwächung, vielmehr als Stärkung des nationalen Konstitutionalismus interpretiert werden.

Die Anpassungsfähigkeit der nationalen Verfassungen an den Prozeß der europäischen Integration zeigt sich vor allem in der Öffnung der Verfassungen im Wege der Verankerung von Ermächtigungen zur Übertragung von Hoheitsrechten, die eine Einordnung der Verfassungen in den Verfassungsverbund außerhalb der zum Teil sehr strengen Verfahrensanforderungen an eine Verfassungsänderung erleichtern.[1] Eher als ein Sonderfall muß daher die finnische Verfassungspraxis der Ausnahmegesetzgebung angesehen werden. In Frankreich ist der Verfassungsgesetzgeber dazu übergegangen, im Falle der Feststellung eines Verfassungskonflikts durch den Conseil constitutionnel die jeweilige Vertragsnorm in der Verfassung explizit zu verankern.

Ist die inhaltliche Gestaltung und Interpretation der Übertragungstatbestände im Detail unterschiedlich, kann angesichts des gleichen Regelungszwecks von

---

[1] Für die neuen Mitgliedstaaten z.B. Art. 90 der polnischen Verfassung.

einem nach allen Verfassungen maßgeblichen Kriterium der unmittelbaren Wirkung der Gemeinschaftsakte im nationalen Rechtsraum ausgegangen werden. Danach ist die Beteiligung des Europäischen Parlaments in der Beschlußphase generell als Übertragungsakt einzuordnen, nicht jedoch die stärkere Beteiligung lediglich in der Beratungsphase.

Zwecks Bewahrung ihrer Identität setzen die mitgliedstaatlichen Verfassungen der Kompetenzübertragung gleichzeitig Grenzen. Bei deren Überschreitung ist ein Integrationsschritt nur noch im Wege des Verfassungsänderungsverfahrens durchsetzbar. Alle geschriebenen Verfassungen stellen an eine Änderung zumindest erhöhte formelle Anforderungen. Das deutsche Grundgesetz enthält mit Art. 79 Abs. 3 GG eine Regelung, wonach bestimmte Fundamentalprinzipien unantastbar sind. In der französischen Verfassungsdogmatik wird aufgrund der mit dem Integrationsprozeß verbundenen Herausforderungen für das verfassungsrechtliche Kernprinzip der nationalen Souveränität verstärkt der Bestand materieller Identitätsgarantien diskutiert. Der französische Verfassungsrat hat diese Frage bislang offen gelassen, jedoch ausdrücklich festgestellt, daß er in Hinblick auf verfassungsändernde Gesetze, die im Wege eines Referendums zustande gekommen sind, keine Prüfungskompetenz hat.

In Bezug auf die Gestaltung zukünftiger Vertragsänderungen kann für alle Verfassungen von dem Erfordernis eines staatlichen Rezeptionsaktes als Grundbedingung ausgegangen werden. Der staatliche Ratifikationsakt – in Form eines Parlamentsgesetzes und bzw. oder Referendums – ist Ausdruck der nationalen Verfassungsautonomie und als solcher wiederum Ausfluß der Volkssouveränität, die in ihrem ursprünglichen Ideengehalt die Basis aller mitgliedstaatlichen Verfassungen und auch die des primär durch das Prinzip der Parlamentssouveränität geprägten britischen Verfassungssystems bildet.[2] Dies gilt um so mehr, als Entscheidungen über Änderungen des europäischen Primärrechts in der Regel erhebliche Auswirkungen auf das nationale Verfassungssystem haben.
Ein ausschließliches Beschlußrecht des Europäischen Parlaments im Änderungsverfahren ist mit dieser Verfassungsbedingung nicht vereinbar, wären die nationalen Repräsentativorgane bzw. das jeweilige Volk in dieser Verfahrenskonstellation doch an der Inkraftsetzung für den eigenen Verfassungsraum nicht mehr beteiligt.
Auch hinsichtlich des Zustimmungsrechts wurde zumindest eine Berührung der demokratischen Strukturprinzipien der nationalen Verfassungen festgestellt, gehen diese bislang doch von einer legitimatorischen Rückführung der Hoheitsgewalt ausschließlich auf das jeweilige nationale Volk aus. Die

---

[2] Dazu *Strotmann*, Die Souveränität des britischen Parlaments, S. 53 ff.

Verfassungsgerichte haben in der Vergangenheit den Prozeß demokratischer Legitimationsvermittlung an ein sehr enges Netz von Bedingungen geknüpft. Bezeichnend dafür ist das vom deutschen Bundesverfassungsgericht in seiner Maastricht-Entscheidung geprägte Bild der Mitgliedstaaten als „Herren der Verträge“ wie es schließlich auch vom dänischen Højesteret aufgenommen wurde und im schwedischen Beitrittsprozeß ein wesentliches Kriterium für die Umsetzung des Beitrittsaktes bildete. Der französische Conseil constitutionnel hält für kernhoheitliche Bereiche, zu denen unzweifelhaft die Entscheidung über die Übertragung von Hoheitsrechten zu zählen ist, am Ansatz der Exklusivität der nationalen Willensbildung fest. Vor diesem Hintergrund erscheint im Falle einer Überprüfung der Verfassungsmäßigkeit dieses Integrationsschritts durch die staatlichen Kontrollinstanzen die Feststellung eines verfassungsrechtlichen Konflikts sehr wahrscheinlich.

Anders als das Beschlußrecht führt das Zustimmungsrecht jedoch nicht zur vollständigen Aufhebung der nationalen Verfassungsautonomie in Angelegenheiten der Europäischen Union, denn das Erfordernis eines staatlichen Rezeptionsaktes neben der Zustimmung des Europäischen Parlaments bleibt als Bedingung für das Inkrafttreten der Vertragsänderung erhalten. Angesichts der hohen Anforderungen an eine Verfassungsänderung wie sie insbesondere in den skandinavischen Verfassungen existieren, stellt eine solche Anpassung des Vertragsänderungsverfahrens eine erhebliche verfassungspolitische Herausforderung dar. Da die Mehrzahl der mitgliedstaatlichen Verfassungen die Annahme einer Verfassungsänderung im Wege eines Referendums fordert, bedarf es vor allem der Stärkung des Bewußtseins der gegenüber der Union eher skeptisch eingestellten Bürger für die politischen Zusammenhänge. Insoweit ist das Föderalismusmodell als Erklärungsansatz für die dualistische Legitimationsgrundlage der Union von erheblicher Bedeutung.

Das ausschließliche Beschlußrecht ist angesichts seiner weiterreichenden Wirkungen für die Verfassungsautonomie in den Verfassungssystemen mit Bestandsgarantien auch im Wege einer Verfassungsänderung nicht durchsetzbar. Eine Verfassungsneugebung erscheint jedoch angesichts der allgemein starken Verbundenheit der Bürger mit ihrem nationalen Verfassungssystem fast utopisch.

4. Am Ende erscheint lediglich die Einräumung eines Zustimmungsrechts zugunsten des Europäischen Parlaments effizient und realistisch. Die Chance einer grundlegenden Stärkung des Europäischen Parlaments im Änderungsverfahren im Rahmen des verabschiedeten Verfassungsvertrages wurde zunächst einmal vertan. Die Mitgliedstaaten sind derzeit noch nicht dazu bereit, ihre Vertragsmacht zugunsten des Europäischen Parlaments zu beschränken. Schließlich würde eine Beteiligung des Parlaments in der Beschlußphase des

Verfahrens dem Integrationsprozess eben doch eine ganz andere Qualität geben. Sollte bereits das Verfassungsprojekt an einer ausreichenden Zustimmung durch die mitgliedstaatlichen Völker scheitern, rückt eine an die Anerkennung der Verfassungsstruktur des Primärrechts anknüpfende Anpassung des Vertragsänderungsverfahrens in noch weitere Ferne.

Abkürzungsverzeichnis

ABl.	Amtsblatt der Europäischen Gemeinschaft
AFDI	Annuaire française de droit international
AG	Arbeitsgruppe
AJDA	Actualité juridique droit administratif
AK	Alternativkommentar
Apuz	Aus Politik und Zeitgeschichte
AöR	Archiv des öffentlichen Rechts
AVR	Archiv für Völkerrecht
Bd.	Band
BGBl.	Bundesgesetzblatt
BK	Bonner Kommentar
BRats-Drs.	Bundesrat-Drucksache
BReg.	Bundesregierung
BT-Drs.	Bundestag-Drucksache
BVerfG	Bundesverfassungsgericht
CMLRev	Common Market Law Review
CONV	Dokumente des EU-Reformkonvents
DÖV	Die öffentliche Verwaltung
DV	Die Verwaltung
DVBl.	Deutsches Verwaltungsblatt
EAGV	Vertrag über die Europäische Atomgemeinschaft
EEA	Einheitliche Europäische Akte
EFTA	European Free Trade Association
EGKSV	Vertrag über die Europäische Gemeinschaft für Kohle und Staat
EGV	Vertrag über die Europäische Gemeinschaft
ELRev.	European Law Review
EMRK	Europäische Menschenrechtskonvention
EP	Europäisches Parlament
EPL	European Public Law
EuGH	Gerichtshof der Europäischen Gemeinschaften
EuGMR	Europäischer Gerichtshof für Menschenrechte
EuGRZ	Europäische Grundrechte-Zeitschrift
EU	Europäische Union
E.U.I.	European University Institute
EuR	Europarecht
EUV	Vertrag über die Europäische Union
EuZW	Europäische Zeitschrift für Wirtschaftsrecht
EvStL	Evangelisches Staatslexikon
EWR	Europäischer Wirtschaftsraum

EZB	Europäische Zentralbank
FAZ	Frankfurter Allgemeine Zeitung
FCE	Forum Constitutionis Europae
FIDE	Fédération Internationale pour le Droit Européen
FS	Festschrift
GASP	Gemeinsame Außen- und Sicherheitspolitik
GG	Grundgesetz
GL	Grundlov
GO	Geschäftsordnung
GS	Gedächtnisschrift
GVK	GemeinsameVerfassungskommission von Bundestag und Bundesrat
HdbStR	Handbuch des Staatsrechts
HdbVerfR	Handbuch des Verfassungsrechts
Hrsg.	Herausgeber
Hs.	Halbsatz
I.C.J.	International Court of Justice
ICLQ	International and comparative law quarterly
JCMS	Journal of Common Market Studies
IG	Instrument of Governance (schwedisches Verfassungsgesetz)
IGH	Internationaler Gerichtshof
JMWP	Jean Monnet Working Paper
JöR	Jahrbuch des öffentlichen Rechts
J.O.	Journal Officiel
Jura	Juristische Ausbildung
JuS	Juristische Schulung
JZ	Juristenzeitung
Kap.	Kapitel
KAS-AI	Konrad-Adenauer-Stiftung, Auslandsinformation
KOM	Europäische Kommission
KritVj	Kritische Vierteljahresschrift für Gesetzgebung und Rechtswissenschaft
KSE	Kölner Schriften zum Europarecht
Lfg.	Lieferung (Loseblattsammlung)
MEP	Mitglied des Europäischen Parlaments
n. F.	neue Fassung
NJ	Neue Justiz
NJW	Neue Juristische Wochenschrift
NVwZ	Neue Zeitschrift für Verwaltungsrecht
PeVL	perustuslakivalickunnan = Stellungnahmen des finnischen parlamentarischen Verfassungsausschusses
PS	Politische Studien

RAE	Revue des affaires européennes
RDP	Revue du droit public et de science politique en France et l'étranger
Rec.	Recueil [Amtliche Entscheidungssammlung des Conseil d'État oder des Conseil constitutionnel]
REDP	Revue Européenne de Droit Public
RF	Regierungsform (früheres finnisches Verfassungsgesetz)
RFDA	Revue française de droit administratif
RFDC	Revue française de droit constitutionnel
RMC	Revue du Marché commun
Rs.	Rechtssache
RTDE	Revue trimestrielle de droit européen
RUDH	Revue universelle des droits de l'homme
Rz.	Randziffer
Slg.	Sammlung der Rechtsprechung des Gerichtshofs der Europäischen Gemeinschaften und des Gerichts erster Instanz
SOU	Status Offentliga Utredningar = schwedisches Gesetzblatt
StWStPr	Staatswissenschaften und Staatspraxis
SZ	Süddeutsche Zeitung
U.A.	Unterabschnitt
UAbs.	Unterabsatz
UfR	Ugeskrift for Retsvæsen
VN	Vereinte Nationen
VVDStRL	Veröffentlichung der Vereinigung der Deutschen Staatsrechtslehrer
WTO	World Trade Organisation
WVRK	Wiener Vertragsrechtskonvention
ZaöRV	Zeitschrift für ausländisches Recht und Völkerrecht
ZEI	Zentrum für Europäische Integrationsforschung
ZParl	Zeitschrift für Parlamentsfragen
ZRP	Zeitschrift für Rechtspolitik
ZSchwR	Zeitschrift für Schweizer Recht

Entscheidungsregister

I. Der Europäische Gerichtshof

EuGH, Rs 26/62 - "Van Gend & Loos", Slg. 1963, S. 1
EuGH, Rs. 6/64, - "Costa/E.N.E.L.", Slg. 1964, S. 1251
EuGH, Rs. 138/79 - "SA Roquette Frères gegen französischen Staat", Slg. 1980, S. 2917
EuGH, Rs. 294/83 - „Les Verts", Slg. 1986, S. 1339.
EuGH, Gutachten 1/91, EWR-Abkommen, Slg. 1991, S. 6079
EuGH, Gutachten 2/94, Beitritt der Gemeinschaft zur EMRK, Slg. 1996 I, S. 1759

II. Das deutsche Bundesverfassungsgericht

BVerfG 17.08.1956 – KPD-Verbot, BVerfGE 5, 85
BVerfG 15.12.1970 – Abhörurteil, BVerfGE 30, 1
BVerfG 09.09.1971 – Milchpulver, BVerfGE 31, 145
BVerfG 31.07.1973 – Grundlagenvertrag, BVerfGE 36, 1
BVerfG 29.05.1974 – Solange I, BVerfGE 37, 271
BVerfG 15.02.1978 – Gemeindeparlamente, BVerfGE 47, 253
BVerfG 23.06.1981 – Eurocontrol I, BVerfGE 58, 1
BVerfG 10.11.1981 – Eurocontrol II, BVerfGE 59, 63
BVerfG 16.12.1983 – Nachrüstung, BVerfGE 66, 39
BVerfG 18.12.1984 – Atomwaffenstationierung, BVerfGE 68, 1
BVerfG 22.10.1982 - Solange II, BVerfGE 73, 339
BVerfG 08.04.1987 – Kloppenburg-Beschluß, BVerfGE 75, 223
BVerfG 01.10.1987 – Neue Heimat, BVerfGE 77, 1
BVerfG 31.10.1990 – Ausländerwahlrecht I, BVerfGE 83, 37
BVerfG 12.10.1993 – Maastricht, BVerfGE 89, 155
BVerfG 12.07.1994 – Bundeswehreinsatz, BVerfGE 90, 286

III. Das dänische Højesteret

Højesteret, UfR 1973, 694
Højesteret, 06.04.1998 – Carlsen et al./Rasmussen, I 361/1997, UfR 1998, 800 H (Übersetzung: EuGRZ 1999, S. 49.
Højesteret, 19.02.1999 - Tvind-sagen, I 295/1998, UfR 1999, 841 (Übersetzung: EuGRZ 2001, S. 233)
Højesteret, 16.08.1999 – rockerdommen, UfR 1999, 1798 H

IV. Der französische Conseil constitutionnel

CC 06.11.1962, No 62-20 DC, Loi référendaire, Rec. S. 27
CC 19.06.1970, No. 70-39 DC, Ressources propres, Rec. S. 15
CC 15.01.1975, No 74-54 DC, Interruption volontaire de grossesse, Rec. S. 19
CC 30.12.1976, No 76-71 DC, Elections à l'Assemblée européenne, Rec. S. 15
CC 29.04.1978, No 78-93 DC, Fonds monétaire internationale, Rec. S. 23
CC 25.07.1979, No 79-105 DC, Droit de la grève à la radio et à la télévision, Rec. S. 33
CC 22.05.1985, No 85-188 DC, Protocol n° 6 CEDH, Rec. S. 15
CC 25.07.1991, No. 91-294 DC, Accord de Schengen, Rec. S. 91

CC 09.04.1992, No 92-308 DC, Maastricht I, Rec. S. 55
CC 02.09.1992, No. 92-312 DC, Maastricht II, Rec. S. 76
CC 31.12.1997, No. 97-394 DC, Traité d'Amsterdam, Rec. S. 344
CC 22.01.1999, No 98-408 DC, Statut de la Cour pénale internationale, Rec. S. 29
CC 26.03.2003, No 2003-469 DC, L'organisation décentralisée, Rec. 293
CC 10.06.2004, No 2004-496 DC, Economie numérique, Journal officiel 22.6.2004, 11182
CC 19.11.2004, No 2004-505 DC, Traité établissant une Constitution pour l'Europe, Journal officiel 24.11.2004, 19885

V. Französische Fachgerichte

CE Ass., 20.10.1989, Nicolo, Rec. 190
CE Ass., 03.07.1996, Koné, Rec. 255
CE Ass. 30.10.1998, Sarran, Levacher et autres, Rec. 368
CE 03.12.2001, Syndicat national des industries pharmaceutiques et al, Nr. 226514

Cour de Cassation Ass. Plén. 02.06.2000, Fraisse, D. 2000, 865

IV. Der Europäische Gerichtshof für Menschenrechte

EuGMR, 24.05.1989 – „Hauschildt", Slg. 154 (1989) = EuGRZ 1993, S. 122

Literaturverzeichnis

Aalto, Pekka: Accession of Finland to the European Union: first remarks, ELRev. 20 (1995), S. 618

Alexy, Robert: Grundgesetz und Diskurstheorie aus Sicht von Rechtsphilosophie und Gesellschaftstheorie, in Brugger (Hrsg.): Legitimation des Grundgesetzes, Baden-Baden 1996, S. 343

Augustin, Angela: Das Volk der Europäischen Union. Zu Inhalt und Kritik eines normativen Begriffs, Berlin 2000

Badura, Peter: Verfassung und Verfassungsgesetz, in Ehmke/Kaiser/Kewenig/Meessen/Rüffner (Hrsg.): Festschrift für Ulrich Scheuner zum 70. Geburtstag, Berlin 1973, S. 19

- Bewahrung und Veränderung demokratischer und föderativer Verfassungsprinzipien der in Europa verbundenen Staaten, ZSchwR 1990, S. 115

- Verfassungsänderung, Verfassungswandel, Verfassungsgewohnheitsrecht, in Kirchhof/Isensee (Hrsg.): Handbuch des Staatsrechts, Band VII, Heidelberg 1992, § 160, S. 57

Baldus, Manfred: Zur Relevanz des Souveränitätsproblems für die Wissenschaft vom öffentlichen Recht, Der Staat 36 (1997), S. 381

Basedahl, Nina: Einflußnahme bei begrenzter Partizipation. Die Beteiligung des Europäischen Parlaments an der Regierungskonferenz 1996/97, Baden-Baden 2000

Beaud, Olivier: La souveraineté de l'État, le pouvoir constituant et le Traité de Maastricht - Remarques sur la méconnaissance de la limitation de la révision constitutionnelle, RFDA 1993, S. 1045

- Föderalismus und Souveränität - Bausteine zu einer verfassungsrechtlichen Lehre der Föderation, Der Staat 35 (1996), S. 45

Becker, Ulrich: Kommentierung Art. 312, in Schwarze: EU-Kommentar, Baden-Baden 2000

Bernitz, Ulf: European influences on the national constitutional laws from the perspective of selective Member states - Swedish Report, in Schwarze (Hrsg.): Die Entstehung einer europäischen Verfassungsordnung, Baden-Baden 2000, S. 389

- Sweden and the European Union: On Sweden's implementation and application of European Law, CMLRev. 38 (2001), S. 903

de Berranger, Thibaut: Constitutions nationales et construction communautaire, Paris 1995

Bieber, Roland: Verfassungsgebung und Verfassungsänderung in der Europäischen Union, in ders. / Widmer (Hrsg.): Der europäische Verfassungsraum - The European constitutional area, Zürich 1995, S. 313

- Verfassungsentwicklung der Europäischen Union: Autonomie oder Konsequenz staatlicher Verfassungsentwicklung, in Müller-Graff/Riedel: Gemeinsames Verfassungsrecht in der Europäischen Union, Baden-Baden 1998, S. 209

Blanke, Hermann-Josef: Der Unionsvertrag von Maastricht - Ein Schritt auf dem Weg zu einem Europäischen Bundesstaat?, DÖV 1993, S. 412

Bleckmann, Albert: Chancen und Gefahren der europäischen Integration - Zum Demokratieprinzip in der EG, JZ 1990, S. 301

- Die Wahrung der „nationalen Identität" im Unionsvertrag, JZ 1997, S. 265

Blomstedt, Yrjö: A historical background of the Finnish legal system, in Uotila (Hrsg.): The Finnish Legal System, 2. Auflage, Helsinki, S. 26

Blumann, Claude: La ratification par la France du Traité de Maastricht, RMC 1994, S. 393

Blumenwitz, Dieter: Wer gibt die Verfassung Europas?, in Politische Studien, Sonderheft 1/ 2003, S. 44

Böckenförde, Ernst-Wolfgang, Demokratie als Verfassungsprinzip, in Isensee/Kirchhof (Hrsg.): Handbuch des Staatsrechts der Bundesrepublik Deutschland, Band I: Grundlagen von Staat und Verfassung, Heidelberg 1987, § 22, S. 887

- Staat, Verfassung, Demokratie. Studien zur Verfassungstheorie und zum Verfassungsrecht, Frankfurt am Main 1991

- Die verfassunggebende Gewalt des Volkes. Ein Grenzbegriff des Verfassungsrechts, Frankfurt am Main 1996

- Grundlagen europäischer Solidarität, Frankfurter Allgemeine Zeitung, Ausgabe vom 20.06.2003, S. 8

Bodin, Jean: Les six Livres de la République, Buch I, 1576

von Bogdandy, Armin: Die Verfassung der europäischen Integrationsgemeinschaft als supranationale Union, in ders. (Hrsg.): Die europäische Option - Eine interdisziplinäre Analyse über Herkunft, Stand und Perspektiven der europäischen Integration, Baden-Baden 1993, S. 97

- Die Europäische Union als supranationale Föderation, Integration 1999, S. 95

- Supranationaler Föderalismus als Wirklichkeit und Idee einer neuen Herrschaftsform - Zur Gestalt der Europäischen Union nach Amsterdam, Baden-Baden 1999

- Zweierlei Verfassungsrecht - Europäisierung als Gefährdung des gesellschaftlichen Grundkonsenses, Der Staat 39 (2000), S. 163

Bothe, Michael / *Lohmann*, Torsten: Verfahrensfragen der deutschen Zustimmung zum Vertrag von Amsterdam, ZaöRV 58 (1998), S. 1

Boulois, Jean: Les avis de la Cour de justice des Communautés sur la compatibilité avec le Traité CEE du projet d'accord créant l'Espace économique européen, RTDE 1992, S. 457

- Droit Institutionnel de l'Union Européenne, Paris 1995

Breuer, Rüdiger: Die Sackgasse des neuen Europaartikels (Art. 23 GG), NVwZ 1994, S. 417

Brunet, Pierre: What is a constitution: theoretical concepts and basic notes, in: Droit communautaire et constitutions nationales - Rapport français, XX. FIDE-Kongress, www.fide2002.com

Bryde, Brun-Otto: Die bundesrepublikanische Volksdemokratie als Irrweg der Demokratietheorie, in StWStPr 5 (1994), S. 305

Buhmann, Elmar: Die nationale Souveränität Frankreichs als Schranke für eine Kompetenzerweiterung des französischen Parlaments, Regensburg 1982

Cadart, Jaques: Institutions politiques et droit constitutionnel, 3. Auflage, Paris 1990

Carré de Malberg, Raymond: La loi, expression de la volonté générale, Paris 1931

Carrillo de Alornoz, Antonio Jiménez-Blanco: Die verfassungsrechtlichen Auswirkungen des Vertrages über die europäische Union in Spanien und Frankreich, DV 1995, S. 225

Chagnollaud, Dominique: La Constitution française ne peut pas être révisée par voie de directives..., (après la décision n° 2004-505 DC du 19 novembre 2004, *Traité établissant une Constitution pour l' Europe*), Recueil Dalloz 2005 n° 2, S. 100

Chaltiel, F.: Droit constitutionnel et droit communautaire, RTDE 1999, S. 395

Christiansen, Thomas/*Jørgensen*, Knud Erik: Negotiating Treaty Reform in the European Union, International Negotiation 3 (1998), S. 1

Classen, Claus Dieter: Europäische Integration und demokratische Legitimation, AöR 119 (1994), S. 238

- Kommentierung zu Art. 23 und 24 GG, in von Mangoldt/ Klein/Starck (Hrsg.): Das Bonner Grundgesetz, Band 2, 4. Auflage, München 2000, S. 426

- Parlamentarismus in der V. Republik Frankreichs - Zur Bedeutung des Parlaments im Wandel von Recht und Rechtswirklichkeit (1958 - 2003), DÖV 2004, S. 269

- Anmerkung zur Entscheidung des französischen Conseil constitutionnel vom 10.6.2004 - 2004 - 496 DC, JZ 2004, S. 969

Constantinesco, Léontin-Jean: Das Recht der Europäischen Gemeinschaften, Band 1: Das institutionelle Recht, Baden-Baden 1977

Constantinesco, Vlad: Der Beitrag nationaler Verfassungen zur Entwicklung eines zweistufigen europäischen Verfassungssystems: Frankreich, in Battis / Kunig (Hrsg.): Das Grundgesetz im Prozess europäischer und globaler Verfassungsentwicklung – Internationales Symposium zum 50-jährigen Bestehen des Grundgesetzes, Baden-Baden 2000, S. 61

Corbett, Richard/*Jacobs*, Francis/*Shackleton*, Michael, The European Parliament, 4. Auflage, London 2000

Cottier, Bertil: Adhésion à l'Union européenne en Finlande, in Kellerhals/Auer/Cottier /Emmert (Hrsg.): Staatsrechtliche Auswirkungen einer Mitgliedschaft in der Europäischen Union, Zürich 1999, S. 231

Curtin, Deidre/*van Voik*, Ronald: Denmark and the Edinburgh Summit: Maastricht without Tears, in O'Keeffe/Twoney (Hrsg.): Legal Issues of the Maastricht Treaty, London 1994, S. 349

Di Fabio, Udo: Der neue Art. 23 des Grundgesetzes - Positivierung vollzogenen Verfassungswandels oder Verfassungsneuschöpfung?, Der Staat 32 (1993), S. 191

- Eine Europäische Charta - Auf dem Weg zur Unionsverfassung, JZ 2000, S. 737

Doehring, Karl: Staat und Verfassung in einem zusammenwachsenden Europa, ZRP 1993, S. 98

Doemming, Klaus-Berto von/*Füsslein*, Rudolf Werner/*Matz*, Werner: Entstehungsgeschichte der Artikel des Grundgesetzes, hrsg. im Auftrage der Abwicklungsstelle des Parlamentarischen Rates und des Bundesministeriums des Innern auf Grund der Verhandlungen des Parlamentarischen Rates, JöR n. F. 1 (1951)

Dorau, Christoph: Die Verfassungsfrage der Europäischen Union - Möglichkeiten und Grenzen der Europäischen Verfassungsentwicklung nach Nizza, Baden-Baden 2001

Dord, Olivier M.: Constitutional conditions for and limits to further steps of integration, in: Droit communautaire et constitutions nationales - Rapport français, XX. FIDE-Kongress, www.fide2002.com

Dreier, Horst: Kommentierung zu Art. 20 GG, in Dreier (Hrsg.): Grundgesetz Kommentar, Band 2 (Art. 20 – 82), Tübingen 1998, S. 1

Due, Ole: The Danish Ratification of the Maastricht Treaty before the Danish Supreme Court, in Dony/de Walsche (Hrsg.): Mélanges en hommage à Michel Waelbroeck Bd. 1, Brüssel 1999, S. 209

Due, Ole/*Gulmann*, Claus: Constitutional implications of the Danish Accession to the European Communities, CMLRev. 9 (1972), S. 256

Dübeck, Inger: Einführung in das dänische Recht, Baden-Baden 1996

Dupuy, Pierre-Marie: Droit international public, Paris 1992

Dutheil de la Rochère, Jacqueline: L'espace économique européen sous le regard des juges de la Cour de Justice des Communautés Européennes, RMC 1992, S. 603

- The French Conseil constitutionnel and the constitutional development of the European Union, in Kloepfer/Pernice (Hrsg.): Entwicklungsperspektiven der europäischen Verfassung im Lichte des Vertrags von Amsterdam, Baden-Baden 1999, S. 43

- The EU and the individual: Fundamental rights in the Draft Constitutional Treaty, CMLRev. 41 (2004), S. 345

Ehrmann, Henry W.: Die Entwicklung der Verfassungsgerichtsbarkeit im Frankreich der fünften Republik, Der Staat 20 (1981), S. 373

Elder, Neil/*Thomas*, Alastair H./*Arter*, David: The Consensual Democracies?, The government and politics of the Scandinavian states, Oxford 1988

Epping, Volker: Die Verfassung Europas?, JZ 2003, S. 821

Ermacora, Felix: Allgemeine Staatslehre.Vom Nationalstaat zum Weltstaat, Band 1, Berlin 1970

Everling, Ulrich: Sind die Mitgliedstaaten der Europäischen Gemeinschaft noch Herren der Verträge? - Zum Verhältnis von Europäischen Gemeinschaftsrecht und Völkerrecht, in Bernhardt/Doehring/Frowein (Hrsg.): Festschrift für Hermann Mosler, Berlin/Heidelberg/New York 1983, S.173

- Zur föderalen Struktur der Europäischen Gemeinschaft, in: Festschrift für K. Doehring, 1989, S. 179

- Überlegungen zur Struktur der Europäischen Union und zum neuen Europa-Artikel des Grundgesetzes, DVBl. 1993, S. 936

- Das Maastricht-Urteil des Bundesverfassungsgerichts und seine Bedeutung für die Entwicklung der Europäischen Union, Integration 1994, S. 165

Faerkel, Jens: Some aspects of the Constitution of Denmark, The Irish Jurist 1982, S. 1

Favoreu, Louis: Le principe de constitutionnalité. Essai de définition d'après la jurisprudence du Conseil constitutionnel: in Recueil d'études en hommage à Charles Eisenmann, Paris 1974, S. 33

- La décision du Conseil constitutionnel du 22 mai 1985 relative au protocole n° 6 addition nel à la Convention euopéenne des Droits de l'Homme, AFDI 1985, S 868

- Urteilsanmerkung, RFDC 1992, S. 389

- Révision de la constitution et justice constitutionnelle - France, AIJC 1994, S. 105

- L'injusticiabilité des lois constitutionnelles. Observations sous Conseil constitutionnel, décision n° 2003-469 DC du 26 mars 2003, Loi constitutionnelle relative à l'organisation décentralisée de la République, RFDA 2003, S. 792

Fink, Udo: Garantiert das Grundgesetz die Staatlichkeit der Bundesrepublik Deutschland?, DÖV 1998, S. 133

Flauss, Jean-François: European influences on the national constitutional laws from the perspective of selective Member states - Rapport français, in Schwarze (Hrsg.): Die Entstehung einer europäischen Verfassungsordnung, Baden-Baden 2000, S. 25

- Auf dem Weg zu einer europäischen Verfassung - Wechselwirkung zwischen europäischem und nationalem Verfassungsrecht aus französischer Sicht, EuR Beiheft 1/2000, S. 31

Flauss, Jean-François/*Auer*, Andreas (Hrsg.): Le référendum européen. Actesde colloque international de Strassbourg 21 - 22 Février 1997, Brüssel 1997

Fleiner, Thomas: Verfassungsbegriff, Verfassungsziele und Verfassungscharakteristika in den Mitgliedstaaten der Europäischen Union und in der Europäischen Union, in Müller-Graff/ Riedel (Hrsg.): Gemeinsames Verfassungsrecht in der Europäischen Union, 1998, S. 17

Flint, Thomas: Die Übertragung von Hoheitsrechten. Zur Auslegung der Art. 23 Abs. 1 Satz 2 und Art. 24 Abs. 1 GG, Berlin 1998

Fogelklou, Anders: Constitutionalism: The Swedish Experience, in Strömholm/Hemström (Hrsg.): Swedish National Reports to the XIIIth International Congress of Comparative Law, Upsala 1990, S. 205

Franklin, Mark/*van der Eijk*, Cees/*Marsh*, Michael: in van der Eijk/Franklin (Hrsg.): Choosing Europe? The Electorate and National Politics in the Face of Union, Ann Arbor 1996, S. 268

Fromont, Michel: Frankreich und die Europäische Union, DÖV 1995, S. 481

- Europäische Integration und nationales Verfassungsrecht in Frankreich, in Battis/Tsatsos/ Steffanou (Hrsg.): Europäische Integration und nationales Verfassungsrecht, Baden-Baden 1995, S. 127

- Konflikt oder Gleichlauf zwischen den Verfassungen der Mitgliedstaaten und der Verfassung der EU/EG?, in Müller-Graff/Riedel (Hrsg.): Gemeinsames Verfassungsrecht in der Europäischen Union, Baden-Baden 1998, S. 149

Frowein, Jochen Abr.: Das Maastricht-Urteil und die Grenzen der Verfassungsgerichtsbarkeit, ZaöRV 54 (1994), S. 1

- Die Verfassung der Europäischen Union aus der Sicht der Mitgliedstaaten, EuR 1995, S. 315

Gaïa, Patrick: Le Conseil constitutionnel et l'insertion des engagements internationaux dans l'ordre juridique interne, Paris 1991

- France - Le droit constitutionnel national et l'integration européenne, in : Le droit constitutionnel national et l'integration européenne, 17. FIDE-Kongress, Band 1, Baden-Baden 1996, S. 231

Gangsted-Rasmussen, Niels: Primauté du droit communautaire en cas de conflit avec le droit danois, RTDE 11 (1975), S. 700

Geiger, Rudolf: Grundgesetz und Völkerrecht, 2. Auflage, München 1994

- Die Mitwirkung des deutschen Gesetzgebers an der Entwicklung der Europäischen Union. Zur Auslegung des Art. 23 Abs. 1 Satz 2 und 3 GG, JZ 1996, S. 1093

- EUV, EGV. Vertrag über die Europäische Union und Vertrag zur Gründung der Europäischen Gemeinschaft, Kommentar, 3. Auflage, München 2000

Genevois, Bruno: Le Traité sur l'Union européenne et la Constitution. A propos de la décision du Conseil constitutionnel no. 92-308 DC du 9 avril 1992, RFDA 1992, S. 373

- Le Préambule et les droits fondamentaux, in: Maus/Favoureu/Parodi (Hrsg.): L'ecriture de la Constitution de 1958. Actes du colloque du XXXe anniversaire, Paris 1992, S. 483

Giegerich, Thomas: Europäische Verfassung und deutsche Verfassung im transnationalen Konstitutionalisierungsprozeß: Wechselseitige Rezeption, konstitutionelle Evolution und föderale Verflechtung, Berlin, Heidelberg [u. a.] 2003

Götting, Friedemann: Die Beendigung der Mitgliedschaft in der Europäischen Union, Baden-Baden 2000

Götz, Volkmar: Das Maastricht-Urteil des Bundesverfassungsgerichts, JZ 1993, S. 1081

Grabitz, Eberhard/*Läufer*, Thomas: Das Europäische Parlament, Bonn 1980

Grawert, Rolf: Wie soll Europa organisiert werden? - Zur konstitutionellen „Zukunft Europas" nach dem Vertrag von Nizza , EuR 2003, S. 971

Grewe, Constance: La révision constitutionnelle en vue de la ratification du traité de Maastricht, RFDC 1992, S. 41

- Die Einheit des Staates: zwischen Unteilbarkeit und Pluralismus, in dies./Gusy (Hrsg.): Französisches Staatsdenken, Baden-Baden 2002, S. 51

Grewe, Constance/*Ruiz Fabri*, Hélène: Le Conseil constitutionnel et l'integration européenne, RUDH 1992, S. 277

- Droits constitutionnels européens, Paris 1995

Griller, Stefan: Introduction to the problems of the Austrian, the Finnish and Swedish constitutional order, in Kellermann (Hrsg.): EU Enlargement: The constitutional impact at EU and National level, The Hague 2001, S. 147

Grimm, Dieter: Braucht Europa eine Verfassung?, JZ 1995, S. 581

- Vertrag oder Verfassung – Die Rechtsgrundlage der Europäischen Union im Reformprozeß Maastricht II, StWStPr 6 (1995), S. 509 (entspr. - ders./Hesse/Joachimsen/Scharpf, Zur Neuordnung der Europäischen Union: Zur Regierungskonferenz 1996/97, Baden-Baden 1997, S. 9)

- Ohne Volk keine Verfassung, Die Zeit, Ausgabe vom 18.03.1999, S. 4

Grussmann, W.-D.: Grundnorm und Supranationalität - Rechtsstrukturelle Sichtweisen der europäischen Integration, in von Danwitz (Hrsg.): Auf dem Weg zu einer europäischen Staatlichkeit, 1993, S. 47

Gulmann, Claus/*Hagel-Sørensen*, Karsten: EU-ret, 3. Auflage, Kopenhagen 1995

Gundel, Jörg: Die Einordnung des Gemeinschaftsrechts in die französische Rechtsordnung, Berlin 1997

- Die Kontrolle der europäischen Integration durch den französischen Verfassungsrat, EuR 1998, S. 371

- Der Status des Völkerrechts in der französischen Rechtsordnung nach der neueren Rechtsprechung des Conseil d'Etat: Von der Öffnung zum Rückzug, AVR 37 (1999), S. 438

Habermas, Jürgen: Staatsbürgerschaft und nationale Identität, in ders.: Faktizität und Geltung - Beiträge zur Diskussionstheorie des Rechts und des demokratischen Rechtstaats, 4. Auflage, Darmstadt 1992, S. 632

Häberle, Peter: Präambeln in Text und Kontext von Verfassungen, in Listl/Scharnbeck (Hrsg.): Demokratie in Anfechtung und Bewährung - Festschrift für Johannes Broermann, Berlin 1982 , S. 211

- Die verfassungsgebende Gewalt des Volkes im Verfassungsstaat - eine vergleichende Textstufenanalyse, AöR 112 (1987), S. 54

- Gemeineuropäisches Verfassungsrecht, EuGRZ 1991, S. 261

- Europa als werdende Verfassungsgemeinschaft, DVBl. 2000, S. 840

- Methoden und Prinzipien der Verfassungsinterpretation - ein Problemkatalog, REDP 12 (2000), S. 867

- Europäische Verfassungslehre, Baden-Baden 2001/2002

Häde, Ulrich/*Puttler*, Adelheid: Zur Abgrenzung des Art. 235 EGV von der Vertragsänderung. Neue Erkenntnisse durch das Gutachten 2/94 des EuGH vom 28.3.1996?, EuZW 1997, S. 13

Hänsch, Klaus: Die Verfassung für die Europäische Union - nach der Regierungskonferenz, ZEuS 2004, S. 1

Hamon, Léo: La souveraineté nationale, la Constitution et les négociations "européenes" en cours, Recueil Dalloz 1991, S. 301

Hartig Danielsen, Jens: Delegation of Sovereignty: Section 20 of the Danish Constitution and its Application in practice, abrufbar unter www.au.dk./en/aj/1999,aj99s368.pdf

Hecker, Jan: Europäische Integration als Verfassungsproblem in Frankreich - Verfassungsrechtliche Infiltrationshindernisse und Übertragungschancen in der Europajudikatur französischer Gerichte, Berlin 1998

Hegeland, Hans: The Parliament of Sweden: A successful Adapter in the European Arena, in Maurer/Wessels (Hrsg.): National Parliaments and their ways to Europe: Losers or Late comers?, Baden-Baden 2001, S. 377

Heintzen, Markus: Gemeineuropäisches Verfassungsrecht in der Europäischen Union, EuR 1997, S. 1

Heller, Hermann, Staatslehre, Leiden 1934

Herdegen, Matthias: Die Belastbarkeit des Verfassungsgefüges auf dem Weg zur Europäischen Union, EuGRZ 1992, S. 589

Herrara, Carlos Miguel: Bericht: Staatliche Einheit und politischer Pluralismus, in Grewe/ Gusy (Hrsg.): Französisches Staatsdenken, Baden-Baden 2002, S. 158

Herrnfeld, Hans-Holger: Kommentierung zu Art. 48 EUV, in Schwarze (Hrsg.): EU-Kommentar, Baden-Baden 2000

Hertel, Wolfram: Supranationalität als Verfassungsprinzip - Normativität und Legitimation als Elemente des Europäischen Verfassungsrechts, Berlin 1999

Hesse, Konrad, Grundzüge des Verfassungsrechts der Bundesrepublik Deutschland, 20. Auflage, Heidelberg 1995

- Verfassung und Verfassungsrecht, in: Benda/Maihofer/Vogel (Hrsg.): Handbuch des Verfassungsrechts, 2. Auflage, Berlin 1994, § 1, S. 3

Hilf, Meinhard: Die Europäische Union und die Eigenstaatlichkeit ihrer Mitgliedstaaten, in Hommelhoff/Kirchhof (Hrsg.): Der Staatenverbund der Europäischen Union, Heidelberg 1994, S. 75

-- Kommentierung zu Art. A, in Grabitz / Hilf (Hrsg.): Kommentar zur Europäischen Union, 8. Lfg., München 1995 (Loseblattsammlung)

- Die Grundrechtscharta im Rechtsgefüge der Union - Nizza und die Zukunftsperspektive, in Duschanek/Griller (Hrsg.): Die Europäische Union nach Nizza, Wien 2002, S. 16

Hillgruber, Christian: Das Verhältnis der Europäischen Gemeinschaften und der Europäischen Union zu ihren Mitgliedstaaten - staats- und völkerrechtlich betrachtet, AVR 34 (1996), S. 347

Hobe, Stephan: Bedingungen, Verfahren, Chancen europäischer Verfassungsgebung: Zur Arbeit des Brüsseler Verfassungskonvents, EuR 2003, S. 1

Høegh, Katja: The Danish Maastricht Judgement, ELRev. 24 (1999), S. 80

Hofmann, Rainer: Der Oberste Gerichtshof Dänemarks und die europäische Integration, EuGRZ 1999, S. 1

Hoffmann, Lars: The Convention on the Future of Europe - Thoughts on the Convention-Model, Jean Monnet Working Paper 11/02, www.jeanmonnetprogramm.org/papers/

Holmberg, Eric/*Stjernquist*, Nils: Introduction, in dies. (Hrsg.): The Constitution of Sweden, Stockholm 1996, S. 9

Hölscheidt, Sven / *Schotten*, Thomas: Die Erweiterung der Europäischen Union als Anwendungsbefehl des neuen Europaartikels 23 GG, DÖV 1995, S. 187

Höreth, Marcus: Die Europäische Union im Legitimationstrilemma. Zur Rechtfertigung des Regierens jenseits der Staatlichkeit, Baden-Baden 1999

Huber, Peter M.: Maastricht - ein Staatsstreich? - Jenaer Antrittsvorlesung am 22. Januar 1993, Jena 1993

- Der Staatenverbund der Europäischen Union, in Ipsen/Rengeling/Mössner/Weber (Hrsg.): Verfassungsrecht im Wandel, Köln-Berlin-Bonn-München 1995, S. 349

- Demokratie ohne Volk oder Demokratie der Völker? - Zur Demokratiefähigkeit der Europäischen Union, in Drexl/Kreuzer/Scheuing/Sieber (Hrsg.): Europäische Demokratie, Baden-Baden 1999, S. 27

- Europäisches und nationales Verfassungsrecht, 2. Bericht, VVDStRL 60 (2001), S. 194

- Das institutionelle Gleichgewicht zwischen Rat und Europäischem Parlament in der künftigen Verfassung für Europa, EuR 2003, S. 574

Hübner, Ulrich/*Constantinesco*, Vlad: Einführung in das französische Recht, 3. Auflage, München 1994

Huldt, Bo: Landesbericht Schweden, in Hrbek (Hrsg.), Die Reform der Europäischen Union. Positionen und Perspektiven anläßlich der Regierungskonferenz, Baden-Baden 1997

Hummer, Waldemar: "Verfassungs-Konvent" und neue Konventsmethode. Instrumente zur „Verstaatlichung" der EU?, Politische Studien, Sonderheft 1/2003, S. 53

Ipsen, Hans Peter: Europäisches Gemeinschaftsrecht, Tübingen 1972

- Die europäische Integration in der deutschen Staatsrechtslehre, in Kirchhof/Isensee (Hrsg.): Handbuch des Staatsrechts der Bundesrepublik Deutschland, Band VII: Normativität und Schutz der Verfassung - Internationale Beziehungen, Heidelberg 1992, S. 767

- Die europäische Integration in der deutschen Staatsrechtslehre, in Baur/Müller-Graff/ Zuleeg (Hrsg.): Europarecht-Energierecht-Wirtschaftsrecht, Festschrift für Bodo Börner zum 70. Geburtstag, Kassel 1992, S. 163

- Zur Exekutiv-Rechtssetzung in der Europäischen Gemeinschaft, in Badura (Hrsg.): Wege und Verfahren des Verfassungslebens - Festschrift für Peter Lerche zum 65. Geburtstag, München 1993, S. 425

Isensee, Josef: Staat und Verfassung, in ders./Kirchhof (Hrsg.): Handbuch des Staatsrechts der Bundesrepublik Deutschland, Band I: Grundlagen von Staat und Verfassung, Heidelberg 1987, S. 591

- Integrationsziel Europastaat?, in Due/Lutter/Schwarze (Hrsg.): Festschrift für Ulrich Everling, Baden-Baden 1995, Band I, S. 567

- Vorrang des Europarechts und deutsche Verfassungsvorbehalte - offener Dissens, in Burmeister (Hrsg.): Verfassungsstaatlichkeit - Festschrift für Klaus Stern zum 65. Geburtstag, München 1997, S. 1239

Jääskinen, Niilo: The application of Community Law in Finland: 1995 – 1998, CMLRev. 36 (1999), S. 407

Jääskinen, Niilo/*Kivisaari*, Tiina: Parliamentary Scrutini of European Affairs in Finland, in Wiberg: Trying to Make Democracy Work. The Nordic Parliaments and the European Union, 1997, S. 29

Jachtenfuchs, Markus/*Kohler-Koch*, Beate: Europäische Integration, Opladen 1996

Jarass, Hans D.: Kommentierung zu Art. 23 und 24 GG, in ders./Pieroth: Grundgesetz für die Bundesrepublik Deutschland, 5. Auflage, München 2000

Jeckel, Sebastian: Die Staatlichkeit Deutschlands in der Europäischen Union aus verfassungsrechtlicher und gemeinschaftsrechtlicher Sicht, Köln 1997

Jellinek, Georg: Allgemeine Staatslehre, 3. Auflage, Darmstadt 1959

Jensen, Jørgen Albæck: Prior Parliamentary Consent to Danish EU Politics, Smith (Hrsg.): National Parliaments as cornerstones of European Integration, London 1996, S. 39

- The 150th Anniversary of the Danish Constitution and a Landmark Decision of the Supreme Court, EPL 5 (1999), S. 492

- Constitutional Law - Denmark, REDP 15 (2003), S. 815

Jyränki, Antero: in ders. (Hrsg.): Taking Democracy Seriously - The problem of the control of the constitutionality of legislation. The case of Finland, in Sakslin (Hrsg.): The Finnish Constitution in transition, Helsinki 1991, S. 6

- National constitutions in the era of integration, The Hague 1999

Kamann, Hans-Georg: Die Mitwirkung der Parlamente der Mitgliedstaaten an der europäischen Gesetzgebung. Nationale parlamentarische Beeinflussung und Kontrolle der Regierungsvertreter im Rat der Europäischen Union im Spannungsfeld von Demokratie und Funktionsfähigkeit der gemeinschaftlichen Entscheidungsverfahren, Frankfurt am Main 1997

Kaufmann, Marcel: Europäische Integration und Demokratieprinzip, Baden-Baden 1997

Kempen, Bernhard: Kommentierung zu Art. 59, in von Mangoldt/Klein/Starck (Hrsg.): Bonner Grundgesetz, Band 2, 4. Auflage, München 2000

Kirchhof, Paul: Die Identität der Verfassung in ihren unabänderlichen Inhalten, in ders./Isensee (Hrsg.): Handbuch des Staatsrechts der Bundesrepublik Deutschland, Band I: Grundlagen von Staat und Verfassung, Heidelberg 1987, § 19, S. 775

- Der deutsche Staat im Prozess der europäischen Integration, in ders./Isensee (Hrsg.): Handbuch des Staatsrechts der Bundesrepublik Deutschland, Band VII: Normativität und Schutz der Verfassung – Internationale Beziehungen, Heidelberg 1992, S. 885

- Europäische Einigung und der Verfassungsstaat der Bundesrepublik Deutschland, in Isensee (Hrsg.): Europa als politische Idee und als rechtliche Form, 1993, S. 63

- Das Maastricht-Urteil des Bundesverfassungsgerichts, in Hommelhoff/Kirchhof (Hrsg.): Der Staatenverbund der Europäischen Union, Heidelberg 1994, S. 11

- Zu schnelle Vereinheitlichung gefährdet Europa, Süddeutsche Zeitung, Ausgabe vom 27./28. 11.1999, S. 14

Kimmel, Adolf: Verfassungen der EU-Mitgliedstaaten, 5. Auflage, München 2000

Klein, Eckart: Entwicklungsperspektiven für das Europäische Parlament, EuR 1987, S. 97

- Diskussionsbeitrag, in Hommelhoff/Kirchhof (Hrsg.): Der Staatenverbund der Europäischen Union, Heidelberg 1994, S. 103

Klein, Hans-Hugo: Kontinuität des Grundgesetzes und seine Änderungen im Zuge der Wiedervereinigung, in Isensee/Kirchhof (Hrsg.), Handbuch des Staatsrechts der Bundesrepu blik Deutschland, Bd. VIII, 1995, § 198, S. 557

Kluth, Winfried: Die demokratische Legitimation der Europäischen Union - Eine Analyse der These vom Demokratiedefizit der Europäischen Union aus gemeineuropäischer Verfassungsperspektive, Berlin 1995

Koch, Hal: Hvad er demokrati?, Kopenhagen 1991

- De underspillede suverœnitatsafgivelser, Juristen 1992, S. 248

Koch, Henning: The Danish Constitutional Order, in Kellermann (Hrsg.): EU Enlargement: The Constitutional impact at the EU and national level, The Hague 2001, S. 109

König, Doris: Die Übertragung von Hoheitsrechten im Rahmen des europäischen Integrationsprozesses - Anwendungsbereich und Schranken des Art. 23 des Grundgesetzes,Berlin 2000

Kovar, Robert/*Simon*, Denys: Some reflections on the decision of the French constitutional council of december 30, 1976, CMLRev. 14 (1977), S. 525

Krarup, Ole: Zur neuen Verfassungsentwicklung in Dänemark, JöR 37 (1988), S. 115

Krauß, Stefan: Fortentwicklung des Vertragswerkes der EU - Grenzen des intergouvernementalen Ansatzes, ZParl 1998, S. 64

Kulosvesi, Kati: International Relations in the new "Constitution of Finnland", Nordic Journal of International Law 69 (2000), S. 513

Lachmann, Per: The Draft Treaty Establishing the European Union. Constitutional and Political Implications in Denmark, E.U.I. Working Paper No. 85 / 144

Läufer, Thomas: Zur künftigen Verfassung der Europäischen Union - Notwendigkeit einer offenen Debatte, integration 1994, S. 204

Lavroff, Dmitri Georges: Le droit constitutionnel de la Ve République, 2. Auflage, Paris 1997

Lecheler, Helmut: Braucht Europa eine Verfassung? - Bemerkungen zum Verfassungsentwurf des Europäischen Parlaments vom 9. September 1993, in Randelzhofer/Scholz/Wilke (Hrsg.) Gedächtnisschrift für Eberhard Grabitz, München 1995, S. 393

Lenaerts, Koen/*Gerard*, Damien: The structure of the Union according to the Constitution for Europe: the emperor is getting dressed, ELRev. 29 (2004), S. 289

Lequesne, Christian: Les états membres de l'Union européenne: de la pertinence d'une approche institutionelle, in Rideau (Hrsg.): Les états membres de l'Union européenne – Adaptations – Mutations – Résistances, Paris 1997, S. 479

Lerche, Peter: Europäische Staatlichkeit und Identität des Grundgesetzes, in Bender/Breuer/ Ossenbühl/Sendler (Hrsg.): Rechtsstaat zwischen Sozialgestaltung und Rechtsschutz, Festschrift für Konrad Redeker zum 70. Geburtstag, München 1993, S. 131

Luchaire, François: Le Conseil constitutionnel et la souveraineté nationale, RDP 1991, S. 1499

- L'Union européenne et la Constitution - quatrième partie: le référendum, RDP 1992, S. 1587

- Le traité d'Amsterdam et la Constitution, RDP 1998, S. 331

Lysén, Göran: Does State Sovereignity Exist?, Juridisk Tidskrift 1994, S. 281

- National constitutional Law and European integration, in: Le droit constitutionnel national et l'integration européenne, 17. FIDE-Kongress, Band 1, Baden-Baden 1996, S. 431

Magiera, Siegfried: Die EG auf dem Wege zu einem Europa der Bürger, DÖV 1987, S. 221

- Die Grundgesetzänderung von 1992 und die Europäische Union, Jura 1994, S. 1

Mathieu, Bertrand: Le Conseil constitutionnel conforte sur la construction européenne en s'appuyant sur les exigences constitutionnelles nationales, Recueil Dalloz 2004, S. 1739

Maunz, Theodor: Kommentierung der Präambel, in Maunz/Dürig (Hrsg.): Grundgesetz. Kommentar, Bd. I, 29. Lfg., München 1991 (Loseblattsammlung)

- Kommentierung des Art. 24 in Maunz/Dürig (Hrsg.): Grundgesetz. Kommentar, Bd. III, 30. Lfg., München 1992 (Loseblattsammlung)

Maunz, Theodor/*Zippelius*, Reinhold: Deutsches Staatsrecht. Ein Studienbuch, 30. Auflage, München 1998

Maurer, Hartmut: Staatsrecht I, 3. Auflage, München 2003

Mayer, Franz C.: Macht und Gegenmacht in der europäischen Verfassung. Zur Arbeit des europäischen Verfassungskonventes, ZaöRV 63 (2003), S. 59

- Europarecht als französisches Verfassungsrecht - zugl. Anmerkung zu den Entscheidungen des Verfassungsrates vom 10. Juni und vom 19. November 2004, EuR 2004, S. 925

McCormick, Neil: Das Maastricht-Urteil: Souveränität heute, JZ 1995, S. 797

Meng, Werner: Kommentierung zu Art. N und Art. O, in von der Groeben/Thiesing /Ehlermann (Hrsg.): Kommentierung zum EU-/EG-Vertrag, 5. Auflage, Baden-Baden 1997

Möllers, Christoph: Staat als Argument, München 1999

- Verfassungsgebende Gewalt - Verfassung - Konstitutionalisierung. Begriffe der Verfassung in Europa, in von Bogdandy (Hrsg.), Europäisches Verfassungsrecht, Heidelberg/Berlin 2002, S. 1

Mors, Wolff-Michael: Verfassungsgerichtsbarkeit in Dänemark. Über das Verhältnis der Legislative zur Judikative, Baden-Baden 2001

- Das dänische Højesteret als Verfassungsgericht, EuGRZ 2001, S. 201

Müller-Graff, Peter-Christian: Strukturmerkmale des neuen Verfassungsvertrags für Europa im Entwicklungsgang des Primärrechts, integration 2004, S. 186

Murswiek, Dietrich: Maastricht und der Pouvoir Constituant, Der Staat 32 (1993), S. 161

Nergelius, Joakim: Constitutional Law, in Bogdan (Hrsg.): Swedish Law in the new millenium, Stockholm 2000, S. 65

- North and South: Can the Nordic States and the European Continent Find Each Other in the Constitutional Area - Or Are They Too Different?, in Scheinin (Hrsg.), Welfare State and Constitutionalism: nordic perspective, Kopenhagen 2001, S. 79

Nettesheim, Martin: EU-Recht und nationales Verfassungsrecht - Deutscher Bericht für die XX. FIDE-Tagung 2002, www.nettesheim.org

Nickel, Rainer: Gleichheit und Differenz in der vielfältigen Republik, Baden-Baden 1999

Nousiainen, Jakko: Das Regierungssystem Finnlands: Von einer gemischten zu einer parlamentarischen Staatsverfassung, in: Die Verfassung Finnlands, Vammals 2002, S. 5

Nyman, Olle: Some Basic Features of Swedish Constitutional Law, in Strömholm (Hrsg.): An introduction to Swedish Law, 2. Auflage, Stockholm 1988, S. 47

Oeter, Stefan: Souveränität und Demokratie als Probleme in der "Verfassungsentwicklung" der Europäischen Union. Fragen aus Verfassungstheorie und Verfassungsgeschichte an die deutsche Debatte um Souveränität, Demokratie und die Verteilung politischer Verantwortung im geeinten Europa, ZaöRV 55 (1995), S. 659

- Europäische Integration als Konstitutionalisierungsprozeß, ZaöRV 59 (1999), S. 901

- Vertrag oder Verfassung: Wie offen läßt sich die Souveränitätsfrage halten?, in Bruha/Hesse/Nowak (Hrsg.): Welche Verfassung für Europa?, Baden-Baden 2001, S. 243

- Föderalismus, in von Bogdandy (Hrsg.): Europäisches Verfassungsrecht, Heidelberg/Berlin 2002, S. 59

Oliver, Thomas: The French Constitution and the Treaty of Maastricht, ICLQ 43 (1994), S. 1

Ophüls, Carl F.: Staatshoheit und Gemeinschaftshoheit - Wandlungen des Souveränitätsbegriffs, in Ule/Schwab/Nipperdey/Ulmer/Seild-Hohenveldern (Hrsg.): Recht im Wandel -

Festschrift hundertfünfzig Jahre Carl Heymanns Verlag KG, Köln-Berlin-Bonn-München 1965, S. 519

Oppermann, Thomas: Die europäische Gemeinschaft als parastaatliche Superstruktur - Skizze einer Realitätsumschreibung, in Stödter/Thieme (Hrsg.): Hamburg, Deutschland, Europa - Beiträge zum deutschen und europäischen Verfassungs- Verwaltungs- und Wirtschaftsrecht, Festschrift für Hans Peter Ipsen zum siebzigsten Geburtstag, Tübingen 1977, S. 685

- Vom Marktbürger zum EG-Bürger?, in Nicolaysen/Quaritsch (Hrsg.): Lüneburger Symposium für Hans Peter Ipsen zur Feier des 80. Geburtstages, Baden-Baden 1988, S. 87

- Zur Eigenart der Europäischen Union, in Hommelhoff/Kirchhof (Hrsg.): Der Staatenverbund der Europäischen Union, Heidelberg 1994, S. 87

- Europarecht, 2. Auflage, München 1999

- Zur Demokratiefähigkeit der Europäischen Union, in Drexl/Kreuzer/Scheuing/Sieber (Hrsg.), Europäische Demokratie, Baden-Baden 1999

- Nationale Verfassungsautonomie und supranationale Bindung innerhalb der Europäischen Union, in Battis/Kunig/Pernice/Randelzhofer: Das Grundgesetz im Prozeß europäischer und globaler Verfassungsentwicklung, Baden-Baden 2000, S. 117

- Vom Nizza-Vertrag 2001 zum Europäischen Verfassungskonvent 2002/2003, DVBl. 2003, S. 1

Oppermann, Thomas/*Classen*, Claus-Dieter: Europäische Union: Erfüllung des Grundgesetzes, Aus Politik und Zeitgeschichte B 28/1993, S. 11

Ossenbühl, Fritz: Verwaltungsvorschriften und Grundgesetz; Köln 1968

- Maastricht und das Grundgesetz - eine verfassungsrechtliche Wende?, DVBl. 1993, S. 629

Pactet, Pierre: Institutions politiques - Droit constitutionnel, 16. Auflage, Paris 1997

Pernice, Ingolf: Verfassungsentwurf für eine Europäische Union, EuR 1984, S. 126

- Maastricht, Staat und Demokratie, Die Verwaltung 26 (1993), S. 449

- Bestandssicherung der Verfassungen: Verfassungsrechtliche Mechanismen zur Wahrung der Verfassungsordnung, in Bieber/Widmer, Der europäische Verfassungsraum, Zürich 1995, S. 225

- Carl Schmitt, Rudolf Smend und die europäische Integration, AöR 120 (1995), S. 100

- Deutschland in der Europäische Union, in Kirchhof/Isensee (Hrsg.): Handbuch des Staatsrechts der Bundesrepublik Deutschland, Band VIII: Die Einheit Deutschlands - Entwicklung und Grundlagen, Heidelberg 1995, S. 225

- Die politische Vision von Europa und die notwendigen institutionellen Reformen, FCE 4/1998, S. 81

- Kommentierung zu Art. 23 GG, in Dreier (Hrsg.): Grundgesetz Kommentar, Band. II, Tübingen 1998

- Entwicklungsperspektiven der europäischen Verfassung im Lichte des Vertrags von Amsterdam, in Kloepfer/Pernice (Hrsg.), Entwicklungsperspektiven der europäischen Verfassung im Lichte des Vertrags von Amsterdam, Baden-Baden 1999, S. 19

- Der Europäische Verfassungsverbund auf dem Wege der Konsolidierung – Verfassungsrechtliche Ausgangslage und Vorschläge für die institutionelle Reform der Europäischen Union vor der Osterweiterung, JöR 48 (2000), S. 205

- Europäisches und nationales Verfassungsrecht, VVDStRL 60 (2001), S. 148

- Die Verfassungsfrage aus rechtswissenschaftlicher Sicht, in Bruha/Hesse/Nowak (Hrsg.), Welche Verfassung für Europa?, Baden-Baden 2001, S. 19

- Die Europäische Verfassung, in Cremer/Giegerich/Richter/Zimmermann (Hrsg.), Tradition und Weltoffenheit des Recht, Festschrift für Helmut Steinberger, 2002, S. 1319

Peters, Anne: Elemente einer Theorie der Verfassung Europas, Berlin 2001

- Europäische Öffentlichkeit im europäischen Verfassungsprozeß, EuR 2004, S. 375

Petersen, Nikolaj: The Danish Referendum on the Treaty of Amsterdam Europas, in ZEI Discussion Paper Nr. 17/198, abrufbar unter www.zei.de

Petersson, Olof: The European Debate in Sweden. Notre Europe - Groupement d'Etudes et de Recherches, Paris 2000

Philip, Loic: Le développement du contrôle de constitutionalité et l'accroissement des pouvoirs du juge Constitutionnel, RDP 1983, S. 401

Pohjolainen, Kirsi: National constitutional Law and European integration, in: Le droit constitutionnel national et l'integration européenne, 17. FIDE-Kongress, Band 1, Baden-Baden 1996, 17. FIDE-Kongress, S. 399

Pohjolainen, Teuvo/*Husa*, Jakko: Prospects of Reforming the Finnish Constitution, EPL 3 (1997), S. 45

Puttler, Adelheid: Sind die Mitgliedstaaten noch Herren der EU? - Stellung und Einfluss der Mitgliedstaaten nach dem Entwurf des Verfassungsvertrages der Regierungskonferenz, EuR 2004, S. 669

Prétot, Xavier: Le principe constitutionnel et la souveraineté nationale et l'Europe, in: La Constitution et l'Europe, Paris 1992, S. 33

Randelzhofer, Albrecht: Kommentierung zu Art. 24 GG, in: Maunz/Dürig (Hrsg.), Grundgesetz. Kommentar, 30. Lfg., München 1992 (Loseblattsammlung)

- Staatsgewalt und Souveränität, in Kirchhof/Isensee (Hrsg.): Handbuch des Staatsrechts der Bundesrepublik Deutschland, Band I: Grundlagen von Staat und Verfassung, Heidelberg 1987, § 15, S. 691

Rassmussen, Hjalte: Denmark's Maastricht Ratification Case: The Constitutional Dimension, in Jyränki (Hrsg.): National Constitutions in the Era of Integration, Turku 1999, S. 87

- Confrontation or peaceful Co-Existence? On the Danish Supreme Court's Maastricht Ratification Judgement, in O'Keeffe, Liber Amicorum in Honour of Lord Slynn of Hadley, The Hague 2000, S. 377

Rauser, Karl Th.: Die Übertragung von Hoheitsrechten auf ausländische Staaten - Zugleich ein Beitrag zur Dogmatik des Art. 24 I GG, München 1991

Rehof, Lars Adam: The Danes, their Constitution and the International Community, in Dahl/ Melchior/Rehof/Tamm (Hrsg.), Danish Law in a European Perspective, Copenhagen 1996, S. 53

Reich, Dietmar O., Rechte des Europäischen Parlaments in Gegenwart und Zukunft, Berlin 1991

Renoux, Thierry S./*de Villiers*, Michel : Code constitutionnel, Paris 1995

Ress, Georg: Souveränitätsverständnis in den Europäischen Gemeinschaften als Rechtsproblem, in ders. (Hrsg.): Souveränitätsverständnis in den Europäischen Gemeinschaften, Baden-Baden 1980, S. 11

- Über die Notwendigkeit der parlamentarischen Legitimierung der Rechtssetzung der Europäischen Gemeinschaften, in ders./Fiedler (Hrsg.): Verfassungsrecht und Völkerrecht, Gedächtnisschrift für Wilhelm Karl Geck, Köln-Berlin-Bonn-München 1989, S. 625

- Die Europäische Union und die neue juristische Qualität der Beziehungen zu den Europäischen Gemeinschaften, JuS 1992, S. 985

- Diskussionsbeitrag Europäische Union: Gefahr oder Chance für den Föderalismus in Deutschland, Österreich und der Schweiz?, in Berichte und Diskussionen auf der Tagung der Vereinigung der Deutschen Staatsrechtslehrer in Mainz 1993, VVDStRL 53 (1994), S. 123

Rideau, Joël: Constitution et droit international dans les Etats membres des Communatés européennes, RFDC 1990, S. 259

- La recherche de l'adéquation de la Constitution française aux exigences de l'Union européenne, RAE 3 / 1992, S. 7

- L'integration du droit communautaire dans les constitutions nationales, in Gaudin (Hrsg.): Droit constitutionnel - droit communautaire - Vers un respect réciproque mutuel, Paris 2001, S. 259

Ring, Gerhard/*Olsen-Ring*, Line: Einführung in das skandinavische Recht, München 1999

Rinken, Alfred: Demokratie und Hierarchie. Zum Demokratieverständnis des Zweiten Senats des Bundesverfassungsgerichts, KritVj 79 (1996), S. 282

Rojahn, Ondolf: Kommentierung zu Art. 23 und 24 GG, in von Münch/Kunig (Hrsg.): Grundgesetz-Kommentar, Band 2, 5. Auflage, München 2001

Rosas, Allan: Finland's Accession to the European Union: Constitutional Aspects, EPL 1 (1995), S. 166

Ross, Alf: Juristen 1972, S. 161

- Dansk Statsforfatningsret, 3. Auflage, Kopenhagen 1980

Rousseau, Dominique: Une résurrection : la nation de constitution, RDP 1990, S. 5

- Chronique de jurisprudence constitutionnelle 1991 - 1992, RDP 1993, S. 5

Rouvillois, Frédéric: Les origines de la Ve République, Paris 1998

Rueda, Frédérique: Merging the constitutional process and enlargement : how to involve the candidates, in: Droit communautaire et constitutions nationales - Rapport français, XX. FIDE-Kongress, www.fide2002.com

Rupp, Hans Heinrich: Maastricht - eine neue Verfassung?, ZRP 1993, S. 211

Saalfrank, Valentin: Funktionen und Befugnisse des Europäischen Parlaments, Stuttgart 1995

Sachs, Michael: Einführung, in ders.: Grundgesetz. Kommentar, München 1996

Sasse, Christoph: Integration und Verfassungsjustiz. Bemerkungen zu einigen krisenhaften Vorgängen, in: Hamburg, Deutschland, Europa, Festschrift für Hans Peter Ipsen zum 70. Geburtstag, Tübingen 1977, S. 701

Savigny, Friedrich Carl von: System des heutigen Römischen Rechts, Band I, 1840

Schachtschneider, Karl Albrecht: Das europäisierte Deutschland nach dem Konventsentwurf einer „Verfassung für Europa", Vierteljahreshefte für Rechts- und Verwaltungspolitik 2003, S. 202

Schachtschneider, Karl Albrecht/Emmerich-Fritsche, Angelika/Beyer, Thomas C.W.: Der Vertrag über die Europäische Union und das Grundgesetz, JZ 1993, S. 751

Schäder, Göran/*Melin*, Mats: European Union Law and National Constitutions - The Swedish National Report. XX. FIDE-Kongreß, www.fide2002.org/pdfs/eu

Schallenberg, Alexander: Verlauf und Ergebnisse des Gipfels von Nizza, in ders. (Hrsg.): Die EU nach Nizza, Wien 2001, S. 5

Scheuing, Dieter H.: Deutsches Verfassungsrecht und europäische Integration, in Müller-Graff /Riedel (Hrsg.): Gemeinsames Verfassungsrecht in der Europäischen Union, Baden-Baden 1998, S. 157 = Bericht Deutschland, 17. FIDE-Kongreß, Band 1, Baden-Baden 1996, S. 70

Schmalenbach, Kirstin: Der neue Europaartikel 23 des Grundgesetzes im Lichte der Arbeit der Gemeinsamen Verfassungskommission. Motive einer Verfassungsänderung, Berlin 1996

Schneider, Hans-Peter: Die verfassunggebende Gewalt, in Kirchhof/Isensee (Hrsg.): Handbuch des Staatsrechts der Bundesrepublik Deutschland, Band VII: Normativität und Schutz der Verfassung - Internationale Beziehungen, Heidelberg 1992, § 158, S. 3

Smend, Rudolf: Staatsrechtliche Abhandlungen und Aufsätze, 3. Auflage, Berlin 1994

Schmid, Carlo: in Parlamentarischer Rat, Stenographischer Bericht über die Plenarsitzungen, Bonn 1948/49, S. 15

Schmitt, Carl: Verfassungslehre, 8. Auflage, Berlin 1993

Schmitt-Glaeser, Alexander: Grundgesetz und Europarecht als Elemente Europäischen Verfassungsrechts, Berlin 1996

Schmitz, Thomas: Integration in der Supranationalen Union. Das Organisationsmodell einer prozeßhaften georegionalen Integration und seine rechtlichen und staatstheoretischen Implikationen, Baden-Baden 2001

- Das europäische Volk und seine Rolle bei einer Verfassunggebung in der Europäischen Union, EuR 2003, S. 217

Schmuck, Otto/*Jopp*, Mathias: Die Reform der Europäischen Union. Analysen - Positionen - Dokumente zur Regierungskonferenz 1996/1997, Bonn 1996

Schnapp, Friedrich E.: Kommentierung zu Art. 20, in von Münch/Kunig: Grundgesetz. Kommentar, Band 2, 5. Auflage, München 2001

Schneider, Heinrich: Synthese und Schlußfolgerungen, in Hrbek (Hrsg.): Der Vertrag von Maastricht in der wissenschaftlichen Kontroverse, Baden-Baden 1993, S. 133

Scholz, Rupert: Europäische Union und Verfassungsreform, NJW 1993, S. 1690

- Europäische Union und deutscher Bundesstaat, NVwZ 1993, S. 817

- Kommentierung zu Art. 28, in Maunz/Dürig (Hrsg.): Grundgesetz. Kommentar, 32. Lfg., München 1996, (Loseblattsammlung)

- Kommentierung zu Art. 23, in Maunz/Dürig (Hrsg.): Grundgesetz. Kommentar, 35. Lfg., München 1999, (Loseblattsammlung)

- Der Verfassungsstaat im Wandel: Europäisierung der Verfassung im Prozeß der Verfassung Europas, dargestellt am Beispiel des Grundgesetzes, in Battis/Kunig/Pernice/Randelzhofer (Hrsg.): Das Grundgesetz im Prozeß europäischer und globaler Verfassungsentwicklung, Baden-Baden 2000, S. 21

- Eine Verfassung für Europa - Zum Verfassungskonvent der Europäischen Union, Schriften der Konrad-Adenauer-Stiftung 8/2003, S. 4

Schönberger, Christoph: Statement: Der Umgang der französischen Verfassungstradition mit Umbruchsituationen, in Hesse/Schuppert/Harms (Hrsg.): Verfassungsrecht und Verfassungspolitik in Umbruchsituationen - Zur Rolle des Rechts im staatlichen Transformationsprozeß in Europa, Baden-Baden 1999, S. 171

- Die Europäische Union als Bund, AöR 129 (2004), S. 81

Schröder, Meinhard, Grundsatzfragen einer europäischen Verfassunggebung, in Ipsen/Rengeling/Mössner/Weber (Hrsg.), Verfassungsrecht im Wandel - Zum 180jährigen Bestehen des Carl Heymanns Verlag KG, Köln, München [u. a.] 1995, S. 509

Schroeder, Werner: Demokratie, Transparenz und die Regierungskonferenz - Überlegungen zur Legitimität der Europäischen Union, KritVj 1998, S. 423

- Die Souveränitätsfrage im Maastricht-Urteil des BVerfG, ZfRV 1994, S. 143

Schuppert, Gunnar Folke: Zur Staatswerdung Europas. Überlegungen zu Bedingungsfaktoren und Perspektiven der europäischen Verfassungsentwicklung, StWStPr 5 (1994), S. 35

Schuster, Gunnar: Der Sonderstatus Dänemarks im Vertrag über die Europäische Union, EuZW 1993, S. 177

Schwarze, Jürgen: Das allgemeine Völkerrecht in den innergemeinschaftlichen Rechtsbeziehungen, EuR 1983, S. 1

- Verfassungsentwicklung in der Europäischen Gemeinschaft - Begriff und Grundlagen, in ders./Bieber (Hrsg.): Eine Verfassung für Europa - Von der Europäischen Gemeinschaft zur Europäischen Union, Baden-Baden 1984, S. 15

- Das Staatsrecht in Europa, JZ 1993, S. 585

- Europapolitik unter deutschem Verfassungsrichtervorbehalt, NJ 1994, S. 1

- Verfassungsrecht und Verfassungsgerichtsbarkeit im Zeichen Europas, Baden-Baden 1998

- Die Entstehung einer europäischen Verfassungsordnung, Baden-Baden 2001

- Ein pragmatischer Verfassungsentwurf - Analyse und Bewertung des vom Europäischen Verfassungskonvent vorgelegten Entwurfs eines Vertrags über eine Verfassung für Europa, EuR 2003, S. 535

Seidel, Martin: Zur Verfassung der Europäischen Gemeinschaft nach Maastricht, EuR 1992, S. 125

von Simson, Werner/*Schwarze*, Jürgen: Europäische Integration und Grundgesetz – Maastricht und die Folgen für das deutsche Verfassungsrecht, Berlin 1992

- Europäische Integration und Grundgesetz, in Benda/Maihofer/Vogel (Hrsg.): Handbuch des Verfassungsrechts der Bundesrepublik Deutschland, Band 1, 2. Auflage, 1994, S. 53

Sieyès, Emmanuel Joseph : Qu'est-ce que le tiers état? (1789)

Simon, Denys/*Kovar*, Robert: Some reflections on the decision of the French constitutional council of december 30, 1976, CMLRev. 14 (1977), S. 525

Singh, Nagendra: Termination of Membership in International Organisations, London 1958

Sipponen, Kauko: The Finnish constitution in the Throes of Change, in Pohjolainen (Hrsg.): Constitutionalism in Finland: reality and perspectives, Helsinki 1995, S. 54

Sommermann, Karl-Peter: Staatsziel "Europäische Union", DÖV 1994, S. 596

- Staatsziele und Staatszielbestimmungen, Tübingen 1997

- Kommentierung zu Art. 20 GG, in von Mangoldt/Klein/Starck (Hrsg.): Bonner Grundgesetz, Band 2, 4. Auflage 2000

Sonnenberger, Hans Jürgen/*Autexier*, Christian: Einführung in das französische Recht, 3. Auflage, Heidelberg 2000

Sørensen, Max: Die Anwendung des Rechts der Europäischen Gemeinschaften in Dänemark, in Kölner Schriften zum Europarecht Band 15: Die Erweiterung der Europäischen Gemeinschaften. Die Anwendung des Rechts der Europäischen Gemeinschaften in Dänemark, Großbritannien, Irland und Norwegen, Köln-Berlin-Bonn-München 1972, S. 1

- Compétences supranationales et Pouvoirs constitutionnels en droit danois, in: Miscellanea W.J. Ganshof van der Meersch Bd. 2, Brüssel 1972, S. 481

Spiegels, Thomas: Das Verhältnis des Gemeinschaftsrechts zum französischen Recht – Nationale Souveränität und Europäische Integration, EuR 2003, S. 119

Spiermann, Ole: Hvad kommer efter tyve, UfR 1998 B, S. 325

Spies, Axel: Verfassungsgerichtliche Normenkontrolle in Frankreich: der Conseil constitutionnel, NVwZ 1990, S. 1040

Spinelli, Altiero: Das Verfassungsprojekt des Europäischen Parlaments, in Bieber/Schwarze (Hrsg.), Verfassungsentwicklung in der Europäischen Gemeinschaft, Baden-Baden 1984, S. 231

Stabenow, Michael: Die Regierungskonferenzen sind an ihre Grenzen gestoßen, Das Parlament Nr. 45 / 2003 vom 3.11.2003, www.das-parlament.de/2003/45/Thema/001.html

Starck, Christian: Die Verfassungsauslegung, in Isensee/Kirchhof: Handbuch des Staatsrechts der Bundesrepublik Deutschland, Band VII, Heidelberg 1992, § 164

Steffani, Winfried: Das Demokratie-Dilemma der Europäischen Union. Die Rolle der Parlamente nach dem Urteil des Bundesverfassungsgerichts vom 12. Oktober 1993, in Steffani/Thaysen (Hrsg.), Demokratie in Europa: Zur Rolle der Parlamente, 1995, S. 33

Stein, Torsten: Europäische Union: Gefahr oder Chance für den Föderalismus in Deutschland, Österreich und Schweiz?, VVDStRL 53 (1994), S. 26

Steinberger, Helmut: Aspekte der Rechtsprechung des Bundesverfassungsgerichts zum Verhältnis zwischen europäischem Gemeinschaftsrecht und deutschem Recht, in Hailbronner/Ress/Stein (Hrsg.): Staat und Völkerrechtsordnung - Festschrift für Karl Doehring, Berlin-Heidelberg-New York 1989, S. 951

- Der Verfassungsstaat als Glied einer europäischen Gemeinschaft, VVDStRL 50 (1991), S. 8

Streinz, Michael: Kommentierung von Art. 23, in Sachs (Hrsg.): Grundgesetz Kommentar, 3. Auflage, München 1993

Stern, Klaus: Das Staatsrecht der Bundesrepublik Deutschland, Bd. I - Grundbegriffe und Grundlagen des Staatsrechts, Strukturprinzipien der Verfassung, 2. Auflage, München 1984

Strömholm, Stig: General Features of Swedish Law, in Bogdan (Hrsg.): Swedish Law in the new millenium, Stockholm 2000, S. 31

Strothmann, Katrin: Die Souveränität des britischen Parlaments unter der Einwirkung des Gemeinschaftsrechts und der Europäischen Menschenrechtskonvention, Osnabrück 1999

Suksi, Markku: Finland. General Features of Public Law, EPL 2 (1996), S. 182

- The Advisory Referendum in Finland, EPL 5 (1999), S. 535

- The Constitution 2000, EPL 5 (1999), S. 338

Sundström, Zacharias/*Boedecker*, Mika/*Kauppi*, Matti: EU Law and National Constitutions - Finnland, XX. FIDE-Kongress, www.fide2002.org/pdfs/en

Suski, Birgit: Das Europäische Parlament - Volksvertretung ohne Volk und Macht?, Berlin 1996

Thomas, Fredrik: Das Maastricht-Urteil des dänischen Obersten Gerichtshofs vom 6. April 1998, ZaöRV 58 (1998), S. 878

- Tvind-Urteil des dänischen Obersten Gerichsthofs, ZaöRV 60 (2000), S. 859

Thürer, Daniel: Der Verfassungsstaat als Glied einer europäischen Gemeinschaft, in VVDStRL 50 (1991), S. 97

Tiitinen, Seppo: The reform of the Finnish constitution, www.virtual.finland.fi/finfo/english/tiiteng.html

Tomuschat, Christian: Die Europäische Union unter Aufsicht des Bundesverfassungsgerichts, EuGRZ 1993, S. 489

- Kommentierung zu Art. 24 GG, Kommentar zum Bonner Grundgesetz, Band IV, 42. Lfg., Heidelberg 1981

Tsatsos, Dimitris: Europäische Politische Parteien. Dokumentation einer Hoffnung, Baden-Baden 1998

- Zum Prinzip einer gemeineuropäischen Verfassungsverantwortung - Am Beispiel der Revisionsproblematik der Europäischen Verträge, in Walter Hallstein Institut für Europäisches Verfassungsrecht, Bd. 1/1999 - Grundfragen der europäischen Verfassungsentwicklung, Baden-Baden 2000, S. 117

Tsatsos, Dimitris Th./*Schiffauer*, Peter: Das Europäische Parlament als Verfassungsgeber? Legitimation und Grenzen der parlamentarischen Mitwirkung an der Entwicklung der Unionsgrundordnung, in Kloepfer/Pernice (Hrsg.): Entwicklungsperspektiven der Europäischen Verfassung im Lichte des Vertrages von Amsterdam, Baden-Baden 1999, S. 76

Vedder, Christoph/*Folz*, Hans-Peter: Kommentierung zu Art. N EUV, in Grabitz/Hilf (Hrsg.), Kommentar zur Europäischen Union (EU / EGV), 12. Lfg., München 1998 (Loseblattsammlung)

Vedel, Georges: Schengen et Maastricht, RFDA 1992, S. 173

- Souveraineté et supraconstitutionalité, Pouvoirs 67 (1993), S. 79

de Vigo, Iñigo Méndez/*Tsatsos*, Dimitris Th.: De Vigo - und Tsatsos-Bericht über den Vertrag von Amsterdam vom 9.11.1997, EuGRZ 1998, S. 72

Vogel, Klaus, Die Verfassungsentscheidung des Grundgesetzes für eine internationale Zusammenarbeit - ein Diskussionsbeitrag zu einer Frage der Staatstheorie sowie des geltenden Staatsrecht, Recht und Staat Heft 292/293, Tübingen 1964

- Evangelisches Staatslexikon, Band 1, 3. Auflage, Stuttgart 1987, Spalte 1030

Vogel, Hans-Heinrich: Der skandinavische Rechtsrealismus, Frankfurt am Main 1972.

- Sources of Swedish Law, in Bogdan (Hrsg.): Swedish Law in the new millenium, Stockholm 2000, S. 48

Volkmann, Uwe: Setzt Demokratie den Staat voraus?, AöR 127 (2002), S. 575

Wagner, Helmut: Gibt es einen Königsweg zu einer europäischen Verfassung?, in Bruha/Hesse/Nowak (Hrsg.): Welche Verfassung für Europa?, Baden-Baden 2001, S. 281

Wagner, Ulrich: Finnlands Neutralität - Eine Neutralitätspolitik mit Defensivallianz, in Schriften aus dem Finnland-Institut in Köln, Band 10, Hamburg 1974

Waltemathe, Arved: Austritt aus der EU. Sind die Mitgliedstaaten noch souverän?, Frankfurt/Oder 2000

Walter, Christian, Die drei Entscheidungen des französischen Verfassungsrats zum Vertrag von Maastricht über die Europäische Union, EuGRZ 1993, S. 183

- Die Folgen der Globalisierung für die europäische Verfassungsdiskussion, DVBl. 2000, S. 1

Weber, Max: Wirtschaft und Gesellschaft - Grundriß der verstehenden Soziologie, 4. Auflage, Tübingen 1956

Weber, Albrecht: Zur Verfassungsstruktur der Europäischen Gemeinschaft nach Maastricht, JZ 1993, S. 325

Weidenfeld, Werner: Wie Europa verfaßt sein soll: Materialien zur politischen Union. Veröffentlichungen der Bertelsmann-Stiftung, Gütersloh 1991

Weiler, Joseph H. H.: Der Staat „über alles“ - Demos, Telos und die Maastricht – Entscheidung des Bundesverfassungsgerichts, JöR NF 44 (1996), S. 91

Wessels, Bernhard: Whom to Represent? Role Orientation of Legislators in Europe, in Schmitt/Thomassen (Hrsg.): Political Representation in the European Union, Oxford 1999, S. 211

Wessels, Bernhard/*Schmitt*, Hermann: Europawahlen, Europäisches Parlament und nationalstaatliche Demokratie, in Klingemann/Neidhardt (Hrsg.): Zur Zukunft der Demokratie - Herausforderung im Zeitalter der Globalisierung, 2000, S. 295

Wiberg, Matti/*Raunio*, Tapio: Strong Parliament of a small EU Member State: The Finnish Parliament's Adaptation to the EU, Journal of Legislative Studies 1996, S. 302

Wieland, Beate: Verfassungspolitische Probleme der „Staatswerdung Europas“, in Wildenmann (Hrsg.): Staatswerdung Europas? - Optionen für die Europäische Union, Baden-Baden 1991, S. 429

Winkler, Dr. Heinrich August: Europa am Scheideweg, FAZ, Ausgabe vom 12.11.2003, S. 10

de Witte, Bruno: Entry into Force and Revision, in ders. (Hrsg.): Ten Reflections on the Constitutional Treaty for Europe, EUI 2003, S. 203

Worre, Torben: „First No, Then Yes: The Danish Referendum on the Maastricht Treaty 1992 and 1993, JCMS 33 (1995), S. 325

Zahle, Henrik: Europäische Integration und nationales Verfassungsrecht in Dänemark, in Battis/Tsatsos/Stefanou (Hrsg.): Europäische Integration und nationales Verfassungsrecht, Baden-Baden 1995, S. 47

- National constitutional law and the European integration - Danish Report, in 17. FIDE-Kongreß, Bd. 1: Nationales Verfassungsrecht mit Blick auf die europäische Integration, Baden-Baden 1996, S. 60

Zimmer, Will: Kommentierung der Entscheidung des Conseil constitutionnel vom 26.03.2003, No 2003-469, RFDC 2003, S. 383

Zuleeg, Manfred: Die Vorzüge der Europäischen Verfassung, in v. Bogdandy (Hrsg.): Europäisches Verfassungsrecht, Heidelberg, Berlin 2002, S. 931

- Kommentierung zu Art. 23, Alternativkommentar Band 2, 3. Auflage, Neuwied 2001

- Die föderativen Grundsätze der Europäischen Union, NJW 2000, S. 2847

Zweigert, Konrad/*Kötz,* Hein: Einführung in die Rechtsvergleichung auf dem Gebiet des Privatrechts, 3. Auflage, Tübingen 1996

Peter Lang · Europäischer Verlag der Wissenschaften

Teresa Winner

Die Europäische Grundrechtscharta und ihre soziale Dimension

Frankfurt am Main, Berlin, Bern, Bruxelles, New York, Oxford, Wien, 2005. 261 S.
Europäische Hochschulschriften: Reihe 2, Rechtswissenschaft. Bd. 4098
ISBN 3-631-53333-0 · br. € 45.50*

Die Europäische Grundrechtscharta, die mittlerweile als Bestandteil des Verfassungsvertrages der Europäischen Union durch die Staats- und Regierungschefs der Mitgliedstaaten verabschiedet wurde, stellt einen Meilenstein in der Grundrechtsgeschichte Europas dar. Ausgehend von der Entwicklung gemeinschaftseigener Grundrechte durch die Rechtsprechung des EuGH widmet sich die Arbeit zunächst Entstehung, Inhalt und Wirkung der Grundrechtscharta im Allgemeinen, bevor auf die zentrale Thematik der sozialen Grundrechte eingegangen wird. Vor dem Hintergrund der gegenwärtigen Kompetenzen der Union zur Sozialgestaltung wie auch der unterschiedlichen sozialen Verfassungstraditionen auf der Ebene der Mitgliedstaaten werden die einzelnen sozialgrundrechtlichen Verbürgungen einer detaillierten dogmatischen Untersuchung unterzogen und deren Wirkungen im Einzelnen aufgezeigt.

Aus dem Inhalt: Die europäischen Grundrechte in der Rechtsprechung des Europäischen Gerichtshofes · Entstehung, Inhalt und Wirkungsweise der Charta · Sozialpolitik und soziale Grundrechte in Europa · Die sozialen Rechte in der Europäischen Grundrechtscharta · Die Grundrechtscharta als Teil einer künftigen europäischen Verfassung

FSC
www.fsc.org
MIX
Papier | Fördert gute Waldnutzung
FSC® C083411

Kolibri 360 GmbH
Ferdinand-Jühlke-Straße 7
99095 Erfurt, Deutschland
produktsicherheit@kolibri360.de

Druck:
CPI Druckdienstleistungen GmbH
im Auftrag der
Kolibri 360 GmbH
Ferdinand-Jühlke-Str. 7
99095 Erfurt